文化を食べる　文化を飲む

グローカル化する
世界の食とビジネス

東京工業大学「ぐるなび」食の未来創成寄附講座 監修
阿良田麻里子 編

ドメス出版

本書でとりあげる主な地域

括弧内の数字は本文の章番号を指す。
1-1は第1部 第1章。

- 英国 (2-6)
- ブルガリア (2-4)
- トルコ (1-4)
- ミャンマー (2-5)
- 中国 (1-4)
- 日本 (1-1, 1-2, 1-3)
- タイ (2-7)
- マレーシア (2-2, 3-1)
- ペルー (3-3)
- インド (2-1)
- 東地中海アラブ地域 (3-2)
- イスラエル (2-3)
- ウガンダ (3-3)
- カメルーン (3-3)
- インドネシア (1-1, 1-2, 1-5, 3-3)
- オーストラリア (3-1)

第1部 第1章

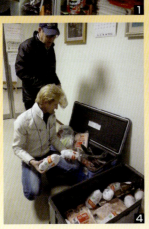

1 元留学生が大学付近に開店したハラールショップ（⇒ p.35）
2 空港の土産物売り場1：地元企業製の「ハラールおかき」が並ぶ（⇒ p.38）
3 空港の土産物売り場2：「ハラール・きびだんご」英語と中国語で認証取得済みを掲示（⇒ p.38）
4 非ムスリム日本人のK氏によるハラール食品の行商。非ムスリム留学生にも好評（⇒ p.33）
5 「ハラール」の看板を掲げるベーカリー（東京・港区）。岡山産「ハラール小麦」を使用（⇒ p.38）
6 アルバイトのムスリム留学生も製パンやムスリム客の対応にあたっていた（⇒ p.39）

I

第1部　第2章

1　佐賀大学近辺の定食屋宇良辺。看板メニューのとり唐揚げはハラール肉を使っている（⇒ p.53）
2　宇良辺のハラールメニューの一つ、チキンスープカレー。日本人客にも人気（⇒ p.53）
3　小城の技能実習生の一人が購入した大豆発酵食品テンペなど。テンペはインドネシア人の食に欠かせない
4　2016年2月に訪れた小城のインドネシア人技能実習生。サイードショップのトラックの後ろで並んで買い物
5　サガ・ハラール・フードのオーナー、リフキ氏。奥の棚にインドネシアのインスタント麺インドミーがずらり（⇒ p.63）

第1部　第3章

1　早稲田生協カフェテリアのハラールチキンメニュー4種のポップ。学生がデザインした（⇒ p.71）
2　提供場所近くにガイドライン、チェックリスト、ポスターを掲示（⇒ p.78）
3　タイのハラール認証団体の認証を受けたチキン唐揚げのパッケージ（⇒ p.76）
4　ベジタリアン向けメニュー表示の周知ポスター（⇒ p.75）
5　厨房見学の様子。ガイドラインを手に、相談しながら調理工程を見せてもらう（⇒ p.78）
6　生協パンショップの商品表示。学生の要望で商品名が英語になった（2013年当時）（⇒ p.71）

第1部 第4章

1 トルコ在住ウイグル族の手料理。ポロ（炊き込みご飯）（⇒ p.97）
2 イスタンブル郊外の海辺でピクニックをする現地在住のウイグル族女性たち
3 ラマザン（断食月）のトルコ人世帯によるウイグル族学生へのもてなし（⇒ p.101）
4 トルコの企業が開くハラール勉強会で展示されていた工業製品（⇒ p.107）
5 中国・新疆でもナンの生地は世帯でつくっていた（⇒ p.103）
6 世帯の生地を焼いてくれたナン屋（⇒ p.103）

第1部 第5章

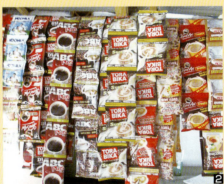

1 インドネシアのハラール認証機関MUIの研修で出されたビュッフェランチ。休憩時の茶菓子も充実
2 ワルンとよばれる売店で扱う小分けの商品（⇒ p.119）
3 小分け包装にも、小さくハラールロゴがついている（⇒ p.119）
4 調理済みの料理を並べるパダン食堂。人びとは、パダンといえば当然ハラールと考えている（⇒ p.130）
5 モチ米の発酵食品タペ。左は黒米のタペのアイスクリーム添え。右は白米に植物の汁で色をつけたもの（⇒ p.123）
6 カニは、人によって種類によって禁忌かどうか意見が分かれる。左はラジュンガン、右はクピティン・バカウ（⇒ p.124）

第2部　第1章

1　北西インドの食事に欠かせない全粒粉のチャパーティーは1枚1枚伸ばして焼かれる
2　インド・プネーのモール内のフードコートは衛生的なスナック類が人気（⇒p.144）
3　巨大なワインボトルのオブジェが飾られたスーラ・ワイナリーの入り口（⇒p.152）
4　正餐に欠かせないスイーツを売るプネーで一番人気の店チトレバンドゥー
5　野菜バザールの一角にある新食材のみを扱う店

第2部　第2章

1　ドゥスン族の酒・トーミスは、かつては壺から竹のストローを用いて回し飲みする形式が一般的だった（⇒p.161）
2　現在は、ペット容器の中で醸されプラスチックのストローで飲むことが多くなった（⇒p.162）
3　トーミスの原料は米またはキャッサバ芋である。こちらは原料の発酵スターターとなる餅麴（⇒p.161）
4　炊いた米の粗熱がとれたら、餅麴を粉末にしてよく混ぜ、ペット容器に詰めて蓋をする。2週間程度で飲み頃となる（⇒p.161）
5　小売店の奥では、ひっそりと、しかし堂々と、「密輸」の酒類が販売されている（⇒p.163）

第2部　第3章

1 カルメル・ワイナリー（ジフロン・ヤアコヴ）
2 ゴラン高原ワイナリーのゲストハウス（⇒ p.179）
3 カルメル・ワイナリー（リション・レツィオン、現在は閉鎖）の壁に設置されたモザイク画（⇒ p.173）
4 「ワイン通り」の標識（ジフロン・ヤアコヴ）
5 1900年代のワインラベル（"120 Harvest" p.40）（⇒ p.179）
6 食事前の祈り（キドゥーシュ）用の甘口ワイン（⇒ p.176）
7 コシェル・ワインのラベル（'kosher for Passover, Mevushal'と記載）（⇒ p.176）

第2部　第4章

1 ブルガリア人の典型的な朝食（⇒ p.184）
2 リュテニツァ・保存食祭りの様子（⇒ p.197）
3 リュテニツァの原型（⇒ p.193）
4 ヨーグルト祭りで披露される「おばあちゃん」の自慢の味（⇒ p.197）
5 貯蔵庫の様子（⇒ p.190）
6 リュテニツァ作り（⇒ p.191）
7 家庭での保存食作りの様子（⇒ p.190）
8 「トドルカ」というブランドのリュテニツァ（⇒ p.191）

第2部　第5章

1 ミャンマー北東部で茶生産に従事するパラウン人の民族衣装（⇒ p.207）
2 標高1700mの山の斜面につくられたチャ畑で収穫を行う様子（⇒ p.208）
3 尾根筋に沿って民家がたち並ぶシャン州ナムサン郡の村（⇒ p.208）
4 ミャンマー最大都市ヤンゴン市内の喫茶店（⇒ p.210）
5 漬物茶を加工する様子。蒸した葉を熱いうちに揉む（⇒ p.208）
6 専用の漆器に盛りつけられた漬物茶と付け合わせの揚げ豆類（⇒ p.209）

第2部　第6章

1 ロンドンのスーパーマーケットで購入した巻き寿司。具はキュウリ、パプリカ、ツナ（⇒ p.224）
2 高級デパート、ハロッズに並ぶ、持ち帰り用の日本食
3 日本食材スーパーマーケットで売られているキャラクターのパン（⇒ p.225）
4 ロンドンのスーパーマーケットに並ぶ、焼きそばとカツカレーのキット。調味料と材料の一部がセットになっている
5 ソーホーにあるお店の豚骨ラーメン（⇒ p.221）
6 ピカデリー・サーカス近くにあるファストフード感覚の寿司店（⇒ p.219）

第2部　第7章

1 大型スーパーで販売されているタイのカラフルな握り寿司（⇒ p.243）
2 「SushiDo」は握り寿司を模したドーナツ（⇒ p.243）
3 さまざまに風味づけされているペットボトル入りの甘い緑茶（⇒ p.239）
4 回転寿司としゃぶしゃぶが同時に味わえる「回転寿司しゃぶ」（⇒ p.238）
5 米が原料の多彩なタイの伝統菓子（⇒ p.243）
6 サーモンを花に見立てたタイ独自の刺身の盛りつけ

第3部　第1章

1 行列が絶えない人気マレーシア料理店「ママッ」（⇒ p.261）
2 「ママッ」の人気メニュー「ナシルマ」はマレーシアの定番朝食（⇒ p.263）
3 マレーシアのグルメ都市イポーの料理に特化した店「イポー・タウン」（⇒ p.259）
4 スーパーの棚に並ぶ「アジア味」のスープの素（⇒ p.264）
5 マレー世界で「海南鶏飯」として知られる中華風チキンライス（⇒ p.254）
6 シドニーの中心地CBD

（写真5以外はシドニーにて撮影）

VII

第3部 第2章

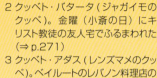

1 死後40日のミサでふるまうクッベを作る女性たち（⇒ p.271）
2 クッベト・バタータ（ジャガイモのクッベ）。金曜（小斎の日）にキリスト教徒の友人宅でふるまわれた（⇒ p.271）
3 クッベト・アダス（レンズマメのクッベ）。ベイルートのレバノン料理店の日替わりメニュー（⇒ p.271）
4 自作の豚足料理を食べるキリスト教徒男性。妻は嫌がっていた（⇒ p.273）
5 4の料理。豚足を煮て塩コショウで味つけしたシンプルなもの（⇒ p.273）
6 市場のデュラム小麦。ブルゴル（挽き割り）などに加工する（⇒ p.271）
7 ヨルダン川西岸のベイト・サフールにある修道院経営の養豚場。その名も「修道院農場」（⇒ p.273）

第3部 第3章

1 ガーナのプランテーションにおけるキャベンディッシュ栽培。均質な畑が広がる（⇒ p.281）
2 カメルーン東南部のバナナ畑。さまざまな作物と混作され、雑草も多い（⇒ p.285）
3 インドネシア・スラウェシ島の市場のバナナ。1日で10品種が集まった（⇒ p.283）
4 宗教間の軋轢のシンボルとしてインド南部の教会に描かれたバナナ（⇒ p.284）
5 カメルーン東南部のバナナダンゴとヤシ油ソース（⇒ p.287）
6 ペルー・アマゾンでは16世紀以降にもたらされたバナナが先住民の象徴に（⇒ p.291）

「文化を食べる 文化を飲む ─グローカル化する世界の食とビジネス」の上梓にあたって

　本書は、「東京工業大学創立130周年記念『ぐるなび』食の未来創成寄附講座」（以下「ぐるなび」寄附講座と表記）が主宰した「食文化共同研究」の成果報告書をベースに、一般向けに加筆修正を施したものであり、同講座の成果公開活動の一環として上梓するものである。

　「ぐるなび」寄附講座は、東京工業大学に学ぶ学生諸君や研究者に、食への関心をもってもらい、食に関連する分野で活躍する人材を育て、食の未来を創成するという大きな目標を掲げて、同大学大学院イノベーションマネジメント研究科（大学の機構改組により2016年4月から環境・社会理工学院）に設置された講座である。

　寄附講座開設のメンバーは、農林水産省から出向の櫻谷満一氏と私の二人だったが、理工系大学がコミットしにくい「人文・社会科学系の視点」をもつ食の研究者が必要であるとの思いで、開設後の1年をかけて人材を求めた。第4回Foodex国際食品産業会議で、食文化研究者である阿良田麻里子氏の講演を聴講し、「ぐるなび」寄附講座への参画をお願いした。幸いにもご快諾いただき、三人体制で講座を充実させることができた。さらに、寄附講座開設3年目からは、櫻谷氏に代わって嘉多山茂氏を農林水産省から迎えた。

　「食文化共同研究」では、中堅・若手の研究者が世界各地のフィールドで現在の食文化の現状や変容を文化人類学的な視点で調査研究し、個人による食文化研究の成果を公開講義で発表してきた。食文化のありようやその変化は、地域の気候、経済、あるいは人文的な影響を色濃く映し出すものである。

　食文化共同研究の成果公開の一環として、イスラーム圏からの宗教者や研究者を招き、「食のハラール性に関する国際シンポジウム」を3回行っている。食品産業におけるハラール認証についての知識を紹介するとともに、イスラーム圏からの旅行者に対する「おもてなし」の基本としての「食のハラール性」の知識や作法についても、紹介することができたと確信している。

　国際シンポジウムで印象深かったのは、第3回の講演者ムスタファ・ツェリチ氏が

語った言葉だった。「異なる文化をもつ者はお互いが尊敬し合い、信頼し合う、そのことが絶対に必要である」という言葉である。ツェリチ氏は、長らくボスニア・ヘルツェゴビナのグランド・ムフティとして、イスラーム教の指導的立場におられた方である。ご承知のように彼の祖国は、旧ユーゴスラビア連邦共和国の解体にともなう独立の過程で、また独立後も民族間の紛争に苦しんだ。ツェリチ氏は、宗教者としてこのような事態を防ぐことができなかったことを深く悔み、「お互いが尊敬し、信頼し合う」このことがもっとも大切と言われたのである。そこには実感がこもっていた。

　私たちは食を通じ豊かな気持ちになれる。食を通じて自分たちの思いと他者の思いを重ねられればなおいっそう信頼し合うことが可能となり、異教徒であっても共同して次の時代を切り拓く力になれるということであろう。「食」とはそのような力を生み出すエネルギーをもつだけに、それぞれが必要とする物を含み、忌避すべき物が無い「食」を提供することが次の新しい関係を創り出すことになる。

　「食文化共同研究」の試みは、各自のもつテーマをしっかりと抱きながら、「ここ」と狙い定めた地域に入り、そこで生活する人びととの密な関係を築きつつ、毎日の食を一緒に作ったり、食べたり、というところから始まった。この共同研究に参加された方々は、現時点での世界各地の「食文化」に確実に参画し、具体的な行動からその地のその時代の「食文化」をまざまざと描写している。この事実はなにものにも代えがたい結果であり、成果だと思う。

　最後に、このような機会を若い研究者に与えてくださった株式会社ぐるなびおよび同社創業者の滝久雄氏、この事業にご協力いただいた東京工業大学教職員、ならびに関係者の皆様に厚く御礼申し上げる。

元「ぐるなび」寄附講座特任教授
髙井陸雄

たかい・りくお　1943 年、上海生まれ。東京大学大学院修了、工学博士。東京水産大学食品工学科教授、東京海洋大学学長を経て、2010～2016 年「ぐるなび」寄附講座特任教授。専門は食品工学、食品冷凍学。食に興味津々。

文化を食べる
文化を飲む

グローカル化する世界の食とビジネス

目次

『文化を食べる　文化を飲む
　　―グローカル化する世界の食とビジネス』の上梓にあたって……… 髙井陸雄　1

凡例 ……………………………………………………………………………………… 8

序　食文化研究とフードビジネス……………………………………… 阿良田麻里子　9

第1部　　　　　　　　　　食とハラール

第1章　グローバル化、近代化と
　　　　二極化するハラールビジネス
　　　　― 日本のムスリム非集住地域から………………………… 山口裕子　17

はじめに―拡大する接触領域　18　　　高まるハラールへの関心　20
世界の市場としてのイスラーム社会　23
日本のムスリム非集住地域―岡山県のハラール事情の10年間　27
開かれたハラール食品に向けて―まとめと課題　41

第2章　非集住地域の外国人ムスリムの食と
　　　　食のローカルビジネス
　　　　― 佐賀県のインドネシア人の事例から……… スリ・ブディ・レスタリ　47

はじめに　48　　　県在住インドネシア人の人口　49
インドネシア人の食生活　51　　　食材の入手方法　54
ハラールの問題　55
インドネシア人の食生活を支える食のビジネス　60　　　まとめ　65

第3章　協働・対話・フィードバック
　　　　― 大学学生食堂におけるハラールチキンメニューをめぐって
　　　　　　　　　　　　　　　　　　　　　　　　　……… 砂井紫里　67

はじめに　68　　　ハラールチキンメニューの導入プロセス　70
対話と交渉―フィードバックと調整　79　　　まとめと課題　82

第4章	食のハラール

── ウイグル族の事例とコラーンとの対比から………熊谷瑞恵　87

はじめに　88　　食べることをめぐる人びとのふるまい　91
コラーンにみる食　104　　結論　111

第5章	ハラール認証とムスリム消費者の食選択行動

── インドネシアを中心に……………………………阿良田麻里子　115

はじめに　116　　ハラールとハラール認証制度　117
食のハラールをめぐる実践　124　　まとめ　137

第2部　食の変容とビジネス

第1章	インド、都市新中間層の食文化の変化

── インド西部のヒンドゥー教徒の事例から…………小磯千尋　141

インドの概要　142　　経済自由化政策　143
「新中間層」の変わる食、変わる価値観　145　　まとめ　154

第2章	マレーシア・サバ州・ドゥスン族社会における 酒類販売の拡大とその影響…………………………三浦哲也　157

マレーシアにおける酒類市場の概要　158　　サバ州のドゥスン族について　159
ドゥスン族の飲酒文化　160　　工業製酒類の受容と需要　163
酒類販売拡大の影響とトーミスの価値　168

第3章	イスラエル・ワインの現代史

── ユダヤ人のパレスチナ入植から現代まで………細田和江　171

はじめに　172　　イスラエル・ワインの概要とユダヤ教　173
イスラエル（パレスチナ）のワインの歴史　177　　まとめ　181

第4章	ブルガリアの保存食「リュテニツァ」

―― グローバル経済と「瓶詰め経済」の狭間で

マリア・ヨトヴァ　183

はじめに　184　　民主化以降の伝統食の再評価　185
ブルガリアの「瓶詰め経済」　189
社会主義期に生まれ変わったリュテニツァ　192
民主化以降に文化遺産化されていく「おばあちゃん」　195
国家と地域のイメージ戦略としての伝統食品　199　　おわりに　201

第5章	ミャンマー茶産業の課題と取り組み

――シャン州ナムサン郡の事例から　生駒美樹　205

はじめに　206　　調査地概要　206
ナムサン郡の茶生産の特徴　207
都市部での茶流通・消費　209　　市場の変化への対応　210
茶業立て直しの取り組みと課題　212　　まとめにかえて　213

第6章	英国ロンドンにおける日本食のグローカライゼーションとビジネス

大澤由実　215

はじめに　216　　ロンドンの日本食の特徴　218
レストラン以外の日本食　224
日本食と健康イメージ　225　　官民ファンドと海外進出　227
まとめ―ソフトパワーと日本食　228

第7章	タイにおける「外来食文化」の受容実態

―― 多様化する日本食、維持される食事形式　宇都宮由佳　231

はじめに　232　　タイの概要　232
タイの食事情、食事スタイル　234
タイの外食産業―日本食、地方への出店　236
タイに溶けこむ外来の食、日本の食文化　237
チェンマイの大学生を対象としたアンケート調査結果　242
おわりに　245

| 第3部 | 境界線を超えて |

| 第1章 | 越境する「故郷の味」
─ オーストラリアにおけるマレーシアの飲食文化の展開 |

………… 櫻田涼子　251

はじめに　252　　ホームランド、マレーシアの飲食文化　253
オーストラリアのコピティアム　258　　まとめ　264

| 第2章 | パレスチナ・イスラエルのアラブ人キリスト教徒に
みられる食文化の特徴とその影響 ……………菅瀬晶子　267 |

アラブ人キリスト教徒の概要　268　　キリスト教徒の菜食　269
豚肉食　272

| 第3章 | バナナの比較食文化誌 ……………………… 小松かおり　279 |

多様なバナナ栽培文化　280　　バナナという作物　281
東南アジアのバナナ栽培文化　282
中部アフリカ熱帯雨林のバナナ栽培文化　284
東アフリカ高地のバナナ栽培文化　288
ペルー・アマゾンのバナナ栽培文化　291
主食が変わる時　293

資料 「ぐるなび」食の未来創成寄附講座
　食文化共同研究の概要 ……………………… 阿良田麻里子　297

東京工業大学「ぐるなび」食の未来創成寄附講座とは／
食文化共同研究会の設置と活動の概要／海外調査／
成果公開と社会への還元／評価

あとがき ……………………………………………… 阿良田麻里子　317

執筆者紹介 ………………………………………………………… 319

装幀・デザイン／市川美野里

凡例

　東京工業大学「ぐるなび」食の未来創成寄附講座食文化共同研究報告書（以下「報告書」と略す）を書籍化するにあたって、以下のような作業を行った。
　巻頭の言葉・序・あとがき等は本書のために書き下ろした。共同研究の記録は、報告書では冒頭に収めていたが、改稿し、資料として巻末に移動した。各章については、本文の一部を読みやすく改稿するとともに、注や写真を新たに多数加え、また、新しくミニコラムを立てて、本文内に含めることのできなかった情報を追記した。なお、第1部第5章は、報告書には所収がないが、注記のとおり、他所で発表した文章をもとに、本書のために大幅な加筆修正を行ったものである。
　さらに、カラー口絵を8頁で構成、収録した。

表記

・外来語として日本語に定着している語は慣例に従い、現地語をカナ表記する場合には、各著者の判断により現地語の発音にもっとも近いと思われるカナを使用した。そのため、同じようなものに対して、章によって異なるカナ表記を用いている場合がある。
　　例：第1部第1章「チャパティ」　第2部第1章「チャパーティー」
・外来語としてのイスラーム関係の用語には、イスラーム／イスラム、ムスリム／モスレム、ムハンマド／マホメット、クルアーン／コーラン、ハディース／ハディス、ハラール／ハラル、ハラーム／ハラム等の異なる表記がある。本書では、原則として、現在イスラーム学の世界で慣例となっている、アラビア語の発音により近い表記（イスラーム、ムスリム、ムハンマド、クルアーン、ハディース、ハラール、ハラーム）を採用した。ただし、引用文は原典のまま引用している。また上記に相当する語でも、第1部第4章の「コラーン」のように、調査対象者の独特な認識を指し示すため、現地語の発音に近いカナ表記を採用したものもある。その場合は基本的に各章の初出時にその旨を注記した。
・ラテン名はイタリック体を用いた。
・現地語のアルファベット表記は、章によりイタリック体にしたものもある。

カラー口絵

・冒頭部分で、「本書でとりあげる主な地域」を世界地図上に示した。なお、「1-1」などの数字は「第1部第1章」を表している。
・各章ごとに半頁を用いて、本文掲載写真の一部および未掲載の写真をカラーで構成した。
・キャプションの最後に付した「（⇒ p.○）」は、本文の参照頁を示している。

序　食文化研究とフードビジネス

本書の目的と意義

　本書は、日本を含む世界各地を調査地とする文化人類学者を中心に、食の選択に影響を与える文化的要因や、グローバル化する世界各地における食ビジネスとローカルな食文化のありかたを分析した研究を集めたものである[1]。

　食文化研究というと、一般に、珍しい料理や加工食品の作り方、それらができあがるまでの歴史的変遷といったことをまとめたものと思われる向きが多い。正式な場における規範としてのマナーも、比較的よく意識される問題である。しかし、食文化には、このような側面以外にも、さまざまな要素が含まれている。ブルデューはフランスにおける社会階級（職業）と生活様式の関連性を分析し、個人の自由な選択に見える衣食住の嗜好もハビトゥスによって決定されているとした。ハビトゥスとは、その人の属する社会集団に適合した知覚や行動を無自覚に生み出す体系的な性向をさし、日常経験の積み重ねにより身体化される［ブルデュー 1994 (1979)］。いつ、どこで、誰と、何を、どのように食べるのか。意識的に教えられ学びとられる正式なマナーだけでなく、生活のあらゆる場面においてその場面にふさわしい食べ方や食べ物という文化的な規範があり、食べ物に付与される文化的価値も個別文化によって異なるのである。

　現在、近代化にともなう生活様式や価値観の変化、災害や地球温暖化など、さまざまな要因によって世界のあらゆる地域で食生活の大きな変化が起こっている。グローバル化が進んでも、食生活の変化は必ずしも世界が統一される方向へ向かうわけではない。各地で実践されてきた食習慣や、各社会においてどのようなモノや行動様式が文化資本として高い価値をもつのかといった認識の違いが、食の変化のありかたに大きな影響を及ぼす。ワトソン［2003 (1997)］が東アジア諸地域におけるマクドナルドの受容について指摘したように、一見グローバル企業が世界を単一の色に塗りつぶしていっているように見えても、それぞれの土地でそれぞれの食文化に即した形でビジネスが発展し、それぞれの文脈に応じた意味づけが行われていくのである。つまりグローバル化（グローバライゼーション）のなかで同時にローカル化（ローカライゼーション）が起こっている

---

[1] 本書は東京工業大学「ぐるなび」食の未来創成寄附講座が主宰した食文化共同研究の成果であり、2016 年 9 月に食文化共同研究報告書としてまとめたものに基づいているが、今回の公刊にあたって、体裁を整え、大幅に加筆修正を施した。

のである。これをグローカル化（グローカライゼーション）とよぶ。

　現在の日本では、諸外国の料理が気軽に食されるようになり、マスコミには国内外の
グルメ情報があふれている。訪日外国人観光客も日本に暮らす外国人も、もはや珍しい
存在ではない。しかし、上記のような食文化の違いについての情報は乏しく、これを理
解することの必要性も一般に了解されているとは言いがたい。

　生活文化としての食文化は、マナーブックやレシピ本に書かれているものごととは
違って、あまりにも当たり前のこととして身についてしまっているために、自らの文化
を省みて、客観的に分析し、相対化することはなかなか難しい。異文化共生の場面で
は、互いに相違点を意識していれば、それを乗り越えるための工夫をすることはたやす
いが、意識されていない文化的な相違は、解きがたい誤解につながりかねない。善意の
なにげない行動が、異文化の目から見ると、とんでもない行動に映り、その人の人間性
の評価に結びつけられてしまうことさえある。

　生活文化としての食文化はまた、深く私たちの体にしみこみ、身体化されている。そ
のため、自らの文化的価値観に逆らった行動をとれば、精神的な満足を得られないだけ
でなく、生理的な作用にも強い影響を与えうる。登山のお弁当がおにぎりだろうがパン
だろうが、栄養素にたいした違いはないが、少なくとも筆者は、おにぎりでないとどう
も腹持ちがしない、力が出ないと感じる。しかしアルプスの少女ハイジがそんなことを
感じるだろうか。また、人間の体が本来、消化吸収できるものであっても、文化的に食
べ物として受け入れがたいものであれば、精神的打撃が、嘔吐や下痢などの症状につ
ながることもある。

　食は、物理的に私たちの体を形づくり、体の機能を調節し、エネルギーとなる非常に
重要なものである。しかし食のもつ機能は、物理的な機能だけではない。精神的な機
能、社会的な機能を忘れてはならない。精神的な機能とは、心に働きかけるものであ
る。食のもつ文化的価値は私たちの心を満たし、精神的な活力源となる。また何をどの
ように食べるかということが、私たちのアイデンティティを形成する重要な一部分とな
る。社会的な機能は、集団に働きかけるものである。共食や食べ物の分配、共に食べ物
を準備することなどは、親族やコミュニティなど社会集団のなかの絆を深める。同じよ
うなものを同じように食べることが一つの社会集団の結束を強め、違うものを違うやり
方で食べている人びととの間には境界線が引かれる。

　本共同研究は、文化人類学的なアプローチを用いている。文化人類学のもっとも重要
な研究手法は、参与観察である。日常生活や儀礼に、外部者ではなく疑似的なメンバー
として参与しながら、観察を行うのである。研究者は、単身であるいはごく少人数で調
査に赴き、コミュニティに可能な限り溶けこむ。短期調査でも数週間は当たり前で、長
期調査では最低一年間は現地に住みこむ。現地の言葉や習慣を身につけ、人びととラ
ポール（相互的な信頼関係）を築く。そして、参与観察で得た情報に基づいて、当初の
調査計画を練りなおしつつ、インフォーマント（情報提供者）からじっくりと話を聞き

10

出すのである。

　当然ながら、この手法では、大人数を対象にした大規模な調査を行うことはできない。統計処理にふさわしいサンプルサイズを集めることもできないし、見栄えのするグラフで説得力を添えることも難しい。しかしアンケート調査には、調査票そのものがそれを作った調査者の言語文化の文脈に依存しているという危険性が潜んでいる。そのような調査票は、たとえ翻訳をしても、異文化を背景とする回答者にとって、回答に戸惑うものになりかねない。一方、文化人類学者には、じっくりと一つの社会とつきあうことによって、研究者自身の文化をとらえなおし、相手の言語文化の文脈にふさわしい問いをすることができるようになるという強みがある。多くの食べ物や多様な食文化が、国や民族の境界線を超えて行き来する今の時代こそ、文化人類学的なアプローチからの食文化研究が求められるといえるだろう。

　多文化共生社会においては、文化の違いによって垣根をつくるのではなく、違いを認めて尊重しあいながら、共に生きることが必要である。本書には、食文化の深層を理解するためのさまざまなヒントがちりばめられている。これは、ビジネスにも生かされうる。海外進出をめざす食産業関係者にとってはもちろん、食以外の分野のビジネスパーソンにとっても、現地の社会を理解し、溶けこむため、食に関する基礎知識は欠かせない。日本国内のフードビジネスの世界でも、国際化の進む現在、異文化を背景とする人びとがどのような食材や食物を必要とし、どのような食のあり方を喜ぶのかという情報は、ますます重要になってくる。

本書の構成

　本書は三部構成になっている。第1部ではハラールに関する論文を5本、第2部は食の変容とビジネスにかかわる論文を7本、第3部は「境界線を超えて」と題し、国境や民族文化の境界線を超えて食を考える論文を3本所収している。

第1部　食とハラール

　第1部に収めた論文のうち、山口論文、レスタリ論文、砂井論文は、日本におけるハラール食やムスリム対応の問題を扱っている。日本では、ムスリムやイスラームに対する基礎的な理解が十分に普及していないなかで、マレーシアの影響下でにわかにハラール認証ブームとよべるような現象が起こった。ムスリム消費者の認識や行動は、宗派・法学派・出身地域の環境や食文化・個人差等によって多様性に満ちていて、一口に「ムスリム市場」とまとめてしまうことは不可能である。ところが、日本ではいまだに、とにかくハラール認証さえ取得すれば、漠然とした「ムスリム市場」という広大なターゲットがつかめるという誤解があとをたたない。

山口論文は、このような状況下で、ムスリムの非集住地域である岡山県におけるハラールビジネスが、身近なムスリムの存在を無視して、認証取得により「ムスリム市場」への輸出やインバウンド観光客を狙う企業や自治体と、実際に在住しているムスリムの食を支える零細業者という二つの極に分かれていることを指摘する。

　レスタリ論文は、日本在住インドネシア人ムスリムとして、当事者でもある研究者の目線から、佐賀県に在住するインドネシア人ムスリムが、全国ネットのオンラインショップだけでなく、地方に根ざしたローカルビジネスを利用して、ハラール食品やインドネシアの食品を求めるさまを詳細にまとめている。またアンケートやインタビュー結果からムスリムのなかの多様性についてもふれ、ハラールといってもさまざまな解釈や食実践があることを描いている。ハラールメニューのある食堂や移動販売のハラールショップの事例からみえてくるのは、認証や証明書ありきの商売ではなく、売り手と買い手の間に築かれた信頼関係に基づくハラールビジネスである。抽象的な「広大なムスリム市場」制覇の切り札としてハラールを利用するのではなく、人としてのムスリム消費者と対峙し、そのニーズに応えてハラールな食べ物を供給することで、対価を得る。商売の原点ともいえる形であろう。

　砂井論文は、学生食堂でのムスリム留学生への対応を扱っている。ハラールメニュー提供にいたるまでの経緯について、ムスリム学生と非ムスリムの教職員が協働し、対話と交渉を重ねながらガイドラインを作り、情報提示の方法を考えていく過程を描いている。ここでもやはり誠実さと信頼、当事者とのコミュニケーション、透明性といったことがポイントとなる。

　熊谷論文は、舞台ががらりとかわってトルコ在住のウイグル族の事例を扱う。自らの国を出てトルコに暮らすウイグル族の人びとの暮らしぶりからは、同じムスリム同士であっても、異なる食習慣をもつ人びとの食べ物を受け入れがたく感じることがあるということがわかる。イスラームにおいて、クルアーン（コーラン）は唯一無二の聖典であるが、実際のムスリムが一枚岩ではないことがはっきりと見て取れる。

　阿良田論文は、インドネシアの認証制度とムスリム消費者の食選択行動を扱う。生産過程の川上から川下までハラール性を確保しようとする認証規格のあり方と、多様な情報源から取捨選択しながら自分に合った判断基準を確立する消費者個々人の実践の形を描くとともに、出所のはっきりしない情報がどのように人口に膾炙し、風評被害を生むかを明らかにしている。

　第1部をとおして、認証に頼りすぎないハラールビジネスやムスリム対応のヒントになることを願っている。

第2部　食の変容とビジネス

　第2部「食の変容とビジネス」では、ビジネスとしての食品産業や外食産業との関係

に焦点をあてる。このうち最初の3本の論文では、酒産業や飲酒行為にふれる。

小磯論文は、インド都市部の新中間層の食生活から菜食と飲酒の変化をとりあげている。保守的な食嗜好で知られるインドの食文化の概要、牛肉食が禁忌となり飲酒が避けられるようになった歴史的背景、近年の外食文化の発展にみるメディアの影響力、健康志向と美しさの評価基準の変化など、多角的な視点から、インドの人びとの食のあり方に光を当てている。社会的な格の高さにつながる菜食を新たに始める人びとの事例や、粗野な行いとされた飲酒が、健康的でファッショナブルなイメージをもつワインの普及とともに新中間層に根づきつつある事例は、飲食に与えられる文化的価値が、時代や世相に応じて変化する様子を如実に描き出している。

三浦論文は、マレーシア・サバ州の非イスラーム先住民であるドゥスン族の事例をとりあげる。マレーシアは、イスラームを国教として定めているが、非ムスリムが国民の半数近くを占めることもあって、酒類市場は拡大傾向にある。自ら醸すコメやキャッサバの固体発酵酒トーミスを儀礼に欠かせない重要な伝統飲料としてきたドゥスン族の社会で、工業的な酒類がなぜどのように受容されてきたのか、また工業的な酒の普及がもたらした社会の変化について分析する。

細田論文は、イスラエルにおけるワイン産業の発展の歴史を扱っている。イスラエルにおけるワイン産業やコシェル・ワインの概要をおさえつつ、ユダヤ教徒にとって「聖なる飲料」であったワインが、イスラエルという国家の創世にあたって生産基盤を持たないユダヤ人が入植を進める手段として産業化されていく過程や、ワイン産業が占領地の実効支配を継続し国家を安定させる手段として利用されるさまを描き出している。

ヨトヴァ論文は、ブルガリアの伝統食品リュテニツァを事例に、社会主義体制下における食品産業の発展や近代化、民主化、グローバライゼーション、経済移民といった大きな社会の動きのなかで、食べ物そのものも、その文化的・社会的な意味づけも変化するありさまを描いている。とくに、「手作り」「伝統」「天然の味」「健康」といったキーワードで語られる伝統食品リュテニツァを、国家的な威信と結びつくヨーグルトと対比させながら、ポスト社会主義期に盛んになったスローフード運動やルーラルツーリズムという文脈で、両者ともに国家・地域のイメージ戦略に利用され、国民文化やブルガリア人像の再定義にもつながる重要な役割を果たしていることを指摘している。

生駒論文は、ミャンマーの茶産業を扱う。ミャンマー最大の茶産地シャン州ナムサン郡の生産者と大都市の流通業者の調査から、茶の種類の選択によって生産を調整する方法や流通のあり方を分析する。また、消費者の嗜好の変化により、中国産の発酵茶や国内他産地の後発酵茶という競合相手との争いに敗れ、不振に陥ったナムサン郡の茶産業立て直しに向けた取り組みを紹介し、その課題を明らかにしている。

大澤論文と宇都宮論文は海外における日本食の受容を扱う。

大澤論文は、国際都市ロンドンにおける日本食ビジネスをとりあげ、「日本」的なイメージで統一された日本食レストランをはじめ多様な形の日本食が、時には官の支援を

受けながら普及するとともに、その形態やイメージが急速な変化を起こしている様子を
明らかにしている。

　宇都宮論文は、タイのチェンマイやバンコクにおける調査結果から、複数の主菜を頼
んでシェアする食事のスタイルや、食具の使い方など、ローカルな食文化の構成要素が
日本食の受容の過程のなかで取り入れられていることを分析している。

第3部　境界線を超えて

　第3部は、国境や民族文化、宗教といった境界線を超える食を扱う。

　櫻田論文は、マレーシアの飲食文化の一角を形成するカフェの一形式コピティアムを
とりあげる。そもそもコピティアムとは、中国は海南島出身の華人がイギリス植民地期
にマレー半島において発展させたハイブリッドな食文化であるが、やがて複合民族国家
であるマレーシアやシンガポールの多様性を象徴する文化アイコンとなり、さらに諸外
国へと広がっている。マレーシアからオーストラリアに移住した人びとは、コピティア
ムを舞台として、祖国マレーシアでは個別の民族と強く結びついていた飲み物・食べ物
を、民族の境界を超えて「マレーシアの」飲食文化として再現している。この事例は、
民族料理がナショナル・キュイジーヌへと進化する過程を描いているといえるだろう。

　菅瀬論文は、ユダヤ教・キリスト教・イスラームというアブラハム一神教の三大宗教
が交わるパレスチナ・イスラエルにおいて、マイノリティとして暮らすアラブ人キリス
ト教徒の食を扱う。曜日による菜食、聖性をもつ小麦食、周囲のマジョリティであるム
スリムが豚肉を禁忌とするなかで、いかに豚肉食が行われているのか、いないのか。そ
こからはアラブ人キリスト教徒の食の特徴だけでなく、ユダヤ教徒やムスリムとの相互
作用も垣間見えてくる。

　小松論文はバナナをとりあげ、インドネシア、中部アフリカ、東アフリカ高地、南米
を舞台に、食生活における位置づけや集約的栽培から粗放的栽培まで幅広い多様な栽培
文化の事例を通して、人とバナナのかかわり方について記述する。いくつかの地域で
は、バナナが現に主食である、または過去に主食であり、象徴的な意味を担っている。
各地でバナナからコメやキャッサバへ、逆に雑穀やキャッサバからバナナへと主食が変
化している現象から、保守的と考えられている主食が変化する要因を分析している。

（阿良田麻里子）

〈文献〉
ブルデュー，ピエール（石井洋二郎訳）　1994（1979）『ディスタンクシオン──社会的判断力批判』
　藤原書店。
ワトソン，ジェームズ（前川啓治・竹内惠行・岡部曜子訳）　2003（1997）『マクドナルドはグローバ
　ルか──東アジアのファーストフード』新曜社。

第1部

食とハラール

ここ数年、海外進出や輸出を考える食品産業、インバウンド旅行業界において、食のハラールやムスリム対応の問題が注目されている。しかし、ビジネスセミナーでは、ムスリム市場の大きさやハラール認証のことばかりがクローズアップされることが多い。ムスリムにとってハラールとはどういうことなのか、ハラールイコール認証ではない。日本に住まうムスリム消費者を支えてきた小規模なハラールショップに食堂や学食などのフードビジネス、ムスリム消費者の多様なハラール認識と多様な食選択行動の事例研究は、当事者との対話を活用した柔軟なムスリム対応のヒントになるだろう。

第1章

グローバル化、近代化と二極化するハラールビジネス
―日本のムスリム非集住地域から

山口裕子

要旨

近年の経済発展を背景に、日本を訪れる東南アジア出身者をはじめとするムスリム（イスラーム教徒）の旅行客が増加している。彼らを対象とするインバウンドビジネスや、世界に約16億人、200兆円規模といわれるイスラーム市場への参入をめざして、従来ムスリムの非集住地域だった岡山県でも、旅行施設や企業が、ハラール、つまりイスラームの教え上で許された食事の提供や、産品に対してハラール認証を取得して輸出をしようと試みている。

グローバル化による人、モノ、情報のフローの活発化にともなって、このようにハラール産業の担い手は宗教的にも多様化してきており、さらに現代の科学技術の発達が、ハラールの鑑定、認証基準を精緻化させている。認証を与える側の諸国では、イスラーム復興の動向を一つの背景に認証事業が活発化しており、そのイニシアチブをめぐる国際競争は激化している。そのなかで世界的な統一基準は形成されていない。そのため多くの日本企業が、認証プロセスの煩雑さやコスト面での困難に直面し、結果としてすべてのハラール対応を断念するという「すべてかゼロか」の状況に陥りがちである。

また岡山のようなムスリム非集住地域では、認証取得をめざす企業や団体のターゲットはムスリムインバウンドや海外の市場であり、概

して地元のムスリム住人は度外視されている。彼らの食を支える非ム
スリムを含む零細業者と、認証ベースの対応を試みる企業や自治体は
接点が乏しく両者は二極化しており、「認証ブーム」は直接的に在地
ムスリムの生活上の便宜にはなっていない。

　他方で、ハラール対応で追求される安全、安心な食品への志向性
は、ムスリムと非ムスリム双方の消費者が共有しうるものであり、今
後ハラール食品は非ムスリムにも開かれたものになる可能性がある。
そのためには、ムスリム／非ムスリムを含む消費者との対話と情報開
示、それによる信頼の構築が不可欠になる。

Ⅰ　はじめに─拡大する接触領域

　──「売り込め“ハラールおかき”赤磐のメーカー認証取得：ムス
リム対応」（2014 年 10 月 4 日『山陽新聞』）
　──「岡山県内　広がるムスリム対応：認証取得や施設整備、ホテ
ルに礼拝室用意も、訪日客増加、輸出も視野」（2014 年 10 月 4 日『山
陽新聞』）
　──「きびだんご世界の土産に：ハラール認証を取得」（2015 年 1
月 16 日『日本農業新聞』）

　2016 年 10 月、日本を訪れる外国人観光客が 2000 万人を突破した
［JNTO 2016b］。なかでも、近年のめざましいアジアの経済発展を背
景に、東南アジア出身者をはじめとするムスリムインバウンド（イス
ラーム教徒の旅行客）の増加が顕著である。それにともなって、彼ら
を受け入れる日本の旅行施設のなかには、礼拝スペースやハラール
（halal）食、すなわちイスラームの教えにのっとって許された食事の
提供を試みるところが急増している。さらに約 16 億人、200 兆円規
模といわれる世界のイスラーム市場への参入をめざして、日本の企業
や地方自治体がさまざまな産品に対して関係諸機関からハラール認証
を取得する動きも隆盛している。
　これらの動向は、2013 年の「和食」のユネスコ無形文化遺産登録
による日本の食への世界的な関心の高まりや、2020 年の東京オリン
ピック開催にともなうムスリムインバウンド消費の伸びへの期待か
ら、いっそう活発化する傾向にある。
　いっぽう国内人口の圧倒的多数をムスリムが占めるアラブ世界など
では、旧来、ムスリム生産者はハラール認証制度への関心が低く、ハ

ラール生産物は、東南アジアやヨーロッパほどには熱狂的に促進されていないことが指摘されてきた［富沢 2007：320、澤井 2014：1］。トルコ共和国での留学経験がある澤井［2014：1］は次のように述べる。「中東諸国では、人間が口にする食物はハラールであることが一種『当然の前提』とされており、現地では、目の前の食物がハラールか否かを気にする人をほとんど目にすることがなかった」。ハラール産業は実質的には非ムスリムとムスリムが接して暮らす脈絡から生まれ、ハラール意識はイスラーム世界と非イスラーム世界が日常的に接触する、多宗教多文化的脈絡で覚醒されるのである［富沢 2007：335；341］。だがこうした状況もすでに過去のものとなりつつある。近年では高度の工業化やグローバル化を背景に、加工食品の原材料や流通が複雑化し［阿良田 2015a：193］、後述のとおり中東でもハラール認証事業が興隆する萌芽的状況にある。

　これらの激動するハラールに関連する動向を受けて、旧来はイスラームになじみの薄かった日本の地方社会でも、ハラールビジネスに注目が集まっている。かつて筆者の勤務地があった岡山県は、全国でもムスリム人口が少ない地域である。この地域のムスリムの食事情について最初の調査を行った 2005 年頃には、岡山市内でもハラール食品を扱う店舗は稀少で、インターネット通販も現在ほどは発達していなかった。そのため知人のムスリム留学生からは、ハラール食品の入手に苦労する声がしばしば聞かれ、後述のような非ムスリムとムスリムの個人的なネットワークによる、手作り度の高いハラール食品の流通がその空白を埋めていた［山口 2009］。

　だがこの約 10 年間で状況は大きく変わった。ハラール認証の取得をめざす企業や自治体が急増し、冒頭に紹介したように地元の日刊紙でも「ハラール」の文字が盛んに踊るようになったのは 2014 年頃からである。このことが日本の地方社会に暮らすムスリムに対して与える影響については別途に検討を要するとしても、少なくとも「ハラール」という言葉への認知度は、非ムスリムの一般的な日本人の間でも確実に上がっているといえよう。

　本稿では、近年の日本におけるハラールへの関心の高まりとその背景を整理し、その後で岡山を事例に、とくにムスリムの非集住地域におけるこの 10 年の変化という視点からハラール食品産業をめぐる動態を考察する。

第 1 章
グローバル化、近代化と
二極化するハラールビジネス
―日本のムスリム非集住地域から

ミニコラム

　1964 年に開催された東京オリンピックでは、約 93 の国と地域、5000 人余りの選手の参加をみた。そのなかにはアフガニスタン、イラン、イラク、マレーシア、アラブ連合（現エジプト、シリア）などの多数のムスリム人口を擁する国々も含まれていた。選手村では、大会組織委から委託された日本ホテル協会が、加盟ホテルから料理人 300 人余りを集めして給食業務に当たった［鈴木 1963：30］。鈴木博・選手村給食委員会事務局長は世界の「二千五百六十のメニューすべてに日本のコックが挑戦した」とふり返る［中国新聞 1996 年 5 月 27 日夕刊］。ハラールメニューについては、「イスラム教徒が食べる羊は、食肉解体の際に洗礼儀式をやらなければならなかった。戸惑うことばかり」とも報じられており［同上］、一定の対応が試みられたことがうかがえる。

　東京代々木の選手村のアジア向け食堂「富士」の責任者だった村上信夫（帝国ホテル新館料理長・当時）は、その前のローマ大会（1960 年開催）で選手村を訪れた際に、日本選手の食堂には「ヒンズー教、回教、仏教を信奉する国民が一カ所に集められ」、他国の選手が食に関する宗教戒律を遵守する様相を目の当たりにする。「人工衛星が宇宙を飛んでいようと云う今日、（…）奇異な感じを抱かされたものだった」と率直な感想をもらしている［村上 1963：25］。

　推計によると、日本のムスリム人口は 1960 年代末で日本人と外国人をあわせても 3500 人ほど［店田 2015：11-12］。ムスリム人口は今よりずっと稀少で、モノや情報の流通も制約が多かった当時の日本で、ムスリムの食への対応は試行錯誤の連続だったに違いない。

第1部
食とハラール

Ⅱ　高まるハラールへの関心

Ⅱ-1　世界と日本のムスリム人口

　世界のムスリム人口は、1900年には1億9994万人で世界人口の12.3%であった。その後漸増し、1950年には3億1570万人（世界人口の13.6%）になり、さらにその後は世界の人口増加率を超える勢いで増え、2013年時点では約16億人にのぼる（表1）。これは世界人口の22.3%にあたり、同時期のキリスト教人口の比率の31.8%（約22億人）につぐ値である。

　現在ムスリムの大部分が、アジア・大洋州（ムスリム総人口の約65%）や、中東・北アフリカ（同約20%）、アフリカのサブ・サハラ（同約15%）に居住している。ムスリム人口は規模割合ともに今後も増加するとみられ［店田2015:6］、2025年には世界人口の約30%を占めるとの予測もある［ハンティントン1998］。

　日本国内のムスリム人口は、1980年代半ばには6000人前後（総人口の0.004%）だったが、バブル期の1980年代末にパキスタン、バングラデシュ、イランに対して査証相互免除協定を締結したのを背景に、西・南アジアのムスリム労働者が大量に流入し、1992年には「不法残留者」を含め10万人を超えた。

　1989年から1992年にかけて上述の査証免除協定が停止されて、滞日外国人ムスリムの人口はいったん急速に減少するが、その後は再び増加に転じる。2013年時点で外国人ムスリムが約10万人、これに日本人配偶者とそれ以外の日本人ムスリム計約1万人を加えた、約11万人（総人口の0.08%）が日本のムスリム人口と推計される［店田2015:10-16］。

　このように、滞日ムスリム人口の割合は、過去約30年間でほぼ20倍に増加し、いまやマイノリティとして等閑視できない規模になりつつある。だが近年のハラール対応志向の高まりは、必ずしもこのような滞日ムスリム人口の漸増に起因するものではない。むしろ背景にあるのは、次に述べるような、ムスリム旅行者の訪日、すなわちムスリムインバウンドを見こんだビジネスの隆盛と、国外のイスラーム市場への参入熱の高まりである。

表1　世界のムスリム人口の推移

年	ムスリム人口	対世界人口割合
1900年	1億9994万人	12.3%
1950年	3億1570万人	13.6%
2000年	12億7603万人	21.1%
2013年	16億人	22.3%

出典：［店田2015］に基づき筆者作成。

Ⅱ-2　訪日外国人旅行者の伸び

　日本を訪れる外国人旅行者は1990年代末には400～500万人台だったが、国土交通省を中心とする訪日促進活動の「ビジット・ジャパン・キャンペーン」が開始された2003年頃から増加している。さらに政府は2020年の東京オリンピック開催も視野に、訪日外国人旅行者数2000万人の目標を掲げて、観光立国推進基本法（2007年から施行）に基づきながら観光立国推進閣僚会議を立ち上げ、「観光立国実現に向けたアクション・プログラム」を策定して実施してきている［観光庁公式ウェブサイト］。

　外国人旅行者数は、リーマンショック後の2009年と東日本大震災が発生した2011年にいったん減少したものの、2013年には1000万人を超え、2015年末では1973万人余りにのぼった（図1）。そして冒頭で述べたとおり、2016年10月末に、この2000万人の数値目標は達成された。

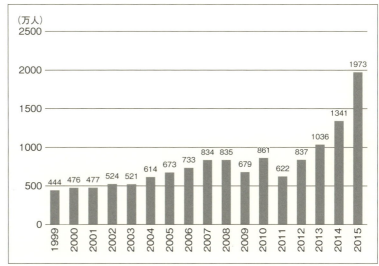

図1　訪日外国人旅行者数の変遷

出典：JNTO（日本政府観光局）資料より筆者作成。

　とくに伸び率が高いのはアジアからの旅行者である。たとえば2015年末の統計では、ヨーロッパ出身の旅行者の合計は約124万人で前年比約19%の伸びであるのに対して、アジア出身者は合計1664万人で伸び率は53.8%である。出身国・地域別では、多い順から中国（約499万人）、韓国（約400万人）、台湾（約367万人）、香港（約152万人）、タイ（約79万人）、シンガポール（約30万人）、マレーシア（約30万人）、フィリピン（約26万人）、インドネシア（約20万人）、ベトナム（約18万人）などとなっている［JNTO（日本政府観光局）公式ウェブサイト］。

　観光庁は、なかでもとくに訪日増加が見こめる国・地域を「促進重点国・地域」に指定している。成長著しい東南アジア諸国からは2005年にタイとシンガポールを、2010年にはマレーシアを、2012年にはインドネシア、フィリピン、ベトナムなどを指定して、観光誘致

第1部
食とハラール

活動を強化している。

　政府の観光立国実現の施策のなかでも、ムスリム旅行者受け入れに向けた取り組みは重要課題の一つに指定されている。ビジット・ジャパン事業開始から満10年が経過した2014年に提出された「観光立国実現に向けたアクション・プログラム2014」では、東南アジアからの訪日促進を強化するなかで、①ムスリム旅行者に配慮した食事や礼拝スペースの確保等、これまで対応が遅れていたムスリム旅行者に対する受け入れ環境の整備やサービスの充実を図ること。②そのためたとえば、日本政府観光局および日本アセアンセンター等との協力によりセミナーを開催すること。③ムスリム旅行者の受け入れ環境整備に関するモデル事業を実施することなどが謳われた［観光立国推進閣僚会議編 2014:11］。翌2015年8月には、受け入れ施設での食事や礼拝環境整備への取り組み方法をまとめた『ムスリムおもてなしガイドブック』が発行された（写真1）。

　最新の「観光ビジョン実現プログラム2016」では、引き続き「ムスリム対応の強化」をめざして、前年の『ムスリムおもてなしガイドブック』をふまえて、「自治体等におけるムスリムへの対応や情報発信の先進事例について周知、普及すること」が目標として掲げられている［観光立国推進閣僚会議編 2016］。

　また外務省は、商用、観光などを目的とする以下の東南アジア各国の国籍をもつ短期滞在者に対して、ビザ免除措置を実施している。たとえばインドネシア人とタイ人は国際民間航空機関（ICAO）標準のIC旅券所持者に限って15日間、マレーシア人は90日間、通常旅券の場合でもシンガポール人は90日間、ブルネイ人は15日間の無査証での滞在が認められている［外務省公式ウェブサイト］。

　本稿は、訪日外国人の増加をただちに上述の日本政府の観光促進政策の「効果」に帰すものではなく、その評価は今後の展開をふまえて慎重に行いたい。だが、おそらくは当該の施策を一つの主要な背景とし、さらにはアジアの中間層の可処分所得の増加、格安航空会社（LCC）の就航、そして上述の査証緩和などの複合的な要因が相まって、2012年以降、多数のムスリム人口を擁する東南アジア諸国からの旅行者数が伸びているとみられる（図2）。

　以上が、日本での2014年頃以降のハラール対応への関心の興隆の主因である。

写真1　『ムスリムおもてなしガイドブック』の表紙
出典：観光庁ウェブサイトより。

図2　東南アジアからの国別旅行者数の推移

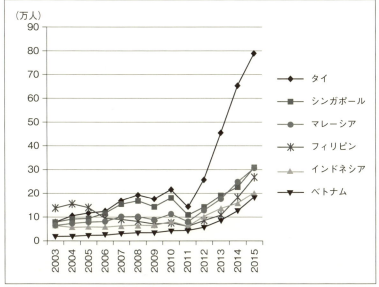

出典：［JNTO公式ウェブサイト］より筆者作成。

Ⅲ　世界の市場としてのイスラーム社会

Ⅲ-1　日本でのハラール認証のしくみ

　近年では世界のハラール食品の消費額は1兆880億米ドルにのぼり［福島 2014:23］、世界のハラール産業市場は全体で、約2.1兆米ドル規模といわれる［ジェトロ編 2014］。ムスリム人口の増加にともなって拡大する世界のハラール市場は、日本の企業や自治体にとっても商機として大いに注目されている。これが、近年の日本でのハラール認証への関心の高まりのもう一つの主因である。

　日本の食品や食材をイスラーム圏に輸出する場合を例にとろう。その際に、ハラール性を担保するべく参照されるのがハラール認証制度である。現在日本でハラール認証を取得する方法は、大きく2種類ある（図3）。輸出先国が認可した監査・認証機関／団体（図中ア、以下「認証機関」と略記）から直接認証を取得する方法と、輸出先の認証機関が認めた日本国内にある認証機関（図中イ）から取得する方法である。

　このうち後者、すなわち日本国内にある認証機関（図中イ）の代表

第1部
食とハラール

図3 ハラール認証取得の手順概念図

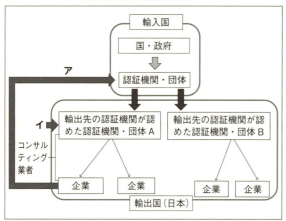

出典：［ジェトロ編2014］に筆者が加筆。

表2 日本国内のハラール認証機関

国内認証機関	マレーシアの認証機関	インドネシアの認証機関	UAEの認証機関
日本ムスリム協会（JMA、拓殖大学イスラーム研究所）	○	○（加工品、香料）	
イスラミックセンター・ジャパン（ICJ）			○（屠畜証明書）
日本イスラーム文化センター（マスジド大塚）			○（屠畜証明書）
日本ハラール協会（JHA）	○		
ムスリム プロフェッショナルジャパン協会（MPJA）2015〜		○（加工品、屠畜証明書）	

注：代表例、2016年11月1日時点。
出典：筆者作成。

例は表2にあげたとおりである。

　これらからもわかるとおり、国内認証機関は海外の特定の機関から資格を得て、場合によっては「加工食品」「屠畜証明」といった特定の品目に限定した認証事業を実施している。認証を希望する企業や自治体側は、食品の加工処理工程や生産ラインでの施設や調理器具などについて、それぞれの機関が定める条件を満たし、審査に合格し、さらに毎年同様の監査を経て認証を更新する必要がある。また、現在のところハラール認証の国際的な統一基準はないため、日本の企業や生産者は輸出先国が複数になれば、輸出品と輸出先国ごとに異なる認証を取得する必要が出てくる。

　さらに近年ではこれらの国内認証機関と日本の企業、自治体などを仲介するコンサルティング業者も林立している。これらは、上述のように日本企業と輸出先国ごとに異なる認証機関との間の仲介の便宜を図る側面を有する一方で、認証プロセスを複雑化させ、結果として認証コストを引き上げる要因にもなっている。後述のように関係諸機関同士が地元のハラール市場の独占をかけて競合し、売り手の自由な販路開拓の妨げになる事例も散見されはじめている。

III-2　東南アジアでの認証事業

　先述のとおり、ハラール認証事業は中東よりも東南アジア諸国で先行して興隆しており、国ごとに監査・認証機関をつくって対応する状況にある（表3）。これらのなかには表2に示したように、日本国内で

表3　東南アジア諸国の代表的ハラール認証機関

国名	主要認証機関名	認証開始時期	ロゴマーク
マレーシア	マレーシア・イスラーム開発局（JAKIM）	1980年代	
インドネシア	食品・薬品・化粧品検査研究所（LPPOM-MUI）	1989年	
タイ	タイ・イスラーム委員会	1990年代〜本格化	
シンガポール	シンガポール・イスラーム委員会	1972年	

出典：［富沢 2007、阿良田 2015b］に基づき筆者作成。

の事業の認証元となっている機関も多い。そのなかから、マレーシアとインドネシアの動向を概観する。なお、インドネシア事情の詳細については、本書所収の阿良田論文（第1部第5章）を参照されたい。

　マレーシアでは、1970年代以降の民間のイスラーム復興運動や、それを反映して1980年代から1990年代にかけて採用された官主導のイスラーム化政策などを背景としながら、1982年に首相府イスラーム問題局のもとで「ムスリムの利用する食品、飲料、商品についての評価委員会」が設置されたのを機に、ハラール認証制度が開始された。これらの動向と連動しながら、1990年代以降になると、政府はグローバルなハラールビジネスにおける指導的役割を担うべく、国家戦略としてハラール・ハブ戦略を展開してきている［富沢 2007：326-327］。2004年には、科学技術革新省基準局が、認証基準である「マレーシア基準 MS1500：2004」を制定し、これに基づいて首相府イスラーム開発局（JAKIM）が認証を行っている。

　インドネシアでは、1988年に東ジャワ州でムスリムが所有する水田に大量の豚油脂が流入した事件をきっかけに、食品のハラール性を科学的に確証できる組織の確立が望まれるようになった［富沢 2007：330］。これを受け、インドネシア・ウラマー評議会（MUI）は1989年にムスリム消費者のために、体内に摂取したり人体に直接塗布したりする製品のハラール性を検査する民間の非営利団体「食品・薬品・化粧品検査研究所（LPPOM-MUI）」を設立し、これが長らく同国唯一の監査機関として機能してきた。2014年には、同国内でハラール

第1部 食とハラール

製品として売買する商品に認証を義務づける「ハラール製品保証法（国法2014年第33号）」が承認され、同法が発効する2019年からは、唯一の認証機関であったMUIや、同じくほぼ独占的な監査機関であったLPPOM-MUIはその位置づけが変わり、監査官を擁するハラール検査機関（LPH）が並立し、企業は監査機関を選べるようになる。また、監査結果に基づく「ハラール決定書」や宗教的見解である「ファトワー」を出す事業はMUIが独占しつづけるが、最終的に「ハラール認証状」を発行するのは宗教省の下に新設される「ハラール製品保証実施機関（BPJPH）」が担当となり、MUIとBPJPHは協力して監査官や検査機関を認定し、製品のハラール性を判断することになる［阿良田2015b］[*1]。

Ⅲ-3 認証の精緻化と参画者の多様化
――グローバリゼーションと近代化のなかで

近年のハラール認証動向を特徴づける傾向として、監査基準の精緻化があげられる。それを象徴したのが、2000年にインドネシアで生じた、日本の大手調味料会社Aをめぐる事件である。A社は1969年からインドネシアでの生産を開始し、同社の調味料は一般家庭の多くの台所でも親しまれている（写真2、3）。

そのA社の製品が2000年、MUIによってハラム（haram、イスラーム上許されない）の判定を受け、同社の日本人役員の身柄が保護された。このニュースには、当時同国の東南スラウェシ州でムスリム家庭に住みこみながら長期の民族誌的フィールド調査をしていた筆者も衝撃を受け、家人とともにテレビニュースで事の成り行きを見守ったものだ。同製品はもともとLPPOM-MUIからハラール認証を取得していたのだが、製造工程で発酵をうながすために使用していた牛由来の物質を、アメリカ産大豆由来物質に切り替えた。この触媒に豚由来の酵素が用いられていたとの疑いがかけられたのだ。最終的には当時のワヒド大統領が介在して、同製品自体はハラムではないと弁護され、また、同社側も豚由来が疑われた酵素の代替物質を利用することにしたこと

写真2 インドネシア・スラウェシ地域の一般家庭の台所

写真3 A社製「私のごちそうシリーズ」の揚げ粉

[*1] このハラール製品保証法は、その施行後にはハラール以外の製品の流通が一切不可能になる印象を与えるが、そうではない。阿良田［2015b］によると、同法第26条は「ハラームとされる素材に由来する素材から製品を生産する事業者は、ハラール認証状申請から除外される」となっており、「ハラールではない」と明記する義務はあるが、非ハラール製品の流通も許される。

第 1 章

グローバル化、近代化と
二極化するハラールビジネス
—日本のムスリム非集住地域から

で事態は収束した。

　以上は、ハラールをめぐる次のようなきわめて現代的な事情を象徴する事件であった。つまり一つには、日常では目に見えないミクロの世界にまで、宗教的な清浄さの規範や知識の精緻化が進んでいるということであり、もう一つには、ハラール性の適否は、最終製品について問われるのはもちろんのこと、その素材や介在する物質のみならず、製品の流通から消費にいたる全過程で問題になってきている、ということである［富沢 2007：322］。

　こうした認証基準や認証過程の精緻化は、科学技術の発達とその知識の普及というきわめて現代的な背景とともに*2、世界統一基準の不在とハラール産業の担い手の多様化とも表裏一体の関係にあるとみられる。つまりこれまでも、ハラール認証事業が活発な東南アジアの多民族多宗教地域などを中心に、認証基準の国際統一化や国際的なハラール・ロゴ作成の試みはあった。たとえば 1999 年に設立されたインドネシアに事務局を置く世界ハラール食品評議会（World Halal Food Council：WHFC）などである。だが当該事業での国際的なイニシアチブを握ろうと国家戦略として取り組むマレーシアや、それを容易には受け入れない自他共にイスラームの中心と認める中東社会での認証事業の開始もあって、各国の足並みはそろわず、国際基準の策定は困難な状況にある*3。

　さらにムスリム市場への非ムスリムの参入にともなって、ハラール産業の担い手が民族的にも宗教的にも多様化している。そのなかで非ムスリム事業者ほど、世界のムスリム市場への「グローバル・パスポート」として、より汎用性の高そうな基準に基づく認証の取得を志向する傾向にある。こうして認証制度が発達するほどに、非ムスリムの多様なアクターの参画を招き、結果としていっそう精緻な認証制度が要請されるという循環的な状況にあるようだ。

Ⅳ　日本のムスリム非集住地域
—岡山県のハラール事情の 10 年間

Ⅳ-1　日本と岡山のハラール産業

　1990 年代末には、日本全国にハラール食品を扱う店舗や卸業者が合わせて 100 余りあったとされる。その大部分は 1980 年代の相互査

*2 たとえば 19 世紀以前の、ムスリムと非ムスリムが約 6 対 4 の割合で居住していたオスマン帝国では、アルコール発酵したブドウのしぼり汁をさらに酢酸発酵させて製造したブドウ酢は、一般的にハラールとみなされていた［澤井 2014］。これに対して、たとえばこんにちのインドネシアでは、当初から酢を製造する意図で発酵させる限りにおいて、中間段階でアルコール発酵していても、酢酸発酵によって完全にアルコールが酢に変わっていればハラールとみなされることが、MUI の規格でも科学的判断に基づいて定められている（阿良田氏からのご教示による）。

*3 ごく近年の中東におけるノン・ハラール製品を規制する共通規格策定の試みとしては、現在のところアラブ首長国連邦主導の「UAE 基準」に基づく統一基準（GCC Standards）を制定し、ハラール認証も共有化する計画がある。他方で湾岸諸国のノン・ハラール製品規制のための組織には上記の GCC 基準に基づく「GCC 基準化組織（GSO）」のほかに、「OIC- SMIIC（The Organisation of Islamic Cooperation- The Standards and Metrology Institute for the Islamic Countries）」などが並存し、加盟国も統一化されているわけではなく、ずれがみられる［甲田 2016］。GSO や OIC-SMIIC では、製品の認証規格だけでなく、認証機関（CB）を認定するための規格、認証機関を認定する機関（AB）の規格を設置しており、世界の認証機関の序列化につながるものであるとする見方もある（以上は阿良田氏からのご教示による）。

27

第1部
食とハラール

証免除協定を背景に、日本で急増した南・西アジア出身者が経営する
もので、多数の外国人労働者をかかえる東京都や北関東、東海地方に
集中していた。これらの業者は通常顧客をムスリムコミュニティの外
部に広げることが難しいため、ムスリム集住地域では過当競争に陥る
傾向にあった［樋口・丹野 2000］。筆者が最初の調査を行った2005年
頃には、上記のハラール食品業者の一部はすでに営業が確認できなく
なっており、業界の入れ替わりの激しさがうかがえた［山口 2009：
233］。これらの商店で販売されるハラール食品のほとんどは輸入物で、
アラビア文字で「ハラール（حلال）」と書かれた生産国の特定規格検
査機関の商標がついていた。

　一方、当時はムスリムの非集住地域でのハラール食品の入手は困難
で、やむをえず一般の商品で代用するムスリムも多くいた。筆者が知
るムスリム留学生は、日本で販売される食品については名古屋モスク
が作成してインターネットで公開していた成分リストを参照したり、
食品メーカーの消費者窓口に成分を問い合わせた結果をムスリム同士
で交換したりして、極力ハラームのものを避ける工夫をしていた。

　また当時は、こんにちほどハラール認証取得や認証機関の存在が一
般的ではなかったために、岡山では自分たちで「ハラール」食品を製
造して包装に「ハラール」と記して、市内で行商販売する日本人業者
もいた。後述のとおり、製造販売業者と消費者のムスリムは顔なじみ
で信頼関係が築かれており、それらの「手作りハラール食品」のハ
ラール性の真価がムスリムの間で問題になることはなく、製品はとく
に市内のムスリム留学生のニーズに応えていた。反面、県郊外に配属
されたムスリムの技能実習生などは、これらの手作りハラール食品に
ありつくことが難しく、ハラール食品へのアクセシビリティに偏差が
みられた［山口 2009：233-234］。

Ⅳ-2　在留外国人概況

　法務省の統計によると、2015年末時点で日本に在留する外国人の
総数は223万2189人で、総人口（約1億2704万3000人）の約1.8％に
あたる（図4）。

　岡山県は繊維業や重工業が盛んで、中国地方5県（ほかに広島、山
口、鳥取、島根）のなかでは人口と県内総生産において、広島県につ
ぐ規模をもつ。また産業地帯が位置する瀬戸内海側に人口が集中し、
それ以外の中北部の市町村の多くでは過疎化と高齢化が進んでいる。
岡山県の人口は2015年時点で約191.3万人であり、2005年の195.7

第1章
グローバル化、近代化と
二極化するハラールビジネス
——日本のムスリム非集住地域から

図4　日本在留外国人（2015年末）

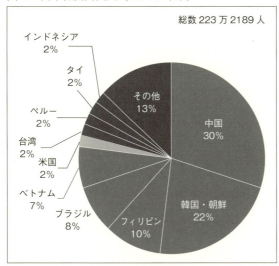

出典：法務省公式ウェブサイトより筆者作成。

図5　岡山県在留外国人（2015年末）

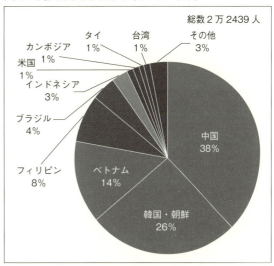

出典：法務省公式ウェブサイトより筆者作成。

万人をピークに減少傾向にある［岡山県編 2016］。

　岡山県内の在留外国人は2008年以降5年連続で減少していたが、2014年以降は再び増加に転じ、2015年末には2万2439人（全国の在留外国人総数の約1％、第28位）で、前年の2万1270人から1169人増加している［岡山県公式ウェブサイト］。国籍順では中国、韓国・朝鮮が上位を占める点で全国の傾向と共通するが、全国的には上位のほうにあるブラジル人よりもベトナム、フィリピン国籍者の割合が相対的に多いのが特徴である。その多くが、製造業や建設業での労働力不足を補うべく、これらの国々から受け入れてきた技能実習生とみられる（図5）［山口 2009：234］。2015年には県内の在留外国人のうち5446人（県在留外国人の約24％）が技能実習生であるが、図5のうち中国、ベトナム、フィリピン、インドネシア、タイ出身者の一部がそれにあたると推測される。

　岡山県の在留外国人のうち、国籍別人口に出身国のムスリム人口比を乗ずる「店田方式」[*4]によると、ムスリム人口は2006年時点で約670人、2012年には870人余り（全国のムスリムの約0.8％）と推計された。その後ムスリム人口は増加傾向にあるが、2015年では外国人ムスリムに日本人配偶者などの途中改宗者を加えても1000人未満と推計される。

　このように漸増傾向にありつつも、全国的にみるとムスリム人口が少ない岡山県では、1990年代のムスリム集住地域にみられたような、

*4 アジア社会論やエジプト地域研究の専門家である店田廣文氏が用いている、日本国内のムスリム人口の算出方法をさす。

29

第1部 食とハラール

外国人ムスリムが経営するハラール食品店の出店は近年までなかった。岡山駅前の輸入食材店や大型ショッピングモールの「エスニックフード」コーナーの一角で、東南アジア産のハラール即席麺や調味料などが売られていたが、これらは在留外国人ムスリムというよりは、むしろ非ムスリムの日本人消費者向けのようで、筆者の観察の限りでは外国人ムスリムが日常的に利用している様子はなかった。

Ⅳ-3　手作りハラール肉製造の取り組み―2000年代半ば

いったい岡山県内の外国人ムスリムは、どうやってハラール食品を調達しているのだろうか。今から10年ほど前、このような疑問を抱いていたところ、県内の国立大学に通うインドネシア人ムスリム留学生から、毎週1回大学付近にハラール食品を行商にくる日本人男性がいるという話を聞いた。しかもその男性K氏は「ハラール肉を手作りしている」という。

岡山県内で養鶏業を営むK氏がハラール食品の販売を始めたのは1990年代中頃で、自身でハラール肉の製造に携わるようになったのは2000年代半ば頃である。この事業には、県内外のムスリムとK氏を含む非ムスリムからなる何人かの人物と業者が参画していた（図6）。

まず、K氏がハラール食品業を起業する直接的な契機には、岐阜県在住の輸入食品卸業者N社の社長の存在があった。N社長は、かつて

図6　手作りハラール肉製造販売を支える人的ネットワーク

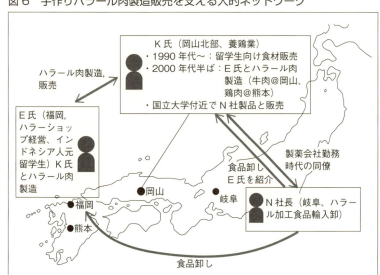

K 氏が勤務していた製薬会社の同僚で、1992 年以降 N 社を立ち上げ、インドネシアとマレーシアの食材や調味料の輸入販売をしている。次に福岡市在住のインドネシア人元留学生の E 氏がいた。E 氏は N 社と同時期の 1992 年頃に福岡県内にハラール食品店を開業し、自社で処理製造した鶏肉のほかに、ブラジルやオーストラリアからの輸入ハラール牛肉、羊肉、インドネシアの即席麺、マレーシアやパキスタンの調味料などを店頭およびインターネットで販売していた。

K 氏はもともと東南アジアが好きで観光したり、それが高じて岡山県内の国際交流施設で東南アジア出身者を集めた交流イベントを開催したりしていた。そこで外国人ムスリムがハラール食品の入手に苦労していることを知り、1990 年代中頃から N 社から仕入れたハラール食品を岡山市内の国立大学の留学生会館付近で週に一度行商するようになった。さらに 2000 年頃には、岡山県内でマレーシア人ムスリムが屠畜した鶏肉にハラールマークをコピーして貼りつけて、販売していたという。これについて K 氏は「留学生は私を信頼して買うので何も問題なかった」と語っている[5]。

さらに N 社長を介して福岡在住のインドネシア人ムスリムの E 氏を紹介されたのをきっかけに、2000 年代半ば頃の数年間、岡山県内の食肉センターで「ハラール牛肉」を製造していた。その方法は別稿 [山口 2009] でも紹介したが、概説すれば以下のとおりである。和牛は月に 1〜2 頭、生体を県内の契約精肉店から購入し、K 氏の人脈を使って上述の E 氏を食肉センターに入場させる。E 氏は「アッラーの名において」と唱えた後で、牛の首に刃を入れる。その後は食肉センターの職員が皮や内臓を処理する。左右に二分された枝肉を K 氏と E 氏でさらに解体し、袋詰めまでを同センターで行った。製品化された肉は E 氏と K 氏の間でそれぞれの必要に応じた割合で分けて冷凍保存した [山口 2009:235]。

2000 年代中頃から後半頃までは、K 氏はこの「手作り」のハラール肉を、自らが経営する養鶏場でとれた鶏卵や、N 社が卸すハラール食品とともに、週に一度国立大学の留学生会館付近で販売していた。値段は牛肉約 700 g が 1000 円、鶏肉 1 kg が 550 円、鶏卵 10 個 100 円、即席麺は 1 パック 100 円ほどである。2008 年に筆者が調査した時には、まだ K 氏と E 氏の手作りハラール肉が販売されていた。

買い物に来ていたインドネシア人ムスリム留学生に尋ねたところ、「K さんの商品はほかのネット販売の輸入ハラール肉より少し高いけど、送料がかからないし新鮮です。日々の食材の多くを K さんから

[5] 2015 年 2 月のインタビューより。

買っています」と語った。また筆者が「Kさんの売る手作りハラール肉にはハラール・マークがついてないけど（問題ないですか?）……」と水を向けると、西ジャワ出身という留学生は、「(Kさんの商品が)ハラールであることに何の疑念もありません。ムスリムがアッラーフの名のもとで解体したという事実が重要です。Kさんがいなかったら、岡山県でハラール食品を入手するのは困難です」と語った。

K氏の訪問販売は留学生同士の社交場にもなっており、買い物よりもおしゃべりに興じる者も多い。比較的安価に設定した商品が多いこともあり、1回の売上は「1万円程度から数万円まで幅がある」という。その額はけっして大きくはないが、それについてK氏は「留学生の助けになればいい」と語っていた。このほかに、K氏はこれらのハラール食品を市内のインドネシア人ムスリムの夫をもつ日本人女性が経営するインドネシア料理店Bや、関西空港の機内食用にも卸していたという[6]。

Ⅳ-4　新たな動向—2010年代以降

（1）留学生に重宝されるK氏の行商

K氏が製造販売するハラール肉とハラール食品は、その気さくな人柄もあって留学生に親しまれ重宝されていたが、2000年代末頃になると、食肉センターへの入場に規制がかかったらしくハラール肉の製造は中止された。この頃には日本に流通する輸入ハラール食品が量、種類ともに増え、以前から取引きをしていた熊本県のハラール養鶏場の倒産も重なって、K氏が行商する商品も、安価なブラジル産ハラール肉をはじめとする輸入品へとシフトしていった。

筆者は2015年2月にK氏の行商に再び同行した。午後7時半、留学生会館にK氏がライトバンで乗りつける頃には、留学生やその家族が10人以上待ち受けていた（写真4）。南アジア、東南アジア、中東のムスリムに交じって、非ムスリムとみられる東アジア出身者も多い。

K氏が販売するのはまず、冷凍の輸入製品である。鶏肉を例にみても、丸鶏、切り身（骨付き／骨なし）、ソーセージ、ミンチなど種類が豊富である（写真5）。そのほかには冷凍のチャパティ、ナンなどのインド風のパンだ。さらにブラジル産ハラール鶏を使用したK氏手製の唐揚げ（写真6）やチキンカツ、自身の養鶏場の卵で作ったプリンなども売られており、前者の鶏肉の惣菜はほぼ完売だった。

買い物に来た留学生たちはビニール袋を手に品定めをする。K氏の

[6] 2015年2月のインタビューにて。その後、レストランBは店主の都合により閉店し、また関西空港への卸しも短期間で終わったとのことである。

第1章
グローバル化、近代化と
二極化するハラールビジネス
――日本のムスリム非集住地域から

　養鶏場で前日にとれたという鶏卵は安価（1パック10個で100円）で新鮮なため人気があり、5～6パックまとめ買いする東アジア出身の留学生もいた（写真7）。春休みで学生が少ないこの日も、100パック中77パックが売れた。学生仲間から噂を聞いて初めてやってきたというポーランド人留学生は、自身はムスリムではないが、留学生のパーティ用にブラジル産の冷凍丸鶏をまとめて何個か購入していた（写真8）。買い物客たちはお目当ての商品をビニール袋に入れると、行列をつくって会計を待つ。数百円から1000～2000円程度購入する人が多い（写真9）。留学生のうち何人かはK氏と顔なじみで、「春休み里帰りしないの？」「○○ちゃん（子どもの名前）は元気？」などと気さくに言葉を交わしている。元留学生で岡山市近郊の設計事務所で

写真4　留学生会館入り口に商品を運びこむK氏

写真5　さまざまな冷凍ハラール鶏肉
丸鶏、骨付き／骨なし切り身、ミンチなど種類が豊富になった。

写真6　K氏手製の「ハラール惣菜」
ブラジル産ハラール鶏の唐揚げとチキンカツ。どちらもほぼ完売。

写真7　品さだめの様子
ビニール袋に欲しい商品を入れる。鶏卵は安価で特に人気。

写真8　客はムスリムだけではない
非ムスリムのポーランド人留学生もパーティのため丸鶏をまとめて購入。

写真9　会計の行列
客単価は平均数百円から1000～2000円ほど。

第1部
食とハラール

写真10 なじみ客のマレーシア出身留学生
彼は自身の結婚式の招待状をK氏に届けにきた。

働くマレー人の男性は、毎週K氏の訪問販売を利用しているといい、かつて就職の際に設計事務所に紹介してくれたのもK氏だったと語った。また別のマレーシア人留学生の男性は、「Kさんにはかれこれ7年はお世話になってます」と流暢な日本語で語り、その春に故郷で行う予定の自身の結婚式の招待状をK氏に届けにきていた（写真10）。

このようにK氏は留学生の間で親しまれており、商品もムスリム学生の生活に欠かせないだけでなく非ムスリムにも利用されていた。この日の買い物客の総数は約40人で、総売上は2万8000円ほどだった。春休みなのでふだんより客数、売上ともに少なめだというが、K氏は約10年前と同様に「もうけにはならないが学生のためになればいい」と語った。

K氏に近年の地元企業にハラール認証を取得するところが増えている動向について考えを聞くと、「中東系の留学生は私のことを信用しているから黙って商品を買っていく。大事なのは（ハラール）マークではなく信用だ。形から入るのではなく中身が重要」と強調した。さらに地元企業には、県の特産品に対して認証を取得して一方的に売りこもうとする傾向があるとして、「ムスリムの嗜好をもっと理解するべき」と語った。

他方で、K氏も現在のような留学生対象の利益を度外視した半ばボランティア・ワークの行商に満足しているわけではないようだ。東南アジアや南アジアで人気の高い空心菜やパクチー、レモングラス、ヘチマなどを栽培して冷凍し、国ごとの需要に応じて輸出する計画があると語った。そして近年のアジア諸国の経済成長にふれて、「20年来（行商を）やってきて今商機が上がっている」とやる気をのぞかせていた。

（2）元留学生による新規ハラール食品店の出店

この10年の間に、岡山市内の在留ムスリムの生活にもかかわるもう一つの変化があった。2009年頃に、国立大学近辺の住宅地にハラール食品店SAが開店したのだ（写真11）。代表は北京出身で元留学生の女性、R氏である。R氏いわく、知り合いのムスリム留学生の勧めと、日本でのビジネスへの関心から起業を思い立ったという[*7]。同年には、付近のアパートの一室を利用した礼拝所の「岡山イスラミック

[*7] 2015年1月のインタビューより。

第 1 章
グローバル化、近代化と
二極化するハラールビジネス
——日本のムスリム非集住地域から

写真 11　北京出身の元留学生が経営する SA 店

写真 12　各国のハラール加工食品が整然と並ぶ

センター（岡山マスジド）」が開堂しており、SA 店の開業はマスジドに集まるムスリムの需要を見こんだものと思われる。

　店内の棚にはきれいにパッケージされた各国の調味料や加工食品が整然と並び（写真12）、冷凍庫にはブラジル産丸鶏や豪州産牛レバーといった食肉のほか、サモサ*8やマレーシア製のチャパティなどの加工食品がそろっている。R 氏は「ムスリムの顧客は自国のものを好みます。マスジドでも国ごとに固まっていることが多いです」と語り、ココナッツを例にとっても、フィリピン産、インド産のなど複数の商品を、またサモサもパキスタン製や UAE 製など、顧客の嗜好に応じて品揃えを工夫している様子だった。

　2015 年、筆者が SA 店を訪れたのは 1 月の平日の午前中だったが、約 2 時間の滞在中に客としてやってきたのは、エスニックフード好きという日本人の中高年の女性一人だった。R 氏自身「ハラールビジネスは難しいです」と語るように、当時はまだ地域に商売の根を張るにはやや困難をかかえている様子であった。

　約 1 年半後の 2016 年 7 月の週末に SA 店を再訪した。ロールカーテンは下がり看板も表に出ておらず、一見閉店と見紛うばかりだったが店は営業していた。店内の食品棚の商品の種類は減り、大部分をパキスタン製品が占めていた。R 氏に商売の調子を聞くと、苦笑いしながら「難しいね……」と言い、その理由を街中に最近オープンした大型ショッピングセンターでもハラール調味料などを置くようになったためだと語った。筆者が、ハラール認証取得をめざす県内の企業との取引や、それら企業からアドバイスを求められることはないかと尋ねると、R 氏は「（取引は）ないし、アドバイスするようなこともない」と言って、店の軒先にこの春ツバメが巣を作った時のことを例えに、

*8 サモサとは、野菜や挽き肉などの具材を小麦粉の皮で包んで揚げたインドの軽食の一つである。

次のような趣旨のことを語った。

　　ツバメの親が4羽のヒナを育てるのを見ていたら大変そうで、食べ物は大丈夫かなと思った。だけど本人（ツバメのヒナ）たちはそんなことは考えなくてもちゃんと育つ。そんなものでしょう。ムスリムは間違って（ハラームなものを）食べても、後であー（間違えた）って思う程度。知らないで間違えたのは大丈夫。マークがついていてもだめ（ハラーム）な場合もある。食べ物にとって大事なのは安いこと、きれい、おいしいってことでしょう。

　このように、R氏は企業などがハラール認証取得のみに邁進することには疑問を呈していた。現在、店の営業は水曜から日曜で、週末が比較的客数が多いという。その日、筆者が滞在した日中の小一時間の間には、大学院で建築学を専攻するというサウジアラビア出身の男子学生一人がやってきてブラジル産冷凍丸鶏を3パック購入した。この学生は「肉はほかでは売ってないのでここでしか買いません」と言い、前出のK氏の訪問販売については「知らない」と語った。R氏によると、単身の留学生は計画性がなく肉類を飛びこみで買いに来ることが多く、先ほどの学生もパーティか何かがあるのだろうとのことだった。

　以上のように、これまでの観察から市内の留学生周辺の環境についていえば、対面販売としてはK氏の行商とSA店があり、これにインターネットと一般のショッピングセンターでのハラール食品の取り扱いも増えたことを勘案すると、ハラール食品の需要に対して、若干供給過多の傾向が見て取れる。だが、かつて他のムスリムの集住地区にみられた「過当競争」というほどの様相は呈していない。在地のムスリムを対象にしたハラールショップと、以下に紹介するようなハラール認証取得をめざす企業の間には、後者が地元在住のムスリムに自社製品をモニタリングしてもらうといった一部の例外的な機会を除いてほとんど接点はなく、後者の製品をムスリム住人が日常的に消費する様子もこれまでのところみられない。

IV-5　インバウンド／アウトバウンド向け認証取得
—近年の動向

　岡山県では2010年代初頭から、本章冒頭の新聞記事でも紹介した

ようなインバウンド／アウトバウンドビジネスへの、非ムスリム企業や自治体の新規参入の動向が顕著である。ここではそのうち2つの事例を短く考察する。

(1) インバウンド／アウトバウンド需要を見こんだY製菓（岡山県A市）

岡山市に隣接するA市にある有限会社Y製菓は、創業約50年のおかきメーカーである。同社では2013年12月にいくつかの商品に対して日本アジアハラール協会（NAHA）[9]からハラール認証を取得した。Y製菓のY社長によると、認証取得のきっかけは、ムスリムインバウンド旅行者と、日本人ビジネスマンの中東出張の土産物需要を見こんでのことだった[10]。数ある認証機関から当協会を選んだのは、後述のように、当時県内で精力的に認証取得のコンサルティング事業をしていた一般社団法人HJ協会からの勧めによるという。

申請から取得までの間にNAHAの担当者による原材料、生産ラインなどの監査と指導を受け、約5カ月後に、アルコールを含む醤油やみりんを使用していない素焼きの豆入り煎餅、赤米煎餅などに対して認証を取得した。商品は岡山駅構内や岡山空港の土産物店などで販売されたほか（写真13、14）、2014年10月に同県で開催されたESD（持続可能な開発のための教育）に関するユネスコ世界会議の交流スペースでも提供されたり、ハラール・ハブ戦略の取材でマレーシアを訪れる地元のテレビ局の撮影クルーが、現地への土産として購入したりしたという[11]。

第1章 グローバル化、近代化と二極化するハラールビジネス ─日本のムスリム非集住地域から

[9] NAHAは、2013年に千葉県を本部に設立された特定非営利活動法人で、パキスタン、シンガポール、インド、トルコ、チリなどの諸機関の代理監査を行い、食品・宿泊施設、レストラン・化粧品などのハラール認証発行と、コンサルティング、講演などをしている［日本アジアハラール協会公式ウェブサイト］。

[10] 2015年1月の電話インタビューから。

[11] 2016年7月の電話インタビューから。

写真13 JR駅構内の土産物コーナーのY製菓のおかき

写真14 おかきのアップ
通常の商品の間に、日本AJ協会のハラールマークがついたおかきが並ぶ。値段は差異化されていない。

第1部
食とハラール

Y社長によると、ハラールおかきの製造では材料を厳選し、味付け前の素焼きの工程と、その後の醬油やみりんを使う工程とを峻別するなど、認証取得までのプロセスは、製品の衛生管理や食の安全・安心を徹底的に見直すよい契機になったという。将来は海外向け通販を展開して、「日本の食文化の紹介に一役買いたい」と意欲をのぞかせる一方で、認証の国際的な統一基準の不在が輸出を困難にしているとも語った。

認証取得から約2年半後の2016年7月にY社長にその後の様子を尋ねた。毎年認証の更新はしているものの、商売については「あまり広がっていないねえ」と苦笑まじりに言う。いわく、県内に複数のコンサルティング団体が林立して互いに「足の引っ張り合い」をしており、Y製菓もそれらから会員登録を勧められているものの、現在はいずれからも距離をおいて「事態を静観している」という。そのため自身で販路開拓せざるをえず、現在のところは従前の駅の土産物店での販売を継続しているほかには、同月にリニューアルした岡山空港のストアに納品する予定があるのみだと語った。その後、2016年11月の時点では実際に空港での取り扱いが始まっていた（口絵写真2参照）。ちなみにこのほかに同土産物売り場では、ハラール認証を取得した食品としては地元の民話桃太郎にちなんだ「きびだんご」が販売されていた（写真15）。

写真15　空港の土産物売り場で販売される「ハラールきびだんご」
商品本体にハラールマークは付いていないが、売り場には日本イスラーム文化センターから認証を取得したことが英語と中国語で掲示されている。

新規にハラールビジネスに参入した企業の商売が先細りになる傾向は各地でみられる。Y社長によると他県の同業者のなかには、名産のえび煎餅に対して認証を取得したものの売れ行きが芳しくなく、認証を返上したところもあるという。このように、ハラール認証とビジネスには複雑化と関係機関同士の競争の激化が見て取れる。

（2）地域創生からハラールビジネスそして脱認証へ―あるベーカリーの事例

最後に、さらに多様なアクターのかかわりのもとで東京にて展開中の、岡山に本社を置くあるベーカリーの事例をとりあげる。

2015年3月に、港区の私立K大学の前にハラール認証を取得したベーカリーカフェLが開店した（写真16）。経営者は、岡山県の製パン企業O工房の代表取締役社長TK氏である。O工房は、短期間の研修で無添加生地の製パン法を習得させて独立

写真16　ハラールベーカリーカフェLの外観
普通のパン店と変わりない。

開業させるプロジェクトで業界では知られる。ベーカリーカフェL出店のコンサルティングをした前出のHJ協会や、あるムスリムフレンドリーポータルサイトの情報によると*12、O工房では、同じ2015年の9月に岡山県北のT市のショッピングセンターにハラールパンの直営店を開店した。そのコンサルティングをしたのが、上記のHJ協会の会員で、かつ岡山支部でもあるコンサルティング業者のAジャパン株式会社であった。T市でのハラールパン店の開店を伝えるAジャパンのウェブ上のプレスリリース記事によると、当プロジェクトは「地元農業の活性化、米の消費、雇用創出、インバウンド誘致などを目指して米粉の産地である県内のKC町と協力して実施」したといい*13、地域振興とハラールビジネスのタイアップが強調されていた。

さて、このO工房が経営する東京のハラールベーカリーカフェLでは、認証を取得した岡山市内の株式会社Cの米粉と、同市内のM製粉の小麦粉を使用したパンやスイーツを製造販売していた。O工房は、上述のコンサルティング業者のHJ協会を介して東京の宗教法人日本イスラーム文化センターから店舗設備・商品全体に対してハラール認証を取得した*14。

2016年2月に筆者はベーカリーカフェLを訪れた。店舗は都心の洗練された町並みのなかのビルの一角にあり、こぢんまりとした明るい店内では、塩バターロールや、インドネシア産チキンを使用したカレーパンなど比較的種類も豊富なパンのほかにジャムなども並ぶ。値段もO工房の通常の商品とほとんど変わらない（写真17）。レジ横には、日本イスラーム文化センターのハラール認証書が掲示されている（写真18）。10人ほどが座れるイートインスペースもあり、近所の女

第1章
グローバル化、近代化と二極化するハラールビジネス
――日本のムスリム非集住地域から

*12 Halal.or.jp/、halaljapan.jp
*13 同ウェブサイトは、同社の代表NT氏による「ハラール需要の低い地域にあえて出店することで、ハラールが特別なものではなく、より多くの人々にとって安全、安心な食品であることを立証したい」とのコメントを伝えている。
*14 日本イスラーム文化センターは、滞日ムスリムの福祉を一つの目標に、食品への認識を高め、ハラール食品を日本の国内外に普及させる活動として、1999年からハラール認証発行をしている［同センター公式ウェブサイト］。

写真18　レジ横の認証書
日本イスラーム文化センターのハラール認証書が掛けられていた。

写真17　ベーカリーカフェLの店内
さまざまなハラールパンが並ぶ。

写真19　ムスリム留学生も製パン作業
アルバイトの彼女（写真奥）は、ムスリム客の対応にもあたる。

第1部
食とハラール

```
                          M B

                    I.     Project
                         TOKYO

1.    "MB"    * bakery is not Halal certified

2.    Similar recipes from "Halal Bakery L        " is being used for most of our items.

3.    Some items contains pork and alcohol

      Items labeled [🐷] contains pork

      Items labeled [🍶] contains alcohol

4.    Prepping area for Halal items are separated

5.    Ovens are not separated for baking Halal items
      (We will do our best to avoid contact with any Haram items)

6.    Washing areas are not separated

      Please feel free to indulge in our delicious items if you agree to the above information.

                    Thank you for your understanding
```

**資料 1　ハラール認証書に代わって店内に掲示・配布されるようになった
説明書**
認証は取得していないこと、ハラールベーカリー時代の製法のほとんどを踏襲していること、食品
ピクトグラムの意味、生産ラインでのハラールゾーンとの分離の有無などが英語で表記されている。

子高生や若い主婦が途切れることなく訪れていた。厨房では日本人ス
タッフにまじって、頭をスカーフで覆ったシリア人の女性留学生がア
ルバイトとして製パン作業に従事していた（写真 19）。彼女は、ムス
リム客から商品について問い合わせがあったときの対応にもあたると
いう。

　同店リーダーの KK 氏によると、顧客の約 3 割をムスリムが占め
る。内訳は付近のイスラーム圏諸国の大使館職員や K 大学のムスリ
ム学生などで、残りの約 7 割が非ムスリムの近隣の住人や学生だとい
う。材料や製法にこだわる同店のパンは、「安心」だとして子育て中
の若い主婦層に人気が高いとのことだった。

　最初の訪問から約 4 カ月後に同店を再訪したところ、店名から「ハ
ラールベーカリー」の名称が削除され、一般的な名称 MB（仮称）に
変更されていた。店内の認証書も外されており、厨房のムスリムのス
タッフも見当たらなかった。

　KK 氏によると、一般の日本人客から豚肉を使用した調理パンに対
する要望が増えたことと、毎年の認証更新にかかるコスト（数十万円）
にかんがみ、去る 3 月に更新時期を迎えたのを機に認証を取り下げ、
「ハラール」を冠した旧店名から、より一般的な現在の店名に変更し
たのだという。アルバイトのムスリム留学生は、学業を終えて帰国を
するなどした。厨房は、従来のハラールパンの製法を踏襲したゾーン

とそうではないゾーンに分け、商品によっては豚肉を使用／不使用の
2種類を提供したり、食品ピクトグラム（絵文字）によってアルコー
ルと豚を含む商品を明示し、材料や製法について説明書を添付するな
どしている（資料1）。

　ハラール認証を取り下げたことの営業への影響については、認証に
こだわるムスリム客の来店は減ったが、常連のなかには認証の有無に
かかわらず同店の製法を理解したうえで来店しつづける客もあり、と
くに東南アジア出身のムスリムに後者の客が多いという。メニューの
刷新をとおして非ムスリムの日本人の客は増加し、総じて売上は上
がったという。

V　開かれたハラール食品に向けて
―まとめと課題

　本稿では、従来ハラール産業が未発達だった岡山の事例にふれなが
ら、ムスリム非集住地域のハラール産業の過去約10年間の急速な展
開について考察してきた。

　非ムスリムが多数派を占めるヨーロッパ社会では、ハラール産業の
担い手の9割以上が非ムスリムだという。非ムスリムが生産したハ
ラール食品をムスリム消費者が消費するという構造は、グローバル次
元のハラール産業全般に該当するようになってきている［富沢 2007］。
本稿をとおしてみてきたのも、上述のようなイスラーム圏との接触領
域に共通し、また、グローバル化によるその拡大に起因する事態の萌
芽であるといえる。さらに拡大する世界のイスラーム市場への参入の
目論見に加えて、観光立国プログラムや東京オリンピック開催などに
よるムスリムインバウンドの拡大、さらには地域振興などといった日
本独自の事情や目的をもちながら、日本のハラール産業は隆盛しつつ
ある。

　近年ではハラールに関する話題はメディアでも頻繁にとりあげられ
るようになり、この10年間で「ハラール」という言葉自体は確実に
一般的な非ムスリムの日本人にも普及している[15]。従来宗教、なか
でもイスラームとは縁遠い生活を送る一般的な日本人が、自分たちと
は異なる宗教に基づく異なる生活慣習をもつ人びとがいることを、当
たり前のこととして受けとめるようになること自体は望ましいことに
違いない。他方で、本稿にて考察した昨今のビジネスベースの認証レ

*15　しばしば言葉だけが先行して流
通し、意味はよく理解されていない
場合がある。たとえば筆者がY製
菓のハラールおかきを求めてJR駅
構内の土産物店を訪れた時のことで
ある。店員に「イスラーム教徒も食
べられるおかき」がどこにあるか尋
ねたところ、理解されずにきょとん
とされてしまった。そこで言葉を変
えて「ハラールのおかきはどこにあ
りますか」と尋ねなおすと、店員は
「ああ、ハラールおかきですね」と
即座に合点して、売り場に案内して
くれたということがあった。

ベルでのハラール対応の動きは、異文化理解や多様性の包摂という次元とはまた別の方向に急速に展開しつつあり、そこからはいくつかの課題が看取された。

そのうち主要な点として、第一に、日本の産業界ではハラール認証の取得は、200兆円のムスリム市場に参入するための唯一の万能なグローバルパスポートとみなされる傾向が強いことがあげられる。だが実際には国際的な統一基準はなく、その取得と更新には材料や生産ラインの厳正な管理とそのぶんのコストがかかる。さらにはコンサルティング業者の林立によってハラール市場の争奪戦も始まっており、とくに地方社会では相対的に乏しいインバウンド市場を取り合うなかで、そこから排除された企業や自治体は、独自に販路開拓の努力などを余儀なくされる。結果として想定より利益が上がらず、認証取得や苦労して取得した認証の更新を諦めたり、それによってハラール対応そのものを完全に断念したりする企業も出はじめている。

これらは、グローバル化による人、モノ、情報の多様なフローや、科学技術の進展による鑑査認証基準の精緻化、認証を与える諸外国でのイスラーム復興の動向や、認証事業でのイニシアチブをめぐる国際競争といった現代的な状況に付随して顕在化する問題である。だがそれ以上に、ムスリムのハラール実践の多様性に対する次のような日本側の理解の欠如にも起因している。

イスラームにおいては本来、ハラール性をどの程度厳密に追求し実践するかはムスリム個人の判断にゆだねられており、社会によって、またそのなかの個人によっても一様ではない。疑わしいものは一切口にしないという厳格な人から、餃子やラーメンを食べながらビールを飲むのが最高という人までいる［桜井 2003］。また世界のムスリム社会の多様なハラール実践については砂井［編 2014］が仔細に報告しているとおりである。

さらには、食物禁忌はムスリムに限られるものではない。多くの人間社会が食に関する文化的規制をもち、それを破ると何らかの社会的制裁を受ける。「食物禁忌は人間を人間たらしめる文化規制」［八木 2016］なのである。ムスリムにとってハラール食の摂取は重要ではあるが、上述の観点からは人間社会に広く存在する食物規制の一つであり、過度に特別視すべきものではない。

ハラール実践は多様であり、認証は万能ではない。この事実の理解が不十分であるために、少なからぬ日本企業が、認証レベルの対応の困難に直面すると、ただちにすべてのハラール対応を諦めるという

第 1 章

グローバル化、近代化と
二極化するハラールビジネス
—日本のムスリム非集住地域から

「all or nothing（すべてかゼロか）」の状況に陥りがちだ。また、認証
取得をめざす企業は、短期間日本で消費をして帰国する旅行者や、海
外のムスリム市場をターゲットとしており、日本に暮らすムスリムの
存在を度外視する傾向も強くみられた。ブームのなかで認証を取得し
たさまざまな製品が、地元のムスリムの間で日常的に消費されたり、
彼らの生活上の便宜となったりしている様子は稀薄であり、在地のム
スリムの食を支えているのは、ごく小規模の食品店や個人などであ
る。こうした「顔の見える商売」からは、ハラールマークよりも売り
手への信頼が顧客の心をつかむという、ハラール食のもう一つのあり
方が見て取れた。認証レベルの対応をめざす企業や自治体と、滞日ム
スリムを対象とする零細業者との接点は乏しく、ムスリム非集住地域
におけるハラール業界をみる限り、両者は二極化している。

　他方で、ハラール対応の動向は、生産者と非ムスリムを含む消費者
の双方にまた別の興味深い影響を与えている。筆者が取材をしたいく
つかの業者が語っていたように、認証取得のプロセスは、原材料や製
造過程を見直す契機となることが多い。こうして提供されるハラール
食品は、東京のハラールベーカリーの事例が示していたように、ムス
リムだけではなく、材料や製法にこだわる非ムスリム消費者にも受け
入れられはじめている。このような、安全、安心でおいしい食品への
志向性は、ムスリムと非ムスリムが共有しうる公分母になりえ、今後
ハラール食品はムスリムだけのものではなく、非ムスリムにも開かれ
たものになる可能性がある。

　だが、このパン店がハラール認証を取り下げた後は、結果としてム
スリムの客の一部がその利用を諦めた。この事例のように、日本にお
いてハラールフードビジネスにかかるコスト面や、日本人の嗜好との
すり合わせといった問題は大きい。こうした問題への取り組みとし
て、ムスリム／非ムスリムを含む消費者との広い意味での対話、すな
わち原材料や製法などについての情報の開示による消費者への選択肢
の提供と、それによる信頼の構築が不可欠になる[16]。そして、これ
らを実践していくことは、じつはムスリムに限らずさまざまな多様性
に対して寛容な社会の実現に向けた課題への取り組みと多くの共通性
をもつ。

　日本におけるハラール食品をめぐる動向は、多くの課題とともに、
多様性を包摂する柔軟な社会のあり方を考えるための方途を一面で示
している。

[16] たとえば、前出のベーカリー
MBの例でみたような食品ピクトグ
ラムの使用は、ムスリムのみなら
ず、他の宗教的な戒律や、アレル
ギー、信条などの理由で食事に制限
がある人びとに情報を提供するうえ
で、一定の有効性がある。現在で
は、ISO（国際標準化機構）とJIS（日
本工業規格）のガイドラインを準用
した、世界での調査に基づく、より
ユニバーサルなデザインの開発と実
用化も進んでいる。そのような例と
しては、NPO法人インターナショ
クナルの取り組みがある［インター
ナショクナル公式ウェブサイト］。

第1部
食とハラール

〈文献〉

阿良田麻里子　2015a　「ハラールとハラール・ビジネスブーム」渡邊直樹編『宗教と現代がわかる本　2015』pp. 192-195、平凡社。

―――　2015b　「インドネシアのハラル認証（前・中・後）」Net IB News 健康情報ニュースウェブ・ページ（2015年11月27日閲覧）。

岡山県編　2016　『101の指標から見た岡山県』（http://www.pref.okayama.jp/uploaded/life/378241_2114979_misc.pdf、2016年6月20日ダウンロード）。

観光庁編　n.d.　『ムスリムおもてなしガイドブック――ムスリム旅行者受入環境の向上を目指して』（http://www.mlit.go.jp/kankocho/news03_000137.html、2016年6月20日ダウンロード）。

観光立国推進閣僚会議編　2014　『観光立国実現に向けたアクション・プログラム2014 ――「訪日外国人2000万人時代」に向けて』（http://www.mlit.go.jp/common/001046636.pdf、2016年6月20日ダウンロード）。

―――　2016　『観光ビジョン実現プログラム2016 ――世界が訪れたくなる日本を目指して（観光ビジョンの実現に向けたアクション・プログラム2016）』（http://www.mlit.go.jp/common/001131373.pdf、2016年8月1日ダウンロード）。

甲田岳生　2016　「中東バーレーン：ハラール最新事情」東工大「ぐるなび」食の未来創成寄附講座　食文化共同研究　第8回公開講義（2016年8月4日於東京工業大学）配布資料。

砂井紫里編　2014　『食のハラール（早稲田大学アジア・ムスリム研究所　リサーチペーパー・シリーズVol.3）』早稲田大学重点領域研究機構プロジェクト研究所、早稲田大学アジア・ムスリム研究所。

桜井啓子　2003　『日本のムスリム社会』ちくま新書。

澤井一彰　2014　「「ハラール」と「ハラーム」のはざまで――オスマン帝国における発酵食品とアルコール飲料」砂井紫里編『食のハラール（早稲田大学アジア・ムスリム研究所　リサーチペーパー・シリーズVol. 3）』早稲田大学重点領域研究機構プロジェクト研究所、早稲田大学アジア・ムスリム研究所、pp. 1-20。

ジェトロ（日本貿易振興機構）編　2014　『ジェトロセンサー』64(10)、日本貿易振興機構。

JNTO（日本政府観光局）編　2016a　『訪日外客数2003-2015』（http://www.jnto.go.jp/jpn/statistics/since2003_tourists.pdf、2016年6月20日ダウンロード）

―――　2016b　『訪日外国人旅行者数2000万人突破』（報道発表資料 http://www.jnto.go.jp/jpn/news/press_releases/pdf/20161102_2.pdf、2016年11月10日ダウンロード）

鈴木博　1963　「オリンピック選手村給食業務について」『ホテル・レビュー』14(159)：29-31。

店田廣文　2015　『日本のモスク――滞日ムスリムの社会的活動（イスラームを知る 14）』山川出版社。

富沢寿勇　2007　「グローバリゼーションか、対抗グローバリゼーションか？――東南アジアを中心とする現代ハラール産業の立ち上げとその意義」小川了編『資源人類学　04　躍動する小生産物』弘文堂、pp. 317-348。

ハンティントン、サミュエルP.（鈴木主税訳）　1998　『文明の衝突』集英社。

樋口直人・丹野清人　2000　「食文化の越境とハラール食品産業の形成――在日ムスリム移民を事例として」『徳島大学社会科学研究』13：99-131。

福島康博　2014　「マレーシアのハラール認証にみるノン・ハラール要因の混入・接触と排除」砂井紫里編『食のハラール（早稲田大学アジア・ムスリム研究所リサーチペーパー・シリーズVol. 3）』早稲田大学重点領域研究機構プロジェクト研究所、早稲田大学アジア・ムスリム研究所、pp. 23-38。

村上信夫　1963　「ローマ・オリンピック選手村の台所」『ホテル・レビュー』14

(159)：24-25。

八木久美子　2016　「イスラムから見る食」『食のハラールの原点──宗教実践と
　　してのハラールとインバウンドビジネス』東工大「ぐるなび」食の未来創成寄
　　附講座、第3回食のハラール性に関する国際シンポジウム（2016年2月2日於
　　東工大蔵前会館くらまえホール）配布資料。

山口裕子　2009　「地方社会のムスリム食事情──岡山県におけるハラール食品の
　　製造と流通」奥島美夏編著『日本のインドネシア人社会──国際移動と共生の
　　課題』明石書店、pp. 233-239。

〈ウェブサイト〉

アーレムジャパン株式会社公式ウェブサイト aalam.jp/（2017年1月7日最終閲
　　覧）。

インターナショクナル公式ウェブサイト https://www.designtodiversity.com/
　　（2017年1月30日最終閲覧）。

岡山県公式ウェブサイト http://www.pref.okayama.jp/（2016年6月30日最終閲
　　覧）。

外務省公式ウェブサイト http://www.mofa.go.jp/mofaj/toko/visa/tanki/novisa.
　　html（2014年12月時点）。

観光庁公式ウェブサイト http://www.mlit.go.jp/kankocho/actionprogram.html
　　（2016年6月20日最終閲覧）。

JNTO（日本政府観光局）公式ウェブサイト www.jnto.go.jp/（2017年1月31日
　　最終閲覧）。

日本アジアハラール協会公式ウェブサイト http://web.nipponasia-halal.org/feature
　　（2016年7月11日最終閲覧）。

日本イスラーム文化センター公式ウェブサイト http://www.islam.or.jp/services/
　　halalfood/（2016年7月11日最終閲覧）。

法務省公式ウェブサイト http://www.moj.go.jp/nyuukokukanri/kouhou/nyuu
　　kokukanri04_00050.html（2016年6月20日最終閲覧）。

〈新聞記事〉

山陽新聞　「売り込め"ハラールおかき"赤磐のメーカー認証取得：ムスリム対応」
　　（2014年10月4日朝刊）。

──　「岡山県内　広がるムスリム対応：認証取得や施設整備、ホテルに礼拝室用
　　意も、訪日客増加、輸出も視野」（2014年10月4日朝刊）。

中国新聞　「五輪100年のニッポン　第2部　テーマソングにのって〈1〉　自信
　　1964年東京大会　シェフ500人　2560種こなす　ホテル業界飛躍の基盤に」
　　（1996年5月27日夕刊）。

日本農業新聞　「きびだんご世界の土産に：ハラール認証を取得」（2015年1月16
　　日）。

第2章

非集住地域の外国人ムスリムの食と食のローカルビジネス
―佐賀県のインドネシア人の事例から

スリ・ブディ・レスタリ

要旨

　外国人ムスリムの人口が少ない地域に関しては調査報告が少なく、地域別にムスリムがどのように暮らし、食に関する制限が多いといわれている彼らの食生活についてもあまり知られていない。本章は、佐賀県に暮らすインドネシア人ムスリムの食生活について詳細にまとめるものである。ソーシャルメディアが盛んになって、インターネットが使える環境であれば何でも手に入る時代である。日本のどこにいても、ムスリムに限らず、同郷人たちは助け合って暮らしていける。ハラールショップが関東地方に集中しているが、オンラインストアでハラール食品を扱っている店も多くなってきた。本章では、佐賀県在住のインドネシア人ムスリムたちが、そういったオンラインストアだけでなく、地方独特の食のローカルビジネスを利用し、ハラール食品やインドネシアの食品を求めながら暮らしている様子を報告する。そのほかに、ムスリムのなかの多様性についてもまとめ、日本人が地域で暮らす外国人とどのように接触していけばよいか、というヒントになればと願う。

第1部
食とハラール

I はじめに

I-1 調査の背景

　佐賀県在住の外国人人口は、2015年末では4536人である。全国における外国人人口と比べると少ない（全国：223万2189人）[*1]。そのうち、筆者の出身国であるインドネシアも含め、ムスリムが多数派の国・地域からの外国人は481人いる[*2]。佐賀県はムスリムの非集住地域の一つであるといえる。

　日本人住民を対象にした多文化共生に関する意識調査では、佐賀市の日本人住民は、外国人が地域に増えていることをあまり感じていない。また過半数の人は地域で外国人住民と接する機会がないことが明らかになっている［東京外国語大学多言語・多文化教育研究センター 2016：24-28］。外国人ムスリムにも接触する機会が少ないと考えられる。

　筆者は2013年7月末に東京から佐賀県佐賀市に転居し、佐賀県における非ムスリムによるハラールへの理解および在留ムスリムの食生活に関心を抱いた。すでに拙稿［レスタリ 2015］では、佐賀県におけるハラール事業をまとめ、食品製造会社が独自に取り組んでいるハラール商品の製造の事例がいくつかあるのに対して、ムスリムの食生活に関係する県の事業が皆無であることを明らかにした。同報告では、県在住のインドネシア人ムスリムの食生活もまとめられている。

　本報告は、前稿をふまえてインドネシア人に対してさらに調査し、彼らの食生活を詳細にまとめる。その食生活を支えるローカルビジネスの関係者（事業家）に対しても聞き取り調査を行い、報告する。日本の、なかでもムスリムが少ない地域におけるムスリムの食生活を明らかにし、彼らはふだん何を食べているか、ハラール実践はどのように行っているかなどを具体的に述べる。

I-2 調査方法・研究課題

　調査の方法は以下のとおりである。インドネシア人に対して記入式（選択式。一部自由回答欄あり）のアンケート調査を行った。ムスリムに限定すると、宗教に関する調査だと思われ、警戒心をもつ人もいるであろうと考え、非ムスリムも対象に含めた。調査の概要は下記のとおりである。

[*1] 佐賀県のホームページ「在留外国人数の状況」(http://www.pref.saga.lg.jp/kiji00326454/index.html)
[*2] 佐賀県の同ホームページを参照して筆者がまとめた。

・アンケートはインドネシア語で作成した。

・佐賀県在住の知人に直接、または知人を通じて調査に協力できるかどうかを尋ね、協力してくれると表明した人を対象に調査を行った。

・協力者は合計で79人。佐賀市、小城市、多久市、伊万里市、鹿島市在住の人たちである。直接配付するものと郵送で行うものもあり、79人全員から回答が得られた。

・回収したアンケートの回答に基づいて新たに第2アンケートを作成、2回に分けて調査を行った。

・一部の協力者に対しては聞き取り調査も行った。実際に面会して聞き取りを行った協力者は合計で12人である。その他は、回答のうち、気になる点や不明点があった人に対して適宜メールやソーシャルメディアのメッセンジャーなどを利用して簡単なやりとりを行った。

　調査は、以下のような点を明らかにすることを目的とする。

・一日の食生活（どこで食べているか、自炊するかどうか）。

・食材はどこで入手しているか。

・食材がハラールであることをどのように確認するか、ハラール肉など、ハラールの食材はどこで入手するか。

・食に関して困っていることは何か、彼らの食生活を支えているものは何か。

Ⅱ　県在住インドネシア人の人口

　本節では、佐賀県在住のインドネシア人の人口を概観したうえで、調査協力者の内訳を述べる。

Ⅱ-1　在留資格および市町村別人口

　2015年12月末の時点で、佐賀県にはインドネシア人が349人おり、県の外国人人口の8％を占め、5位となっている[*3]。

　佐賀県在住外国人（4536人）は、在留資格別でみると、技能実習生がもっとも多く、外国人人口の32％を占める（1437人）。インドネシア人の人口も在留資格別でみると、技能実習生がもっとも多い。

　表1のデータは、各市役所に電話で問い合わせた結果をまとめたものである[*4]。

　また、武雄市と鳥栖市に関しては、在留資格の情報は個人情報の扱

第2章
非集住地域の外国人ムスリムの食と食のローカルビジネス
—佐賀県のインドネシア人の事例から

■ミニコラム■

　ここでは、第1アンケートの概要を述べる。アンケートの冒頭では氏名、居住地、来日時期、職業、所属機関（大学または企業など）を聞く。次に、設問に入る。設問はA, B, Cに分けられる。設問Aは4問、設問Bは4問、設問Cは7問で、合計15問ある。設問Aは、生活の背景についての質問群である。誰と住んでいるか、佐賀に来た目的、いつまで居住するか、休みは何曜日かなどを尋ねる。設問Bは日本語能力についてである。スーパーの店員に簡単な日本語で質問できるか、原材料の表示が読めるかどうかも設問Bで尋ねる。設問Cでは、食生活について尋ねた。朝昼晩の食事、休みの日の食事、食材の購入先、（オンラインや移動販売の）ハラールショップで買い物したことがあるかどうか、どの程度の頻度で買うか、またよく買うものは何か、食品がハラールであるかどうかをどのように確認するかなどを聞く。この報告書では、紙幅の都合上すべての項目の分析ができず、設問Bの一部および設問C（2問目〔コンビニに行くと何を買うか〕を除く）の回答結果に基づいて論じた。

[*3] 前記の*1の佐賀県のホームページより。

[*4] 佐賀県地域交流部国際課に問い合わせたところ、データは国際課には存在するものの県から外部に公表できないため、各市町村に電話をするようにとのことであった。

第1部
食とハラール

表1　在留資格別・居住地別のインドネシア人の内訳

区分 居住地	文化活動	留学	特定活動	医療	永住者	日本人の配偶者等	永住者の配偶者等	定住者	特別永住者	技能実習1号イ	技能実習1号ロ	技能実習2号イ	技能実習2号ロ	合計（単位：人）
佐賀市（2016年5月）	2	19			2	4	1	1			7		13	49
唐津市（2015年12月末）			1		1	1					2			5
鳥栖市（内訳は非公表）														12
多久市（2016年7月末）											21		12	33
伊万里市（2015年12月末）					3						59		119	181
武雄市（内訳は非公表）														10
鹿島市（2016年9月）			14	1										15
小城市（2016年7月末）											8		9	17
有田町（2016年7月末）											15		20	35
白石町*														1

＊白石町は1人のみであるため、個人が特定できると考え調べないことにした。

＊＊佐賀市、多久市、鹿島市、小城市、有田町のデータは2016年の最新のものである。インドネシア人人口が増えているため、この表では合計で358人となっており、前述したⅡ-1の人数とは異なる。

合計358**

いであるとの理由で公表を拒否されたため、本調査では人数しか把握できていない。

　インドネシア人がもっとも多く住んでいる場所は伊万里市である。181人のうち、178人は技能実習生であり、ほとんどが大型船を製造している一つの会社に所属している。

Ⅱ-2　調査協力者の内訳

　日本語能力：日本語能力試験[5]を受けた経験があり合格した人は24人（うちN3レベル7人、N4レベル16人、N5レベル1人）。また、設問B）問3「店では『卵を買いたいですが、どこですか』や『この食べ物の材料に豚が含まれていますか』という質問を店の人に日本語でできますか」に関して、79人のうちほとんどの人ができると答え、できないと回答した人は4人のみであった。

　日本滞在歴：もっとも長い人は2011年9月来日。もっとも短い人は、2016年5月[6]。

　居住地：佐賀市（23）[7]、鹿島市（2）、小城市（6）、多久市（18）、伊万里市（30）。

　在留資格：留学（13）、日本人の配偶者等（1）、技能実習（63）、特定活動（2）。

[5] 日本語能力試験は日本語を母語としない外国人の日本語能力を測定し認定する試験である。この試験には、N1、N2、N3、N4、N5の5つのレベルがあり、もっともやさしいレベルはN5で、もっとも難しいレベルはN1である（「日本語能力試験とは」http://www.jlpt.jp より）。

[6] 調査の開始は2016年5月上旬。来日して1ヵ月以上の人を対象にした。

[7] 佐賀市中心部14人、旧佐賀郡久保田町6人、旧神埼郡三瀬村3人である。

第2章
非集住地域の外国人ムスリムの食と
食のローカルビジネス
―佐賀県のインドネシア人の事例から

Ⅲ インドネシア人の食生活

Ⅲ-1 一日の食生活

　設問 C）問1「ふだんはどこでどのように食べていますか」の結果を次のようにまとめる。

　平日の一日の三食について、朝昼晩いずれも「家で作って家で食べる」と答えた人が15人いた。在留資格別でみると、留学生6人、技能実習生9人であった。技能実習生に関しては、昼ごはんについて家で弁当を作って会社で食べるという人がいる（3人）*8。

　回答者のうち、37人（在留資格別でみるとすべて技能実習生）は朝と晩は自炊して家で食べるが、昼は会社の食堂で食べると答えている。

　アンケート調査を行った結果、いくつかの点についてさらに明らかにすべきものがあると判断し、79人に対して第2のアンケートを配付した。第2アンケートでは、会社の食堂でよく食べるメニューは何かと尋ねたところ、伊万里在住の実習生たちは「唐揚げ、ayam goreng（フライドチキン）、daging ayam（鶏肉）、ayam（鶏）」で、鶏の料理をあげた人が多い。

　次に、朝昼晩いずれか一つか二つに「外食する」または「コンビニで弁当を買う」と回答した人は16人いた。

　休みの日に関しては、昼または夜に外食か弁当を買うと答えた人が18人いた。内訳は日本人の配偶者等1人、留学生5人、実習生10人、特定活動2人である。具体的には、昼ごはん：「Kadang-kadang Joyfull kalo lagi jalan-jalan」（遊びに行っている時に、時々ジョイフル〔で食べる：筆者補足〕）、「Di luar saat jalan-jalan bareng teman」（友だちと遊びに行っている時、外で）、「Kadang jajan di luar」（時々外で食べ物を買う）、「Kadang beli makan di family restaurant saat belanja」（時々買い物の時にファミリーレストランで食べる）などである。また、晩ごはんについて、「Di rumah masak sendiri, bento beli di kombini makan di rumah」（家で自炊、弁当、コンビニで買って家で食べる）のように回答した人も含まれている。

　それ以外の回答者は朝昼晩について、「Di rumah, masak sendiri」（家で自炊する）、「Masak sendiri di rumah」（家で自分で料理する）と答え、大半は外食しない、または食べ物を買わないと回答した。

　全体の回答をみると、外食やコンビニなどの手段で食事をすますこ

*8 聞き取り調査で判明した。選択肢に「家で作って弁当を持っていく」が含まれていなかったため、「家で、自炊」と回答してしまった模様。

ミニコラム

　追加アンケートとなる第2アンケートの内容をここで概観する。第2アンケートはおもに第1アンケートの結果を確認したり、補ったりする目的で行った。1）1週間で弁当を持参する回数と食堂を利用する回数、2）自炊する料理について具体的にどんなものか、3）会社または大学の食堂でよく食べるメニューは何か、4）食べ物を買ったり外食したりせずに自炊する理由は何か、5）外食したことがあるレストランや店の名前、6）、7）それぞれ Toko Paktua Desune およびサイードショップ（いずれも後述）で買い物したことがある人は定期的に買う商品があるか選択肢の中から選ぶ、の計7問ある。この報告書は4）と5）について詳細にまとめ、ほかの問いの回答に関しては概観するにとどめた。

51

第1部
食とハラール

とは少ないことがわかる。

Ⅲ-2　食生活に影響する要因

　上記のⅢ-1で述べたような傾向がみられるため、第2アンケートでは、「ごはんを買ったり、外食したりするより自炊することが多いのはなぜですか」と問うた。複数回答可の選択式設問で、下記のような回答が得られた。

　複数回答した人は22人いる。そのうちb「高い。自炊したほうが節約になる」とd「ハラール性に関して疑わしい」の両方を選んだパターンの答えがもっとも多く、13人である。残りの9人の回答の中にもすべてdが含まれており、複数回答をした人は全員がdのハラール性の問題を選んだということになる。

　一つのみの回答をした人の内訳は下記のとおりである。
a「帰宅するのは夜だから、外食するのは疲れる」：11人
b「高い。自炊したほうが節約になる」：24人
c「日本料理が好きではない」：8人
d「ハラール性に関して疑わしい」：11人
e 自由回答欄にしか書かなかった人：3人。「自分の料理（インドネシア料理）のほうが好き」などと答えている。

　複数回答の人および一つのみの回答をした人数をみると、「ハラール性」と「金銭的な問題」が自炊する要因としてもっとも多くあげられることがわかる。

Ⅲ-3　外食の経験

　第2アンケートでは外食の経験も尋ねている。佐賀県に店舗を展開している9つの店名をあげて、複数の回答が可能な選択式の設問である。もっとも高い割合であげられているのはファミリーレストランのジョイフルで、65の回答があった。2番目に多いのは人力うどん[*9]（24）とスシロー（18）であった。またマクドナルド、ケンタッキーフライドチキン、牛丼チェーンのすき家と吉野家も選択されている。

　ムスリムは豚肉とアルコールを口にすることが禁じられ、またイスラーム法に従って処理されている牛肉や鶏肉などの肉（ハラール肉）以外も食べてはいけないという教えである。しかし、実際その教えに従う人ばかりではないことが、この調査でわかった。マクドナルド、ケンタッキーフライドチキン、すき家、吉野家などのハラール肉を使っ

*9 本社・工場が佐賀県鳥栖市にある福山製麺所が展開しているうどんレストランのチェーンである。佐賀県以外は福岡県久留米市にも店舗がある。

52

第2章
非集住地域の外国人ムスリムの食と
食のローカルビジネス
―佐賀県のインドネシア人の事例から

写真1　食堂「宇良辺」の店内
メニューに赤字でHALALの記載がある（以下すべて筆者撮影）。

写真2　ハラール唐揚げ定食
ボリュームがあり、味もしっかりしていることからインドネシア人留学生に人気。メモに「HALAL」の文字が見える。

ていない店でも食べるという人がおり、インドネシア人ムスリムの食習慣の多様性がうかがえる。

　ハラール肉以外は食べないという一人の回答者（留学生）は、聞き取り調査では、大学院ゼミの食事会・飲み会に参加するが、自分が肉を食べないということをゼミの仲間や先生に理解してもらい、魚などの料理を注文してもらうようにしていると話した。

　佐賀市中心部に住んでいるほとんどの人が食堂の宇良辺で食べたことがあると答えている[*10]。この店は、佐賀大学の近辺にあり、ハラール鶏肉を使った唐揚げ定食とチキンスープカレー定食を提供している。食べたことがある人は全員、HALALと書いてあるという噂を聞いて食べてみたと話している。どんな肉を使っているか、どんな調味料を使用しているか、調理器具はどのように扱っているかなどのハラールの信憑性に関しては、日本語があまりできないので、「聞けない」または「聞かないようにする」という。筆者は実際に食べに行ってオーナーに聞いてみたところ、鶏肉は佐賀市内の肉屋で販売されている、ハラールマーク付きの外国産の鶏肉であるという。ムスリムの留学生には、ハラール肉を使用しているし、アルコールを使っていないと説明してハラールメニューを提供するということである。さらに、この店に食べに来る外国人ムスリムの多くは、同国の先輩から聞いて食べに来たという人がほとんどであるとも話していた。

　この食堂のチキンスープカレーと唐揚げはハラールの鶏肉のみ使用しているため、ムスリム以外に提供するものもハラールのものになる。写真1では、HALALと書かれたのはチキンスープカレーのみであるが、注文の際に、「唐揚げ、ハラール」と申し出ると、ムスリム

*10　おもに聞き取り調査で判明した。アンケートの選択肢に店名をあげていたが、ほとんどの人が店の名前（日本語でしか書かれていない）を知らないため、選択していなかった。

第1部
食とハラール

以外の客には出される豚肉入りの付け合わせなどを抜いてくれたり、唐揚げにかけるタレをアルコール不使用のものにするので、唐揚げ定食も実質的にはハラールとなる。

Ⅳ 食材の入手方法

　第Ⅲ節では、外食したり、また弁当を買ったりして食事をすます調査協力者が少ないことが明らかになった。第1アンケートでは野菜、果物、肉類の購入先を尋ねた。また、自炊するにあたって、インドネシア料理をよく作るという傾向がみられたことから、聞き取り調査および第2アンケートではインドネシア料理に欠かせないスパイス類の入手先も探った。

Ⅳ-1　野菜や果物および肉類

　まず、野菜や果物に関しては近所のスーパーまたは青果店で買うという人がほとんどである。

　肉類（鶏肉と牛肉）に関しては、答えはさまざまである。外食する店に関する質問への回答からも、回答者はイスラム法にのっとって処理された肉しか口にしない人とそうでない人に分かれていることが明らかである。肉類の購入先に関する回答からも、その多様性が表れている。

　購入先としてあがっている店やスーパーは、ディスカウントストア・ダイレックス、食品スーパー・ゆめマートさが、スーパーセンター・トライアル、スーパーマーケット・あんくるふじや、総合ディスカウントストア Mr Max などである。このなかで、ハラールマークが付いている肉を販売している店はダイレックスのみで、ブラジル産の鶏肉を置いている。

　日本のスーパーマーケット以外の入手先は、ハラールショップのサイードショップ、オンラインストアの Toko Paktua Desune や Halal-Food OlshopDua、ハラール食品店舗 Saga Halal Food などである。肉類は、いずれもハラールの肉[11]しか販売していない店である。サイードショップと Toko Paktua Desune に関しては、前述の拙稿でも紹介したが、本稿ではさらに第Ⅵ節で詳細に述べる。

　なお、佐賀のムスリムは定期的に佐賀県多久市にある養鶏場で鶏の屠畜を行っている（［レスタリ 2015］を参照）。現在もそれが継続しており、インドネシア人の代表の男性が、他のインドネシア人から各自

*11 すべての肉が、認証団体からハラール認証を受けているわけではない。

54

の希望量を取りまとめて、屠畜の現場に行く。

　筆者は見学をさせてもらったが、詳細を公表しないことを条件にしているため、ここではこれ以上言及しない。

Ⅳ-2　インドネシア食材や食品

　多くの調査協力者が自炊する時にインドネシア料理を作ると話している。インドネシア料理によく使われるスパイス類や調味料は、日本の普通のスーパーマーケットでは入手できない。多くのインドネシア人はオンラインストアなどに頼っている。東京在住の人なら、上野にあるアメヤ横丁の地下食品街や新大久保、大久保などにあるさまざまなアジアン食品の店や輸入品の店に行けば簡単に手に入るが、佐賀在住の人たちは、アンケートの回答や聞き取りの結果からみると、先に述べたサイードショップ、Toko Paktua Desune、HalalFood Olshop-Dua をよく利用するという。これらの店では、ハラール商品の多く（肉類以外）は、インドネシアの食品をおもに販売している。サイードショップに関しては、南インドのスパイス類や豆類なども置いている。これらの店については、第Ⅵ節で紹介する。

　第2アンケートでは、具体的に何をよく購入するかを尋ね、大豆の発酵食品 tempe、大豆の甘いソース kecap manis、赤色で小ぶりの玉ネギ bawang merah（アカワケギ）*12 などが多くあげられている。

Ⅴ ハラールの問題

Ⅴ-1　ハラールについて

　ハラールとは、イスラーム法によって許されている、合法的であるということをさし、反対語のハラームは、イスラーム法によって禁じられていることをさす。肉類に関しては、豚肉以外で、牛・羊・山羊・鶏・アヒルといったハラールな種類の動物の肉や内臓は、ムスリムがイスラーム法に従って処理したものであれば、ハラール品である。

　筆者が同じムスリムであるため、調査では、食事に関してハラールをどこまで気にするかという直接的な質問はしにくい。宗教の行い（五行）をきちんとやるか否かという問題は個人と神との間の問題で、けっして他人が立ち入る領域ではない。ハラールを守る義務などのハラール実践は五行には入っていないが、食べ物を口に入れることは人間の本質的な問題であって、敏感な領域でもある。

第2章
非集住地域の外国人ムスリムの食と
食のローカルビジネス
—佐賀県のインドネシア人の事例から

*12 シャロットともいう。小ぶりの赤い玉ネギのようなもので、東南アジアでは一般的な食材である。インドネシア語ではバワンメラ、タイ語ではホムデンという。

ミニコラム

　五行（ごぎょう）とは、すべてのムスリムに課せられた義務としての5つの信仰行為のことである。(1)信仰告白（シャハーダ）、(2)義務の礼拝（一日5回）、(3)ザカート（定めの喜捨）を支払う、(4)ラマダーン月の断食、(5)（可能な者は）サウジアラビア・メッカにあるカアバ神殿に巡礼する、の5つである[大塚他 2002:366]。改宗者がイスラームに入信する際に、シャハーダを2人の公正な男性ムスリムの前でアラビア語で唱えなければならない。3つ目のザカートは、支払ったら証明書が発行される場合が多い。メッカ巡礼を終えた者は、とくにインドネシアの場合では、前後に儀礼や祝賀会などを開くため、周知のこととなる。礼拝と断食に関しては、たとえば、あるムスリムに「あなたは今朝礼拝をしたか」と聞いたとして、「した」と言われてもそれを証明する客観的な証拠が得られにくい。アッラーのみが知ること、という概念は日常的に強く根づいており、ふだんは特別な理由がない限り、お互いに聞かないようにするのが常識である。

第1部
食とハラール

　本調査では、ハラールをどのように、どこまで気にするかという問いはあえて設けておらず、「肉類はどこで購入するか」「外食したことがある店はどこか」などの設問から追跡した。また、聞き取り調査やインドネシア人の集まり・食事会、自宅訪問など、ふだん接しているうちにわかってきたことも多々あった。

　たとえば、2016年のラマダーンのとある日に、筆者宅で断食明けの食事会があった時のことである。多久市と小城市に住んでいる実習生数人が来て、彼らは手料理のフライドチキンや焼きそばを持参した。筆者は彼らのアパートを何度か訪ねたことがあり、食生活に関していろいろ話を聞かせてもらっていた。肉類に関してはそれほど厳しくなく、日本のスーパーで市販されている肉を食べていると話している。食事会の翌日に何かの用事で筆者宅に来たインドネシア人男性に、「昨日食事会があって食べ物が残っているけれど、持って帰る？でも、どんな肉を使ったかはわからない。おそらく普通のスーパーで買った肉だと思う」と話すと、その人は「疑わしいから遠慮する」と断った。人によってどんな肉を口にするかはそれぞれ異なるが、直接は聞けず、このような場面でわかることが少なくない。

V-2　原材料の日本語について

　佐賀でハラールに関して調査しはじめた頃（[レスタリ 2015]）、「食品を購入する際に気にするまたは避けたい原材料を、下記の項目から選んでください」という質問をアンケートでしてみた。原材料は日本語（ローマ字とかな・漢字表記の両方）およびインドネシア語で示した。結果では、そもそもその原材料を表す言葉の意味がわからなくて答えられないという人が多かった[13]。

　本調査では、前稿をふまえて、いくつかの原材料（日本語で記載）を並べ、わかるものもしくは読めるものを選ぶように、という問いを第1アンケートで設けた。原材料は下記のとおりである。

ポークエキス、豚肉、ラード、チキンエキス、鶏肉、ビーフエキス、牛肉、魚介エキス、動物油脂、植物油脂、コンソメパウダー、ビーフコンソメ、バター、マーガリン、ショートニング、乳化剤、ゼラチン、大豆、みりん、酒、醤油、しょう油、アルコール、アミノ酸

　リストは、とくにインドネシア人がよく参考にするイスラームの情報に関するホームページより抽出した[14]。リストのなかに、魚介エキスや大豆、植物油脂など、ムスリムが口にしてもよい材料も含まれている。ハラーム材料ではなく、ムスリムが食品を購入する際に、目

---

[13] よくわからないと答えた材料は、おもにこの4つである：zerachin ゼラチン（gelatin）、nyuukazai 乳化剤（emulsifier/pengemulsi）、reshichin レシチン（lesitin）、shootoningu ショートニング（shortening）〔表記はアンケートのとおりである〕。

[14] 在日インドネシア留学生協会のホームページ、PMIJ（Persaudaraan Muslim Indonesia Jepang）「在日インドネシアムスリム協会」等。

にしたり気にしたりすると考えられるものである（筆者の経験による）。

　回答者のうち、すべてがわかると答えた人は1人（留学生、滞在歴5年で調査協力者のなかでもっとも長い）。この人の日本語能力のレベルはそれほど高くなく、ふだん漢字がよく読めるという印象もない。この人は前回の調査［レスタリ 2015］の協力者でもある。前回および本調査のアンケートの回答や聞き取りからみると、食品のハラール性をかなり慎重に考えている人であることがわかった。配偶者と子ども2人の4人での滞在であり、家族もなるべくハラール以外の食品を口にしないよう努力している印象が強かった。子どもの学校からもらった便りや知らせは日本語のみで書かれており、意味がわからないので、たびたび筆者に連絡し翻訳を依頼していた。このように、日本語があまり読めないが、原材料の表示に使われている日本語はほとんどすべてわかるということである。

　他の回答者に関しては、2013年9月に来日し、滞在歴の長さは2番目である8人のうちでも、カタカナ語があまり読めなかったり、「しょう油」や「みりん」なども読めないと回答している人がいると判明した。すなわち滞在歴との関連性は薄いといえる。

　わからないものとしてあげられる材料は、乳化剤（71人）、動物油脂（70人）、植物油脂（70人）、アミノ酸（66人）などで、大半を占めている。酒（36人）、鶏肉（31人）、醤油などの難しい漢字を使ったもの、○○エキス、ラード、ショートニング、コンソメパウダー、ビーフコンソメなどのカタカナ語がわからない（読めない）人もかなりいた。ポークエキスがわからないと回答した人（20人）が出ており、予想外だった。豚肉が読めないという人が2人おり、1人は非ムスリムである。一方、読めるものとしてあげられる材料は、豚肉（77人）、アルコール（66人）であった。

　以上でみたように、酒、アルコールやみりんが読めないという人もいるなど、予想外の結果がいくつかみられる。また、肉類はサイードショップや Halal shop でしか買わないと回答した、敬虔そうな人のなかでも「動物油脂、鶏肉、コンソメパウダー、ビーフコンソメ」が読めない人がいる。

　結果をみる限り、滞在歴や日本語能力との関係性は薄いことが明らかである。ふだんはあまり原材料の表示を気にしない、もしくは無視するということも考えられる。つまり、これらの原材料を表す単語はふだんあまり重視している単語ではない、ということもいえるのでは

第2章
非集住地域の外国人ムスリムの食と食のローカルビジネス
―佐賀県のインドネシア人の事例から

ミニコラム

　イスラームの教えでは、不浄（アラビア語でナジュス）という概念がある。不浄とされる物が付着したまま宗教行為を行っても無効となる。法学者間で見解が一致している不浄物は、豚肉、人間の大小便・嘔吐物、酒、膿、死肉、非食用獣の肉・乳などである［大塚他 2002:702］。学派によっては不浄物の浄化方法が違うが、清浄な水で7回洗浄する（そのうち1回は土を混ぜて洗浄する）などの方法が一般的である。日常生活において、たとえばムスリムが非ムスリム宅を訪問して、豚肉を調理したフライパンをそのまま使って調理したものは口にしたくない。とはいえ、実際の生活では融通が利く場面もある。たとえば、佐賀インドネシア留学生協会は、歓迎会や送別会などを開く際に近所の公民館の調理室を借りてインドネシア料理を皆で作って食べることが多い。調理器具は気にしないのか、浄化したのかなどの筆者の質問に対して、あるインドネシアムスリム男性が「お湯で洗えば大抵の細菌は死ぬから、それでいいよ」と答えた。

第1部
食とハラール

ないかと思われる。

　また、以上の結果からは、前述した一人のケースを除いて原材料に対する認知の度合いと回答者のハラールへの慎重性との間に関連づけが難しい。イスラームの教えでは、ハラーム（不合法）であることを知らずに食べてしまった場合や、やむをえないケースで食べてしまった場合には罪にならないとされている（クルアーン第2章173節*15）。原材料を表す日本語をあえて積極的に知ろうとせず、すべてを「知らなかった」にするという人もいるであろう。それとも、食品の原材料表示以外の、何らかの情報源に頼ってハラールの実践を行っている可能性もある。このあたりは、同じインドネシア人で同じムスリムであっても聞きにくい問題である。しかし、少なくとも日本語の壁で確実に情報が得られないということもいえるので、企業などの周りの人からの支援も必要になってくるのではないかと考える。

　次項では、ふだんある食べ物・飲み物を買うかどうかの判断をする時など、ハラールの情報を得たい場合にどのようなことをするか、みておこう。

V-3　ハラール情報はどのように得るか

　この調査において、唯一ハラールについて尋ねる問いは、第1アンケートの設問C）問7である。「あなたがムスリムの場合、購入するまたは口にする食べ物や飲み物がハラールもしくは食べてもいいということがどのようにしてわかりますか」という質問で、下記のような選択式である*16。

　a　友人に聞く。

　b　Facebookやスマートフォンのアプリなどを参考にする。アプリまたはサイトの名前を書いてください。

　c　「この食べ物のなかに豚が入っていますか」など、店の従業員に聞く。

　d　その他。自由に書いてください。

　複数回答を含め、「a」と答えた人は38人。「b」を選択した人は19人。具体的にFacebookのコミュニティ名、スマートフォンのアプリの名前をあげた人が13人いる。以下のような名称があげられている。

・Halal minds（スマートフォンのアプリ。ハラールレストランの検索、ハラールマーケット、バーコードを使ったハラール食品、薬、化粧品のスキャン、ヨーロッパのE-numberで原材料のスキャンなどのサービスも提供。世界中で利用可能）

*15 「かれがあなたがたに、（食べることを）禁じられるものは、死肉、血、豚肉、およびアッラー以外（の名）で供えられたものである。だが、故意に違反せず、また法を越えず必要に迫られた場合には罪にはならない。アッラーは寛容にして慈悲深い方であられる」（[日本ムスリム協会 1982：301]）。

*16 回答からは非ムスリムが3人いたことがわかった。

・Halal Foods in Japan（Facebook のコミュニティで、個人運営）

・Halal Japan（Facebook のコミュニティで、団体運営）

・Google translate

・Halal MUI

「c」の店の人に聞くと回答した人が 50 人で、もっとも多くて興味深い。聞き取り調査では、具体的にどこでどのように聞くかと尋ねたところ、「あんくるふじや」や「スーパーセンター・トライアル」などのスーパーマーケットで「この（食べ物の）なかに豚が入っていますか」と尋ねるという。

自由回答欄では、

Melihat komposisinya「原材料を見る」(6)、Baca ingredient「原材料を読む」(2)、Searching di Google「Google で検索する」(2)、Bertanya pada orang Jepang「日本人に聞く」(2)、Diberitahu senpai「先輩に教えてもらう」(2)、Menghafal Kanji「漢字を覚える」、Menghafal bentuk Kanji babi, mirin dan gelatin「豚、みりん、ゼラチンの漢字を覚える」、Membaca ingredient setiap produk makanan「すべての食品の原材料を読む」、Pengalaman para senpai「先輩たちの経験」、Lihat komposisi bahan dan tanya kepada suami「原材料を見たり、夫に聞いたりする」、Ditanya ke pelayan toko dan dilihat Kanji gelatin dan Kanji babi「店員に聞いたり、ゼラチンと豚の漢字を見る」

などとさまざまである。漢字を覚えたりなどして、「原材料を参考にする」と答えた人は 13 人いる。

友人に聞いたり、直接店の人に聞いたりするという回答がかなり多かった。ある協力者（20 代男性、留学生）は、「ポークエキス」「豚」の二つさえなければ大丈夫で、バター、マーガリン、ショートニングなどの材料までは見ない、友人と同じものを買ったりする、あんくるふじやで「豚」と「アルコール」が入っているかどうかをよく聞くと説明し、さらに従業員が親切だとも話している。

覚えなければならない単語の多さ、日本語の難しさが壁となり、いざという時にはその場で聞く、もしくは友人が食べたことがあるものと同じものを買うなど、他人に頼るようなことをする人が多かった。

自由回答欄では、原材料を参考にすると答えた人がある程度（13人）いることがわかった。しかし、原材料について聞く設問の分析（V-2）では、原材料の日本語があまり読めないという意外な結果が出たことはすでに述べたとおりである。この結果と上記で述べた自由回

答欄の詳細とは矛盾していると解釈できる。この点について筆者は次のように考える。基本的に、とくに初めて買う商品に関しては、原材料を見るようにしているけれど、人によって何を見るかはばらつきがあると考えられる。「豚」「アルコール」は読める人が多かったことから、その他の原材料は、原材料表示を確認する際に目にしても、気にしないという人が多いのではないだろうか。

Ⅵ インドネシア人の食生活を 支える食のビジネス

　下記で述べる店については、ムスリムである筆者もふだん利用している店であり、経営者にインタビューをした結果も含めて、現場での観察に基づいてまとめたものである。

Ⅵ-1　サイードショップ（Said Shop）

　サイードショップは、日本人ムスリムである七種和孝氏によって2012年8月に開業された。オンラインストアも行い、トラックで移動販売の活動もしている。

　筆者が2013年にハラールに関する調査を始めた頃、佐賀にはハラールフードの店がなく、多くのムスリムたちが、ハラールのオンラインストアやこのサイードショップの移動販売に頼っていた。当時、サイードショップのトラックが毎週木曜日に佐賀大学国際交流会館付近のアパートに停まって販売活動をしていた。しかし、2015年3月から外国人のムスリム留学生が大学を修了して帰国するなど人数が減ったことから、販売の回数は2週間に1回に減った。さらに、同年の5月頃から、佐賀市には来なくなった。佐賀市に住んでいるインドネシア人や外国人ムスリムの多くは留学生であり、人数が増減したりするためである。

　一方、技能実習生が多い伊万里市、小城市、多久市、有田町においては彼らの日本滞在期間は2〜3年であるものの、毎年新しい人が来るので、人数が安定している。サイードショップは佐賀市には来なくなったが、これらの地域では販売を続けている。伊万里市と有田町は基本的に1カ月に2回、その他の場所はだいたい1カ月1回というスケジュールである[17]。

　この報告書をまとめている時点では、佐賀市において佐賀大学に通

*17 基本的に七種氏は各市町にいるインドネシア人たちに希望を聞き、1カ月に1回か2回かを決める。また、たとえば地域の祭りへの参加や、日本語能力試験の受験のため多くの技能実習生が不在の際は、事前に連絡をもらい、その日は販売をとりやめることもある。

第2章
非集住地域の外国人ムスリムの食と食のローカルビジネス
―佐賀県のインドネシア人の事例から

うインドネシア人留学生も増えており、Human Academy という日本語学校に通うインドネシア人も数人来ている。七種氏と話した結果、佐賀市にまた来てくれるようになった。2016年11月の現時点では、インドネシア人の留学生がさらに増えており、これを受けて七種氏は2週間に1回来るようになった。また、佐賀大学国際交流推進センターと相談した結果、手続きを経て同大学の国際交流会館の駐車場を販売活動の場所として許可してもらえるようになった。

サイードショップで扱われている商品は、南アジアのスパイス類や豆、米類、インドネシアなどの東南アジアの冷凍食材、インスタント麺、調味料、ソース類、さらに日本製加工品（ソーセージやハンバーグなど*18）などである。佐賀県ではインドネシア人の顧客が多いため、現在は肉類以外、インドネシアの商品が大半を占めているといえる。

肉類は、日本以外の国からの輸入品も扱っているが国産の肉が大半である。牛肉に関しては、ムスリムが働いておりムスリムが屠畜する食肉加工工場ゼンカイミート株式会社から仕入れている。七種氏自身もゼンカイミート社でムスリム社員が不在の際に屠畜した経験があると話している。

鶏肉に関しては、株式会社南薩食鳥からの仕入れ［サイード2016］のほかに、大分県と長崎県にある食肉製造会社と提携し、定期的（おおよそ1カ月1回）に屠畜しに行って、肉を仕入れている。インドネシア人の顧客から唐辛子やスパイス類などたびたびリクエストを受けるが、鶏肉に関しても、もみじ（脚）やガラなどの注文を受けている。自ら屠畜する鶏肉はハラールマークをつけて販売

*18 このソーセージは自ら委託業者に依頼し製造した自作のものである。材料はすべてハラールなものを使っていて製品に「ハラール」と表示してあるが、とくに認証団体から認証を受けたものではない。

写真3　移動販売で使われているトラック内の様子
左側に冷凍食品を置くボックスが2つ、右側の棚にはインスタント麺、お茶類、パックジュース、お菓子など、インドネシアの食品が豊富（佐賀市内にて）。

している。ただし認証団体からハラール認証を受けておらず、自作のハラールマークをつけたりしている（写真4）。この鶏肉は移動販売とオンラインストアで販売されている。顧客に屠畜の方法を伝えており、ハラール認証がなくても信頼を受け、現在はネットでの販売において安定した顧客数を獲得しているという。スーパーマーケットなどは、どうしてもハラール認証を受けた肉しか売らないため、現在はどこのスーパーにも卸していないと話している。

次に、七種氏がムスリムになった経緯を述べる。きっかけはインドネシア人との出会いだったという。時は2010年の夏頃。友人の知人にインドネシア人の友だちがいて、その人が日本人と同じようにコン

写真4　肉の袋のハラール表示
2015年2月に筆者が購入したもの。日本語がわからない顧客にもわかるように英語で「サイードショップにより屠畜された」と書かれている。

第1部　食とハラール

ビニやレストランで満足に食べ物が買えない、食事もできないことを見て驚いたと述べた。その時、初めてハラールについて知ったという。ハラールフードの店を始めるのは、それからしばらくたってからのことだった。外国に住んでいるムスリムのために、日本のおいしいものを食べてほしい、という思いからだそうだ。

しかし、ハラールフードを提供したいという思いはあるものの、日本人として最初はわからないことだらけだった。ハラールを知らない人のほうが大半で、仕入れをするにあたって困難にぶつかった。奮闘しているうちに、やがてムスリムに何を売ればいいか、彼らが何を求めているのかを知るために、ムスリムやイスラーム教を知る必要があると思ったという。そこで福岡市にある「福岡マスジドアンヌールイスラム文化センター」を訪れ、スタッフに自分の思いを伝えた。何度か訪れ、勉強会を開いてもらったり、イスラーム教徒と実際に接触したりしてみたところ、イスラーム教の考え方と日本人がもっている考え方との間に、多くの共通点があることに気づいた。それからイスラーム教に対する理解を深めて、その教えに賛同し、改宗を決意したという。

サイードショップの佐賀での移動販売の日程は日曜日[19]、福岡からトラックがやってきて、佐賀市三瀬村[20]→佐賀市→小城市→多久市→伊万里市→有田町というルートを回る。福岡では福岡市西区にある九州大学伊都キャンパスでおもに活動している。

伊万里の企業で働いているインドネシア人の技能実習生たちは、もっとも近いスーパーマーケットまで自転車でおよそ45分もかかり、日常の買い物にも困っている。このような状況のなかで、サイードショップの移動販売がハラール食品やインドネシアの食品を手に入れるのに大変大きな手助けとなっている。

[19] 前述したように、場所によっては1ヵ月に1回または2回と、インドネシア人のリクエストや都合によって販売の日程が変動する。
[20] 佐賀市三瀬村にはインドネシア人技能実習生が9人いる。口コミでサイードショップのことを知り、一度会社の上司に連れて行ってもらって、佐賀市内に販売に来ているサイードショップで買い物をした。七種さんはこの会社の上司を通じて三瀬村まで来ないかという依頼を受け、2016年7月3日より三瀬村にも回るようになった。

写真5　伊万里市での販売
インドネシア人の実習生たちは、会社から自転車で約30分のところにある団地に住んでいる。サイードショップのトラックはこの団地の区域内に停まって、約2時間待機して利用者に対応する。

Ⅵ-2　サガ・ハラール・フード（Saga Halal Food）

この店は2016年1月5日に、スリランカ出身のモハマド・モヒディーン・モハマド・リフキ氏によって開業された。

氏は佐賀で1年半暮らしていたが、関東地方に仕事のため転居した。その時栃木県足利市に住み、関東エリア、とくに足利市ではハラール食品を売っている店が多いことに驚いたという。佐賀ではそう

第2章
非集住地域の外国人ムスリムの食と食のローカルビジネス
—佐賀県のインドネシア人の事例から

いう店が一つもなく、ムスリムのほとんどがオンラインストアに頼っていることを思い出した。

2015年9月に氏は再び佐賀に戻った。佐賀には福岡から来るハラールショップのトラック・サイドショップによる定期的な移動販売があったが、先週は来たのに今週来なかったなど、ハラール商品を手に入れるのにいろいろと不便を感じていた。そこで、自ら店を開こうと決意した。利益はあまり考えず、地域のムスリムのためにと思っていると話している。

事業を開始するにあたって、行政的な手続きをとる際にそれほど難しい問題はなかったという。佐賀県から食品営業の許可を得ている。営業の種類は「食肉販売業」である。

現在の在留資格は家族滞在[*21]であるため、日本でできる活動や就労が限られ、営業時間は短い（営業時間は 15:00～20:00。毎週月曜日は定休日）。「経営・管理」の在留資格を申請する予定だそうだ。

開店したばかりの頃はほとんどの客が日本人だったという。近隣の人というより、福岡、久留米、鳥栖から来たそうである。近隣のムスリムの客は、ネパール、ミャンマー、バングラデシュ、マレーシア、インドネシア、エジプト、パキスタン出身の人たちだという。

店で置いているおもな商品は、ハラール肉（牛肉、鶏肉、マトン）や肉製品（ソーセージ、ナゲット等）以外は、南アジアでよく使われているスパイス類や雑穀、ドリンクと菓子などである。また、マレーシア、タイ、インドネシア産の食品もある。

肉類に関しては、株式会社エー・エー・ジー・エンタープライズや H.R. Trading から仕入れており、ハラールマークが付いている外国産のものを置いているほか、日本国産も販売している。日本国産の肉は北海道牛であり、千葉県松戸市にあるビスミッラーストア（Bismillah Store）という販売者から仕入れている。この肉は、筆者も購入したことがあり、パッケージなどから見て、ハラール認証を受けていないものである。

筆者が聞き取りを行った調査協力者の一人が、来日してからは肉の加工製品をあまり食べていなかったけれど、この店ができたことで、チキンナゲットが買えるようになって嬉しいと話していた。

インドネシアの食品（即席麺類、調味料）、スパイス（レモングラス

写真6　Saga Halal Food
佐賀市本庄町にある。店の戸を開けたリフキ氏。

[*21]「家族滞在」とは、「外国人の方が、『教授』、『芸術』、『宗教』、『報道』、『投資・経営』、『法律・会計業務』、『医療』、『研究』、『教育』、『技術』、『人文知識・国際業務』、『企業内転勤』、『興行』、『技能』、『文化活動』、『留学』のいずれかの在留資格をもって在留する方の扶養を受ける場合」に取得できる、在留資格である。たとえば、在留外国人が扶養する配偶者または子どもである（法務省のホームページより抜粋）。

写真7　Saga Halal Food 店内の様子

第1部
食とハラール

やアカワケギなど）は、客のリクエストを受けて途中から仕入れるようになった。客が来てもあまり商品を買わないで帰ろうとしたことがあったら、その客に何が必要かとニーズを聞いて把握し、仕入れるようにしていると話していた。現在は国内の輸入会社10社以上から商品を仕入れているという。

氏は現在佐賀市で、妻と子ども1人とともに3人で暮らしている。

VI-3　トコ・パットゥア・デスネ (Toko Paktua Desune)

最後に、佐賀などの九州北部では店舗を構えていないが、伊万里市在住の実習生を除けば[22]、佐賀にいる多くのインドネシア人が利用したことがあるといわれるオンライショップの Toko Paktua Desune[23] について、電話でのインタビューの結果に基づいて述べる[24]。

インドネシア国籍のクラノ・エコ氏が、2006年5月に開業したオンラインのハラールショップである。三重県松阪市に拠点を置く。おもにソーシャルメディアを通じて販売しているが、近隣地方（三重、大阪、滋賀など）をトラックで回って販売することもあると話している。顧客は日本全国にいるが、沖縄と北海道へは送料が高いため、販売を行っていないという。

この店で販売されている商品は、おもにインドネシアの食材と食品である。たとえば、冷凍品は唐辛子、ターメリック、レモングラスなどのスパイス類、大豆の発酵食品テンペ等で、缶詰類は、コンデンスミルクやココナツミルク、その他はインドネシアの即席麺やカップ麺、チリソース、大豆の甘いソース kecap manis、インスタントの料理用ペースト（ナシゴレン、ルンダン、ノトアヤムなど）、エビせんべいなども販売し、品揃えが豊富である。また食品以外に、インドネシアの石鹸、デオドラント、ビタミン剤も販売している。

肉類は、鶏肉、牛肉のほか、タイ産のアヒルの肉も販売している。鶏肉はブラジル産のものがほとんどで、牛肉はオーストラリア産のものをおもに販売している。日本産のビーフとチキンソーセージも売っている。すべてのパッケージにハラールマークが付いている（輸出国の認証を受けているもの）。現在は国内にある4〜5の販売元から仕入れていると話している。

エコ氏によると、1日に30〜40件の注文を受けているそうで、売れ行きが好調の様子である。ソーシャルメディアを使った販売であるため、利用者が使いやすいという。また、送料が他と比べると安いことが人気の理由と考えられる。さらに、注文してからすぐに発送して

[22] 利用したことがあるという伊万里市の実習生はわずか3名である。サイードショップが定期的に来ているからだと考えられる。
[23] Toko はインドネシア語では「店」という意味である。この店をつくった人は技能実習生と交流を深めており、自分がもっとも年をとっていることから「私のことを pak tua（年をとったおじさん）と呼んで」と言ったらしく、Pak Tua というあだ名で親しまれているという。店の名前の由来はここからだと話した。
[24] 三重に行って取材してもいいかどうかと尋ねたところ、ここにあるのは店ではなく倉庫だけ、写真も撮らないでほしいと言われるので、電話インタビューのみを行った。

第2章
非集住地域の外国人ムスリムの食と
食のローカルビジネス
―佐賀県のインドネシア人の事例から

くれる点も利用者にとって大きな利点といえる。支払い方法は、商品
到着時の代金引換えまたは商品到着後の銀行振込みの2種類ある。とく
くに技能実習生向けに、今はお金がない場合、給料日の後など時間が
しばらくたってからの支払いも可能だと勧めている。
　エコ氏は現在永住者の資格をもっており、日本人の配偶者および
アルバイト2名で店を営業している。当初、ビジネスを始める目的は利
益ではなく、「親交の絆（silaturahmi）」を深めることであったと話し
ている。行政からの許可を得る際にとくに難しい面はなかったとい
う。商品のなかで、もっとも売上が多いのは即席麺の Mie Sedap と
Indomie（いずれもインドネシアの即席麺ブランド）だそうだ。

　以上の3店をみてきたが、
　・誠実な心でムスリムが安全で安心して口にできるものを提供でき
　　るよう日々努力している。
　・ムスリムやインドネシア人とコミュニケーションを重ね、ムスリ
　　ムのニーズを把握している。
　・ビジネス志向ではないうえ、利益も重視していない。
　・販売されている肉類に関しては、認証済みのハラールな肉ばかり
　　ではない。
ということが共通点といえるのではないかと考える。また、サイード
ショップのみ自ら屠畜した鶏肉を販売している。
　ハラール食品や、ハラールショップのことについて、一般の日本人
はどういう店なのか、想像がつかない人が多いのではないかという印
象がある。なかには、ハラールマーク付きのものやハラール認証を受
けたものしか置いていない店だと思う人も少なくない。実際にはそう
いう食品や食材だけではないことがあまり知られていない。スパイス
類や唐辛子、レモングラス、アカワケギなどのハーブや野菜のよう
に、基本的にハラールマークなしで売られるものも置いてあるし、ま
た特定の国の利用者が多ければその国の食材・食品を多く販売する傾
向があり、品揃えが豊富である。日本でよく見かけるような輸入品専
門店とそれほど変わりがないといえる。

Ⅶ　まとめ

　技能実習生が日本で孤立した生活を送っているとよく報告されてい
るが、この調査では、彼らが独特の食生活を営んでいるということも

65

明らかになった。2016年の2月のある日曜日、筆者は小城市にある
インドネシア人の技能実習の女性たちが住むアパートを訪ねた。休み
の日はどのようにすごしているか、という筆者の質問に対して「だい
たいこうしてのんびりしているよ。疲れているから」と一人の人が答
えた。この日はサイードショップが来る日であり、アパートにトラッ
クが来たのは昼の1時頃だった。大半の人がパジャマ姿でトラックに
買い出しに行った光景が印象的だった。一日中外出せずにすごした様
子である。調査の結果からも判明したが、彼らは外食することもある
が、日本食にあまりなじんでいない様子である。このような生活を
送っている彼らは、ローカルなハラール食品販売のビジネスに支えら
れている。

　ムスリムの一人ひとりの行いが、ムスリムの個人と神との間の関係
にあり、他人が立ち入って詮索すべきではないことは先に述べた。日
本におけるイスラーム関連の報道では、「一日5回のお祈り」、「女性
の肌の露出を防ぐヒジャブの着用義務」、「厳しい制約での食事の苦
労」の3つの点につねに結びつけられる傾向がある。この報告は、佐
賀県在住のムスリムの食生活を明らかにしたうえで、ムスリムのなか
の多様性の事例も示した。必ずしも、皆が宗教の制約に縛られている
から苦しい生活になっているとは限らない。ムスリムをもてなすな
ら、まずは彼らとのコミュニケーションがもっとも大事であろう。

〈文献〉
大塚和夫他編　2002　『岩波イスラーム辞典』岩波書店。
サイード七種　2016　「九州北部におけるハラール肉およびハラール食品の販売の
　　実践」『東京工業大学「ぐるなび」食の未来創成寄附講座食文化共同研究会公開
　　講義シリーズ第8回公開講義』配布資料。
東京外国語大学多言語・多文化教育研究センター　2016　佐賀県受託調査「佐賀
　　県における多文化共生に関する意識調査」。
日本ムスリム協会　1982　『日亜対訳・注解　聖クルアーン』（改訂版）。
レスタリ、スリ・ブディ　2015　「佐賀県におけるハラール対応の実態調査——佐
　　賀県在住のインドネシア人ムスリムの食生活事情」『インドネシア——言語と文
　　化』第21号。
〈ウェブサイト〉
佐賀県ホームページ「在留外国人数の状況」（http://www.pref.saga.lg.jp/kiji0032
　　6454/index.html）（2017年2月1日最終閲覧）。
Persatuan Pelajar Indonesia di Jepang「在日インドネシア留学生協会」http://
　　ppijepang.org/（2016年5月1日閲覧）
PMIJ（Persaudaraan Muslim Indonesia Jepang「在日インドネシアムスリム協会」
　　http://www.kmii-jepang.net（2016年5月1日閲覧）。

第3章

協働・対話・フィードバック
─大学学生食堂における ハラールチキンメニューをめぐって

砂井紫里

要旨

　早稲田大学では、早稲田大学生活協同組合の運営する学生食堂において、2013年4月から「ハラールチキンメニュー」の提供が始まった。2012年4月からメニューの英文表記を増やすなど、まずできることから始め、学生・教職員が相談を重ねて提供にいたったものである。

　本章では、日本における大学の学生食堂でのムスリム留学生への対応を整理したうえで、生協食堂でのハラールチキンメニュー導入について、2012年度〜2014年度の出来事を中心に、筆者が経験したその過程をたどる。学生と職員と教員、ムスリムと非ムスリム、という異なる立場の私たちの協働という視点から、ガイドラインの役割および対話と交渉の過程を考察する。食堂での取り組みからみえてくるのは、対話と交渉、誠実さと信頼、透明性というキーワードである。一方的に選択肢をつくるのではなく、声を聴きながら、互いに譲れるところと譲れないところを当事者同士が繰り返し擦り合わせ、対話を重ねた。その交渉過程が具現化したものが、現在提供されているハラールチキンメニューといえる。

　大学という小さな「ムラ」の食堂での学生ニーズへの対応、合意事項を守るために生じる限界、情報提示の方法やハラールチキンメ

第1部
食とハラール

ニュー提供の仕組みの維持についての課題は、現在、国内で試行錯誤が進むムスリム旅行者対応や日本製品の海外輸出を企図する現代ハラール産業のかかえる課題の、縮図として考えることもできる。

Ⅰ はじめに

早稲田大学では、早稲田大学生活協同組合（以下、生協）の運営する学生食堂の一つ大隈ガーデンハウスにおいて、2013年4月からハラールチキンメニュー*¹の提供が始まった。大隈ガーデンハウス3階グリルコーナー（早稲田キャンパス）および理工カフェテリア（理工学部キャンパス）の2カ所の食堂でハラールメニューを提供している。大隈ガーデンハウスでは、ハラールチキントマト（2013年4月〜）、カレーチキンと和風チキン（2013年11月〜）の3種類から、理工カフェテリアでは和風チキンとチキン唐揚げおろし煮（2014年5月〜）の2種類から、それぞれ一日1種類を扱っている（p.71、写真1参照）。

生協職員によれば、これらのハラールチキンメニューは、グリルコーナーで扱うメニューのなかでも、比較的安価で、低カロリーであり、一般学生の利用が多いという。カウンターのスタッフからの聞き取りでは、顔を覚える頻度で利用する学生もいるとのことだった。ムスリム学生に人気のメニューは、チキン唐揚げおろし煮で、大隈ガーデンハウスでの提供の要望もあがっていた。

これらのメニューは、2012年4月からメニューの英文表記を増やす、食材・味つけに肉類を使用していないメニューにミートフリーのマークをつけるなど、まずできることから始め、試作検討会や厨房見学などを経て、学生・教職員が相談を重ねて提供にいたったものである。

本章では、日本における大学の学生食堂でのムスリム留学生への対応を整理したうえで、早稲田大学における生協食堂でのハラールチキンメニュー導入の事例について、2012年度〜2014年度の出来事を中心に、筆者が経験したその過程をたどる。学生と教員、職員、ムスリムと非ムスリム、という異なる立場の私たちの協働という視点から、ガイドラインの役割、対話と交渉の過程を考察する。

Ⅰ-1 学生食堂と留学生獲得戦略

これまで、大学の多文化対応について、ムスリム留学生を対象とした事例では礼拝や食事をめぐる日常生活の葛藤が描かれ、受け入れ大

*¹ ハラールチキンを使用したメニューという意味では、以前から生協で提供する一部のメニューにおいてハラールチキンが使用されてきた（本章Ⅱ-3(2)参照）。しかしながら本章で検討するのは、意識的な導入のプロセスであり、便宜上、本章では、後述のガイドラインにのっとって提供されるハラールチキンを使用したメニューについて「ハラールチキンメニュー」と記載する。

学側の対応の必要性が指摘されてきた［溝部 1990；岸田 2009］。岸田［2009］によれば、2007 年に実施した大学留学生担当部局への質問紙抽出調査で回答のあった国公私立大学のうち、「ハラールフードの提供・表示」が 6 校、「一般的な食材表示で学生が判断」が 10 校、「特に配慮なし」が 32 校［岸田 2009：12］であった。時を経て、大学生活協同組合の運営する学生食堂で「ハラールメニュー」*2 を提供する大学は 2016 年時点で 41 校［全国大学生活協同組合連合会ウェブサイト］を数えるほか、神田外語大学、静岡県立大学、上智大学など大学生活協同組合以外の運営による食堂や弁当販売での提供が行われるようになった。

　食堂だけではなく、学生同士のコミュニティ形成や大学における教職員の留学生支援を通して、多文化理解、生活環境の改善が取り組まれている［名古屋大学留学生センター・名古屋大学イスラム文化会 2012；名古屋大学国際教育交流センター・名古屋大学イスラム文化会 2014；田中・ストラーム 2013；市嶋 2014；田中 2016；富沢 2016］。こうした大学の多文化対応においては、学生生活のサポートという学生の生活上のニーズへの対応に加え、政府のグローバル戦略の一環としての「留学生 30 万人計画」［首相官邸ウェブサイト］への応答として、留学生受け入れ体制の整備におけるソフト面として各大学が戦略的に取り組んでいる様相がうかがえる*3。

Ｉ-２　学生食堂の対応―３つの傾向

　現在、日本の大学の学生食堂におけるムスリム学生のニーズ対応*4 のうち、ハラールメニューの導入については、大きく分けて３つの傾向が見受けられる。①学生とつくりあげる、②認証団体・コンサルタントなどハラール認証関連団体等の指導もしくは認証を受ける、③弁当販売・ケータリングなど外部委託する、の３つである。

　①学生とつくりあげる、の例としては大阪大学（1995 年）、立命館アジア太平洋大学（2000 年）、名古屋大学（2005 年）、東京大学（2006 年）、東北大学（2007 年）などがある。これらは、比較的早い時期からハラールメニューを提供しており、食堂スタッフと学生が協働でつくりあげている。いずれも大学生活協同組合の運営による食堂である。

　②認証団体・コンサルタントなどハラール認証関連団体等の指導もしくは認証を受ける例としては、神田外語大学のアジアン食堂「食神」（2014 年・栄養食株式会社運営）がある。国内認証団体の一つから「ムスリムフレンドリー・ハラール証明書（Certificate of Muslim Friend-

---

第３章

協働・対話・フィードバック
―大学学生食堂における
　ハラールチキンメニューをめぐって

*2 食堂での掲示やよび方は、「ハラール食」「ハラールフード」「ハラールメニュー」「ハラルメニュー」「ハラール推奨メニュー」「ハラル推奨メニュー」「ハラールコーナー」「ムスリム・フレンドリー食」など大学によりバリエーションがある。本章では、引用を除き、便宜上、一括して「ハラールメニュー」と記載する。「ハラール」「ムスリム・フレンドリー」のラベリング、各用語の含意など具体的内容については稿を改めて検討したい。

*3 岸田は、日本の大学では、大学設置形態によって大学側の関心が異なることを指摘している。公・私立大学では、「イスラーム圏との交流促進」を通した戦略的課題としてとらえられる傾向があるのに対して、国立大学では、「在籍する留学生のサポート、多様性を尊重／理解する大学全体の環境改善」という傾向があるという［岸田 2009：19］。
*4 食堂に対する学生のニーズとしては、英語表記と食材表記を増やしてほしいという声がある。食材情報がわかれば選ぶことができるからだ。対応は、新たな「ハラールメニュー」を開発することに限ったことではない。本章では、早稲田大学でのハラールチキンメニューの事例を検討するため、「ハラールメニューの導入」に絞って対応を類型化した。

第1部
食とハラール

*5 宮崎大学の事例については「手作りハラル弁当、宮崎大学生協で販売」（朝日新聞 2016年1月17日）参照。現在、学生食堂でハラールコーナーを設けている九州大学においては、2000年代前半から弁当販売が行われていた。2004年から箱崎キャンパスにおいてランチ専用の屋台「ナビさん」が構内で出店し、ハラールメニューの販売をしていた。「イスラムの味ハヤ 九大にハラルフード 留学生用屋台、日本人も行列」（朝日新聞 2007年6月7日）参照。

*6 一部報道では、本件について「ハラール認証取得」という表現が使われているが、APUのウェブサイト、プレスリリースでは一貫して「ムスリムフレンドリー認証取得」と記載している。

ly Restaurant and Halal Menu Authentication)」を取得してオープンした。当該の学食は、地域への積極的な開放も行っている。

③弁当販売・ケータリングなど外部委託の例としては、上智大学のすでにハラール認証を取得している業者を利用した弁当販売（2015年・ASlink株式会社運営・東京ハラルデリ）、宮崎大学の生協での手作り弁当販売などがある*5。

この3つの傾向は、それぞれを排除するものではなく、段階的な組み合わせもみられる。2007年からハラールメニューを提供する東北大学では、当初は近隣の料理店から調達したカレーの販売、その後に生協と学生とが相談を重ねて、食堂でのハラールメニューの提供が始まった［共同通信社編 2009］。開校時（2000年）から生協食堂と学生の共同作業で複数のハラールメニューを提供してきた立命館アジア太平洋大学は、2015年9月に国内認証団体による「ムスリムフレンドリー学食堂証明書（Certificate of Muslim Friendly Cafeteria and Halal Menu Authentication)」を取得*6した［立命館アジア太平洋大学ウェブサイト］。東北大学の事例は③から①への移行、立命館アジア太平洋大学の事例は①に②が複合したもので、いずれも段階的に対応を行っている。

早稲田大学の場合は①学生とつくりあげる、ハラールメニュー導入の事例である。

II ハラールチキンメニューの導入プロセス

本節では、学生食堂でのハラールチキンメニュー導入のプロセスについて概観する。表1は、生協食堂でのハラールチキンメニュー提供までの過程で、筆者が参加したおもな出来事を時系列で表したものである。

*7 パンショップを学生とともに訪ねたところ、Halal Food と英語で書かれたPOPとともに商品が並べられていた。学生から、商品名が日本語のため、どれがどの値段かわからない人もいるかもしれないという意見があり、その場で、パンショップスタッフにその旨を伝えると、快く応じてくれた。次回訪れた際には、商品名も英語で書かれたPOPになった。2015年度に同パンショップを訪れた時は、これらの商品は店舗からなくなっていた。諸事情でいったん販売終了したとのことである。なお早稲田キャンパス構内では、地元商店街運営の店舗にて、2015年度から輸入ハラール食品の販売が行われている。

生協の食堂以外の取り組みとしては、2013年1月から早稲田キャンパス内のパンショップの一つで、輸入ハラール食品（インスタント麺、菓子、ジュース）の販売が行われた（写真2)*7。

ハラールチキンメニュー提供開始までのプロセスは、①ムスリム学生の声を聴く、②情報交換をする、③できることからやってみる、④できること、できないことを明確にする、⑤その内容を含めた情報を提示する、という段階を経た。

70

第3章
協働・対話・フィードバック
—大学学生食堂における
　ハラールチキンメニューをめぐって

表1　早稲田大学生協食堂でのハラールチキンメニュー導入に向けてのおもな出来事

	おもな出来事	場所
2012年2月	ムスリム学生懇談会	
2012年2月	意見交換会（生協・国際課・イスラーム地域研究機構）	
2012年3月	意見交換会（学生・生協・国際課・イスラーム地域研究機構）	
2012年4月	英文表記を増やす・「ベジタリアン向け表示」	大隈ガーデンハウスほか
2012年9月	ハラール食品試食会	大隈ガーデンハウス
2013年1月	試作・試食会・厨房見学	大隈ガーデンハウス
2013年3月	厨房見学	大隈ガーデンハウス
2013年4月	第一弾提供開始	大隈ガーデンハウス
2013年10月	厨房見学	大隈ガーデンハウス
2013年10月	新メニュー試食会・厨房見学	大隈ガーデンハウス
2013年11月	第二弾メニュー提供開始	大隈ガーデンハウス
2014年3月	厨房見学・試食会	理工カフェテリア
2014年5月	第三弾メニュー提供開始	理工カフェテリア

注：2012年2月〜2014年5月。

写真1　早稲田生協カフェテリアのハラールチキンメニュー4種の学生作成POP

写真2　パンショップのハラール食品コーナー（2013年当時）

II-1　学生の声を聴く

　当事者の声を聴かなくては始まらない。最初のステップは、学生の声を聴くことであった。早稲田での生活について、また大学への要望についてムスリム学生[*8]の声を聴くために、2012年2月初頭に教職員・学生に声がけし「ムスリム学生懇談会」（イスラーム地域研究機構とアジア・ムスリム研究所の共催[*9]）を開いた。そこで明らかになったのは、食、礼拝スペース、学生同士のネットワークにかかわる大学への期待であった。

*8 ムスリム学生は留学生と日本人学生を含む。ムスリム学生の実数を把握することは難しい。相談会を始めた当時、早稲田大学の外国人学生数は4280名であり、うちイスラーム協力機構（OIC）加盟国にイランを加えた国々からの外国人学生は約180名が在籍していた（2011年11月現在）。マレーシアやインドネシアをはじめとする多民族国家も含まれ、その民族・宗教属性は不明である。また、早稲田大学留学センターが公開する統計データでは、「外国

第1部
食とハラール

人学生」と「外国人留学生」を以下のように定義している。「外国人学生」とは、「調査基準日において早稲田大学に在籍している学生（「休学中」「（海外に）留学中」の学生も含む）で、日本以外の外国籍を持ち、且つ『永住者』『特別永住者』『定住者』『日本人の配偶者等』『永住者の配偶者等』以外の在留資格を有している学生」、「外国人留学生」とは、「調査基準日において早稲田大学に在学している学生（「休学中」「（海外に）留学中」の学生は含まない）で、在留資格『留学』を持ち、且つ調査基準日においてその在留資格が有効であることが留学センターによって確認されている学生」である［早稲田大学留学センターウェブサイト］。したがって、日本国籍をもつ第二世代のムスリム学生はもちろん、改宗ムスリム学生の人数もまた統計からは把握することができない。

*9 いずれも早稲田大学に所属する研究所。イスラーム地域研究にかかわる学内の研究者を中心に、学問領域、対象とする時代や地域を横断する共同研究を行っている。

　ムスリム留学生も日本人ムスリム学生も、それぞれ工夫をしながら、授業日の食事をしている。コンビニやチェーン店、定食屋、生協等で、商品の裏面に貼られた原材料を確認する、店員に尋ねるなどしながら、キャンパス周辺の店をふだんから利用するという学生もある。キャンパス近くのカレー屋、蕎麦屋、ファミリーレストラン、回転寿司の利用を耳にする。生協食堂の利用者は、サンマの塩焼きと冷や奴、おひたしなどを組み合わせるなど、実際に目で見て選べるカフェテリア形式の利点を活用しているようだ。毎回、自宅に帰って自炊をする、弁当を用意するという学生もいる。朝、果物をタッパーに詰めて大学ではそれを食べ、帰宅後にまとまった食事をするという学生もいた。

　日本での生活期間、日本語の習得状況のほか、自宅との距離といった要素もかかわってくるが、それぞれに工夫をしている様子がうかがえる。またキャンパス近隣の食堂におけるハラール肉の使用や弁当屋のハラール弁当など、SNSや口コミを通して情報を共有している。

　大学にいる間に礼拝を行いたい学生は、空き教室や実験室、理工学部のある西早稲田キャンパスでは、廊下の一部を区切ったスペースを譲り合って利用してきた。早稲田キャンパスでは、そうしたスペースはなかったが、2012年10月から、校舎の一つで、事務所傍の空き倉庫を改装した。同時に、同じフロアの男性用・女性用トイレの個室の一部を改装し、座って手足を洗うことのできる高さの低い流しを設置した。スペースの利用時は、学生・教職員証を預けるなど一定のルールが設けられた［砂井 2013b］。

　学生同士のネットワーキングについては、出身国の集まりや他大学のムスリム学生団体のイベントに参加する学生もあったが、早稲田大学では当時、公認・非公認を含めてムスリム学生団体・サークルがなかった。キャンパス、学部、学科が分かれており、キャンパスや学部を超えてお互いに知り合う機会が限られていることから、学生同士のつながりを求める声があがった。

　その後、学生たちは、フェイスブックをプラットフォームにしながらムスリム学生と非ムスリム学生からなる「学生会」をつくり、のちに早稲田大学イスラーム文化研究会（以下、WUICA）となった。イスラーム地域研究機構とアジア・ムスリム研究所では、学内の学生・教職員がお茶を飲みながら、懇談する機会として「ムスリム学生カフェ」を複数回開催した（2012年度～2014年度）。2013年度からは、共催としてWUICAが加わった。

学生が主催し、イスラーム地域研究機構とアジア・ムスリム研究所が支援したイベントの例としては、2013年7月のイフタール（断食月の日没後の食事）会がある。「ムスリム学生カフェ」は、交流機会の場づくりとともに、食や礼拝スペースについての大学・生協側の取り組みを学生に伝え、フィードバックを得る機会としても活用された。

Ⅱ-2　情報交換とおもなアクター

以前から、ハラールメニューについての学生の要望が教員や生協食堂へ個別にあったが、なかなか実現にはいたらなかった。2013年4月のハラールチキンメニュー提供開始は、各関係者の尽力の成果であるとともに、それぞれキーパーソンを核としながら、学部を超えた学生たち、部署の異なる教職員がおのおのの立場から、ともに取り組んだことも大きな要素だといえる。

複数のアクターの協働となったのは、タイミングもあったのだろう。筆者の観点から経緯をまとめるとすれば、発端は、ムスリム学生との懇談会を経て、まずは生協の食堂に相談してみようとなったことである。機構事務所から学内関係箇所への調整をしたところ、折しも、国際課からも生協へハラールメニューに関する相談を予定していることがわかった。そこで、席を同じくして会合をもつこととなった。

2012年2月末に生協職員2名、国際課職員1名、イスラーム地域研究機構から職員1名、研究員1名で意見交換会を開き、翌3月にムスリム学生が加わって、以後、意見交換を重ねていくこととなった。会合やメールを通した情報交換に加え、部内の調査資料や学習用資料の共有など、可能な範囲での密なコミュニケーションと情報共有を行った。また、メニュー提供開始後には、学外からの取材や問い合わせにともに対応した。

メニュー導入に参画した主要アクターとして、国際課、生協、学生、研究者がある。参画の背景と動機、きっかけについては、それぞれの立場があるが、筆者が知りえた範囲でその一端を記しておきたい。

国際課では、留学フェアや留学希望者から、早稲田大学でのムスリム学生のキャンパスライフや大学の対応についての問い合わせを受けていた。独自に、他大学の食堂や礼拝スペースなどの調査、学内での調整など、留学生の多様な文化的背景に配慮した留学生受け入れ環境としてのキャンパス整備に向けて準備を進めていた。

第3章

協働・対話・フィードバック
—大学学生食堂における
　ハラールチキンメニューをめぐって

ミニコラム

イスラーム暦の第9月ラマダーンは、暁から日没まで飲食や争いごとなどを慎むひと月だ。純粋太陰暦なので、太陽暦と毎年少しずつずれていく。2013年は蒸し暑い7月から8月の初めにあたった。そのなかの1日を選んで、学生たちがイフタール食事会・交流会を開催した。もちろんムスリムに限らず誰でも参加できる会である。事前申し込みは40名を超えた。

開会の1時間ほど前に集まり、主催の学生たちが準備した食材を切ったり洗ったり、手伝いの教職員も一緒に作業を進めた。レタス、キュウリ、水菜、赤パプリカ、プチトマトとスモークサーモンの彩り鮮やかなサラダは、オリーブオイルと塩と生レモンを絞ったドレッシングで。果物の盛り合わせはブラックチェリーとオレンジとスイカ、それに房丸ごとのバナナ。ケバブ丼は業者に配達してもらった。

会の前半では学生たちの各出身地のコミュニティやイフタールの紹介、日没後に休憩をはさんで後半に食事・交流会が行われた。皆で分かち合う食事は、笑顔でいっぱいだ。ラマダーンは、喜びにあふれた宴がそこかしこで開かれるひと月でもある。

第1部
食とハラール

*10「生協散歩　ハラールメニュー」（れいんぼう　生協ニュース教職員版 2014年1月22日）。

生協では、以前から在学生の利用者から問い合わせがあったが、今回は学内関係箇所から要望を受けたことでメニュー開発へとつながった*10。導入過程では、生協関係者からしばしば、学生のニーズに応えたいという気持ちを聞くとともに、多くの業務のなかの一つとしてのバランス、既存のオペレーションとの調整などに苦心している様子がうかがえた。また、ハラールチキンメニューの取り組みは、これまでも行ってきた学生とのコラボレーション企画メニューやフェアの一環として位置づけているとのことであった。

今回の一連のメニュー導入の取り組みにおいて、学生は、要望を伝え、アドバイスや試食をするというだけでなく、ムスリム同士の意見を調整してガイドラインのたたき台を作成し、生協への提案、メニューPOPやポスターなどの広報素材を製作するなど、彼ら自身が参画した。

研究者の立場からは、研究だけではなく、学生に自分たちの研究や活動をフィードバックしていけないか、という話が出ていた。筆者自身は、日常生活、とくに食文化を扱ってきたこともあり、学生や学内関係箇所とともに食堂のメニュー、礼拝できるスペースの取り組みに参加することになった。しかし会合などの活動においては、自分に何ができるだろうか、どのようにかかわっていけるのだろうか、役割は何だろうか、とつねに自問することとなった。ふり返ってみれば、「きく、つなぐ」ということだったのかと思う。それは、ムスリム学生の声を聴く、教職員の声を聴く、また、立場の異なる参画者の間に立つ、海外や国内の他の事例を紹介する、これらの取り組みの一部に参加しながら記録するといったことであり、思いがけずも早稲田大学における「フィールドワーク」となった。

II-3　できることからやってみる

*11 ここで「中東料理」があげられた点は、「イスラーム＝中東」という日本でのイスラーム観の一端を示していると考えられる。ムスリム人口の地理的な拡がり、滞日ムスリムの国籍分布とも異なる地域イメージが、日本に存在していることがうかがえる。また、地域が違えば食文化、味の嗜好も異なることや、日本で「フツウに」食べられているものを食べたいという声もあることは、この時点ではまだ届いていなかった。なお、2012年当時において、早稲田大学に在籍すると推計されるムスリム学生の国籍分布TOP5は、人数の多い順にインドネシア、マレーシア、ウズベキスタン、バングラデシュ、パキスタン、地域区分（外務省）では50％以上がアジアで、中東出身者は18％であった（早稲田大学留学センターウェブサイトをもとに整理）。

すでに国際課・生協側では、他大学の先行事例の調査をそれぞれに進めており、初回の会合で生協からメニュー提案があった。メニューコンセプトは「中東料理*11 で日本人の学生にも食べやすい料理／学生にとても人気なチキンメニューを中心とする／スチームコンベクションオーブンで調理可能なメニュー」の3点である。メニューづくりには厨房でのオペレーションの調整など時間がかかることから、とにかく「できることから」まずは始めてみる、ということで、（1）メニュー表示の工夫、（2）既存の食材の活用を行うことになった。

(1) メニュー表示の工夫

メニュー表示の工夫は、①英文表記、②「ベジタリアン向けメニュー表示」の2点である。会合後まもなく、表示方法についての相談があり、2012年3月には生協食堂側からメニューPOP例が提案され、意見調整ののち翌4月より順次、使用された。

①メニューのアルファベット表記は、これまでにも行われていたが、留学生の日本語の習得度に配慮し、英文表記をより増やすものである。メニューPOPには、店頭のショーケース内とメニュー提供場所で掲示する2種類がある。いずれも小さなカードであり、記載できる情報量が限られている。また、料理名の翻訳の難しさもある。一例として、ネバネバ冷やしうどんのメニューPOPでは、料理名の上部に NEBA NEBA HIYASHI UDON、下部に Cold udon noodle with grated Chinese yam, okura(ママ) and soft boiled egg と付記し、「日本語が読めない人でも注文しやすいようにローマ字表記」、料理名については「取り扱っている食材がわかるようなメニューの解説」が付された［徳永 2014］。

②「ベジタリアン向けメニュー表示」については、ベジタリアンの動物性食品に対する選択の幅およびその背景は多様である[*12]が、本メニュー表示については畜肉使用の有無のみを最初の試みとして表示することになった。加工食品の包装への表示義務および任意表示となる特定原材料の27品目に準じた、生協で提供するメニューの「アレルギー及び栄養価情報」リストに基づき、牛肉・豚肉・鶏肉の記載がないメニューについて、肉に×（バツマーク）が重なった絵に Meat Free の文字を併記した小型のマークがつけられた。もちろん、どの観点から Meat Free のマークがつけられているかがわからなければ、利用者の選択には結びつきにくい。この点については、掲示ポスターを作成し、「原材料に肉が入っていないもの、調味料などに肉から作られたエキスなどが入っていないもの」[*13]と明記された（写真3）。焼き魚や白飯にもこのマークがつけられた。これは、麻婆豆腐のように、一見して、肉が入っていることがわかりにくいメニューとの差別化となっている。

(2) 既存の食材の活用

「生協ではメニューや仕入れ先等がエリア毎に統一されているため、各大学店舗が独自の対応をすることは容易ではない」［岸田 2009:14］という生協の運営による食堂の仕入れについての状況は、早稲田生協

写真3　ベジタリアン向けメニュー表示のポスター

*12 日本におけるベジタリアンの葛藤について、日本の食育思想との関連で論じたものに角田［2011］がある。

*13 生協掲示ポスター「ご利用の皆様へ　ベジタリアン向けメニュー表示、始めました。」（2012年4月）より抜粋。

第1部
食とハラール

でも同様である。

　従来のメニューのうち、グリルチキンとチキン唐揚げについては、以前からハラールチキン[*14]が使われており（写真4）、両チキンを主素材としてメニュー開発とオペレーションの試行錯誤が進められた。

　調理方法は、基本的にスチームコンベクションオーブンで加熱し、ソースをかけるというシンプルなものから始まった。ソースには、第一弾メニューのハラールチキントマトではホールトマトが用いられた。第二弾メニューでは和風タレ、イエローカレー[*15]と、鍋での加熱が加わり、ソースの幅が広がった。第三弾メニューのチキン唐揚げおろし煮では、さらに煮こむ工程が加わった。このように、段階的かつ慎重にメニュー開発が進められた。

Ⅱ-4　できること、できないことを明確にする

　どのようにハラールメニューを提供するのか、何をもってハラールメニューとするのか、ハラールメニューの提供にあたって守らなければいけないこと、という「ものさし」として、学生たちによるガイドラインのたたき台作成が進められた。ガイドラインは、生協でできること、できないことを明確にするもので、厨房見学と生協スタッフと学生とのフィードバックを通して整えられていった。

　本項では、(1) ガイドラインを概観したうえで、(2) その役割について述べる。ガイドラインの役割として、①オペレーションのための目安＝生協と学生の約束事、②厨房見学時のチェックリスト、③利用者への情報提示の3つをあげておきたい。

(1) ガイドライン概観

　ガイドラインは当時在籍したマレーシア、パキスタン、インドネシア、ウズベキスタン、アフガニスタン、ブルネイ、日本[*16]という7カ国のムスリム学生が、これなら私は食べられる、と同意にいたった要件である。学生たち自身がクルアーン、ハディース、ファトワー（法学者のイスラーム法的解釈）にあたり、時にイマーム（モスクの礼拝の先導者）に相談するなどして作成した。このガイドラインを食堂に説明し、お互いの「対応できること、できないこと」、「譲れるところ、譲れないところ」を相談しながらつくりあげた。ガイドラインはメニュー提供開始に合わせて、学生からの提案で「早稲田カフェテリアハラールスタンダード」と名称が変更になった。

　「早稲田カフェテリアハラールスタンダード」は「ハラール規定の

写真4　タイのハラール認証団体の認証を受けたチキン唐揚げのパッケージ

[*14] グリルチキンとチキン唐揚げは、いずれもタイのハラール認証団体の認証を受けた輸入冷凍食品。他大学の生協でのハラールメニューにおいてもチキンメニューは主軸の一つとなっている。

[*15] ハラールチキンと同様、タイのハラール認証団体の認証を受けた輸入品。

[*16] 両親のいずれかがパキスタン、イラン出身の国際結婚の第二世代となる日本国籍のムスリム学生。

内容」と「ハラール食を提供するためのガイドライン」の2部構成である。「ハラール規定の内容」は、食堂にかかわる要点を簡潔にまとめたもので、食材、不浄なものの定義、肉製品についてはハラール認証マークがついていること、食品の扱い、ノンハラールをハラールと偽って表示しないこと、のそれぞれについて述べ、「ノンハラールの食材及びそれに由来する成分、及び不浄と区分される物質を一切含有しないこと」と「食品の調理過程や管理において、ノンハラールのもの、及び不浄と区分される物質と接触されていないこと」という条件を導く。

　「ハラール食を提供するためのガイドライン」では、具体的に生協食堂で扱う食材、調理工程、食材の管理についての目安と約束事が記載された。食材では、野菜と果物・肉・魚介類・調味料と添加物について述べ、野菜と果物、魚介類、ハラール認証マークのついた肉はハラールであることを明記したうえで、調味料や調理工程で「ハラール区分が変わる場合がある」ので、調味料／添加物、調理工程を参照するよううながしている。

　調味料および添加物では、植物由来か動物由来か、アルコール成分の有無が焦点として記載された。調理工程では、調理器具の区別、流水洗浄、揚げ物のプロセスが、食材・食品管理では、明確に区別して保管すること、水分が多い料理はタレが飛ぶ可能性があるのでハラールメニューの近くには陳列するのを控えることが記載された。ここでの焦点は、ノンハラール食材との直接・間接的な接触をなるべく避けることといえよう。

（2）ガイドラインの役割

①オペレーションのための目安＝生協と学生の約束事

　ガイドラインは、食堂のためのガイドラインとなると同時に、食堂とムスリム学生との約束事でもある。

　ハラールメニューの準備において生協が新たに購入したものは、電子レンジ、トング、レードル（お玉）である。ガイドラインに沿って、それぞれハラールメニュー専用とし、シールを貼って一括した保管場所をつくるとともに、使用調味料については、個別の箱へ入れ、その他のものとの区別のためシールを貼っている。

②厨房見学時のチェックリスト

　メニュー提供開始前には、試食会と合わせて厨房見学が行われた。学生を含めた関係者が、保存方法、調理工程、カウンターでの提供方

ミニコラム

　会合を始めた頃だったろうか、調味料・食品添加物のこれはだいじょうぶ、これはだめ、という一覧があればわかりやすいのですが、という話があった。マレーシアのものだが手のひらサイズの小冊子『ハラール食品添加物ハンドブック』がある、とそのコピーを用意しようとした自分。しかし学生から、「ハラール」は特定の団体等の著作権のあるものではないですよ、と言われ、我に返った。ハンドブックは食品添加物に関心のある消費者や製造業者にとっては参考になるかもしれない。しかしまず大事なのは、とくに飲食を禁じられたものを除いてハラールである、という基本の部分である。あとは個人によって、また食事の場によっても選択の幅がある。当初から学生は、安心して食べられる調味料・食品添加物としてアルコール無添加の醤油と味噌、植物由来の油脂やショートニング、大豆由来の乳化剤をあげていた。まずはそこからだろう。

第1部
食とハラール

法を視察しながら、チェックリストへの記入を行った（写真5）。チェックリストは他大学生協で使用されたものを、早稲田生協でのガイドラインとつきあわせて、学生がカスタマイズしたものである。ここではガイドラインが、厨房見学時に実際に確認すべきチェック項目の基礎となった。

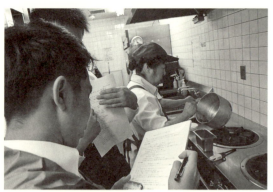

写真5　厨房見学の様子

*17 掲示「自店舗はどこまでのハラールメニューを提供できるか（チェック項目）」より抜粋。

厨房見学では、生協スタッフおよび学生からの疑問や懸念について検討事項とし、学生同士、学生と生協との相談を経て、ガイドラインおよびチェックリストにさらにフィードバックする、という双方向での確認作業が行われた。このフィードバックと調整の事例は、次節において述べる。

また、チェックリストの項目の一つとして、「ハラールメニュー提供の仕組みの保持」がある。その内容は、「出食に関わる職員がハラールに関する基礎知識、自店舗で可能な範囲を理解している」、「大学・生協・ムスリム学生サークル、の3者で定期的な厨房作業の点検の機会をもつことができる」、「大学・生協・ムスリム学生サークル、の3者で定期的にミーティングの機会をもつことができる」の3点である[*17]。1点目については、パート職員会議などにおいて、オペレーションの手順だけではなく、その背景も含めた相互学習が行われた。後者の2点については、主として新しいメニューの試食会時や後述する取材対応などがその機会となった。

③利用者への情報提示

利用者への情報提供として、ガイドラインそのものおよび、実際の厨房確認で使用したチェックリストを掲示し、「できることとできないことを明確」にしたうえで、いずれも公開するという方法がとられた（写真6）。

写真6　提供カウンター近くに掲示されたガイドラインとチェックリスト

これらのガイドライン、チェックリストは日本語版・英語版で作られた。学生からの提案で、いずれも、該当メニュー提供カウンターのすぐ傍に掲示している。これにより、利用者自身が個人の関心に基づいて、何をもって「ハラールメニュー」としているのか、という情報にアクセスできるようになっている。生協では、ガイドラインに沿ってハラールメニューを提供するが、そのメニューを注文するかどうかは、「自分にとって、食べられるものかどうか」を判断する利用者個々人であることはいうまでもない。

このように「早稲田カフェテリアハラールスタンダード」は、食堂

のためのガイドラインであり、食堂とムスリム学生との約束事であると同時に、利用者一人ひとりが、自分が食べられるかどうかを判断する参照物にもなっている。ガイドラインとチェックリストの掲示は、ハラールメニュー提供について、できること、できないことを明確にしたうえで、可能な限りの透明性を確保しようという試みであるといえよう[*18]。

　次節では、具体的にハラールメニューの導入をめぐる職員と学生の対話と交渉の事例を検討する。

Ⅲ　対話と交渉—フィードバックと調整

　厨房見学を通して明確になったおもな検討事項の例として、食材の搬送、冷凍庫での保管の仕方、スチームコンベクションオーブン、食具のアルコール殺菌がある。食材の搬送については、一つの箱の中でのハラール食肉とノンハラール食肉の混載はできれば避けてほしいという要望が学生側からあった。冷凍庫での保管については、梱包状態で冷凍庫内の段を分けて保管を行っていた。梱包状態のまま保管すること、段を分けることで直接的な接触を避ける工夫は問題なく確認された。スチームコンベクションオーブンでの調理については、水で洗浄したスチームコンベクションオーブンで、朝一番に一日分のハラールメニューをつくることが食堂側から提案され、学生側からは追加分があれば電子レンジを使用してはどうかとの提案があった。

Ⅲ-1　アルコール消毒をめぐって

　食堂側の条件と学生側の条件、さらに学生同士での意見が分かれたのが食具のアルコール殺菌である。

　生協では、調理器具と食器・カトラリーについて、洗浄後にアルコール消毒剤を使用する。アルコール殺菌は、保健所の指導に基づき、食堂側にとってはなくてはならない工程である。

　学生側にとっては、それを良しとする意見、否とする意見の二つに分かれたことが、やりとりのなかでうかがえる。問題ない、衛生への配慮は好ましい、陳列コーナーの什器にアルミホイルも敷いてあり、より安心という意見もあった。衛生保持や感染予防をするための殺菌目的で使用するアルコールは、飲用するアルコールとは異なるため、問題ないという考え方である。一方で、それは医療や工業製品などにおけるアルコール使用の場合であって今回には該当しないといった意

[*18] 何に基づいてハラールメニューとしているか、について公開している例に、東京工業大学生協の「東工大生協ハラル（ママ）推奨メニュー 6 つの約束」がある［東京工業大学ウェブサイト］。

第1部
食とハラール

見や、直接口にするものにアルコールがついていると食べられないという意見もあった。

そこで、両者の交渉の結果、ガイドラインでは、ハラールチキンメニューに使用する調理器具（調理済みを保管するホテルパンを含む）は、消毒後に再び流水で流すか、もしくはラップフィルムやアルミホイルなどを敷いて食べ物と直接的に接触しない工夫をする、という条件を追加することになった。

必ず守らなければいけないこと（豚肉と食材としてのアルコールの不使用や不接触）を確定しながら、「どこまで」の線引きを設定するのかは、提供者と利用者の相互の相談によってつくり出される交渉の結果である。またこの線引きは、明示されて初めて意味をなすものである。そこで、「早稲田カフェテリアハラールスタンダード」では、調理器具の洗浄についての上記の条件を明記している。

チェックリストのどこからどこまでを公開するか、についても食堂・学生とで話し合った。その際、筆者は「できないこと」は書かなくてもいいのでは、と言ったことがあった。食器とカトラリーについて「ハラール専用にはならないが、通常の方法で洗浄したものを提供できる」という項目が○であれば、「ハラール専用のものを用意できる×」、「分けて洗浄できる×」[19]という項目は推察できるのではないか、×が多いとネガティブに見えるのではないか、という理由であった。この意見は採用されなかったが、採用されなくてよかった。実際のチェックリストでは以下のように記載されている。

14 ハラール専用の食器とカトラリーが用意できる。例：皿、スプーン、フォーク　×

15 ハラール専用の食器とカトラリーは、その他のものとは別に洗浄することができる　×

16 ハラール専用の洗浄機ではないが、店舗の通常の方法で洗浄したもので提供できる　○[20]

×があっての○であり、丸ごと公開するからこそ、「できることとできないこと」がより明確になる。

新メニュー開始にあたっては、厨房見学とフィードバックによって、試食会からメニュー提供開始までの時間が延びたこともあったが、この双方向の対話と擦り合わせはメニュー実現には欠かせない重要な過程の一つといえよう。

[19] 調理器具については専用のものがあり、その他のものとは別に洗浄を行っている。

[20] 掲示「自店舗はどこまでのハラールメニューを提供できるか（チェック項目）」より抜粋。

Ⅲ-2 学生によるガイドライン

ガイドラインの内容についての問い合わせ先は、学生の提案でWUICAとなった。2014年の時点では、これまで問い合わせを受けたことはないとのことだった。

先述のムスリム学生カフェにおいて、生協の取り組みを紹介した際に、学生参加者からハラールメニューのガイドラインについての質疑があった。残念ながら筆者はその回に直接参加することができなかったのだが、のちに聞いたところでは、質疑の内容は、学生がつくったガイドラインへの疑念であったという。メニュー導入にかかわった学生会メンバーから、ガイドラインの作成過程と、7カ国の出身者が「これなら食べられる」条件を整理したガイドラインであることを丁寧に説明して対応した。そのガイドラインでOKな人は利用する、そうでなければ利用しない、ということでよい、というのが導入にかかわった学生側の立場であった。

別の機会に筆者が行った報告において、筆者自身、一般参加者から同様の主旨の質問を受けたことがある[21]。学生のつくったガイドラインによるメニューを「ハラール」といってよいのか、という質問だった。報告のなかで言及した、ガイドラインが生協と学生の約束事であること、それにのっとったメニューについてハラールチキンメニューとしていること、そしてガイドラインおよびチェックリストをあわせて公開していること述べ、利用するかしないかは利用者の判断によるものであることを伝えた。

こうした質疑応答からは、現在の日本におけるハラール認識の醸成の一端が浮かびあがる。それは、人びとの多様で豊かなハラール実践を飛び越えて、「ハラールビジネス」における「認証」という制度化に偏ったハラール理解［阿良田 2015］、ムスリム社会における一元的なまなざし[22]［岡井 2016］と通ずる課題である。日本においても、従来のムスリム移民によるエスニックビジネスとしてのハラール食品産業［樋口 2007］が、東南アジアを中心に展開してきた多様なアクターが参画するグローバルな現代ハラール産業[23]と接合しつつある。その一方で、日常生活では、私たちがそうであるように、ムスリムの一人ひとりに、食のハラール性について多様な解釈と対応がある［砂井 2013a］。そうしたなかで、メニューとして提供する際にできることは、提供者側が情報を提示し、当事者が判断する、そして判断する材料に当事者がアクセスできる、ということだろう。

---

*21 東京工業大学「ぐるなび」食の未来創成寄附講座・食文化共同研究会第6回公開講義「ハラールメニューをつくる：早稲田大学学生食堂におけるハラール導入の事例から」（2015年3月7日）。

*22 岡井は一元的なまなざしがはらむ問題の一例として「ハラールでさえ、過度の制度化は、結果的にムスリムのステレオタイプ化や分離をうながすという意見も表出している」［岡井 2016：160］ことをあげ、ムスリムの間からもそうした懸念の声もあることを指摘している。

*23 現代ハラール産業は、多様なアクターが参画する新たな経済分野を生み出すとともに、国や産業レベルでの規格化／標準化と人びとの生活実践の双方を視野に含めた動態である。詳しくは［Bergeaud-Blackler, Fischer, and Lever ed. 2015］参照。

第1部
食とハラール

一連のハラールチキンメニュー導入の過程で印象的だったのは、食堂の担当者の「利用者に食堂を信頼してもらえるよう努力すると同時に、私たち食堂側も、利用者を信頼するってことですね」という言葉である。「できることとできないこと」の両方を明示し、利用者の判断に委ねる、というのは、思い切りが必要なのかもしれない。

Ⅲ-3　ハラールメニュー提供開始後の取り組み

メニュー提供開始の周知では、POP 表示、ガイドライン・チェックリストの掲示に加え、生協と WUICA と連名のポスター「Halal Options in Waseda Cafeteria」が掲示された。メニュー提供開始時のポスターでは Alcohol Free/Pork Free/Halal Ingredients/Secured Production Line の記載がある。この 4 点は、ガイドラインとチェックリストに連動している。ポスターの作成は学生によるもので、メニュー提供場所や生協のウェブサイト[24]のほか、関連箇所のウェブサイト、ムスリム学生カフェ、学生同士の SNS などで告知された。また、学生主導で「毎週水曜日は学食でランチを食べましょうの日」キャンペーンも行われた。

メニュー提供開始の約 1 カ月後から、大学広報室へメディア取材[25]が入るようになり、生協・学生とともに対応をする機会を得た。メディア対応では同席しての取材、原稿の相互確認など、できる限り情報共有を行った。メディア対応もまた、私たち同士で意見交換をする機会となった。こうした密なコミュニケーションは、ガイドラインに明記された「ハラールメニュー提供の仕組の保持」につながっていった。

Ⅳ　まとめと課題

以上、早稲田大学生協食堂におけるハラールチキンメニューの導入過程を学生と職員の協働における対話と交渉という観点から検討してきた。

メニュー導入のプロセスは、①ムスリム学生の声を聴く、②情報交換をする、③できることからやってみる、④できること、できないことを明確にする、⑤その内容を含めた情報を提示する、ということであり、これによって生協食堂でもっとごはんを食べてもらおう、という選択肢を拡げる試みであった。

重要なのはコミュニケーションとフィードバックである。一方的に

---

[24] 早稲田生協ウェブサイトでの告知は、メニュー提供開始当時。残念ながら現在はウェブサイトでの閲覧はできないが、メニュー提供場所での掲示は継続している。

[25] おもな記事に、「キャンパる：ムスリム学生向けに新メニュー」（毎日新聞 2013 年 6 月 7 日）、「イスラムフレンドリーになろう・上・学食でもメニュー開発」（毎日小学生新聞 2014 年 10 月 21 日）、「ムスリムに配慮した食について問う」（特集「本格導入はいつにすべきか？ 16 億人市場・ムスリムに配慮したおもてなし」『週刊ホテルレストラン』2014 年 7 月 25 日）。

第3章
協働・対話・フィードバック
―大学学生食堂における
　ハラールチキンメニューをめぐって

選択肢をつくるのではなく、声を聴きながら、互いに譲れるところと譲れないところを当事者同士が繰り返し擦り合わせ、対話を重ねた。その交渉過程が具現化［Sai 2014］したものが、現在提供されているハラールチキンメニューといえよう。

　ムスリム学生は生協食堂に「ハラールチキンメニューがある」ということを嬉しいと言ってくれる。2013年にパキスタンを訪れた際、試食会に参加した元留学生にその後の状況を報告したところ、ハラールチキンメニューの開始について「すごい！」、「嬉しい、また早稲田に行きたい」という声を聴いた[26]。しかしながら、学生のニーズ対応（メニュー数、時間帯、弁当）と仕組みの保持に関連して、いくつかの課題がある。

　一日一品という限られたメニュー数については、「まずはハラールということを理解してもらうのが優先」という学生からの意見があった。10〜20食（2013年当時）という一日の出食数は、ほぼ当初の見こみどおりであるが、利用者がより増えることを期待する声もある。また実際の利用者は、一般学生のほうが多い[27]。学生数の比率を考えれば当然のことである。一般学生に利用されなければ、メニューの継続はより困難となることが推測される。しかしその一方で、ムスリム学生が訪れた際に品切れになる可能性もあり、準備する個数についての判断は容易ではないだろう。

　生協食堂では、ハラールチキンメニューの提供時間を昼の時間帯中心に限定している。これは厨房での人員が時間帯によってパート職員とアルバイトで入れ替わることにより、「早稲田カフェテリアハラールスタンダード」の徹底が難しいということからの生協側の配慮である。このため、学生が食べたい時に必ずしも購入できるとは限らない。また、提供時間内であっても売り切れになってしまうことがある。タイミングが合わず「ハラールチキンはもうやめてしまったの？」という声もあった。

　弁当であれば、学生があらかじめ購入して、都合のよい時に食べることができる。弁当販売についての学生からの要望を受け、2013年には試食会も行われたが実現にいたらなかった。一連のハラールチキンメニューを弁当にできないだろうか、という声も学生、教員からあったが、弁当用の厨房は別であること、衛生管理、保健所指導とのかかわりで難しいとのことだった。

　「ぐるなび」食の未来創成寄附講座・食文化共同研究会第6回公開講義のディスカッションでは、特定のメニューをハラールメニューと

[26] 2014年マレーシアにおいても同様の声を聴いた。

[27] 利用者が留学生であるか、ムスリム学生であるかは、基本的には、メニュー提供場所で判断できるものではない。このため、利用者の情報はデータとして存在しない。

83

第1部
食とハラール

ラベルづけすることで、選択の幅が狭まるのではないか、という点が指摘された。本章Ⅱ節1項で述べたように、ムスリム学生はハラールチキンメニュー導入以前も以後も、カフェテリア形式で自由に選んで利用しているが、ハラールチキンメニューがあることで、それ以外のメニューを選びにくくなるのではないか、という懸念である。

　実際、筆者自身も2016年になって「他のメニューはハラールじゃないの？」という質問を受けたことがある。早稲田の生協食堂では、「早稲田カフェテリアハラールスタンダード」のガイドラインにのっとって提供されるものについて、ハラールチキンメニューと明示しているが、一般メニューも含めて、グリルチキンとチキン唐揚げはハラール肉を使用していること、カフェテリアで調理に使っている油はコメ油であることを伝えた。

　情報の提示という点では、使用食材・調味料などの情報の提示という方法もありうる。試食会や厨房見学を通して、学生たちが驚いたことの一つに、以前からハラール認証を受けたハラールロゴ付きのチキンが使われていたことがある。人によっては不十分かもしれないが、チキンのパッケージ写真を提示するなどで利用者の選択の幅が拡がる可能性はあると考えられる。

　仕組みの保持については、学生の卒業、職員・研究員の異動など、経緯や留意事項、関係性の引き継ぎの難しさがある。これまでの蓄積と経験をいかに共有し、継続・改良していくかが課題となっている。本稿は、筆者の立場からの限られた記録ではあるが、その手がかりの一つとなればと思う。

　本章で検討したハラールチキンメニュー導入をめぐる協働は、多様なニーズをもつ学生とそれに対応する食堂との間の双方向のコミュニケーションという点において、「大学における留学生対応」のみならず、日本における多文化環境への対応、ホスピタリティ産業におけるサービス提供のあり方の模索にも通ずるケーススタディとして考えることができる。メニューの数、出食数といった合意事項を守るために生じる限界、情報提示の方法、仕組みの維持といった、大学という小さな「ムラ」の食堂での課題は、現在、国内で試行錯誤が進むムスリム旅行者対応や、日本製品の海外輸出を企図する現代ハラール産業のかかえる課題の縮図ともいえよう。

　生協食堂のハラールチキンメニューの導入過程では、できることから始め、既存のものを活用しつつ、密なコミュニケーションと当事者同士の対話と交渉が行われた。対話とフィードバックによっていたっ

た約束事（合意事項）についての慎重かつ誠意ある取り組みによって、相互の信頼関係を紡ぐ努力がされてきたことが指摘できる。あわせてガイドラインという「ものさし」とチェックリストを利用者が見える範囲で提示するという情報の開示が、判断材料の提供、透明性を確保するための努力のひとつとなっている。

〈文献〉

阿良田麻里子　2015　「ハラールとハラール・ビジネスブーム」渡邊直樹責任編集『宗教と現代がわかる本2015』平凡社、pp.192-195。

市嶋典子　2014　「在日ムスリム留学生の宗教的葛藤と留学生支援」『言語文化教育研究会2013年度研究集会大会「実践研究の新しい地平」予稿集』109-114。

岡井宏文　2016　「イスラーム世界と在日ムスリム」西原和久・樽本英樹編『現代人の国際社会学・入門──トランスナショナリズムという視点』有斐閣、pp.146-163。

岸田由美　2009　「留学生の宗教的多様性への対応に関する調査研究──イスラム教徒の事例を通して」（2007-2008年度科学研究費補助金　若手研究（B）研究成果報告書）。

共同通信社編　2009　『深化する日本の食』PHP研究所。

砂井紫里　2013a　「食のハラールをめぐる多様な声と実践」『ワセダアジアレビュー』14：82-85。

──　2013b　「早稲田大学イスラーム関連コーナーの充実」『イスラーム地域研究ジャーナル』5：177-178。

角田尚子　2011　「ベジタリアンを取り巻く日本的状況──食育思想と近親者からの干渉」『佛教大学大学院紀要社会学研究科篇』39：19-36。(http://archives. bukkyo u.ac.jp/repository/baker/rid_DS003900002991、2016年9月6日取得)。

田中京子　2016　「宗教的マイノリティーとしての留学生と大学の環境」『ジェンダー＆セクシュアリティ』（国際基督教大学ジェンダー研究センター）11：43-52（http://web.icu.ac.jp/cgs/docs/CGSjnl011_01d_Tanaka.pdf、2016年9月3日最終閲覧）

田中京子・ストローム、ステファン　2013　「大学による多文化環境整備：ムスリム学生との協働の視点から」『留学交流』（ウェブマガジン）28：1-9（http:// www.jasso.go.jp/ryugaku/related/kouryu/2013/__icsFiles/afield file/2015/11/19/201307tanakakyoko.pdf、2016年9月3日最終閲覧）

徳江順一郎　2012　『ホスピタリティ・マネジメント』同文舘出版。

徳永悠野　2014　「早稲田大学生協のハラールメニューについて」2014年度第1回ムスリム学生カフェ（2014年4月25日、於：早稲田大学）資料。

富沢寿勇　2016　「食をめぐる異なる価値との共生──グローバル化の中のハラールとローカリティ」『多文化社会研究』2：29-48。

名古屋大学国際教育交流センター・名古屋大学イスラム文化会　2014　『ムスリムの学生生活──ともに学ぶ教職員と学生のために（改訂版）』名古屋大学国際教育交流センターアドバイジング部門・名古屋大学イスラム文化会。

名古屋大学留学生センター・名古屋大学イスラム文化会　2012　『ムスリムの学生生活──ともに学ぶ教職員と学生のために』名古屋大学留学生センター・名古屋大学イスラム文化会。

樋口直人　2007　「越境する食文化──滞日ムスリムのビジネスとハラール食品産業」樋口直人・稲葉奈々子・丹野清人・福田友子・岡井宏文『国境を越える──滞日ムスリム移民の社会学』青弓社、pp.116-141。

古城紀雄　1999　「大阪大学生協でのハラールフード提供」『留学生交流・指導研

究』2：61-64。

溝部明男　1990　「イスラム教徒留学生のお祈りと飲食生活に関する調査報告書」新潟大学教養部社会学研究室。

Bergeaud-Blackler, Florence, Johan Fischer, and John Lever ed.　2015　*Halal Matters：Islam, Politics and Markets in Global Perspective*, Routledge, London and New York

Sai, Yukari.　2014　"Making Cuisines Halal：Comparative Study of the Impacts of Japanese and Taiwanese Inbound Tourism Policies on their Food Industries", Sawai, kazuaki, Y. Sai, and H. Okai eds. *Islam And Multiculturalism：Exploring Islamic Studies Within A Symbiotic Framework*, Tokyo：Organization for Islamic Area studies, Waseda University, pp. 30-36.

〈ウェブサイト〉

全国大学生活協同組合連合会　「ハラルメニューの提供について」http://www.univcoop.or.jp/service/food/halal.html（2017 年 1 月 9 日最終閲覧）

東京工業大学　2013　「ハラル推奨メニュー試食会開催～ムスリム留学生が楽しく利用できる学食へ」東京工業大学ウェブサイト、http://www.titech.ac.jp/news/2013/023781.html（2016 年 9 月 3 日最終閲覧）

文部科学省ほか　2008　「『留学生 30 万人計画』骨子」首相官邸ウェブサイト、http://www.kantei.go.jp/jp/tyoukanpress/rireki/2008/07/29kossi.pdf（2016 年 9 月 1 日最終閲覧）

立命館アジア太平洋大学（APU）　2015　「カフェテリア ムスリムフレンドリー認証取得　取材・見学会実施のお知らせ」立命館アジア太平洋大学ウェブサイト http://www.apu.ac.jp/home/about/publicity/pressrelease/R2015_10_28_1.pdf（2016 年 9 月 2 日最終閲覧）

早稲田大学留学センター　「2011 年度後期（秋学期）早稲田大学外国人学生在籍数（2011 年 11 月 1 日現在）」早稲田大学留学センターウェブサイト https://www.waseda.jp/inst/cie/assets/uploads/2015/08/201111_jp.pdf（2016 年 9 月 1 日最終閲覧）

第**4**章

食のハラール
―ウイグル族の事例と
コラーンとの対比から

熊谷瑞恵

要旨

　これまでムスリムがムスリムの国に行った場合、宗教的な食の問題は起こらないと考えられてきた。しかし実際にそこでの暮らしをみてみると、頻繁に「これは食べられない」「これには豚が入っている」といった言葉が口にされている。これはイスラームの食を考えるうえでのどのような問題を示しているといえるのか。

　本論は、トルコのイスタンブルに移動した中国新疆ウイグル族の暮らしから、かれらのイスラームが「社会的な規範」ではなく個人を中心とした評価の語彙としてあることを示す。そしてこれまでかれらに「食の問題は起こらな」かったのは、個人中心の語彙とともにあった社会への不信、それにともなった、手づくりの食への依存があったためであることを示す。

　加えて、コラーン*1 の食をめぐる記述の分析を行い、食をめぐるイスラームの言及のいくつかは、イスラームがそれ以前のカミと立場を交換する形で成り立っていることを論じる。そしてコラーンの記述とウイグル族のふるまいには共通してみられる食の特徴があることを示すことで、イスラームには民族誌的分析を進めていく余地が認められるとして本論をまとめる。

*1 『コーラン』［井筒訳 1957、1958a、1958b］は現在「クルアーン」と表記されることが一般的になりつつあるが、本論では現地のウイグル族の人びとの発音により近いものとしてコラーンと表記する。

第1部
食とハラール

I はじめに

I-1 ハラールの食品

　ハラールの食品とは何だろう。『岩波イスラーム辞典』には以下のように記載されている。

　　「ハラール食品」：イスラーム法的に合法な食品。とくに、肉および肉製品についていう。イスラーム法では、天然の食物は原則としてハラール（合法）であるが、豚肉、死肉、偶像に捧げられた動物の肉、血などが禁じられている。牛、羊、山羊、鶏等についてはアッラーの名によって屠り、血抜きをすることがイスラーム法で決められている。ムスリムの消費者はハラール肉でないものを忌避するため、中東諸国では多宗教の地域でも肉屋の大半がムスリムで占められている。伝統的には、食品はその地域で生産されるものが多く、食品のハラール性が問題となることはなかった。現代では、非イスラーム圏からの食品輸入の増加によって、しばしば輸入品について疑義が呈される事態となっている。2000年12月には、インドネシア味の素の製品が製造過程で触媒に豚製品を使ったとして大きな問題となった。非イスラーム国でのムスリム移民のコミュニティではハラール食品の確保が課題となり、専門店が営業されている。
　　[小杉 2002a：785]

　ここにみることができるのは以下の点である。まずムスリムとは"イスラーム法"に従う人びとであるということ、その食をめぐる規範はおもに肉をめぐって構成されているということ、そうしたイスラーム法のもとにある社会ではムスリムが肉屋を経営しているため、イスラーム諸国ではハラールの問題はないということである。かれらにとっての問題は非イスラーム国とのやりとりの増加によって起こる。
　しかし、その食をめぐる規範によって、イスラームとは何を実現しているものなのだろうか。それは問わざるべきものなのだろうか。本論は、中国の新疆ウイグル族*2の食をめぐるふるまいとコラーンとの対比から、食のハラールとはどのようなものかをとりだしてみることを試みる。その際の本論の分析上の特徴は、その食のハラールをイ

*2 本論では国民として国別単位で扱った人びとを「人」、国民ではない同質的単位を想定して扱った人びとを「族」として表記した。

スラーム圏と非イスラーム圏との接触からではなく、トルコに行った
ウイグル族、つまりイスラーム圏に行ったムスリムから描き出すとい
う点である。上記の「ハラール食品」の記述に従えば、トルコに行っ
たウイグル族にはハラールの問題は起こりえないといえる。そのた
め、そこで問題がみられるとすれば、それはハラールとは何かの本質
的な一面を浮き彫りにするものになると考える。本論はそうしたハ
ラールの民族誌的分析の試みである。

I-2 調査概要

　本論の資料はトルコで行った調査を主としている。本論のトルコで
の調査期間は、2010年2～3月、2012年5～9月の約6カ月である。
また補足的に用いる中国新疆およびエジプトでの資料は、それぞれ
2004年12月～2005年9月（中国）と、2010年5～7月（エジプト）の
ものである。

　本論で言及するトルコ在住のウイグル族はA～D、E1～E4の8名
の女性になる。本論が女性を調査対象とした理由は、筆者が女性であ
り、婚姻関係にない男女が同じ空間ですごすことを禁じるというイス
ラームの考えへの抵触を避けたためである。

　Aは34歳の既婚者で中国新疆アクスの生まれ、トルコ在住は8年
目でトルコ国籍を取得している。Aには3人の子がおり、1人は乳児
で、Aは子育て中の主婦である。Aの夫は同じくウイグル族で、イ
スタンブルに天然の薬草等を販売する店舗をかまえている。

　Bは38歳の既婚者で中国新疆ウルムチの生まれ、トルコ在住は10
年目でトルコ国籍を取得している。Bには3人の子どもがいる。Bは
ウイグル族の互助組織で教師をしている。Bの夫は同じくウイグル族
で、アラビア語の通訳をしている。

　Cは29歳の既婚者で中国新疆アクスの生まれ、トルコ在住は1年
目で、国籍は中国のままである。Cには3人の子どもがおり、3人目
は出産直後の乳児で、Cは子育て中の主婦である。Cの夫は同じくウ
イグル族で、バザールでアクセサリーの販売をしている。

　Dは29歳の独身で中国新疆ウルムチの生まれ、トルコ滞在は1年
半目で、国籍は中国のままである。Dはトルコ語の研修を受けながら
大学進学の準備をしつつ、ウイグル族の会社で通訳（漢語・英語）の
仕事をしている。Dは、筆者の2001年から2002年にかけての新疆ウ
ルムチにおける調査時のインフォーマント（情報提供者）のひとりで
あり、本調査においても助力となってくれた。

第1部
食とハラール

*3 ワクフはイスラームの財産寄進制度。それにより設定された財源、ならびにその運営組織をさす場合もある［林 2002:1076］。

*4 かろうじてBがAとAの夫のことを情報として知っていたが、これはBがウイグル族の互助組織の人間として、広範囲な人間関係に目を配っていたことによる。

*5 この人物の世帯は熊谷［2011:50-53］にて「X家」として言及したものである。

宿舎Eは国際的な学生支援を行っているトルコ系ワクフ*3のひとつが所有するアパートの一室で、E1からE5の5人のウイグル族の学生が暮らしていた。かれらは全員が独身である。

E1は28歳で中国新疆アクスの生まれ、トルコ滞在は2年目、イスタンブルの大学の修士課程に在籍中の学生である。

E2、E4は中国新疆ホータン、アクスの生まれで、中国の大学を卒業してすぐにトルコにやってきた24歳、25歳の人物である。E3は中国新疆グルジャの生まれで、高校を卒業し郷里ですごしてからトルコにやってきた24歳である。かれらのトルコ滞在はそろって6カ月目で、3人ともそろってトルコ語の研修を受けながら、大学受験の準備をしていた。

加えてここにはE5とよべる人物もいたが、彼女は筆者の調査期間の終盤に新疆から帰ってきた大学院生であるため、8名のうちには含めていない。E5のトルコ滞在は3年目である。

こうしたA〜Eのトルコ語会話能力について述べると、E2、E3、E4の3人がややたどたどしかったことを除けば、AからE5にいたるまでほぼ不自由なくトルコ語を話していた。ウイグル語はトルコ系言語である。Bの近所に住むウイグル族の既婚女性などによれば、かれらはトルコには3カ月程度いれば学校に行かなくとも大概のトルコ語はわかるようになるということであった。

A〜Eと筆者とのつながり、かれら同士のつながりについて述べると、かれらは筆者との関係において、大きく3つに分けることができる。Aは、筆者がエジプト滞在時に現地のウイグル族の人物に紹介されて知り合った人物で、AとB〜Eとの間につながりはない*4。Dは前述のとおり、新疆にいた時からの筆者の友人でありインフォーマントである。BはDが学業支援を受けている機関の人物で、CはDの友人の友人である。DとB、Cとの関係はトルコにきてから始まったものであり、筆者は B、CとはDを通して知りあった。宿舎Eの人びとは、筆者の調査期間中盤での滞在場所探しの際に、国際的に援助活動をしているトルコ系ワクフの紹介によって知りあった人びとである。このように、かれらの関係は、A、B〜D、Eとの3つに分けられ、かれら同士の関係も近くない。

このほか本論で中国のウイグル族として言及する人物に、新疆アトシュに住む大学生の女性がいる。彼女には父母と既婚の兄2人と姉1人がいた*5。本論では未婚で学生のこの女性についてのみ言及する。

エジプトは仕事をするビザをウイグル族に対し発給していない

め、エジプトに長期滞在するウイグル族はすべて留学生であった。筆者がここで接触できたのは、夫婦と子ども2人、夫方の弟夫婦とその子の共住世帯で、弟夫婦の子である幼児1人を除く全員がアズハル大学[*6]の学生であった。

本論のウイグル語表記はコンピュータ上でのウイグル語表記方法UKY（*Uyghur kompyutér yeziqi*）を用いて行った。ウイグル語の本来の表記はアラビア文字である。またトルコ語との区別のために、ウイグル語は頭文字を大文字、それ以外は小文字で、トルコ語は大文字のみで表記した。本論のトルコ語は『2010 Student Dictionary English-Turkish/Turkish-English』[Yurtbaşi 2010] を参照した。

本論で用いるコラーンは、井筒訳［井筒訳 1957, 1958a, 1958b］を基礎とし、補足的に英訳［Maulana 1966］を用いた。なおコラーンの句分けは、井筒に従いフリューゲル版[*7]とカイロ版とを、カイロ版を後にして括弧に示す。すなわち52（53）とあればフリューゲル版では52節、カイロ版では同じ箇所が53節である［井筒訳 1957:6］。

Ⅱ 食べることをめぐる人びとのふるまい

Ⅱ-1 「それには豚肉が入っている」―食事規定の内的機能

ウイグル族はタクラマカン砂漠のオアシス定住民であった人びとである。かれらは現在、中国国内国外でさまざまに移動、移住を行っている。中国国外において、そうしたウイグル族の比較的まとまった居住がみられるのがトルコ・イスタンブルである。トルコは人口のほぼすべてがムスリムである。そのため同じくムスリムであるウイグル族には、トルコでは食べ物の問題はほとんど発生しないことが推測できる。しかし、実際には、かれらの暮らしにおいて、しばしば"これはムスリムの食品か？（*Bu musulmanchimu?*）""豚肉が入っている（*Tongguzning göshi bar.*）"という言葉が聞かれた。それがどのような状況で言われた言葉であったのかを、まずA宅での事例から確認していく。

事例Ⅱ-1 A宅：筆者が朝食づくりをまかされていた時、筆者がトルコ訪問前に立ち寄ったエジプトで購入した粉ミルクを温くして出し

第4章
食のハラール
　―ウイグル族の事例と
　　コラーンとの対比から

[*6] カイロにあるモスク・ウラマー組織、大学、中・高校、法学委員会、教育組織、出版局などを包含する学術・教育機構［小杉 2002b: 17］。

[*7] フリューゲル版は「ヨーロッパきっての碩学として令名のあったグスタフ・フリューゲル（Gustav Flügel）が厳密な校訂を加えて1841年に初版を出した最初の学術的テクスト」［井筒訳 1957:3］。

第1部
食とハラール

*8 ウズベク族は新疆および旧ソ連中央アジアに住むトルコ系のオアシス定住農耕民であった人びとで、ウイグル族とは言語も文化も近似する[小松 1995:195-196]。

てみた。するとこれは何だと問われる。エジプトの粉ミルクだと言うと、ＡとＡの夫を含む全員（ＡとＡの夫、中国新疆から一時訪問中のウイグル族女性１人、クルグズスタンから来たウズベク族*8女性２人）が動作を止め、Ａの夫が「"これはムスリムの食品か？（*Bu musulman-chimu?*）"」という言葉を発した。

事例Ⅱ-2　Ａ宅：筆者が朝のサラダづくりをまかされていた時、トルコ航空の機内食から持ってきた塩胡椒を使ってみたところ、食卓でＡに「うちに胡椒はなかったはずだが」と言われる。筆者が「トルコ航空のものを使ってみた」と言うと、Ａに「私たちはそんなものがムスリムの食べ物であることを信じない（*Biz ashundaq nersening musulmanchini ishenmeymiz.*）"」と言われる。

事例Ⅱ-3　Ａ宅：テレビを見ていた時、ソーセージのコマーシャルに対し、Ａが「これはムスリムの食べ物ではない。"めちゃくちゃな肉を使っているからだ。なかには豚の肉も入っている（*Qalaymiqan göshini saldighan, ichde tongguzning göshi bar.*）"」と言う。どこからそれを知ったのかと聞くと「"人からそう聞いた（*Bashqalardin anli-dim.*）"」と言う。

　事例Ⅱ-1、Ⅱ-2、Ⅱ-3には、とくに事例Ⅱ-1において、筆者が、アラビア語のパッケージにつつまれたエジプト製粉ミルクに、"ムスリムの国の品物"として強い信頼を寄せていたことがあげられる。事例Ⅱ-2にも共通する筆者のこのふるまいは、イスラーム圏で生産された食品は、ムスリムが食べられるものであると考えた、『岩波イスラーム辞典』の「ハラール食品」に導かれた筆者の思いこみによって成り立っている。そして事例Ⅱ-2は、塩胡椒という、およそ「ハラール」の問題になるとは考えられないと思われた食品についてのやりとりである。こうした点からみて、事例Ⅱ-1、Ⅱ-2にてまず指摘できるのは、かれらがここで問題にしているのは、屠畜方法をめぐって言及された「ハラール」ではないと考えられる点である。そして事例Ⅱ-3は、トルコのテレビ・コマーシャルの食品に豚肉が入っているとの指摘がなされた事例である。これは、トルコのほとんどの人口がムスリムである以上、あまり考えられないことと思われた。初めてこれらの事例に遭遇した筆者は、はじめ、Ａ宅の人びとは変わった人たちなのだろうかと考えた。しかしこのことが、筆者がかれらの立場を

とらえきれていないことによるということに気づいたのは、C宅でほぼ同様の事例を耳にした時である。

事例Ⅱ-4　C宅： C宅を訪問する際、筆者はDにより肉を土産に持っていくようにとのアドバイスを受けていた。そのため筆者は一羽分の鶏肉、そしてB宅やDの職場でも食べられているのを確認した大手チェーンスーパー製の菓子（ウエハース）を購入していった。その菓子はしばらく手をつけられないまま置かれていたが、ある日Cによって夫に出された。夫はおいしいと言って、どうした菓子かをCに尋ねた。Cは、筆者が買ってきたものだと言った。すると夫は、Cに菓子包みをもってこさせ、それを点検したという。それをそれとなく隣室で聞いていた筆者[9]は、のちにCに何かあったのかと尋ねたところ、Cは、じつは今までC宅では、トルコではα社製の食品以外は買わないようにしていたのだということを教えてくれた（実際に、それまでC宅で見ていたビスケット、果汁等の食品は、すべてα社のものだった）。α社は古いメーカーだから信頼がある。だから少し高いが食品はα社のもののみを買うようにしていたという。そしてα社以外の食品には「"豚の骨（*Tongguzning söngeki*）"」が入っているから、と言った（2012年6月27日）。

　事例Ⅱ-4では、筆者側のとった行動上の注意点のひとつとして、筆者が事例Ⅱ-1、Ⅱ-2、Ⅱ-3の件をふまえ、たとえかれらがいくつかの食品を信用していないのだとしても、現地ウイグル族の知り合い同士が食べているものを選べば、それは許容された食べ物になるだろうと考えたことがあげられる。筆者は想定される社会性の範囲の縮小を試みたといえる。それに対するCとCの夫の姿勢にみられるのは以下の点である。まず1点目は、かれらによる「"豚の骨（*Tongguzning söngeki*）"」という言葉は、かれらの食品会社に対する不信を表したものである可能性があるという点である。この言葉は、もし社会的な事実を述べたものであるとすると、トルコという「イスラーム社会」における事態として問題であり、同時にトルコの他のムスリム、そしてウイグル族も食べているものを表した言葉として、かれらは、隣人がムスリムであることに対して配慮に欠けた発言をしていることになる。しかし、事例Ⅱ-3と同様に、ここにはトルコ社会にも、そうした隣人への配慮も、そのどちらも見出すことができない。その意味で、2点目の特徴として、この言葉から感じ取ることのできる稀薄な

*[9] C宅では、夫がいる時は、C宅の方針で、筆者は別室から出ていかないようにしていた。

第4章
食のハラール
—ウイグル族の事例と
　コラーンとの対比から

第1部
食とハラール

社会性という点を指摘することができる。

　筆者はまた、事例Ⅱ-4の会話内容をDに伝えた。それは、事例Ⅱ-4にも示したとおり、買っていった菓子が、Dも食していることを確認して持っていったものであったからである。この言葉が事実であるとすれば、Dは「豚の骨」を食べていたということになる。しかしDは「自分は豚を食べていたのか？」といった反応や、「Cは考えすぎだ」といった反応をすることもなく、「"そのとおりだ、私たちは皆そうして食べ物に気をつける（*Ashundaq, biz hemmimiz ashundaq yémekke diqqet qilmiz.*)"」と答えた。そしてDは、その後もそうした菓子類を食べつつも、贈答の際などには、α社の商品は信頼があるから選んだのだ、などと意識してα社の製品を買っていくようになっていた。そうしたDの反応から示されるのは、人びとの行動は、やはり「豚肉」を食べる食べないという事実としての「規範」と、そこからの「逸脱」をもとにして考えられたものではないと考えられる点である。Cの言葉は、食品会社に向けた不信を、社会性とは乖離した状態で言葉にしたものと考えることができる。そしてDの姿勢もまた、そうしたCの不信を、筆者を経由して、やはり個人的に学習しつつあったものとして考えることができる。そうした不信は、同じウイグル族の間であっても示される。

事例Ⅱ-5　C宅：CがZ地区にあるウイグル族のレストランのひとつについて、「βレストランは、酒を飲む輩が来る場所だから、夫が"ムスリムの……（※食べる場所）ではない（*Musulmanchi emes*)"と言っていた」と言う（2012年6月30日）。

　事例Ⅱ-5は、飲酒という、コラーンの記述をめぐる判断を示したものとはいえるが、Cの夫の用いた「"ムスリムの……ではない（*Musulmanchi emes*)"」という言葉は、日本で考えられてきた「ハラール食品」といった言葉に還元されうる、肉やその成分を示す社会的なラベル、つまり社会的な基準値をさしているのではないという点は、これまでの事例と同様である。つまりCの夫による「ムスリムの……ではない」という言葉は、そのレストランの"営業停止"や他のムスリムの来店を阻害するといった公共的な問題とはかかわりあいがないことは明白なのである。かれらが食べ物を拒否する時にみられるこうした社会性との乖離は、イスラームがとくに言及されない場においてもみることができた。

第4章

食のハラール
―ウイグル族の事例と
　コラーンとの対比から

事例Ⅱ-6　C宅：テレビで子ども向けのアイスクリームのコマーシャルを見ながらCが「"かれらは金さえためられればそれでいいのだ。かれらは清潔に作業をしているのか、そうでないのか、それを知ることなどできはしない。私の母は、私が小さい頃から工場でつくられたものを子どもに与えないようにしていた。（食べ物は）自分の手でつくったものがいいのだ（*Ular pul tapsa bolibridu. Ular pakizmu? Emesmu? Bilgili bolmaydu. Apammu kichikidin tartip zawutta ishlegen nersilerni bermeytti.Üzning qol bilen etken nersiler yaxshi.*）"」（2012年6月27日）

　事例Ⅱ-6が示しているのは、Cが介在する他者の行動を把握することができないということを理由に、テレビの宣伝する食べ物の拒否をしていることである。そしてここからは、そうした既製品を拒否する態度が、新疆で暮らしていた時からCとその周囲にすでにそなわっていたものとしてあったということを推測することができる。

　イスラームの食事規定は、誰にも共通の「規範」としてあるようにみえながら、人びとの間では、人びとの社会への不信を示すものとして見出すことができた。人びとはエジプトというイスラームの国を信じない言葉を発し、食品を扱う企業を信じないという言葉を発し、テレビや同じウイグル族による食堂を信じないという言葉を発する。

Ⅱ-2　社会との間で

　こうした人びとの家庭では、日々の食事はどのように繰り返され、トルコ社会とのかかわりは実際にはどのように確認できるのだろうか。A・B・C宅でみられた食事内容を示したものが次頁の表1である。表1が示しているのはA・B・C宅で食された料理内容のほとんどが手づくりのウイグル料理であり、外部からの購入によるトルコの料理の流入等が、ほとんどみられないことである。A・B・C宅においてトルコ料理がみられたのは2回だった。一度はウイグル族同士のコラーンの勉強会にBがつくった、Bが「ボレック（*BÖREK*）[*10]」とよんだものであり（表1：B宅6月9日）、もう一度がA宅でトルコ人を迎えた際にAが準備したチョルバ（*ÇORBA*）[*11]である（表1：A宅①3月17日）。

　Bのボレックは、Bがユフカ（*YUFKA*）とよんでいた小麦粉の生皮[*12]で、炒めたレタスと卵を巻き、オーブンで焼いたものであった。この調理法をBはトルコ人に習ったのではなく、トルコ人とのコラー

[*10] *BÖREK*は「薄片でできたパン（flaky pastry）」をさす［Yurtbaşi 2010：787］。
[*11] *ÇORBA*はスープをさす。

[*12] 小麦粉製品店の売り物で、焼いていない生の状態のものだった。Yurtbaşiでは「細い層生地（thin layer dough）」［Yurtbaşi 2010：1266］。

第1部
食とハラール

ミニコラム

　ウイグル族の料理は、ナン（ウイグル族の焼くパン）を茶に浸して食べる「飲む」食事、ナンをスープに浸して食べる「飲む」食事、汁気がなく、ナンを添えずに単体で食べる「食べる」食事とによって構成されている。「食べる」食事はとられたとしても一日に一度で、「飲む」食事、とくにナンと茶の組み合わせは、時間を限らず一日中何度でもとられる。

　ナンは通常食卓に置きっぱなしにされており、飲み物の準備をするだけでいつでも食べはじめることができる。

　「食べる」食事の代表的なものはポロ（炊き込みご飯）、ラグメン（おかずのせゆで麺）、「飲む」食事の代表的なものは茶のほかショルパ（肉と野菜のスープ）、スユカシ（すいとん）、チュチュレ（ワンタンスープ）である。

　詳しくは『食と住空間にみるウイグル族の文化――中国新疆に息づく暮らしの場』[熊谷2011] 参照。

表1　A・B・C宅においてみられた食事の内容

A宅① 19日間の食事内容

3月1日	ピッティルマンタ（テイクアウト）
3月2日	マンタ、サモサ（テイクアウト）
3月3日	米飯、サイ
3月4日	ラグメン　ジュワワ
3月5日	ジュワワ
3月6日	ラグメン　ジュワワ
3月7日	ポロ
3月8日	ポロ　ウギュレ
3月9日	ガンパン
3月10日	ガンパン
3月11日	ボラックマンタ
3月12日	ポロ
3月13日	ジュワワ
3月14日	ラグメン
3月15日	ガンパン
3月16日	ダーパンジー
3月17日	ラグメン（※チョルバ、客へのみ）
3月18日	ポロ
3月19日	ラグメン

※ A①注：1日と2日のテイクアウトは引っ越し直後による台所環境不備のため。

A宅② 8日間の食事内容

5月27日	インスタントラーメン
5月28日	ガンパン
5月29日	ポロ
5月30日	ポロ（友人宅への招待）
5月31日	ダーパンジー　チュチュレ　ギョシュショルパ
6月1日	ラグメン
6月2日	ガンパン
6月3日	ラグメン

B宅7日間（＋半日2回）の食事内容

6月6日	鶏肉、ナン（※半日調査）
6月7日	ラグメン
6月8日	サイ（ラグメンの残り）とナン　ラグメン、マンタ（階下ウイグル族宅差し入れ）
6月9日	ボレック　ガンパン
6月10日	（ナン茶のみ）
14日夜	マンタ
6月15日	コイマック　サバのオーブン焼き
6月16日	ポレ　ヤップマ
6月17日	（ナン茶のみ）（※半日調査）

C宅8日間（＋半日）の食事内容

6月22日	スユカシ（※半日調査）
6月23日	ショウグルチ　スユカシ
6月24日	スユカシ、ショルパ　チュチュレ
6月25日	ショルパ　インスタントラーメン
6月26日	メンチーゼ　鶏肉のオーブン焼き
6月27日	ラグメン　チュチュレ
6月28日	羊の頭と蹄の煮もの　インスタントラーメン
6月29日（断水）	スユカシ　ラグメン（テイクアウト）
6月30日（断水）	チュチュレ　ショルパ

※全体注1：料理がとくにとられていない時間にはナンと茶がとられていた。
※全体注2：インスタントラーメンはすべてインドネシア製だった。
※全体注3：料理についてはほかに熊谷 [2011] および Abdukérim [1996] 参照。

ンの勉強会等で見て、つくり方を適当に真似たのだと言っていた。ただこうした小麦粉の皮で巻いてつくる料理は新疆にもあるため*13、トルコ料理の流入とはあまりいいがたい点も指摘できる。

　チョルバは、家政婦としての出稼ぎをしたいとＡ宅を訪れていたウズベク族女性に、Ａの夫が雇い主として探してきたトルコ人夫妻を引き合わせた夜のためにつくられたものだった。それは日々手づくりの料理を準備していたＡ宅①の調査時において、初めてみられたインスタント食品*14の料理だった。Ａはこれを「"トルコ人というのはチョルバを飲むものだ（Turkler digen chorba ichidu.）"」と言いながらつくり、客の前へと持っていった。しかしほとんど飲まれず戻ってきた。このチョルバとそれをめぐるＡとトルコ人夫妻のやりとりからは、Ａ宅ではトルコ人との間での、食事をともにしたつきあいがほとんどなされていなかったことを推測することができる。イスタンブルのウイグル族家庭では日々ウイグル料理がつくられ、そこにはトルコ料理の流入や、その他の工業製品への依存がほとんどみられない食事の場がつくられていたといえる（写真1、2）。それは、Ⅱ-1でみた、身近でない他者への不信を反映して成り立った食事の場であったというように考えることができる。

　そうしたＡ・Ｂ・Ｃ宅でみられた訪問客のデータから、トルコ人の内容を整理・抽出したものが、次頁の図1〜4である。

　Ａ宅の訪問客は、前述したクルグズスタンからのウズベク族女性、新疆からのウイグル族等、Ｂ・Ｃ宅（後述）に比べると、遠方からの宿泊客が多くみられたことが特徴である。この客は、多くがＡの夫の仕事のために輸送や教育等を行っていた人物であり、Ａ宅とは、そうした仕事上のつきあいが家内で活発に展開されている家であった。そうしたＡ宅においてみられたトルコ人の訪問客は、9人中8人は、継続したつきあいが行われていないとみなしうる人物であった。図1にみられるＡ宅①19日間のトルコ人の訪問客は、家内の修理をする修理夫、引っ越しがすんだばかりのＡ宅へ同じ建物の住人たちが様子を見に来たもの、前述したウズベク女性の雇い主として連れてこられたトルコ人夫妻、そして唯一つきあいがあるとみなしうる人物としてＡの兄と結婚したトルコ人女性の夫同道による訪問が1回みられたのみである。Ａ宅②9日間では、のべ26人という訪問客

第４章
食のハラール
―ウイグル族の事例と
　コラーンとの対比から

*13 たとえばトゥルメル Türmel [Abdukérim 1996：44]。

*14 湯に溶かし温めるだけのものだった。

写真1　トルコ在住8年の世帯Ａでつくられたポロ

写真2　トルコ在住10年のＢ宅でのラグメン

97

第1部
食とハラール

図1　A宅① 19日間におけるトルコ人の訪問者

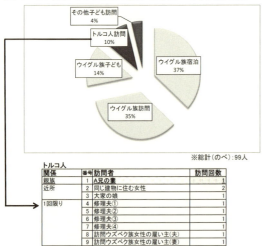

図2　A宅② 9日間におけるトルコ人（他）の訪問者

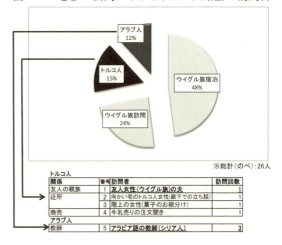

図3　B宅 8日間におけるトルコ人の訪問者

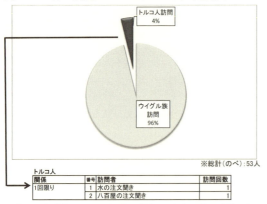

図4　C宅 9日間におけるトルコ人の訪問者

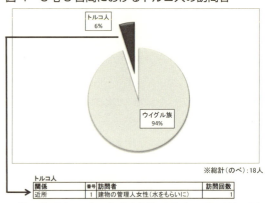

において、ウイグル族のAの友人女性の夫が一度妻の同道によって訪れたことを除けばトルコ人はいずれも戸口での応対であり、上記と同じあまりつきあいのない人物であったといえる。ただここにはトルコ人ではなくアラブ人女性による訪問があったのをみることができる。この人物は、A宅の近くのイスラーム学校の教師で、コラーンのアラビア語、フスハー（正則アラビア語）をAに教えるために訪れていた人物であった。シリア国籍だというこの女性は、トルコ語が話せなかった。そのためAとこの女性は、覚えたてのアラビア語での会話を行っていた。ここにみることができるのは、トルコ社会にとって異民族であるこの2人の女性が、トルコ人社会からは乖離して、イ

スラームとは結ばれていたことを示していたように思われた点である。

　Ｂ宅では、Ｂの勤める互助機関の勉強会や催しが行われたため８日間で53人という人数が訪れていたが、ここにみられた２人のトルコ人は、どちらも商店からの注文聞きである。

　Ｃ宅では９日間でのべ18人の訪問がみられたが、そのうちのトルコ人は、アパートの管理人の女性が一度、バケツに水をくれるようノックしてきたものを記録したものである。

　このようにイスタンブルのウイグル族家庭は、若干のウズベク族を除けばそのほとんどがウイグル族同士で、手づくりのウイグル料理をかこむ、ウイグル族同士のつきあいの場所としてあった。このことは、ＡやＢのようにトルコ国籍をとり、トルコの滞在が８年（Ａ）、10年（Ｂ）に及ぶ人物のこととして考えると、かれらにとって、ムスリムとしてトルコに暮らすということは、トルコの料理を食べず、トルコ人とのつきあいを行わない、ウイグルでありつづける暮らしをすることであったとして考えることができる。

　こうした特徴は、新疆から来たばかりの学生たちの暮らしにおいても見出された。次頁の表２は宿舎Ｅの８月５日〜28日までの24日間の食事とつきあいを記録したものである。宿舎Ｅでの調査は、断食月の約１カ月とちょうど重なっていたため、記録は朝と夕の献立と同席した人間関係について行っている。断食は、宿舎のメンバー全員が行っていた。

　表２から示されるのは、宿舎Ｅの学生たちが、断食月の食事[15]を、４人のウイグル族の友人（友人①〜④）[16]を加えた人数をほぼ最大とし、ウイグル族同士で、ウイグル料理のみをかこむことですごしていることである（表２「朝食」「夕食」「夕食をめぐる備考」項参照）。それはＡ〜Ｃの世帯にみられた結果と同質の特徴であるといえる。かれらはこの期間、ウイグル族の互助機関が配る食事券により、夕食をウイグルレストランにて無料でとることができた（表２「夕食」項参照）。そのため、夕食は無条件にウイグル料理をとることができた。しかし、夜明け前の食事という、前日からの下ごしらえと、２時間早い起床による調理を必要としても、かれらは手づくりでウイグル料理を準備しつづけていたのである（表２「朝食」項参照）。かれらにもトルコ人との交流や、外部からトルコ料理をとりいれるという姿勢をみることはできない。

　ただ宿舎Ｅのデータの特徴には、Ａ〜Ｃにはみられない特徴的な点

[15] 日の出前と日没後にのみ食事をとる。
[16] かれらは宿舎Ｅのメンバーと立場、年齢が、ほぼ相同。

第1部
食とハラール

表2　宿舎Eの8月5日〜28日（ラマザン）の24日間にみる食事とつきあい

月日	朝食	夕食 ※招待以外は ウイグルレストラン	夕食をめぐる備考	招待の内容
8月5日			■下階のトルコ人家庭から差し入れ「誰が食べる?」「無駄になる」と言いあっている	
8月6日	ポロ	粉湯（フェンタン）		
8月7日	ガンパン	スユカシ	■もらった料理がすべて腐る。笑顔で鍋を返す	
8月8日	ポロ	招待	▲招待トルコ人家庭からボレックをもらう	ワクフを通したトルコ人家庭からの招待 E2と筆者のみ参加
8月9日	ポロ、ミーファン、サイ炒め	マンタ		
8月10日	マンタ、サモサ	大盤鶏	友人①②③④と同席	
8月11日	ポロ	招待	◆向かい家庭から残ったスープ（チョルバ）を鍋でもらう（E4のみ友人①②③と同席）	向かいの家庭からの直接の招待 E4は友人らとともにウイグルレストラン
8月12日	ポロ	ソーメン（※招待）	友人①②と同席	ワクフを通したトルコ人家庭からの招待 E2のみ参加
8月13日	ソーメン（昨日の残り）	大盤鶏	友人④と同席	
8月14日	ガンパン、芋サイ	ラグメン		
8月15日	ソーメン	招待	▲◆ボレック、チョルバ完全に腐る	ワクフを通したトルコ人家庭からの招待 E3、E4、筆者参加、E2は母の友人宅へ
8月16日	ポロ	マンタ、ポロ	友人①②③と同席 E2、母の友人の娘が出産したとのことでアンカラに行く	
8月17日	マンタ、ポロ	丁丁ソーメン	友人①②③④と同席	
8月18日	丁丁ソーメン	大盤鶏、麺	友人②と同席 夜半にE5新疆より帰着	
8月19日	ナン、牛乳、卵2個	招待		ワクフを通したトルコ人家庭からの招待
8月20日	大盤鶏	コルダック	友人①②と同席	
8月21日	コルダック	丁丁ソーメン	（この日は誰も来ていない）	
8月22日	大盤鶏	コルダック	友人③④と同席 食堂で2人の女の子（関係聞けず）と同席	
8月23日	2つのサイとミーファン	招待		ワクフを通したレストランへの招待 E3、筆者参加、E4参加せず
8月24日	サイ、ミーファン	ラグメン	E2、アンカラより帰着 友人①②③と同席	
8月25日	ラグメン、マンタ	大盤鶏		
8月26日	大盤鶏	ソーメン	友人①②③と同席、その後宿舎Eに宿泊 ※モスクでカディル・ゲジェスィー*17をすごしたため	
8月27日	ポロ	ピッティルマンタ	※朝食友人①②③と同席 友人①②と同席	
8月28日	ラーズジー、ミーファン	大盤鶏	友人①②③と同席	

※直接食事の観察をしたのは8月6日〜8月28日までの23日間（5日の食事は未観察）。
※夕食のレストランでの料理はたびたび持ち帰りにし、朝食にもしている。
※備考における■▲◆は、ひとつの料理をもらってから腐るまでの経過に対応。
※料理の内容は、朝夕とも「食べる」食事が多いことが特徴として指摘できる。
※本調査期間中E1は不在。

100

を1点みることができる。それが、おもに宿舎を所有するワクフを通した、トルコの一般家庭からの食事の招待という機会がある点である。こうした機会は、断食月の期間以外にはみることができなかった。それは表2の8月11日において、アパートの同じ階の家庭による招待の場において、かれらが中国新疆のウイグル族であるということを紹介しあっていた様子からも見出すことができた。かれらは滞在6カ月目にして、このイスラームの祭時に、初めて近所のトルコ人と向きあう機会をもっているのである。

ワクフを通した招待の場は、小規模なものから大規模なものまでさまざまにあった。たとえば、8月8日に集まった15人（マケドニア人5人、カザフスタンのトルコ人1人、クルグズスタン人1人、ウイグル族2人と引率のトルコ人女性とその娘4人＋筆者）、8月15日に集まった20人（アルバニア人4人、マケドニア人3人、ジブチ人3人、バングラデシュ人1人、カザフスタン人2人、ウイグル族5人、引率のトルコ人女性1人＋筆者）、8月19日の6人（チェチェン人1人、ウイグル族4人＋筆者）である。そこにはイスタンブルに集まる学生身分にあるムスリムの多様さと、そうした人びとを一堂に集める機会となっているイスラームの祭時の機能をよみとることができる。しかしそうした機会において、宿舎Eの人びとにみられたのは、かれらがこの会食（写真3）をきらい、できるだけ参加を避けようとしていたことである。

写真3　ラマザンのトルコ人世帯によるもてなし

宿舎Eには、ワクフからの連絡を受ける人物がひとりおり、それは8月15日まではE2、それ以降はE3が受けもっていた。かれらにみられたのは、ワクフから直接連絡を受ける連絡役の人物のみはそれを避けえないものとして、参加をしているが（表2：8月8日：E2、8月12日：E2、8月23日：E3）、それ以外の、こうした話を直接耳にする立場にない人びとは、こうした場をできるだけ避けようとしていた点である（表2「招待の内容」項8月8日のE3・E4、8月11日のE4、8月12日のE3・E4、8月23日のE4）。かれらは、行っていやな顔をしつづけたり、食べずにいたりすることはないが、裏では押しつけあって、避けてばかりいたのである。

かれらのそうした拒否の姿勢がもっとも具体的に表されていたのが、かれらが好意で配られるパンやスープなどを、宿舎にてまったく手をつけることなく、結果的に廃棄していた点である（表2：■8月5

第4章
食のハラール
—ウイグル族の事例と
コラーンとの対比から

*17 アラビア語でいう、「ライラ・アル＝カドル」のトルコ語。『岩波イスラーム辞典』によれば、「預言者ムハンマドに初めて啓示が下されたとされる夜」をさし、「ラマダーン月の最後の10日のうち奇数日の一夜であるといわれているが、27日の夜とする学者が多い」[青柳2002:1034]とされる。

第1部
食とハラール

日もらう→■8月7日廃棄、▲8月8日もらう→▲8月15日廃棄、◆8月11日もらう→◆8月15日廃棄）。このうち8月5日のものは、下階のトルコ人家庭からの差し入れであった。それは5人が十分に食べられそうな分量の、鍋に入った手づくりのスープ、ナスの煮こみ料理、炒めごはん、市販パッケージのアイラン（*AYRAN*：ヨーグルトの飲み物）という料理であったが、かれらはこれを笑顔で受けとりながら、もらったその直後から、誰も食べないであろうことから廃棄するであろう可能性について話していた。これは、トルコの家庭料理という珍しい献立を前に喜んでいた筆者を驚かせた。そしてかれらは事実、それらにまったく手をつけることなくその後もウイグル料理をつくりつづけ、鍋の中身を夏季の台所に放置していた。そして下階の少女がその鍋を引き取りにきた際には、陰で腐敗していた中身をかき出して洗い、笑顔とキスとともにこれを返却していた（8月7日）。

E2はこの期間、断食月を喜び、招待の会食へと向かう道で、断食をする意味を「食べ物を無駄にせず、空腹の人の気持ちがわかるようになる」と筆者に語ってくれた（8月8日）。かれらにとって、トルコ人の料理を廃棄するものとすることは、「食べ物を無駄に」していることにはならないと考えられるのである。あるいはE2は、断食を評価する語彙を、社会的にみる事実とは切り離して、コラーンの言葉をあてはめたと考えることも、また可能であると考える。

こうした食べ物と、その社会性との乖離を示す人びとのふるまいの事例は、故地である中国新疆のウイグル族の暮らしのなかでもみることができた。

事例Ⅱ-7　新疆アトシュの調査家庭滞在時：筆者と調査家庭の次女は外に出るといつもガム2つを買い食べていた。その日いつものように筆者がひとつを嚙みながらひとつを彼女に渡すと、その日彼女は「昨日お兄さんがそれには豚が入っていると言いました。だから食べません」と言った（2005年2月10日）。

ここに指摘できるのは次の点である。ひとつめに、いつも食べていたものに豚が入っているということはかれらにとってありうることとして話されているということ、ふたつめにその「発覚」が宗教的「逸脱」といった状態を引き起こすものにはなっておらず、"よくないこと"の形容のひとつのようにひとりの人間の行動を修正するきっかけのひとつにされていること、みっつめにそうした彼女の兄のひとこと

*18 禁止行為。ハラームの反対語はハラールで、両者はしばしば対になって用いられる［両角 2002:784-785］。

第4章
食のハラール
―ウイグル族の事例と
　コラーンとの対比から

が決定したハラーム*18 は、ガムの成分やハラール表示といった社会的問題とリンクすべき問題とはみなされていない、と思われることである。彼女の兄は、"よくない"ということを独善的に"豚"という言葉で表現し、彼女はそれを社会的な事実と照らし合わせることなく従ったと考えられる、ということである。

新疆カシュガルの街では、人びとはバザールで売られている同じウイグル族のつくるナンを信頼していなかった。「バザールのナンはよくない油や麦を使っている［熊谷 2011:77］」からである。そのためナンの調達の際には、主婦は小麦や油を家庭で準備し、かまどと道具のみを借りるためにナン屋へと向かっていた（写真4、5）。

またカイロで出会ったアズハル大学のウイグル族の学生一家は、中国の「ハラール」について筆者に述べてくれた。中国ではインスタントラーメンなどに「ハラール」の記載があるが、そうした「ハラール」は信用できないというのである。それは、たとえば2008年の粉ミルクのメラミン混入事件等のようなことがあるからであるという。ゆえにかれらは新疆を出る際にはナンの類は持参し、外で買うのは果物だけにしていたと述べていた。また、かれらはエジプトの首都であるカイロにおいて、手づくりのウイグル料理で筆者をもてなしてくれた（写真6）と同時に、「カイロであなたは路上の食べ物を何でも食べてしまっているの」と筆者に聞いてきた。

そうしたカイロでの、片倉によるアラブ人に対する記述がある。

　1963年ごろだった。カイロ大学の留学を終えて、当地で結婚した私は、留学時代の友だちやお世話になった女子寮の舎監先生らを家に招いて、精一杯のご馳走を並べたことがある。肉料理をふんだんに出せばご馳走になると思っていた当時の私は、きつね色にこんがり焼いた若鶏の丸焼きの

写真4　新疆でもナンの生地は世帯でつくっていた

写真5　世帯の生地を焼いてくれたナン屋（小型のナンが世帯のナン）

写真6　カイロのウイグル族世帯でのもてなし
ナン、クッキー、オレンジ、スユカシ（すいとん）。奥はつくり途中のクッキー。ナン、クッキー、すべて手づくりだった。

第1部
食とハラール

足に白い紙リボンをつけたりして得々とみなにすすめた。ところが、みなどういうわけか鶏やビーフ料理にはいっこうに手をつけてくれない。客の中にはちょうど同じクラスだったナセル大統領の娘、ホダもまじっていて、日本の箸の使い方を習って、はしゃいでいたが、彼女が、「私たちは誰がどのようにして殺したかわからないお肉は食べちゃいけないのよ」と私に謝りながら、そっと教えてくれたのだった。[片倉 1979:48-49]

　ここには片倉がどのような肉を入手したかについては何も書かれていない。しかし片倉が"戒律"にのっとらない肉をカイロの街で調達したとは、考えられないように思われる。そのうえで、片倉の招いたカイロの女性たちの態度から示されるのは、"戒律"は、カイロではすでに達成ずみの社会的概念としてカイロにあまねくいきわたっているのではないということ、彼女らは、その達成を社会にゆだねることなく、それを彼女らが自身の近くで具体的に関知しうる範囲に限っていたと考えられる点である。

　これらの事例から述べられるのは、多く問題とみなされているのは、見知らぬ他者が調理加工に携わるきっかけそのものにあてられている、ということである。そうした見知らぬ他者とは、ごく身近な近所の人びとから商店、工場、ムスリムの国といった単位に広がり、人びとはそこに社会的に信用の単位を見出すことが解決方法だとは考えていないように見受けられる。そこで言及されている「豚」とは「不信」の形容といえ、それが事実かどうかという問題は、不信の関係間においてはその必要性を認められていないようにみえる。ハラールの問題とは、ムスリム同士のコミュニティにおいて頻繁に言及されている。ただ、それは、社会的に輪郭をもったカテゴリーとして結実するにはいたらず、個々のよくないものの形容としてのみ言及され、身近な誰かの行動を制して消えていく。

Ⅲ　コラーンにみる食

　こうした人びとの指針であるコラーンとは、食をめぐってどのような指示を示しているのだろうか。コラーンにおける食に関する記述は、おおよそ2章「牝牛」、5章「食卓」、6章「家畜」、7章「胸壁」30、16章「蜜蜂」、22章「巡礼」の6章[19]にみることができる。コラーンが全114章であり、それがおおよそ年代を逆にまとめられてい

*19 主要な言及はおおよそ「牝牛」では 163（168）～ 164（169）、167（172）～ 168（173）、5章「食卓」では 1 ～ 7（5）、89（87）～ 97、6章「家畜」では 118 ～ 121、139（138）～ 148（147）、7章「胸壁」では 30（32）、16章「蜜蜂」では 115（114）～ 120（119）、22章「巡礼」では 27（26）～ 38（37）にみることができる。

ることを考えると、その記載はほとんどが後期メディナ時代[20]に集中したものであるということができる［井筒訳 1958a：302］。イスラーム法では「豚肉、死肉、偶像に捧げられた動物の肉、血などが禁じられている［小杉 2002：785］」。この豚肉から始まる一連の食肉の禁止が述べられているのが2章「牝牛」167（172）〜168（173）句、5章「食卓」4（3）句、6章「家畜」146（145）句、16章「蜜蜂」116（115）句の4章5句である。この5句をみていくと、あるひとつのことに気づく。それは、ここには単に禁止が述べられているだけでなく、偶像、つまりイスラーム以前の神とアッラーとの間で興味深い位置の交換が行われている点である。

2章「牝牛」[21] **167（172）** これ、信徒の者よ、我ら（アッラー自称）が特に汝らのために備えてやったおいしい物を沢山食べるがよいぞ。そしてアッラーに感謝せよ。もし汝らが本当にアッラーにおつかえ申しておるのならば。**168（173）** アッラーが汝らに禁じ給うた食物といえば、<u>死肉、血、豚の肉、それから（屠る時に）アッラー以外の名が唱えられたもの（異神に捧げられたもの）のみ</u>（He has only forbidden you [to eat] what dies of itself, and blood, and swine's flesh, and that on which the name of any other than Allah has been invoked [Maulana 1966：20]）。それとても、自分から食い気を起したり、わざと（神命に）そむこうとの心からではなくて、やむなく（食べた）場合には、別に罪にはなりはせぬ。まことにアッラーはよく罪をゆるし給うお方。まことに慈悲の心ふかきお方。［井筒訳 1957：42］

5章「食卓」4（3） 汝らが食べてはならぬものは、<u>死獣の肉、血、豚肉、それからアッラーならぬ（邪神）に捧げられたもの</u>（Which dies of itself, and blood, and flesh, of swines, and that on which has been the name of anyone besides Allah has been invoked [Maulana 1966：84]）、絞め殺された動物、打ち殺された動物、墜落死した動物、角で突き殺された動物、また他の猛獣の咬（くら）ったもの——（この種のものでも）汝らが自ら手を下して最後の止めをさしたもの（まだ生命があるうちに間に合って、自分で正式に殺したもの）はよろしい——それに偶像神の石壇で屠られたもの。それからまた賭矢を使って（肉を）分配することも許されぬ。これはまことに罪深い行いであるぞ。［井筒訳 1957：144］

第4章

食のハラール
—ウイグル族の事例と
　コラーンとの対比から

[20] 後期メディナ時代は、ムハンマドが「強力な政治運動の指導者」「新興国家の立法家」であった時期をさす。初期（メッカ時代）は、純粋な信仰に基づく「警告者」であった［井筒訳 1958a：302-303］。

[21] 以下コラーンの引用文は、下線は筆者によるもので、日本語は井筒訳、英語丸括弧内は Maulana によるものである。

105

**第1部
食とハラール**

6章「家畜」146（145） 宣言せよ、「わしに啓示されたもの（『コーラン』）の中には、死肉、流れ出た血、豚の肉——これは全くの穢れもの——それにアッラー以外の（邪神）に捧げられた不浄物（having been slain in the name of other than Allah［Maulana 1966:112］）、これらを除いては何を食べても禁忌ということにはなっていない。そればかりか、（たといこれらの不浄物でも）、別に自分で食気を起したとか、ただやたらに規則に叛きたくてするのではなしに、やむを得ず（食ってしまった）場合には、神様は（大目に見て下さる）。よくお赦しになる情深いお方だから。」［井筒訳 1957:198］

16章「蜜蜂」116（115） お前たちに食べることを禁じ給うたのは、死肉、血、豚の肉、それにアッラー以外の（邪神）に捧げられたもの（which has been slain in the name of anyone else besides Allah［Maulana 1966:219］）、ただそれだけ。だが（それにしても）、自分から反抗心を起し、掟にそむこうとしたのでなく、他から無理強いされて（食べた）場合は、アッラーはこころよく赦しても下さろう。あわれんでも下さろう。［井筒訳 1958a:90］

　この「アッラー以外の名が唱えられたもの（2章「牝牛」168（173）」「アッラーならぬ（邪神）に捧げられたもの（5章「食卓」4（3））」「アッラー以外の（邪神）に捧げられた（6章「家畜」146（145）、16章「蜜蜂」116（115））」という3つの記述に見出すことができるのは、かれらにとっての肉とは、アッラーの名をとなえ食べるのか、あるいは"邪神"の名をとなえ食べるのかという二者択一として位置づけられているように見受けられるという点である。つまり、ここに示されているのは、アッラーの名をとなえた肉でなければ食べてはいけないという規範ではなく、それまで別の神が担っていた屠畜への介入の役割を、アッラーへと転換しようとする試みとして見出すことができるということである。そこには、神をなくして屠畜という行為があることは不自然である、といいうる当時の状況を推測することができる。

6章「家畜」120 汝ら、外面の罪も内面の罪もきっぱりと棄て去れ。すべて罪を獲る者は、必ずその犯したところに従って報いを受ける。**121** アッラーの御名を唱えてない食物を食べてはならぬぞ。これは（アッラーの）御心に悸る行為。シャイターン（サタン）どもが自分の手下をそそのかして汝らに（この点について）議論をしかけさせるで

第4章
食のハラール
―ウイグル族の事例と
　コラーンとの対比から

あろうが、もし彼らの言うことをきいたりしたら、汝らもたちまち偶像神の信徒になろうぞ（you will surely be among the idolaters [Maulana 1966：110]）。〔井筒訳 1957：192-193〕

　ここに示されているのは、加えて神が屠畜に介在することの必然であり、同時にそうした介在がまた宗教的帰属の一致ともみなされていることである。アッラーの名をとなえていないことはすなわち偶像神の信徒を意味するということ、この記述は、こうしたことが別種の問題とリンクしていることを示唆している。ひとつは屠畜、つまり食肉のための動物殺害に際して、宗教がどのような対応の姿勢を発達させてきたのかという問題である。この神の存在のしかたは、屠畜、おもに役畜であった牛馬殺傷に対して否定的でありつづけてきた日本の社会および宗教とはきわめて対照的な点であると思われる〔桜井 2001〕。

　ふたつめは、そうした屠畜の方法が、宗教的集団を形成する要素とみなされている点である。コラーンには、食材に対する以外の特徴的な言及として、人びとが食事を拒むことをいさめ、許したものなのだから食べよとうながす記述が幾度もたちあらわれてくる点を指摘することができる。

5章「食卓」89（87）　これ、汝ら、信徒の者よ、せっかくアッラーが許し給うたおいしいものを勝手に禁忌にしたりしてはいけない（do not forbid (for yourselves) the lawful things which Allah has made lawful for you and do not transgress. [Maulana 1966：

写真7　イスタンブルの食品会社が開いていたハラールの勉強会
参加している女性はウイグル族、クルグズ族、トルコ人。

写真8　勉強会の会場に展示された工業製品
だがこうした勉強会ですすめられても人びとは工業製品を買わない。

第1部
食とハラール

94])。何事も規(のり)を越してはいけない。アッラーは規を越す人を好み給わぬぞ。**90 (88)** さあ、アッラーが授けて下さったお許しの美味いもの、遠慮なく食べるがよい。汝らのお信じ申し上げているアッラーを懼(おそ)れまつれ。[井筒訳 1957:162]

6章「家畜」118 アッラーの御名を唱えて（浄めた食物は）遠慮なく食うがよい、もし汝らが本当に神兆を信じておるならば。**119** これ、どうした、アッラーの御名で祝福されたものを汝らなぜ食べないのか (and why do you not eat of that (meat) over which the name of Allah has been pronounced? When he has clearly explained to you which is forbidden to you, except that which you are compelled to (eat of) by necessity [Maulana 1966:109])。やむをえぬ特別の場合を除いて食ってならぬものについては、すでに詳しく説明して戴いてあるではないか。まことに何にも知りもしないで、ただ自分のいいかげんな気まぐれから（他人）を迷わす人間が何と多いもの (Indeed many (wicked) people mislead others, because of their evil desires, through lack of knowledge [Maulana 1966:109])。戒を犯す人のことはアッラーが一番よく御存知。[井筒訳 1957:192]

7章「胸壁」30 (32) 言ってやるがよい、「アッラーがせっかく奴隷たち（信徒を指す）のために作って下さった装身具を禁止したり、おいしい食べものを禁止したりしたのは誰だ (who has forbidden …the pure things for food? [Maulana 1966:118])。」言ってやるがよい、「こういうもの（美しい装身具やおいしい食物）は、復活の日には、現世で信仰深かった人たちの専有になるがよい。」こうして我らはいろいろな神兆を、もののわかった人たちに説き聞かせてる。[井筒訳 1957:207]

6章「家畜」141 (140) 何にも知らぬままに愚かにも我が子を殺して（神に捧げたり）した者こそまったく馬鹿を見たもの。それからまた、アッラー曰くと称していいかげんなでたらめをでっち上げ、せっかく授けて頂いた（食物）を禁忌にした人々も (make unlawful what Allah has given them for food, devising a lie against Allah. [Maulana 1966:112])。完全に道を踏みあやまり、正しい御導きに従わなかった。[井筒訳 1957:196-197]

16章「蜜蜂」117 (116)　お前たち、これはどう、あれはどう、と舌まかせでいいかげんなことを言い、「これは正当な（食物）、これは禁忌」などと（自分勝手に）言ってはならぬ (do not say, because of the falsehood your tongues utter, "this is lawful, and this is unlawful" [Maulana 1966:219])。[井筒訳 1958a:91]

　こうした食べないことをいさめる記述は 5 カ所にわたってみることができ、その食肉への言及が 4 カ所であったことに比べると、注目すべき点であると思われる。こうした記述から推測しうるのはまた、当時の人びとは宗教的な主張を預言者だけのものとはせずに、人びともまたアッラーの名によって、自身の食のありかたの正当性を語っていたという点である。人びとはなぜ神の名による食べない主張をしていたのであろう。こうした主張が行われるのには、たとえばイスラーム以前の社会において、家畜の食べかたに非常に細かな規則があったことも考慮すべき点であると思われる。

6章「家畜」144 (143)　（回教以前の古代アラビア沙漠には、家畜を食用に供する場合、非常に複雑な、迷信的な規定があった）ここに八組の番（つがい）がある。まず羊が二組、山羊が二組。（異教徒どもに）言ってやるがよい、「牡が二匹禁忌なのか、それとも牝二匹なのか。それともまた牝二匹の胎内にあるものがそうなのか。お前たちの言うことが本当なら、この点について確実な答えを戴きたいもの」と。**145 (144)**　次に駱駝が二組、牛が二組。言ってやるがよい、「牡二匹禁忌なのか、それとも牝が二匹なのか。それともまた牝二匹の胎内にあるものがそうなのか。一体お前たち、アッラーがそのようなことを命令なさるところに居合わせたのか。アッラー曰くと称していいかげんなでたらめを言い、何も知りもしないくせに人々を迷わそうとかかる、それほど性（たち）の悪い者はない。まことにアッラーは、不義の徒（やから）など絶対に導いては下さらぬ。」[井筒訳 1957:197-198]

　ただ以下にみられるのは、そうした習俗に加えて、神はまた共食の単位をつくるものとしても人びとに言及されている点である。先にみてきたように、屠畜には必然的に神が介入し、また人びとは、食べない主張をアッラーの名を用いて行っていた。以下にみていくことができるのは、そうした神とは食べない主張の根拠としてだけではなく、その共有の範囲を制限するものとしても言及されていたという点であ

第1部
食とハラール

る。それは繰り返し示されてきた"邪神の肉は食べてはいけない"という文言をうらに返し、神が別の人の食べ物は食べない、それに似た慣習が先にあり、屠畜方法に介入することで、イスラームはその社会的関係の所属を組み換えようとしていたと推測することができるという点である。しかしそれが邪神であれ、アッラーであれ、人びとはその食べる正当性を自身で主張しつづけ、コラーンはそれをただすことに奔走させられてきた、そう考えることができると思われる。

6章「家畜」139（138） 彼らは「これこれの家畜と畑（の作物）は神聖物（神に捧げた特別のもの）だから、我々の許す者以外は絶対に食ってはならんぞ」などと自分勝手にきめこんだり、背中が禁忌になっている家畜や、また（屠殺するとき）アッラーの御名を唱えない（偶像用の）家畜をつくったりする。みな根も葉もない作りごと。このようないいかげんな嘘を言った罰としていまに（アッラーが）充分に御褒美を下さろう。[井筒訳 1957:196]

　井筒によれば、イスラーム以前のカーバ神殿では「あらゆる部族がそれぞれの信奉する偶像をここに安置していた」という[井筒訳 1958b:322]。つまり当時の人びとには部族ごとに神があり、それぞれの神が屠畜に介入し、それによって食べる人間の範囲もまた狭められていたと考えられるという点である。
　井筒はまた、アッラーとはそれまでのアラビアに全然知られていなかった新しい神ではないことを指摘する[井筒 1989:94]。蔀^{しとみ}は、イスラーム以前のアラビアにおける「セム系諸語に共通」語としてのイル'II は、「通常『神』の意を表わす普通名詞として、ごく一般的に使用された」ことを指摘する[蔀 1982:249]。そして井筒はそうした状況を「当時の人びとは、アッラーの至高性を認めながらも、彼らは現実にはもっと身近な下位神たちを信仰してアッラーを忘れていた」としている[井筒訳 1989:94-95]。そこには普通名詞の「神」としてのアッラーと、偶像、邪神という部族ごとの神がいたイスラーム以前の世界を想定することができる。

22章「巡礼」35（34） 我らは宗団ごとにそれぞれ祭祀の方式を規定し、よってアッラーの御名をその養い分として授け給うた家畜の上に唱えるようはからっておいた（And to every nation have we appointed certain rites, that they may mention the name of

Allah (over the slaying of) the beast of cattle, which He has provided for them. [Maulana 1966:276])。とにかくお前たちの神は唯一なる御神 (So your god is one god [Maulana 1966:276])。安んじてすべてをお委せ申すがよい。汝（マホメット）はそういう敬虔でつつましやかな人たちには喜びの音信（たより）を伝えてやるがよい。**36（35）**そういう人たちは、アッラーの御名が耳に入っただけでもう心が顫（ふる）え、どのようなことが身にふりかかって来てもじっと耐え忍ぶ。礼拝の務めはよく果たすし、我らの授け与えた結構なものを惜しみなく（神の道に）つかう。[井筒訳 1958a：171]）

　こうした記述からみることができるのは、人びとがそれぞれの神とともにそれぞれの関係を築いていた場において、イスラームが、そうした慣習の違いを超えて、神をアッラーへと統合しようとしていたと考えられる点である。ここにおける神とは邪神、偶像、そしてアッラーを含め、すべてが家畜が肉となる瞬間に深い関与をする神であった。こうした点から見出すことができるのは、イスラームとは、人びとの食を規制したのではなく、それまでの慣習を維持し、その枠組みをアッラーへと反転させたものとしてみることができるという点である。

Ⅳ　結論

Ⅳ-1　ムスリム間のハラール

　本論は、トルコ、エジプトというムスリムの国において、ウイグル族、そしてアラブ人がトルコやエジプトの食に対して非イスラームであるとの疑念をぶつけている様子を確認してきた。それは、中東諸国等では「食品のハラール性が問題となることはなかった」という『岩波イスラーム辞典』の記述に反し、イスラーム圏とは"ムスリム"が安心して食べられる場所ではなかったということを示していたといえる。ただそこで注目すべき点は、人びとがイスラームの語彙を通して訴えていたのは、社会がイスラームという規範を達成していないということであるよりも、目の届かない他者が自身の食に関与することそのもののほうにあてられていたという点である。

　本論は、ムスリム同士の社会には、ハラールの問題があるということを述べる。しかしそれは、社会の問題であるよりも個々人の見知ら

第1部
食とハラール

ぬ他者へのおびえというべきものであると考える。ゆえにそうした人びとの“ハラール”を形づくっている指針が何かを述べるとすれば、それは自身の食を、みえない他者や社会単位の手にゆだねないということになると思われる。そしてそれは、ひとつの社会における、個々の示す社会への姿勢のひとつの帰結ではなかったかと考える。

Ⅳ-2　コラーンと食のハラール

　本論は、コラーンにおける「豚肉、死肉、偶像に捧げられた動物の肉、血」の「禁忌」の箇所から何が読みとれるのかを確認してきた。そこに見出すことができたのは、これまでの研究における偶像・邪神に対する視座の不足のように思われる。邪神とはアッラー以前の屠畜への介入を担っていた神であると考えられた。この、当時の文化としての屠畜への神の介入の自明視、そうした神のもとに編成されうる集団、おそらく部族があったと考えられる点、そうして部族ごとにあったとされる当時の神々、イスラームはこうした状況に現れ、こうした枠組みにある人びとを一般名詞としての「神」のもとに変換しようとしたということとして考えられた。ここに論点としてみることができたのは、屠畜に対し宗教がどのような姿勢を発達させてきたかという比較民族誌的視点、もうひとつは屠畜と関連して成り立つ社会における個々の成員の社会性にからめとられないふるまいという2点である。

　コラーンではアッラーの名による食べ物を前にした当時の人びとが、安易にそれを食べることなく、預言者と同じようにアッラーの名を用いて、食べることを拒んできたことを示してきた。この点は、不思議にも現代のウイグル族にもあてはまる記述であったように思われる。トルコでウイグル族の学生のためにもうけられた断食開けの食事の場は、それがムスリム同士の連帯のなかで提供されたものであったにもかかわらず、そうした場は、目の前で拒絶するほどではないものの、ウイグル族の学生にとって食べたくない場としてあったからである。そしてそれは、イスラームによって自身を語りながら、ムスリムという社会的連帯から食もつきあいも身を引いていた、A宅やB宅、C宅の人びともまた同様であると考える。

　A・B・C宅における日々の食事は、トルコの料理や工業製品をほとんど取り入れない、手づくりの自民族料理によって成り立っていた。それはこれまで『岩波イスラーム辞典』ではイスラーム圏では「食品のハラール性が問題となることはなかった」と記されてきたこ

とが、これまで「問題になることはなかった」のは、社会がハラールの基準を満たしていたためではなく、その食が、家庭における手づくりの域をほとんど出てくることがなかったからではなかったのかという点を示唆する。

イスラームとは、屠畜の慣習と神との関係を知る人びとのなかで成立したと思われる。しかしイスラームによって、自身を社会的概念としてのムスリムと一致するとみなすことは、コラーンの時代も今のウイグル族にとってもまた別の容易ではないことがらに属していたのではないだろうか。それは、食に介在するものとして神が人びとの間に先にあり、それをめぐるふるまいは、規範といった社会性とは異なる描きかたを必要としているのではないかということになる。それは、現段階では屠畜の習慣とそれと結びついて成立する社会関係のありかたに注目するほうがよりムスリムという人びとを理解する有用な道筋となるのではないかということとして述べられる。それが民族誌的立場をとる本論からの食のハラール理解への提言となる。

最後に本論が1点つけ加えておくべき点は、『岩波イスラーム辞典』におけるイスラームの食の社会的問題は、インドネシアのものが指摘され、それがトルコやアラブのものではなかったという点である。この点については今後詳細な現地データのつきあわせによって論じていくことを必要とする点であると考えている。

〈文献〉
青柳かおる　2002　「ライラ・アル＝カドル」大塚和夫他編『岩波イスラーム辞典』岩波書店、p.1034。
井筒俊彦訳　1957　『コーラン（上）』岩波文庫。
井筒俊彦訳　1958a　『コーラン（中）』岩波文庫。
井筒俊彦訳　1958b　『コーラン（下）』岩波文庫。
井筒俊彦　1989　『マホメット』講談社学術文庫。
片倉もとこ　1979　『アラビア・ノート──アラブの原像を求めて』日本放送出版協会。
熊谷瑞恵　2011　『食と住空間にみるウイグル族の文化──中国新疆に息づく暮らしの場』昭和堂。
小杉泰　2002a　「ハラール食品」大塚和夫他編『岩波イスラーム辞典』岩波書店、p.785。
──　2002b　「アズハル」大塚和夫他編『岩波イスラーム辞典』岩波書店、p.17。
小松久男　1995　「ウズベク」松原正毅編『世界民族問題事典』平凡社、pp.195-196。
桜井厚　2001　「食肉文化の過去と現在」桜井厚・岸衛編『屠場文化──語られなかった世界』創土社、pp.20-34。
蔀勇造　1982　「幸福なアラビア」前嶋信次・杉勇・護雅夫編『オリエント史講座第3巻』学生社、pp.237-262。
林佳世子　2002　「ワクフ」大塚和夫ほか編『岩波イスラーム辞典』岩波書店、

pp.1076-1078。

両角吉晃　2002　「ハラーム」大塚和夫ほか編『岩波イスラーム辞典』岩波書店、pp.784-785。

Abdukérim, R.　1996　*Uyghur-örp-adetliri* (Uyghur's customs and habits). Shinjiang yashlar ösmürler neshriyati, Ürümchi.

Maulana, Abdur-Rahman Tariq　1966　*The Holy Quran*, M.Siraj-ud-Din & Sons, Lahore.

Yurtbaşi, M. ed.　2010　*2010 Student Dictionary English-Turkish/Turkish-English*, Excellence Dictionaries：Istanbul.

第5章

ハラール認証と
ムスリム消費者の食選択行動
―インドネシアを中心に

阿良田麻里子

要旨

インドネシアには、さまざまな事件を経て精緻化・厳格化を続けてきた先進的なハラール認証制度がある。インドネシア・ウラマー評議会（MUI）が 2012 年以降次々に発表している認証規格 HAS23000 シリーズは、HACCP・ISO・GMP[1] 等のような、製造管理および品質管理の体制を整えることによって、安全性とハラール性を確保するものとなっている。これをハラール保障体制(HAS)とよび、川上から川下まで、専門的な知識に基づいた厳格なハラール性の確保が要求される。

しかし、実際のムスリム消費者の食選択行動は、必ずしも認証規格と一致するわけではない。彼らがハラールか否かの判断のよりどころとするのは、ハラール認証ロゴの有無だけでなく、家族・友人・知人・イスラーム教師など近しい人びとの意見やそこからの情報、ブログやツイッターなどインターネットで公開されている情報、食品の包装に印刷されている原材料の情報、飲食施設の民族的特徴や見た目、従業員の服装や言葉など、さまざまな要素である。カニ、アルコール、レストラン、豚、添加物をとりあげ、権威のある宗教的機関の出す見解や認証規格と、実際の食選択行動との乖離を分析する。また、度重なる風評被害を生んだ添加物表示に関する情報の伝達ルートを明らかにする[2]。

[1] HACCP は、食品の製造・加工工程で発生するおそれのある危害をあらかじめ分析して定めた重要管理点を監視することにより製品の安全を確保する衛生管理の手法（厚生労働省ウェブサイト）。ISO は、国際標準化機構の定める規格。食品の品質や安全性にかかわる管理体制の規格として、ISO9001 や ISO22000 がある（一般財団法人日本品質保証機構のウェブサイト）。GMP は、薬品及び医薬部外品の製造管理及び品質管理の基準（東京都健康安全センターのウェブサイト）。

[2] 本稿は、阿良田 [2014a、2014b] をもとに、大幅に加筆修正したものである。

115

第1部
食とハラール

I はじめに

I-1 調査の概要

　筆者は1992年からインドネシアにかかわりはじめ、その後インドネシアの言語文化の研究を始めた。1999年から2001年にかけての約2年間は、文化人類学徒として西ジャワ州農村の食文化をテーマに長期調査を行った。その後も断続的に西ジャワ農村での調査を行いつつ、ジャカルタ首都特別州において聞き取り調査を行っている。

　本稿に用いるデータは、インドネシア滞在中に行った参与観察、2012年から2013年にかけて行ったハラールに関するインタビュー調査、インターネットで公開された情報の調査に基づいている。また、2012年と2013年には、インドネシアの認証団体MUIが開催している企業内監査人向けの研修（各3日間）を受講し、認証規格や制度の詳細を学んだ。

I-2 背景―インドネシアの宗教

　インドネシア共和国は、人口の9割近くがムスリムであり、世界最大のムスリム人口をかかえているが、イスラームを国教とはせず、6つの公認宗教[*3]を定めている。キリスト教徒やヒンドゥー教徒が多数派を占める地域もあり、その分布は一律ではない（図1）。しかし、政治経済の中心地であり、人口密度の高い西インドネシアの大半の地域では、ムスリムが90％以上を占める（図2）。とはいえ、とくに都

[*3] イスラーム、カトリック、プロテスタント、ヒンドゥー、仏教、孔子教。

図1　人口に占めるキリスト教徒とヒンドゥー教徒の割合

出典：2005年人口統計をもとに筆者作成。ただしアチェとパプアは2000年人口統計の数字を使用。

図2　人口に占めるムスリムの割合

出典：2005年人口統計をもとに筆者作成。ただしアチェとパプアは2000年人口統計の数字を使用。

116

市部においては、ムスリムは、キリスト教徒や仏教徒、バリ＝ヒンドゥー教徒など、豚を重要な食料としている人びとと共生している。

Ⅱ　ハラールとハラール認証制度

Ⅱ-1　ハラールとは

そもそも「ハラール」とは、イスラーム法によって許されている、合法的であることをさし、反対語の「ハラーム」は、イスラーム法によって禁じられていることをさす。

クルアーンをひもとくと、たとえば第2章「牝牛」168〔173〕に「アッラーが汝らに禁じ給うた食物といえば、死肉、血、豚の肉、それから（屠る時に）アッラー以外の名が唱えられたもの（異神に捧げられたもの）のみ。」［井筒訳1957：42］という章句がある。死肉とは、自然死や事故死、絞め殺す、殴り殺すなど、イスラーム法にのっとった適切な屠畜がされていない動物の肉をさす。死肉、血、豚肉、異神への捧げものというこの4種類は、繰り返し明確に禁止されている。禁じられている物事以外はハラールであるし、豚肉のように明らかにハラームなものであっても、緊急の際にやむなく食べたり、知らずに食べたりしたものは、罪にならず、許される。

拠りどころになるものは一つであるが、具体的に何がハラールで何がハラームかというと、宗派や法学派によって解釈が微妙に異なる*4。また後述するように個人のハラール認識や実践はさらに多種多様である。

ハラールとハラームのはざまの「疑わしい」ことを「シュブハ」とよび、避けるべき行為（マクルフ）とする（図3）。これを延長していくと、少しでも怪しいものは避けるという態度につながる。一方で、またクルアーンには、度を越してやりすぎることや、神が許したもうたものを勝手に禁忌にすること、詮索しすぎることを戒める章句がある*5。そのため、厳しく細かい規定で徹底した管理をし、それ以外のものをノンハラールとすることを神意に反するととらえる見方もある。

ハラール／ハラームの問題は、飲食物だけでなく、男女関係や金銭問題など日常生活のあらゆる側面で起こる。食のハラール性についてどのようなことを注意しているかという質問をすると、まず、その食べ物やそれを買うお金が不正な手段で得たものでないことという答え

第5章
ハラール認証と
ムスリム消費者の食選択行動
―インドネシアを中心に

*4 イスラームは大きくシーア派とスンニー派の二つの宗派に分けられ、さらに同じ宗派のなかにも別々の法学派がある。たとえば水産物について、スンニー派の四大法学派の一つシャーフィイー学派では、水陸二つの世界にまたがって生きるものはハラームだが、水の世界に生きるものはすべてハラールとする。一方シーア派や、スンニー派のハナーフィー学派では、ウロコをもつ魚（とエビ）のみをハラールとする。

図3　ハラール／ハラームとシュブハ

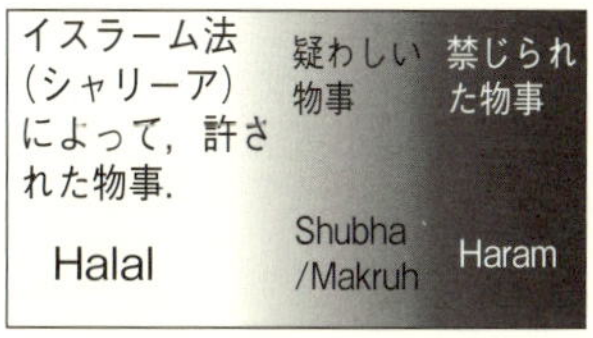

イスラーム法（シャリーア）によって，許された物事.	疑わしい物事	禁じられた物事
Halal	Shubha/Makruh	Haram

*5 たとえば食卓の章101には、「これ、汝ら、信徒の者よ、そうむやみに質問ばかりするものではない。はっきりわかるとかえって身の害になるものもある。だがそういう種類の事柄についても、もし汝ら、『コーラン』が下されている最中にお伺いを立てれば、説明して戴けよう（マホメットが忘我の状態に入っている最中に質問を出せば、わかるとかえって害になることでも自ずと神の答えが下ってしまう）」とある。また食卓の章89〔87〕には、「これ、汝ら、信徒の者よ、せっかくアッラーが許し給うたおいしいものを勝手に禁忌にしたりしてはいけない。何事でも規を越してはいけない。アッラーは規を越す人を好み給わぬぞ。」とある。［井筒訳1957：162］。

第1部
食とハラール

を返す人もいる。

Ⅱ-2　ハラール認証と食品安全

　モラルの問題ではなく、飲食物の物質的な部分に限定するならば、食のハラール性の問題は、食の安全性の問題とよく似ている。私たちは、ふだん、家庭料理や素人の料理、店に売っている食材などを安全なものと考えて消費している。しかし、この世界には、100％安全だといえるものなど存在しない。だから、食中毒や異物の混入等の危険をできるだけ少なくし、安全に食を提供できるようにするために、食品事業者が遵守すべき食品衛生法が定められている。大きな企業の場合、さらに高いレベルで衛生や安全を管理するためにISOやHACCPを採用する。定められた手順を守っていれば、より確実に安全な製品を生産できるようになるからである（図4）。しかし、家庭料理や屋台などは、HACCPをとることはできないし、とる必要もない[*6]。

　ハラール認証とは、まさにHACCPのようなものである（図5）。それはそもそも作り手の見えない大量生産品のハラール性を担保するために始まったものであり、現にマレーシアやインドネシアなど東南アジアのハラール認証規格は、HACCPやGMP等の規格に準ずる生産管理を要求している。

*6 日本では、ハラール認証さえ取得すれば自動的にムスリム市場への道が開けるという誤解を誘導するようなビジネスセミナーが多々開かれている。しかし、HACCP認証があるというだけの理由で商品を買う人がいないように、ハラール認証があるというだけの理由で商品を買う人もいない。まずは商品に魅力があってこそ取引をしようということになる。ただし、大きな取引をするための条件として、HACCPやハラール認証取得の必要性が生じることがある。

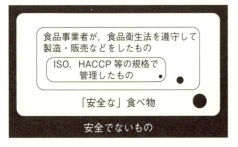

図4　食品の安全と規格・法律による管理

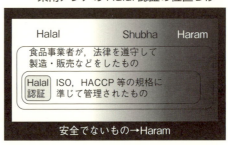

図5　安全とHalal/Haram
　　　東南アジアのHalal認証の位置づけ

　ハラール認証は、ハラールのごく一部にすぎない。家庭料理、屋台、レストラン、家内制手工業、大工場といった例を考えてみれば、品質管理の専門性に違いはあれ、どのレベルにおいても安全性が求められていることがわかる。ハラール性も同様である。認証の有無に関係なく、敬虔なムスリムにとっては、どのレベルにおいてもハラール性は必要なものである。ただし、ルールをどの程度厳密に解釈し、高い専門性をもって確保するか、ということが異なるのである。

II-3　ハラール認証の始まり

　原則に立ち戻って考えてみると、本来、ハラールか否かということは、神のみが決めることであって、人間が決めるべきことではない。イスラームにおいては、神の前ですべての信徒は平等であって、一人ひとりの信徒は神と直接対峙する存在であり、宗教的指導者といえども神と信徒の間に入りこむことはできない。目の前にある食べ物がハラールか否かを判断するのは食べる人自身であり、その判断の正否は神による審判を待つしかない。その意味では、ハラール認証とは、信徒がハラール性を判断するために参考となる情報を提供しているにすぎない。

　安全性のたとえに戻ろう。ふだんは無防備に外食や買い物をしている人でも、食中毒や食品偽装、異物混入などの事件が起きると、一気に意識が高まる。個人レベルで有リスク食品を避けることから始まり、消費者団体による運動が起こることもあれば、国家組織によるチェック体制が厳しくなったり、新しい法律が定められたりすることもある。同じことがハラールにもいえる。イスラームが多数派である地域においては、一般的なムスリム消費者は、ふだん、スーパーや市場に出回る普通の食品やとくに注意書きのない飲食店は基本的にハラールであるという前提で、警戒することなく暮らしている。しかしそれらの飲食品にノンハラール物質が混入していたり、汚染されていたりといった事件が報じられると、人びとの意識は高まり、さまざまな防衛手段が講じられるようになっていくのである。

　イスラーム諸国のなかでは周辺に位置する東南アジア諸国がハラール認証の先進地域となったのは、まさにそこが多くの民族と多くの宗教が入りまじり、飲食品のハラール性についての問題が頻出する地域だからである。高度な加工食品市場が発達するとともに、パッと見には豚が入っているとは思えないような食品に豚由来物質が使われている事件が起こったため、認証制度というものが発達したのである。現在、世界各国に、それぞれの基準を定めてハラール認証を行う専門的な機関がつくられている。

II-4　ハラール認証の法的根拠

　インドネシアのハラール認証は、インドネシア・ウラマー評議会（MUI、エムウーイーまたはムイと発音する）によって行われている。1988年に市販の乳製品に豚由来成分が含まれていることが明らかに

第5章
ハラール認証と
ムスリム消費者の食選択行動
―インドネシアを中心に

ミニコラム

　現在、世界各国のハラール認証団体の多くは独自のハラールロゴをもっており、認証を取得した製品や飲食店には当該の団体のロゴが表示されている（写真1、2）。

　しかし、現在のように認証制度が普及する前には、穀類や卵や乳などそもそもハラールな材料だけを使用した製品には、とくにハラール表示をする必要はなかった。また、認証とは関係なく、製造者が自主的にハラール表示をすることもあった。

　次頁で述べるようにインドネシアでは2014年に新法が成立し、ハラールの小売商品はすべて認証取得の義務が生じることになったが、今でもまだ認証なしで、自己申告でハラール性を主張しているメーカーは少なくない。

写真1　ハラール表示
ハラール認証取得品は、小分け商品の一つ一つにまで、ハラールロゴが印刷されている。

写真2　表示の例
アジノモト社の風味調味料と右下にあるハラールロゴ。

第1部
食とハラール

*7 LPPOM-MUI 研修資料。

ミニコラム

インドネシア国内で小売商品に MUI のハラールロゴをつけて販売するためには、MUI からハラール認証をとったうえで、食品・医薬品監督庁（BPOM）の認可を得る必要がある。また、現行法においては、MUI 以外のハラールロゴをつけた小売商品の流通は認められていない。

MUI から相互認定を受けている日本のハラール認証機関としては、2017 年 1 月現在、日本ムスリム協会と MPJA （Muslim Professional Japan Association）の 2 団体があるが、たとえこれらの団体からハラール認証を受けたとしても、MUI のロゴをつけて小売りができるわけではなく、ハラール製品の原材料として証明書を添付することができるにすぎない。

インドネシアの市場で、ハラールロゴをつけた小売商品を合法的に販売するためには、現時点では、MUI からのハラール認証をとる必要がある。なお、MUI は国外でも認証を行っている。

---

*8 軽度は、母乳しか飲んでいない 2 歳以下の男児の尿。中度は、軽度、重度以外のハラームのものや汚物。中度の不浄はきれいに洗えば浄められるが、重度の不浄は浄い土を使った浄めを含め、7 回の浄めが必要となる。

なった事件がきっかけとなって、当時のスハルト大統領の要請により、ハラール性の検査および認証を行うため、MUI は翌 1989 年初めに食品・医薬品・化粧品検査機関（LPPOM、エルペーポム）を設置した*7。

食料に関する共和国法 1996 年 7 号では、飲食物の生産者または輸入業者が、ムスリムのためにその製品がハラールであると明言する場合には、ラベルに明示することを義務としている。また、ラベルと広告に関する政令 1999 年 69 号では、商用目的で包装済み食品を生産または輸入し、ムスリムのためにハラールと明言する者は、その声明の正しさに責任をもち、ラベルにハラールと明記するか証明を添付する義務があるとする。

2014 年 10 月には、新しくハラール製品保証法（国法 2014 年 33 号）が承認され、段階的に準備を進めて、5 年後の 2019 年に発効することになった。同法第 4 条は「インドネシア領域内で搬入、流通、売買される製品は、ハラール認証状を有することが義務付けられる」と定めている。ただし第 26 条では「ハラームとされる素材に由来する素材から製品を生産する事業者は、ハラール認証状申請から除外される」としている。イスラーム以外の宗教の信徒や、豚を重視する民族文化の存在を考えれば、今後もノンハラール品の流通を禁止することはありえない［阿良田 2015］。

あらゆる製品をハラールかノンハラールかに二分するこの新法を実施するには、実際には多くの困難がともない、行く末が注目されている。しかし、ここではこれ以上詳しく論ずることはせず、MUI が担う現行の認証制度と、ムスリム消費者の食選択行動を主に扱う。

Ⅱ-5　ハラール認証の規格

インドネシアのイスラームの大半はスンニー派シャーフィイー法学派に属するが、MUI が出すファトワー（高位の宗教指導者によって出される宗教的見解）では、スンニー派の四大法学派の見解がすべて検討されている。

ハラール認証規格は厳しく、豚肉そのものや死肉（正しい屠畜を経ていない肉）だけでなく、それらに由来するさまざまな物質やアルコール飲料の使用／混入、それらとの接触による汚染を許さない。不浄（ナジス）には重度・中度・軽度の区別*8 があり、豚や犬は重度の不浄とされる。

2000 年末に起こったアジノモト・インドネシア事件は、ムスリム

消費者に大きな衝撃を与えた。アジノモトはハラール認証を受けていたが、発酵用の菌を保管するために使っていた培地が、豚由来酵素を触媒として作られたものだと指摘されたのである。培地は外部から購入したものであり、植物性の原材料を使ったものであった。酵素は触媒として使われただけなので、培地には豚由来物質は含まれていない。その培地で保存した菌を使って発酵させた糖蜜を、さらに精製して作ったものがアジノモトであるから、最終製品に豚の要素はまったく含まれていない。当時のワヒド大統領は、最終製品には豚由来成分が含まれていないという検査結果をもとにアジノモトはハラールであると主張したが、MUIはこれをハラームとして、製品はすべて回収、廃棄された。重度な不浄をもつ豚に由来する酵素はやはり重度な不浄なので、この酵素を使用して作った培地も重度の不浄となる。そして、この培地を使って作られた製品もまた不浄となるというのがMUIの論理であった［伊藤2002、小林2001、見市2001など］。

ただし、このようなMUIの論理が広く一般のムスリム消費者に理解され、支持されたわけではない。当時筆者はちょうど長期のフィールドワークのため西ジャワ州の農村に住みこんでいたが、周囲の村人の理解は「アジノモトに豚が入っていた」という程度のものであった。明けて2001年には、さらに相次いで食品の問題が起こった。中国からの輸入食品の残留農薬問題や、国内の伝統市場で常温販売されているブロイラー肉が腐敗防止のためホルマリン漬けにされていた問題などが明らかになり、大量生産の食品に対する消費者の不安が高まったのである。毒物や体に害のあるものは、ハラールではない。これ以降、ハラール認証制度は、食品の安全を確保したうえでかつハラール性を追い求める方向へと進化していく。また、製品の検査も行うが、検査結果よりもむしろ、製造工程や管理をすべてマニュアル化し、確実に汚染を防ぐ体制をつくることが重要視されていく。

2012年以降にMUIから順次発行されているハラール認証規格HAS23000シリーズをみてみよう（表1、写真3）。以下の内容は、LPPOM発行の公式資料と、LPPOMの実施になる研修、LPPOM所長ルクマヌール・ハキム氏の講演内容等に基づいて、筆者がまとめたものである。

ハラール認証を得ようとする企業は、まず自社の生産体制として、ハラール保障体制（Halal Assurance System、以下HASと略する）を整えなければならない。HASとは、ハラール生産プロセスを継続的に維持するための統合的なマネジメント体制を意味する。HASマニュ

写真3　明文化されたハラール認証規格HAS23000シリーズ

第5章
ハラール認証と
ムスリム消費者の食選択行動
――インドネシアを中心に

第1部
食とハラール

表1 インドネシアのハラール認証規格 HAS シリーズ一覧

番号	タイトル
HAS23000	ハラール証明の要件
HAS23103	屠畜場の規格
HAS23201	ハラール食材の要件
HAS23101	加工業におけるHAS規格充足のガイド[*9]
HAS23301	加工業におけるHASマニュアル作成ガイド
HAS23102	レストランにおけるHAS規格充足のガイド
HAS23104	ケータリングにおけるHAS規格充足のガイド
HAS23106	運送サービスにおけるHAS規格充足のガイド
HAS23202	ハラール医薬品材料の要件

[*9] 材料のポジティブリストを含む。

アルを作成し、書類監査が通った後に、実地監査を受ける。マニュアルの内容は製品のリスクの程度（ノーリスクから高リスクまでの4ランク）によって異なる。マニュアルには、経営トップや各部門の責任者からなるハラール・マネジメント・チームの名簿や、内部研修の実施方法等も含まれており、社をあげてハラール製品を生産するという姿勢が求められる。外部のコンサルタントに書類を預けておしまいというわけにはいかない。ハラールな材料を確保するだけでなく、食材や製品の輸送や保管に係る汚染の危険も防がなければならない。どこにどのような汚染の可能性があるか、これまでの事例を下敷きに、生産工程の要所要所で危機管理点を確認し、回避の方法を講じる必要がある。ハラール製品の生産を始めることを社内各部署に周知するだけでなく、材料の供給や製品の販売にかかわるすべての業者にも周知をしなければならない。まさにHACCPやGMPのようなシステムである。

ハラール認証の詳細についてすべてを述べることはできないが、どのような規定があるのか、どのように運用されているのかのイメージをもってもらうために、以下に例をあげておく（図6、7）。

豚から派生する物質は、ラード、ショートニング、グリセリン、モノグリセリド、ジグリセリド、乳化剤、ポークエキス、Lシステイン、パンの発酵改良材、骨炭、ゼラチン、コラーゲン、微生物、酵素、発酵培地、豚毛のブラシ、皮革など多種多様である。原材料だけでなく、培地や触媒、精製の際の活性炭などの加工助材、清掃用のブラシの材料、イオン交換膜、包装資材、機械の潤滑油にいたるまでチェックをしなければならない。人体由来のプラセンタ（胎盤）やLシステイン、アルコール飲料およびその派生物もハラームである。また、牛・羊・鶏のような、動物の種類としてはハラールな生き物であって

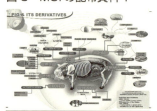

図6　MUIの配布資料1

豚とその多様な派生物が細かく描かれている。

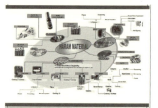

図7　MUIの配布資料2

人体、死肉、酒に由来するハラーム物質の図。

も、イスラーム法にのっとって正しく屠畜されていなければ、そこから派生するものは飲食用としてはハラームとなる。

すでに述べたように、不浄は軽度・中度・重度に分けられる。通常の非ハラール品は中度の不浄であり、洗浄して色・味・においを消すことができれば、ハラール品と交互に生産道具やラインを用いることができる。しかし、豚や犬は重度の不浄であり、土の成分を含む1回の洗浄を含め7回の洗浄をしなければ浄めることができない。この7回の洗浄を宗教洗浄とよぶ。HAS規格では、土の代わりに洗剤を用いることも許される。水が使用できない場合は、水以外の洗浄効果がある物質を使ってもよい。

過去に豚由来の材料を使用したことのある生産道具や施設も、宗教洗浄を行えば、ハラール製品の生産に使えるようになる。ただし、豚由来製品の場合は、道具や施設をハラール製品と交互に使うことは許されておらず、豚由来製品のラインとハラール製品のラインとは完璧に分離しなければならない。

アルコール飲料をアラビア語起源の言葉でハムルとよぶ。ハムルそのものであれハムル由来のアルコールであれ合成アルコールであれ、飲食物に添加することは許されない。ただし香料の抽出に非ハムル発酵の合成エタノールを用いることはできる。中間製品としての香料に検出されるアルコール分が1％以下で、最終製品に不検出であれば認証される。消毒剤としての合成エタノールの使用も許されている。しかし、レストランが認証を受ける場合、ハムルを店内で提供することも、ハムルを調味料として使うことも、アルコールが添加された調味料を使用することも、いっさい許されない。

非常に厳しく聞こえるが、厳しいばかりではない。ハムル発酵の派生物でも、ビール酵母のサプリメントのように細胞レベルで洗浄してハムルの色・味・においを消すことができれば、ハラール認証をとることができる。日本では、酢はノンハラールだと誤解する向きがあるが、酢は、預言者が最上のものと称賛した調味料である。インドネシアの認証規格でも、酢を作るという意図のもとに製造を始め、最終的に物質が完全に変化して酢になっていれば、ハラールと認められる。

インドネシアやマレーシアの伝統食品タペは、モチ米やイモを甘く発酵させたもので、儀礼の際のもてなしや日常のおやつとして食べられる（写真4、5）。高いものでは3％以上のアルコールを含有するという研究結果もあり、食べすぎると体調を崩すこともある。しかし、このような伝統的な発酵食品のなかに自然に発生する低濃度のアルコー

写真4　モチ米のタペ

写真5　キャッサバのタペ

第1部 食とハラール

ルは、ハラール認証においても認められている。モチ米のタペを絞った汁「アイル・タペ」にハラール認証をとることはできないが、タペそのものは「伝統食品」であり、そのアルコールは自然発酵によるものなので、ハラール認証をとることもできるのである。

Ⅲ 食のハラールをめぐる実践

さて、このような認証制度をもつインドネシアであるが、一般のムスリム消費者は、認証規格の詳細を知っているわけでもないし、規格を絶対的な規範と思っているわけでもない。ハラール性の最終判断は、あくまで神の御言葉に基づいて一人ひとりの信徒が下すべきものである。

以下、参与観察と2012年から2013年にかけて行った聞き取り調査、インターネットで発信されている公的・私的な情報等に基づいて、ムスリム消費者の食実践の概要を描く。インフォーマントからの聞き取り結果の概略をみながら、カニ、アルコール飲料、レストラン、豚の不浄、添加物という問題をとりあげ、ファトワーや認証規格と乖離した実践の形と解釈をみていこう。

Ⅲ-1 カニ

東南アジアで主流であるシャーフィイー法学派では、海水淡水を問わず、水の世界の生き物はすべてハラールであるとしている。ただし、水と陸の二つの世界を行き来するものはハラームである。

インドネシアの俗説では、ある種のカニはハラームとされている。インドネシア語では、カニの総称はクピティン（kepiting）であるが、その下に下位カテゴリーがある。タイワンガザミやシマイシガニなど、水揚げすると比較的早く死んでしまう種類のカニは、クピティン・ラジュンガン（kepiting rajungan）あるいは単にラジュンガンとよばれている（写真6）。これは、明らかに水の生き物なので、ほとんどのインドネシア人ムスリムはハラールと判断する。

写真6　ラジュンガンの一種シマイシガニ

一方、日常会話では、ラジュンガンと対比する形で単にクピティンというと、泥のような色の殻をもつノコギリガザミの仲間のカニをさす。別名クピティン・バカウ（kepiting bakau）やクピティン・クタム（kepiting ketam）などともいい、水揚げしてもすぐに死なない（写真7）。そこで、水陸二つの世界にまたがって生きているからハラームと判断する人がいるのである。

写真7　クピティン・バカウ

第5章
ハラール認証と
ムスリム消費者の食選択行動
―インドネシアを中心に

30代未婚男性A氏の場合（調査日2012年9月5日）

A氏は、プサントレン（イスラーム学校）の教師である。

質問：ハラールとハラームについて教えてください。

回答：ハラームなものはまず、犬、豚、アルコール飲料。次に屠畜の方法。屠畜現場をチェックするわけではないので推測にすぎないが、正しく屠畜されている肉でなければならない。最後に食べ物を入手する方法が正しいこと。自分が権利をもっているものかどうか、ということである。（インドネシア国内の通常の）店にあるものは、基本的に清浄なもの。ハラームとわかるまでは、ハラールと判断する。すべて推測。

質問：シーフードは？

回答：海のものはすべてハラール。イカも貝も大丈夫。鰯の缶詰（のような加工品）については、よく（表示を）見て選ぶ。

質問：カニ（クピティン）は？

回答：ああ、それは問題だ。ラジュンガンはハラールだが、クピティンは二つの世界だからハラームだ。以前レストランで同行者がクピティンを注文した！　自分は手をつけなかった。

カニのハラール性については、じつは2002年にすでにMUIからファトワーが出されている。よく消費されるクピティン・バカウとして、*Scylla serrata*（アミメノコギリガザミ）、*Scylla tranquebarrica*（和名不詳）、*Scylla olivacea*（アカテノコギリガザミ）、*Scylla pararnamosain*（トゲノコギリガザミ）の4種類をあげ、エラ呼吸をし、水棲であり、水中で卵を産むという観点から、これらのカニはハラールである、としているのである[10]。

A氏は、イスラーム学校の教師であり、高いイスラーム教育を受けていて、MUIのこともちろん知っている。しかしこのファトワーのことは知らなかったのか、知っていてもあえて言及しなかったのか、とにかく筆者のインタビュー中にはこのファトワーについてふれることはなかった。カニに関して一般的に流布している説を信じているのである。意識的に学んだことというよりも、身近な人びとの言動から自然に身につけた考え方であろう。

一方、私立学校の校長を務める50代男性S氏は、このファトワーのことを知っていて、これを引用してカニはハラールだと言い切った。

30代未婚女性R氏は、「魚は問題ない。ウナギでもイカでも、貝で

ミニコラム

インドネシアやマレーシアではカエルはハラームであるが、ウナギ・ナマズ・イカ・エビ・貝等はハラールとされ、ごく一般的な食材である。

タコ・クジラ・サメ・ナマコ等は一般的な食材ではないが、水の世界の生き物なので、ハラールと考える人が多い。中華料理のフカヒレやナマコやツバメの巣も問題ない。日本料理のタコ焼き・クジラ肉・アナゴなど、新しい食べ物への挑戦も、提案してみると意外に喜んで食べてみようという人も少なくない。

ただし、宗派や法学派によっては、ウロコのある魚（とエビ）以外の魚介類をハラームとするので、要注意。

---

[10] http://www.halalmui.org/muil4/index.php/main/go_to_section/6/35/page、2012年11月11日閲覧。

第1部
食とハラール

も、海からきたものはなんでも大丈夫。カニ（クピティン）のスープ
は、子どもの頃母がよく作ってくれた。二つの世界とかいうけれど、
海のカニだと言われたら気にしない。クタムとかクピティンとかの区
別はよくわからない。でもお母さんが悪いことをするはずがないと思
う。カエルは気持ちが悪い（からハラームだ）けれど、エスカルゴは
食べてみたい」と述べている。

　A氏とR氏の結論は逆であるが、身近な人間の行動や考えを自然
に受け入れて、それを自らの規範としている点では共通している。そ
れに対してS氏は権威ある機関のファトワーを重要視しているとい
う違いがある。

Ⅲ-2　アルコールとアルコール飲料

　認証規格は、ハムル（アルコール飲料）については非常に厳しい。
たとえごくごく少量であっても、煮きってアルコールを飛ばしたもの
であっても、認証の世界では、飲食物に加えることは認められていな
い。しかし、一般のムスリムの理解では、最終的な飲食物にアルコー
ルが含まれていなければ問題ないと考えることも珍しくはない。

40代既婚女性D夫人の場合（調査日2012年9月8日）
質問：ハラールで、食べることについてどんなことに気をつけてい
　　　るか。
回答：仕事がハラールで、ハラールのお金で買ったものであるこ
　　　と。宗教的に正しい食べ物であること、肉はムスリム商人か
　　　ら新しいものを買うこと、魚介類は非ムスリムからでもよい
　　　し、出来合いの食べ物はMUIの証明がなくても、ハラール
　　　と書いてあれば信じる。ハラールでないものを売るかどうか
　　　は、売り手の問題であって、もしハラールでないものを売れ
　　　ば売り手の罪になるだけ（で、買い手の罪にはならない）。
質問：アルコールは？
回答：アルコールはよくない。禁じられているし、飲んだことは一
　　　度もない。飲みたいと思ったこともない。でも、タペは先祖
　　　の時代からの食べ物だから、問題ないし、大丈夫。
質問：洋菓子にラム酒を使ってあったら？
回答：気にしない。問題ない。ハラームなもの（この文脈ではおそ
　　　らくアルコール飲料のことをさす）を作っている店でも、台所
　　　が別々なら大丈夫。パーティにハラールとノンハラールが両

第5章
ハラール認証と
ムスリム消費者の食選択行動
―インドネシアを中心に

方供されていても、別々にして離してあればよい。

30代未婚女性R氏の場合（調査日2012年9月9日）

質問：非イスラーム圏の外国ではどうするの？

回答：キリスト教徒でもいろいろ試すのが嫌いな友だちもいるが、
　　　自分は試すのが好き。2011年にベトナムに出張に行った時、
　　　本場のフォーを食べたかったが、豚が入っているようで、食
　　　べられず残念だった。インドネシアでは、外国料理でも、ハ
　　　ラールのものを探すのは難しくない。最近よく食べるのは手
　　　延べ麺、「フォー24」（という店）のフォー、ラーメン・イン
　　　ペリアルなど。
　　　（中略）外食で気をつけることは、シーフードなどハラール
　　　な食べ物を選ぶこと。酒を使っていないか調理法も注意す
　　　る。プルコギやテリヤキも好きだが、酒を使っていないか聞
　　　いてから食べる。買い物の時は、（加工食品の）原材料も気を
　　　つける。ヨーロッパの食べ物を買う時は、グーグルで調べる
　　　ことが多い。マシュマロもおいしいが、ハラームのものがあ
　　　る。マレーシアに行った時ハラールのマシュマロがあったか
　　　らたくさん買って帰った。在オランダのインドネシア人シェ
　　　フでバラ・パッティラジャワネ（Bara Pattiradjawane）とい
　　　う人がいて、ムスリムのための情報をツイッターで流してい
　　　るので、フォロワーになっている。ハラールのゼラチンを南
　　　ジャカルタのどこの店で買えるとか、いろいろなメニューの
　　　レシピも書いてくれる。

30代未婚男性A氏の場合（調査日2012年9月5日）

質問：アジノモト事件についてどう思うか。

回答：イスラーム学者がハラームと結論づけたので、自分もそれを
　　　信じる。

質問：アルコールを出す飲食店で食事をするのはどうか。

回答：台所や飲食する場所が分かれていれば気にしない。食べる場
　　　所についても、ハラームのものや不浄のものを置いた後は、
　　　水で洗えばよい。ただ、豚は不浄の性質が違うので7回洗わ
　　　なければならない。

質問：アルコールについてはどうか。

回答：タペや、アルコールを使った香水は、知人の説明によればハ

ミニコラム

　ちなみにA氏に豚がハラーム
である理由を尋ねると、バクテ
リアなどの問題だけでなく、た
とえ清潔に健康に育てていても、
神が禁じたのだから、とにかく
豚はだめなのだと言う。さらに、
豚の本質が汚れていて、嫉妬
しないし誠実でないから、食べる
とそのような性質が感染してし
まうのだという説明があった。
筆者は、嫉妬しないのはよい性
質なのではないかと思ったが、
彼の言い分では、雄鶏は自分の
妻にいいよる別の雄鶏がいたら
嫉妬して追い払う、それは、男
女の関係において誠実である証
なのだそうだ。

第1部
食とハラール

*11 タペと香水をハラールであるとする理由は、タペは伝統食品であるから、香水は外用であるから。モルヒネが液体ならだめだが粉末ならよいという考えの根拠は、ハムルが酩酊性のある飲料であることから、液体ならハムルであるが、粉末なら食品と考えてタペと同類に考えるということであろう。

ミニコラム

酒に関する啓示は、クルアーンには少ない。第2章「牝牛」216〔219〕では、酒と賭け矢について「これら二つは大変な罪悪ではあるが、また人間に利益になる点もある。だが罪の方が得になることよりも大きい」[井筒訳 1957:53]としており、5章「食卓」92〔90〕では「酒と賭け矢と偶像神と占矢とはいずれも厭うべきこと、シャイターンの業。」[前掲書:163]としている。豚肉や死肉の禁忌とは差がある。

ハディースには詳しい禁忌が伝えられているが、これらの啓示以前は信徒たちが酒を飲んでいたこともわかる[牧野訳 2001a:238；249-250；359-360、牧野訳 2001b:196-202]。アル゠カラダーウィーによれば、預言者は酒に関して、自ら製造する者、依頼されて製造する者、飲酒者、供給者、運送者、依頼されて運送する者、販売者、販売により利益を得る者、購買者、依頼されて購買する者を非難したという[遠藤 2005:176-177]。

ラール。生物学をやっている親戚が、モルヒネも、液状でなく、粉状ならいいと言っていた*11。イナゴはよいと聞くが、シロアリや芋虫は気持ちが悪いものだからだめ。ラム酒を使った菓子はだめ。使う酒の量が多かろうが少なかろうが同じことで、問題は酒だから。

質問：非イスラーム圏訪問中はどうするのか。

回答：メダンやカリマンタン（国内の非イスラーム圏）に行った時は、カフェに入る時もよく見て入った。

質問：何を見るのか。

回答：給仕がビールやワインを運んでいるかどうか。もし給仕が酒を運んでいても、その後手を洗っていることがわかれば大丈夫。メダンの高級ホテルのビュッフェでは、ハラールとハラームの食べ物（この文脈ではハムやソーセージ等の豚製品をさすと思われる）が混ざって提供されていたので、気持ち悪くて、食事をとらなかった。でもあまり注意深くすると、食べずに終わってしまうので、豚を出している店でも、従業員に聞いて、豚料理とムスリム用の料理が別々の台所で料理されていて、別々の場所で給仕されているようなら、大丈夫と判断した。

先述の40代既婚女性D夫人は、隣組長夫人を務める敬虔なムスリマ（ムスリム女性）で、常日頃からスカーフをかぶり、隣人たちからも尊敬される存在である。ハムルを飲んだことなど一度もないし、飲みたいと思ったこともない。ところが、彼女は、洋菓子を作る過程で風味づけにラム酒を入れることは、問題ないと思っている。入れるのはごく少量であるし、入れた後に焼くので、アルコール分は飛んでしまい、菓子をどれだけ食べても酔うことはないのだから、問題ないと考えるインドネシア人ムスリムはけっして珍しい存在ではない。

またハラール認証の世界では、レストランの店内でハムルを提供することはいっさい許されず、台所にノンハラールの品が入ることも許されない。ケータリングでも同様である。しかし、D夫人は、パーティでノンハラールのものが供されていても、台所や場所が分かれていれば、気にしないとしている。筆者が2012年12月に、MUIのハラール研修のインドネシア国内企業向けバージョンを受講した際、受講生のなかに日本料理店のオーナーとシェフがいた。かれらはハラール認証取得をめざしていたのだが、酒やみりんを使うとハラール認証

がとれないということを知って、動揺していた。味つけに酒やみりんを使うことは問題ないと思っていたのである。

　アルコール飲料は、イスラームの初期には禁じられていなかったが、聖遷以降に下された啓示や預言者の言行において禁じられるようになったという経緯がある。そのため、豚肉に対する禁忌が広い範囲で非常に強くみられるのに対して、アルコールに対する態度には地域差と個人差が大きい。スンニー派四大法学派のひとつハナフィー法学派の祖であるアブー＝ハニーファ師は、ブドウとナツメヤシから造った酒でなければ、酔っ払わない程度に飲んでもよいとしたという言い伝えさえある。インドネシアでは、「クルアーンには酔っぱらってはいけないと書いてあるので、酔っぱらわなければ、ビールを飲んでもかまわない」というムスリムも少なくない。また、スカーフをかぶったムスリマでも、日本のような非ムスリム圏では、酒類を提供するパーティに同席したり、時には日本酒を少々味見してみたりすることもある。

　しかしもちろん、A氏のように、アルコールを厳しく避けるムスリムもいる。

　ジャカルタを拠点とする消費者運動「My Halal Kitchen」は、主婦の活動で、自分たちの台所からノンハラールなものを追放し、ハラールなものだけを使った料理を広めようとしている。その指導者M夫人へのインタビュー（2013年11月）では、自分はある日啓示が下りたように目覚めて、このような活動を始めたと言う。しかし彼女自身、若い頃はラム酒入りの菓子を作って食べていたし、母親や姉はいまでもそうしている。家族を説得するのは、他人を説得するより難しいと彼女は嘆く。

　別の消費者運動「Halal Watch」の指導者R氏は、同じく2013年11月、筆者のインタビューに答えて、彼が実施している飲食店のセルフ監査運動についてこう述べた。もし飲食店がハラール認証を受けずに、ただ「ハラール」と表示していたり、店の人がハラールだと言ったりするようなら、自分は台所に入って、肉や調味料をチェックする。肉をどこから仕入れているのか、調味料として酒やみりんや紹興酒などのハムルが使われていないかなど。もし店の人が知らずにハムルを使っていたら、その場で指導し、改善されたかどうかまた見に行く。改善されていなかったら、自分のウェブサイトで情報を流す。店名を明示することはしないが、フォロワーがだいたい突きとめてしまう。

第5章
ハラール認証とムスリム消費者の食選択行動
― インドネシアを中心に

ミニコラム

　MUIはインドネシア・ハラール・エクスポ（INDHEX）というイベントを開催している。隣国マレーシアの国際ハラール見本市（MIHAS）が5〜6ホールを埋め尽くす大規模なイベントであるのと比べると、小規模ではあるが、ハラール認証取得企業のブース展示のほか、研究者によるフォーラムや国際シンポジウム、市民運動家による講演や座談会（写真8）、ハラールクッキング教室（写真9）、一般参加のムスリマが自らをモデルにコーディネートした服装でステージに立つヒジャブ・ファッションコンテストなど各種のイベントが開催される。

写真8　市民運動家の座談会
2013年のINDHEX会場で。

写真9　中国酒とみりん
ハラールクッキング教室でハラーム調味料として紹介された。

第1部 食とハラール

Ⅲ-3 レストランのハラール性

　前項で述べたような流れのなかで、インドネシアでは近年、人気の大手チェーン店がじつはハラール認証をとっていないということが、問題とされるようになった。2013年にはレストランチェーン「ソラリア」が、2016年にはドーナッツの「J'Co」がやり玉にあがった。2013年4月には、当時ジャカルタ知事だったジョコ・ウィドド氏（現大統領）がジャカルタ市内のすべてのレストランにハラール認証取得を求める発言をした。

　加工食品のみならず飲食店においても、実質的にハラールだという主張だけでは十分でなく、認証が求められる時代が到来しつつある。味つけにハムルを使っているために、ハラール認証取得を拒否したりノンハラール表示をしたりすれば、消費者からは豚由来物質の使用を疑われてしまう。飲食店は難しい選択を迫られている。

　しかし、認証ロゴを掲げていなくても、インドネシア人ムスリム消費者が当然にハラールであると判断する店もある。たとえばパダン料理の店である。パダン料理とは、西スマトラを故地とするミナンカバウ民族の民族料理である。出稼ぎの伝統があり、商売にたけたミナンカバウ民族は、いわば世界における華人のような役割を、マレー世界で担っている。インドネシアやマレーシアでは、辺鄙な田舎町にもしばしばパダン食堂を見ることができる。

写真10　J'Coのドーナツ

写真11　パダン料理の食堂

　インドネシアは数百を超える民族を擁する多民族国家であるが、民族と宗教の間には、時には強く、時には弱い相関関係がある。もちろん例外はあるが、インドネシア人同士なら、民族名や地域名、人の容貌や服装や話し方からだけでも、ある程度相手の宗教が推測できる。バリやインド系ならばヒンドゥー教、バタック・トバやミナハサならばキリスト教と強く結びつく。イスラームと結びつく主要な民族としては、ジャワ、スンダ、ムラユ（狭義のマレー）、ミナンカバウ、ア

チェ、マドゥーラ、マカッサル、ブギス、バタック・マンダイリン、バタック・アンコラなどがある。そうして、なかでもアチェやミナンカバウやスンダは、敬虔なムスリムであるというイメージがある。そのため、ミナンカバウの民族料理であるパダン料理の店は、パダン料理であるというだけで、当然ハラールであると判断されるのである。

Ⅲ-4 豚の穢れと宗教洗浄

先述のように、豚や犬は重度の不浄をもつ存在である。認証制度においては、これを浄めるためには、土の成分を用いた1回の洗浄を含めて7回の洗浄が必要である。しかし、インドネシアの一般的なムスリムに訊ねると、しばしば、土（あるいは土埃や砂のようなもの）で7回こすればよい、といった答えが返ってくる。この場合も、厳密には穢れていない浄い土を使う必要がある。以下に述べるT氏の事例では、職場のみなで植木鉢の土を繰り返し使っている。

20代既婚女性T氏の場合（調査日2012年9月8日）

T氏は現在ケータリングの営業職を務めているが、以前は日本のラーメン屋で働いていた。その時、豚を触ったことがある。白っぽい肉があったので、「これ何？」と言って触ったら、豚だと言われたのでびっくりした。また、その店ではギョーザを作るために豚肉を触らなければならなかった。「ええっ、私たちムスリムなのに、どうするの？」と先輩に聞いたら、（浄めるために）土を触ればいいんだと言われて、植木鉢の土を触った。（同僚は）みなそうしていた。豚とそれ以外の肉の冷凍庫は別だったが、豚料理もそれ以外のものも、同じ中華鍋を使っていた。しかし、客に聞かれたら、別ですと答えていた。

自分自身が外食する時に気にするのは、豚を使っていないこと。肉が牛、水牛、チキンなどなら問題ない。コックがムスリムかどうかは気にしない。料理上手で、清潔であればよい。

Ⅲ-5 食品添加物とE番号

豚に由来するとされる食品添加物もしばしば問題となる。E番号とは、おもにEUで用いられている食品添加物を表す番号である。

30代未婚男性A氏の場合（調査日2012年9月5日）

質問：ほかにハラールについて気をつけていることは？

回答：包装済みの飲食加工品はほとんどみな認証があるかどうか

第1部
食とハラール

チェックする。外国製チョコレートのレシチンに豚を使っていたという噂を聞いたので、気をつけている。MUI の認証があれば信じるが、「100％ハラール」と書いてあるだけのものは、原材料名をよく読み、また他の人にも意見を聞いてみて、判断する。

30 代未婚女性 R 氏の場合（調査日 2012 年 9 月 9 日）
質問：ハラールについて気をつけていることは？
回答：レストランでは、まずそこがハラールかどうかを見る。マレーシアやシンガポールを訪問している時は、その地のウラマー評議会（ここでは認証団体のことをさしている）の判断に従う。タイでは飲食店の従業員に聞いてから食べた。確信がもてない時は、持って行ったカップラーメンを食べた。ハラールについては、以前は注意していなかったが、ジルバブ（頭髪を隠すスカーフ）をかぶるようになってから気をつけるようになった[12]。
外国からのチョコレートもハラールでないものが含まれている。原材料のところを見て、E 何番、E 何番と書いてあるものはだめと教えてくれる人がいた。（かなり時間をかけてメモを探し出してから）E155 と E158。覚えられないので、とにかく E と書いてあるものは避けるようにしている。同僚は、E がたくさん入っているものはだめだけど、少しならいいと言っている。
マークス＆スペンサーのビスケットも（ハラールロゴがついていない輸入品であるが）、ヴェジタリアン用のものなら大丈夫だと思う。マレーシアやシンガポールに比べてインドネシアはまだハラール認証のついたビスケットなどが少ない。ニッシンのバタービスケットは、最近認証ロゴがついた。マッカ（メッカ）大巡礼に行った時、インドネシアでも売っている外国製品で、（インドネシアでは）認証ロゴがついていないものに、向こうでは認証ロゴがついているものがあった。たとえばニベアのクリームとか。認証ロゴがもっと普及すればいいと思う。でも、あまり厳しくすると、嘘をつく人が出てくるかもしれないから、それはよくない。ボディショップ[13]の商品は、動物性のものは使っていないので、ハラール認証ロゴはないが、気にせず使う。

---

[12] インドネシアでは、敬虔なムスリマでも、日常的にずっとスカーフをかぶっているとは限らない。まったく着用しない人や、公的な場面でのみ着用する人もいる。R 氏の場合若い頃は常用していなかったが、年齢を重ねてから、信仰心が高まり、マッカ巡礼を果たしたことなどもあって、外出時は常に着用するようになった。この発言は、そのようなファッションの変化とハラールへの意識の変化が連動していることを表している。

[13] 天然材料を使ったパーソナルケア製品のブランド。

豚を含むとされるＥ番号リスト

　Ａ氏もＲ氏もチョコレートを問題にしており、Ｒ氏はＥ番号を気にしていた。じつは、インドネシアでは、2010年頃から、豚を含む物質の国際コードとして50余りのＥ番号のリストが流布するようになった。インターネットのサイト情報をたどっていくと、もっとも古い情報としては、Halal Consumerism という英語のブログに行き着く。ここには、このブログの著者が第三者から転送されて2008年1月4日（金）に受け取ったとされるＥメールの文章が掲載されている。元の文章は Dr. M. Amjad Khan なる人物が書いたものとされている。「以下のリストにある材料が入っていたら、それは豚の脂肪が入っているので、避けるように」と書いてある[*14]。

　さて、これらはどのような物質なのだろうか。本当に豚の脂肪が入っているのだろうか。専門的見地からハラール製品の生産についてまとめた先駆的な研究書［Riaz & Chaudry 2004］には、さまざまな添加物が、ハラールか否か、あるいは疑わしいという情報も含めてリストアップされている。また、MUI が2012年に発表したハラール認証規格『23201：ハラール食材の要件』では、それぞれの添加物についてハラール材料として認められるためにクリアすべき必須管理点が述べられている。比較のため、Khan のリストにあげられている物質について、Riaz&Chaudry の情報と MUI の情報を並べてみた（表2）。

　ざっと見ただけでも、Khan のリストがまったく信用ならないものであることがわかる。必ずしも豚の脂肪から作られるわけではない物質が、ずらりと並んでいるのである。最初の英語のサイトにも、早い時期から、このリストの信憑性を問うコメントがつけられている。

リストによる風評被害

　しかし、このリストは、経緯は不明だが、インドネシアの消費者の間で広がった。一例として wahw33d という名前のブロガーが2012年3月29日付で書いた記事を見てみよう[*15]。同氏は、インドネシア語の別のブログを読み、衝撃を受けて、「マグヌム[*16]のアイスリームが実は豚の脂肪を含んでいた」という記事を書く。

> えーっ、ウソでしょ、wahw33d の好きなアイスクリーム、マグヌムが、実は豚の脂肪を含んでるなんて。うわあ……、超びっくり。だって私アイスクリーム好きなんだもん（嫌いな人なんている？笑）。ラッキーなことに、右側のブログが、もっと理にかなった反

[*14] http://halalist.wordpress.com/2008/05/12/why-pig-fat-is-not-mentioned-but-codes-are-printed/、原文は英語、阿良田訳、閲覧日 2014年2月23日。

[*15] http://wahw33d.blogspot.jp/2012/03/es-krim-magnum-ternyata-mengandung.html、原文はインドネシア語、阿良田訳、閲覧日 2013年1月10日)。

[*16] チョコレートコーティングされた高級アイスクリームの有名ブランド。

第1部
食とハラール

表2　E番号で表された食品添加物とそのハラール性
風評のもととなったと考えられる Khan のリスト、Riaz & Chaudry（2004）、認証規格の比較

Khan のリスト（Abdul Ghofur のブログ「（注意）これが豚を含む包装食品の国際記号だ」より。ブログの日付：2010年9月3日，閲覧日：2012年1月10日）
http://infotekkom.wordpress.com/2010/09/03/awas-inilah-kodEinternasional-pada-makanan-berkemas-mengandung-babi/

Riaz, Mian and Muhammad Chaudry 2004 "Halal Food Production" Florida: CRC Press.

インドネシアのハラール認証規格 HAS23201 では、下記の必須管理点（Critical point）さえクリアできればハラールとされている（LPPOM MUI 2012）

E番号	Khan	Riaz&Chaudry	HAS23201	日本語（HAS23201 からの和訳。同書に記載がないものは Riaz&Chaudry（2004）を参照した）
E100	豚の脂肪	ハラール	溶剤、添加物	クルクミン / ウコン
E110	豚の脂肪	ハラール	加工助材	サンセットイエロー FCF/ オレンジイエロー S（食用黄色5号）
E120	豚の脂肪	疑わしい	加工助材、増量剤	コチニール / カルミン酸
E140	豚の脂肪	ハラール	添加物、加工助材	クロロフィル
E141	豚の脂肪	ハラール	加工助材	クロロフィルの銅化合物
E153	豚の脂肪	ハラール	記載なし	植物性炭素（Riaz&Chaudry 2004：p.315）
E210	豚の脂肪	ハラール	加工助材	安息香酸
E213	豚の脂肪	ハラール	加工助材	安息香酸カルシウム
E214	豚の脂肪	ハラール	加工助材	4-ヒドロオキシ安息香酸エチル
E216	豚の脂肪	ハラール	加工助材	4-ヒドロオキシ安息香酸プロピル
E234	豚の脂肪	ハラール	発酵培地	ナイシン
E252	豚の脂肪	ハラール	加工助材	硝酸カリウム
E270	豚の脂肪	ハラール	発酵培地	乳酸
E280	豚の脂肪	ハラール	発酵培地	プロピオン酸
E325	豚の脂肪	ハラール	加工助材	乳酸ナトリウム
E326	豚の脂肪	ハラール	加工助材	乳酸カリウム
E327	豚の脂肪	ハラール	加工助材	乳酸カルシウム
E337	豚の脂肪	ハラール	加工助材	酒石酸カリウムナトリウム
E422	豚の脂肪	疑わしい	加工助材、原材料、発酵培地	グリセロール
E430	豚の脂肪	疑わしい	ステアリン酸の原材料	ポリオキシエタン(8)ステアレート
E431	豚の脂肪	疑わしい	ステアリン酸の原材料	ポリオキシエタン(40)ステアレート
E432	豚の脂肪	疑わしい	ソルビトールとラウリン酸の原材料	ポリオキシエタン(20)ソルビタンモノラウレート / ポリソルベート20
E433	豚の脂肪	疑わしい	ソルビトールとオレイン酸の原材料	ポリオキシエタン(20)ソルビタンモノオレエート / ポリソルベート80
E434	豚の脂肪	疑わしい	ソルビトールとパルミチン酸の原材料	ポリオキシエタン(20)ソルビタンモノパルミテート / ポリソルベート40
E435	豚の脂肪	疑わしい	ソルビトールとステアリン酸の原材料	ポリオキシエタン(20)ソルビタンモノステアレート / ポリソルベート60
E436	豚の脂肪	疑わしい	ソルビトールとステアリン酸の原材料	ポリオキシエタン(20)ソルビタントリステアレート / ポリソルベート65
E440	豚の脂肪	ハラール	抽出剤	a. ペクチン　b. アミド化ペクチン類
E470	豚の脂肪	疑わしい	脂肪酸の原材料	脂肪酸のナトリウム、カリウム、カルシウム塩
E471	豚の脂肪	疑わしい	脂肪酸の原料と、加水分解の触媒	脂肪酸のモノおよびジグリセリド
E472	豚の脂肪	疑わしい	油脂の由来	脂肪酸のモノおよびジグリセリド由来の各種のエステル
E473	豚の脂肪	疑わしい	油脂の由来	脂肪酸のショ糖エステル
E474	豚の脂肪	疑わしい	油脂の由来	スクログリセリド
E475	豚の脂肪	疑わしい	油脂の由来	脂肪酸のポリグリセロールエステル
E476	豚の脂肪	疑わしい	グリセロールの由来、加工助材	ヒマシ油の多環縮合エステルのポリグリセロールエステル
E477	豚の脂肪	疑わしい	油脂の由来	脂肪酸のプロパン-1,2-ジオールエステル類
E478	豚の脂肪	疑わしい	油脂の由来、加工助材	グリセロールおよびプロパン-1,2-ジオールのラクチル化脂肪酸エステル
E481	豚の脂肪	疑わしい	油脂の由来	ステアロイル-2-乳酸ナトリウム
E482	豚の脂肪	疑わしい	油脂の由来	ステアロイル-2-乳酸カルシウム
E483	豚の脂肪	疑わしい	油脂の由来	酒石酸ステアリル
E491	豚の脂肪	疑わしい	油脂およびソルビトールの由来	ソルビタンモノステアレート
E492	豚の脂肪	疑わしい	油脂およびソルビトールの由来	ソルビタントリステアレート
E493	豚の脂肪	疑わしい	油脂およびソルビトールの由来	ソルビタンモノラウレート
E494	豚の脂肪	疑わしい	油脂およびソルビトールの由来	ソルビタンモノオレエート
E495	豚の脂肪	疑わしい	油脂およびソルビトールの由来	ソルビタンモノパルミテート
E542	豚の脂肪	疑わしい	骨の由来と屠畜方法	食用の骨のリン酸塩
E570	豚の脂肪	疑わしい	脂肪の由来	ステアリン酸
E572	豚の脂肪	疑わしい	ステアリン酸の由来	マグネシウムステアレート
E631	豚の脂肪	ハラール	発酵培地、加工助材	イノシン酸ナトリウム
E635	豚の脂肪	ハラール	発酵培地、加工助材	5-リボヌクレオチドナトリウム
E904	豚の脂肪	疑わしい	記載なし	シェラック（Riaz&Chaudry 2004：p.326）

第 5 章
ハラール認証と
ムスリム消費者の食選択行動
―インドネシアを中心に

論の証拠にみえるもので心を落ち着かせてくれた（ヒヒヒヒ……。正当化してくれるから賛成するってわけじゃないよ！）。2つの証拠を読んで、自分で比べてみたほうがいいよ。

wahw33d 氏はここでアイスクリームと豚の写真を数枚交互に載せた後に（写真12）、2種類の情報を転載する。

左隣さんはこう書いている。
「包装食品の豚のコード（マグナムのアイスクリームを含む）」
たぶん大勢の人がもう知っているけれどもまだ知らない人や忘れた人も多いだろう。ことの始まりは、子どもたちがマグナムのアイスを買ってほしがったこと。帰宅して成分をよく見たら、E472 と書いてあった。それは豚の脂肪を含むということ。でもおかしなことに MUI のハラールロゴを取得できている。だから皆さん気をつけて。何か食べる時は読んで質問するように習慣づけて。特にハラールかハラームか。（Dr. M. Anjad Khan による[ママ]）包装食品の豚のコードを。私の友だちの一人で Shaikh Sahib という人が、フランスの Pegal というところで、食品医薬品監督庁の役人として働いているの。（中略）彼はそこで QC 部門で働いているから、市販の食べ物のさまざまな材料について知っている[*17]。だから、イスラーム教徒の皆さんは、包装食品を消費するときは、まず以下の E コード表と照らし合わせてみて。買おうとする製品にこれらのコードが書いてあったら、避けたほうがいい。豚の脂肪を含んでいるから。E100, E110, E120, E 140, E141, E153, E210, E213, E214, E216, E234,E252,E270, E280, E325,E326, E327, E334, E335, E336, E337, E422, E430,E431, E432, E433,E434, E435, E436, E440, E470, E471, E472, E473, E474, E475,E476, E477, E478, E481, E482, E483, E491, E492, E493,E494, E495, E542,E570, E572, E631, E635, E904[*18]。

しかし、wahw33d 氏はここで終わらずに、さらに調べてみて、MUI から発表された見解を見つける。

よく調べてみたら、次のような MUI からの回答があった。「コード E472 は、植物性または動物性の乳化剤。動物性のものは豚の場合もあるし、ノンポークの場合もある。このマグナムの場合は、動物性乳化剤だが、豚ではないことを調査した。それが、ハラール認証をだした理由である」だって。

写真12　wahw33d 氏ブログ掲載の写真の一部
記事内容は冷静だが、写真だけをみるとかなり煽情的である。

[*17] Shaikh Sahib なる人物と Khan のリストとの関係性はまったく語られていない。しかしおそらくこの元ブログの筆者の意図は、Shaikh Sahib 氏から Khan のリストを入手したということなのだろう。
[*18] スペースの位置は、原文のとおり。このリストは、載せられている番号だけでなく、コンマの位置やスペースの入れ方のちょっとした違いにいたるまで、すべて先述の英語サイトのリストと同じものである。インドネシアで流布しているリストの多くは同様の特徴を維持している。

第1部
食とハラール

wahw33d 氏は見た情報を鵜呑みにせず、調べた上で、相反する情報を並べ、読者にも自分で判断を下すようにうながしている。

とはいえ、いったん流れ出た情報を完全に打ち消すことは困難である。少なくとも 2012 年 3 月付でこのような情報が出ているにもかかわらず、2012 年 9 月のインタビュー調査では、チョコレートや E 番号にまつわる不安が、インフォーマントの間に根強く残っている。また A 氏も R 氏も、Khan のリストを直接的にどこかから入手したわけではなく、友人知人からの話といった間接的なルートで漠然とした情報を得て、時には「とにかく E のあるものは避ける」といったように過剰に反応していることがわかる。

さらにこの情報は思い出したように風評被害を巻き起こす。ウェブニュース「Metro SINDO News.com」は 2013 年 4 月 18 日付の記事で、ミルク入りのインスタントコーヒー「ルワック・ホワイトコーヒー」に豚の脂肪が含まれているという情報を流す BBM[*19] が、ジャカルタ市民を騒がせていると報じている。「ルワック・ホワイトコーヒーは E471 と E472 を含む。これは豚の骨からの抽出物で、脂肪酸の派生物だ。これらのコードは、チョコレートバーや、コーヒーフレッシュ、マシュマロ、ゼリーなどの製品に見られる。この情報の真偽について、当社は医薬品食品監督庁の広報に 2 回問い合わせたが、回答がない」としている。

E471 は脂肪酸モノグリセリドおよび脂肪酸ジグリセリド、E472 はそれらから作られる各種のエステル類をさす。いずれも MUI の説明では、食用乳化剤として使用されるもので、豚由来のものもあるが、ハラールな動物からも作られる。少し調べればわかることなのだが、市民の間に流れる噂レベルの話が裏もとらずにネットニュースで流され、さらに拡散してしまうのである。

情報のルートと判断基準

こういった非公式の情報は、イスラーム教師や友人から聞いたりメールでもらったりといった個人的なコミュニケーションから、フェイスブック・ブログ・ツイッター等ネットを通した不特定多数への情報発信へとつながり、さらにそれを見たり聞いたりした人が周囲に口コミで広め、口コミで聞いた人がまた不特定多数に発信するというような形で拡散していく（図8）。

このような状況のなかで、ムスリム消費者は、どのように自分が食べるもの食べてはいけないものを判断し、情報のやりとりをしている

[*19] ブラックベリーメッセンジャー。スマートフォンのブラックベリー使用者の間で、無料で使えるメッセージのこと。

図8　情報の拡散のルート

のだろうか。

　ハラール／ハラームの判断基準としては、身近な家族や知人の意見や行動に倣う、身近なイスラーム指導者の意見に従う、MUIのファトワーに従う、MUIや他国の認証機関など権威ある第三者機関の認証ロゴを信じるといったものがある。また、インターネットのウェブサイトやブログ、フェイスブック、ツイッター、BBM、口コミなどで、製品のハラール性や原材料・添加物の情報を得、自らハラール性を判断し、その考えをSNSやアプリなどを使って再発信する。たとえハラール認証がされているものでも、悪い噂があるものは避けるという場合もあれば、悪い噂があっても権威ある機関が納得のいく反証を出してくれれば信じるという場合もある。

　ハラール認証のないレストランの場合、店の名前や料理の種類などから、民族性を判断し、その民族集団から宗教的な属性を推察する場合もあれば、店がまえ（外装や内装に見られるイスラーム性）や店員の様子（服装など）を見て、推察する場合もある。また、認証がなくても、飲食店の看板にハラールと書いてあったり、店員がハラールだと言ったりすれば信じるという人もいるし、自らレストランの台所に入って、非ハラールの材料がないかチェックする市民運動もある。海外では、その国の事情や言葉に通じている人が、ノンポークだと言えば、信じて受け入れるという意見もある。

Ⅳ　まとめ

　制度としてのハラール認証規格は、事件が起こるたびに、ひたすら厳格化の一途をたどっている。これには、消費者の安心のためというよりも、認証取得企業を守るためという側面や、認証機関自身の権威を守るための自衛としての側面がある。

　一方、消費者は、新しい情報や食行動規範に触れた時、多様な情報源を参照しながら、自らの文化的規範からみて重要に思われる部分についてはとりいれ、そうでない部分は無視するなど、適宜取捨選択しているといえるだろう。これが多様な食実践の形を生んでいる。

　日本では現在、ハラールやムスリム対応というと、とかく認証を先行させようとする風潮がある。ムスリムはハラール認証のあるものしか食べないなどといった誤った情報を流すマスコミもある。しかし、ある飲食物がハラールであるかどうかは、究極的にはそれを摂取するムスリム個人個人が判断すべき問題である。相手が求めてもいないの

第1部
食とハラール

に、あらかじめあらゆる危険性を排除しようと過剰防衛するのではなく、丁寧なコミュニケーションと情報開示によって、できる範囲の対応から進めていくことが、今求められているのではないだろうか。

〈文献〉

阿良田麻里子　2014a　「インドネシアにおける食のハラールの現状」『食品工業』57（5）：30-37。

―――　2014b「ハラール認証とムスリム消費者の食選択行動――インドネシアを中心に」『明日の食品産業』2014（6）：13-18。

―――　2015　「インドネシアのハラル認証（前）」『健康情報ニュース.com』2015年11月24日。

井筒俊彦訳　1957　『コーラン（上）』岩波文庫（1999年第49刷を底本として使用）。

伊藤文雄　2002　「インドネシアにおける『味の素ハラール事件』」『青山マネジメントレビュー』2：62-71。

遠藤利夫　2005　「アル＝カラダーウィー著『イスラームにおける合法（ハラール）と非合法（ハラーム）』抄訳Ⅰ」『シャリーア研究』2：159-183。

小林寧子　2001　「インドネシアの味の素騒動の顛末」『イスラム世界』57：63-75。

牧野信也訳　2001a　『ハディースⅣ　イスラーム伝承集成』中公文庫。

―――　2001b　『ハディースⅤ　イスラーム伝承集成』中公文庫。

見市建　2001　「『味の素事件』の背景」『世界』3月号。

LPPOM MUI　2012　*HAS23201 Requirements of Halal Food Material*, LPPOM MUI.

Riaz, Mian and Muhammad Chaudry　2004　*Halal Food Production*, Florida：CRC Press.

〈ウェブサイト〉

一般財団法人日本品質保証機構ウェブサイト　https://www.jqa.jp/、閲覧日2017年1月6日。

厚生労働省ウェブサイト　http://www.mhlw.go.jp/stf/seisakunitsuite/bunya/kenkou_iryou/shokuhin/haccp/、閲覧日2017年1月6日。

東京都健康安全研究センターウェブサイト　http://www.tokyo-eiken.go.jp/、閲覧日2017年1月6日。

Abdul Ghofurブログ http://infotekkom.wordpress.com/2010/09/03/awas-inilah-kodEinternasional-pada-makanan-berkemas-mengandung-babi/、閲覧日2012年1月10日。

Halal Consumerismブログ　http://halalist.wordpress.com/2008/05/12/why-pig-fat-is-not-mentioned-but-codes-are-printed/、閲覧日2014年2月23日。

LPPOM MUI（インドネシア・ウラマー評議会　食品・医薬品・化粧品検査機関）ウェブサイト　http://www.halalmui.org/mui14/index.php/main/go_to_section/6/35/page、閲覧日2012年11月11日。

wahw33dブログ　http://wahw33d.blogspot.jp/2012/03/es-krim-magnum-ternyata-mengandung.html、閲覧日2013年1月10日。

第2部

食の変容とビジネス

第2部は、ビジネスとしての食品産業や外食産業との関係に焦点をあてる。インドにおける菜食と飲酒の文化的な意味づけの変化、工業的な酒の普及がもたらすマレーシア先住民族の社会変化、ユダヤ人にとってのワインの意味とイスラエルという国家を支えるワイン産業の役割、国家や地域のイメージ戦略に利用されるブルガリアの伝統食品、グローバル化や国家的な産業の再編とともに消費者の嗜好の変化によって危機に直面するミャンマーの茶産業の取り組み、国際都市ロンドンで花開く日本食ビジネスの発展と変容、北タイ・チェンマイにおけるローカルな食文化が日本食の受容に与える影響等の事例から、ローカルな食文化がいかにフードビジネスにおいて重要な意味をもっているかを描く。

第1章

インド、都市新中間層の食文化の変化
―インド西部のヒンドゥー教徒の事例から

小磯千尋

要旨

　本稿は、インド都市部の「新中間層」の食生活の変容の例から、菜食と飲酒の受容をとりあげている。菜食を基本とした保守的な食嗜好で知られるインドの食文化の概要、牛肉食がタブーとなり、飲酒が忌避されるようになった歴史的背景、近年の外食文化の発展にみるメディアの影響力、健康志向と美の価値基準の変化などに焦点をあてて論じている。インド社会においては、菜食がその浄性の高さから社会的な格の高さにつながる意味合いをもち、新たに肉食をやめ菜食になる人や、他者の目を気にして肉食を隠す人もいる。また、肉体労働者の粗野な行動や、家庭内の暴力と結びつき否定的に受けとめられてきた飲酒という行為が、健康的でファッショナブルなイメージをもつワインの普及とともに、家庭内での健全な飲酒という別の意味づけをもって都市新中間層に根づきつつある。これらの事例は時代とともに変化する飲食の諸相、すなわち飲食物や飲酒行動に与えられる文化的価値が時代に応じて変化していることを示している。

141

第2部
食の変容とビジネス

I インドの概要

I-1 地理的特徴と食文化

図1 インド全図

インドの国土の広がりはヨーロッパに当てはめると、南北はデンマークからリビア、東西はスペインからロシアにまでいたる大きさである。そのため、北は万年雪を頂くヒマラヤ山脈、南は緑豊かなココヤシが生い茂るケララ、西は乾燥したタール砂漠、東には世界最多雨地チェラプンジのあるアッサム地方と、多様な気候風土を有している。インドの食文化を理解するには、まずその多様な地理的条件を頭に入れておく必要がある。地理的多様性は生業とも密接に関連している。地域によって主要作物も異なり、直接的に人びとの食生活にも影響を与えている。

まず主食に目を向けてみると、小麦、米、雑穀があげられる。小麦は降雨量の少ない北インドや西インドを中心に栽培され、比較的雨の多い東インドから南インドにかけては米、インド中央部はモロコシ、ヒエ、キビなどの雑穀栽培で知られている［小西 1981：147-149］。

小麦は胚芽つきのまま乾燥させて製粉し、無発酵のパン、チャパーティーや油で揚げたプーリーなどとして食卓にのぼる。米は粒食として炊かれるほか、粉にして多様なスナックに加工される。雑穀は粗挽きにして軽食に用いられ、ポップコーンのようにはじけさせてスナックや雷おこしのような菓子に加工される。また、ねり粉にして手で延

ばして素朴なパンを焼いたり、蕎麦がきのように団子状にしたりして、主食として食べる。雑穀は降雨量が少ない荒地でも栽培可能なため、デカン台地を中心に広く栽培されている。

また、各種スパイスとともにインド料理の味を決定する重要な食用油も、地域によって使用されるものが異なる。大まかに分類すると北・東インドでは菜種油、中部や西部では甘い香りのするラッカセイ油、南インドではココナツ油が好まれる。最近では全インド的に大豆油やベニバナ油も使われるようになった［小磯・小磯 2006:130-131］。

インドの人びとの重要なタンパク源である豆は、降雨量が極端に多い地域を除くほとんどの場所で栽培されている。種類も豊富で、インドの食に彩りを添えるとともに、栄養面でも不可欠な存在である（写真1）。また、マメ科の植物は土壌を肥沃にするため、他の作物と混植されることも多い。

I-2 民族、宗教、言語

多様な自然環境とともに、インド社会を複雑にしているのが、多民族、多言語、多宗教という点である。現在憲法にあげられている主要言語は 21 あるが、ヒンディー語をはじめとするインド・アーリア系の言語、南インドを中心としたドラヴィダ系の言語のほかに、シナ・チベット系、アウストロ・アジア系の言語と多岐にわたっている。

10年ごとに行われている国勢調査（2011年は暫定値）によると、2011年の人口は 12億 1019万人と、中国につぐ世界第二の人口を擁する大国である。宗教別の割合をみると、ヒンドゥー教が 80.5%、イスラーム教 13.4%、キリスト教 2.3%、シク教 1.9%、仏教 0.8%、ジャイナ教が 0.4%、パールスィー教[*1] 0.01%、他［Goverment of India 2001］となっている。各宗教がそれぞれ異なる食のタブーをもち、独自の価値観に基づいた食文化を有している。本稿では、西インド、マハーラーシュトラ州の第二の都市、プネーに暮らすヒンドゥー教徒の事例を中心にみていきたい。

II 経済自由化政策

II-1 「新中間層」の出現と実態

1991年はインドにとって大きな転換期となった年である。当時の首相ナラシンハ・ラーオのもとで打ち出された経済自由化政策[*2]に

第1章
インド、都市新中間層の
食文化の変化
—インド西部のヒンドゥー教徒の事例から

写真1　さまざまな種類の豆が売られている店先

[*1] 8世紀にイスラーム教徒の迫害を逃れてイランのパールサからインド西海岸に到着したゾロアスター教徒。別名拝火教徒。食のタブーはほとんどないが、ヒンドゥー教徒に配慮して牛肉はあまり食べない。

[*2] 経済自由化政策については大場［2005:138-140］を参照。

第2部 食の変容とビジネス

*3「新中間層」の定義およびその形成についての分析は押川［1997：85-120］を参照。

よって、社会が大きく変化するきっかけとなった。これにともなって、都市部を中心にいわゆる「新中間層」*3 が新たに登場し、市場が拡充した。この新中間層についてはまだ明確な定義はないが、国立応用経済研究協議会（NCAER：National Council of Applied Economic Research レポート、2005）は、彼らの所得と消費に注目し、暫定的に年収20万ルピーから100万ルピー（40万円から200万円、2014年12月のレート）の所得層と定義した場合、2億人以上の人びとがこの層にあてはまると報告している。

「新中間層」は植民地期に生まれた英語教育を受けた少数のエリート層をさす「中間層」と区別するために、暫定的に「新」をつけて用いられる。「新中間層」を定義づけるもう一つの基準は、彼らの購買力・消費性向である。2億人を超える「新中間層」の消費動向は、インドの経済を左右する大きな力となっている。

その消費・購買力を煽るかのように、2000年以降インドの都市部には大小のショッピングモールが建設されている。人びとは「モール」とよび、週末は家族連れで繰り出す。総じて巨大モールは都市郊外に建設される場合が多く、車で訪れることが大前提となっている。ブランド物の衣料店、靴、バッグ、スポーツ用品、雑貨、輸入食品、アクセサリーなどを扱う店とともに、フードコートやカフェ、映画館なども併設され、一日モールですごすことも当たり前となっている。

金銭的にゆとりのある新中間層は、過重な仕事のストレスを発散する一つの手段として、消費行動に走る一面がある。モールは仕事で疲れたオフィスワーカーの手軽な家族サービスの場としても機能している。冷房が利いた吹き抜けの空間に、まばゆいばかりの照明が輝き、外部との落差に驚かされる。熟年世代からは「空虚なモール文化」と批判されているが、週末は大勢の家族連れでにぎわっている。フードコートにはインド各地の料理だけでなく、さまざまなスナック、チャイニーズ、パスタを中心としたイタリアン、チベットのモモ（餃子）などの店が並ぶ。そこは手軽に目新しい料理を試す恰好の機会と場を提供している（写真2）。

写真2　モール内のフードコート

II-2 「新中間層」の消費動向

新中間層の消費動向の分析によると、カラーテレビ、冷蔵庫、洗濯

機などの基本家電に加え、パソコン、携帯電話なども一般的に普及している。最近では小型乗用車の普及がめざましい。基本家電を手に入れた中間層は子どもの教育にもお金をかける。目に見えるだけの投資ではなく、将来的な投資の意味もこめて、質の高い教育に資金を回す。子どもを塾に通わせ、私立の学校に送り、海外留学にも積極的だ。

　教育投資も十分に行われると、次なる消費はグルメや国内外の旅行に向かう。インド人ツアーコンダクターの話によると、ヨーロッパの観光地を訪れる旅行客の80％がインドと中国からの団体旅行客で、残りの20％が他の国々の個人や団体旅行客であるという。もろもろのタブーが多いこともあるが、元来舌が保守的なインド人は、旅先でもインド料理を所望するそうだ。極端な場合では、インド料理人付きツアーを謳い文句にあげている場合もある*4。

　海外の旅行地では保守的なインド人であるが、国内では積極的に外食を楽しむようになってきた。外食産業については次節でふれる。

　日々の家庭の食生活についてみてみると、経済的に豊かになっても、菜食中心の食事であるため食費への支出は目立って変化していないが、品質の高い材料、安全な食品、健康的な食材への志向が見て取れる。とくに、輸入果物*5などを購入する機会が増えたことや、果物の摂取量が増えたことなどがあげられる。また、インド人に欠かせないチャーイとよばれるミルクティなどに利用されるミルクの消費量が増えたこともある。ミルクはヒンドゥー教徒にとっては浄性の高い食材で、そのままお茶などに利用されるほか、ヨーグルトやバター、ギーという精製バターに加工される。どこの家庭でも毎日2～3ℓは消費している。

Ⅲ 「新中間層」の変わる食、変わる価値観

Ⅲ-1 外食産業

　ヒンドゥー教徒の食は基本的に「浄・不浄」の概念*6に縛られており、誰がどのような状態で作ったかわからないような料理を口にすることは、わが身をケガレさせてしまう危険があるため避けられてきた。長旅をする時でも、保存のきく家で作った食べ物を持参するか、素性の知れた友人や親戚宅での食事が大前提であった。

*4 インドのローカル新聞『サカール（Sakāḷ）』紙発行の新聞社提供のパックツアーのパンフレット（2012年）より。

*5 ニュージーランドから輸入されたリンゴはインド産のリンゴの4～5倍の値段がするが、味も見栄えもいい。

*6 食における「浄・不浄」については、［小磯 2014:139-142］を参照。

第2部
食の変容とビジネス

*7 いわゆるバラモン（僧侶）を頂点とした浄性のヒエラルキー。クシャトリヤ（王侯・武人）、ヴァイシャ（庶民・農・牧・商）、シュードラ（隷属民）と続く4つのヴァルナと、「生まれ」を意味するジャーティを合わせたものをカーストとよぶ。

*8 ヒマラヤから東南アジア北部山地、雲南・貴州から江南を経て日本にいたる常緑広葉樹林帯に共通する文化的特徴をさす。この地域は「大東亜半月弧」の最南西端部にあたる［佐々木 2007］。

*9 Dr. Kiranmayi Bhushi, 'Situating Ethnic Restaurants in the Global Metropolis of Delhi' セミナー、What Do We Eat? : Food and Identity in India, 12th December 2014, At Janki Devi Memorial College, University of Delhi. より。

　この浄性、不浄性というのは、西洋的な衛生観念と重なる部分もあるが、それとは別の独自の原理も働いている。浄・不浄観はインド古来のカースト制度と密接な関係がある。つまりカースト*7の職業や慣行が浄か不浄かという尺度で測られ、浄であるためには、不浄やケガレを避けるよう細心の注意が払われる［小磯・小磯 2006：198］。食事の場においては、唾液によって不浄性が移されるとされるため、共食時には食事マナーが重要となる。また、調理者の出自や、調理器具が浄性を保たれているか、つまり肉などを調理していないかなどが重要となってくる。そのため、高位カースト出身者ほど、下位カーストから不浄性を移されないように、外食を避けていた。

　筆者が1980年代にインドで暮らしていた当時は、外食といっても選べるレストランは限られていた。たとえば、自宅では調理の難しいタンドゥーリー窯を使った料理を出す北インド系のレストラン、各都市に数軒あるインド風中華料理店、その他、インドの軽食や地元の食事を出すレストランなどであった。それが、1990年代から、急速にレストランの数や、提供する料理の種類が増え、そこに集うインド人の数も急増した。1980年代は中華料理店などでは社用族と見られる人びとが主で、家族連れなどは限られていた。現在では家族連れが主体で、菜食のインド人でも食べられるメニューが満載である。

　最近のトレンドは各地域のエスニック・フードレストランである。とくに首都デリーではその傾向が顕著である。インドの北東州のナガランド、ミゾラム、マニプルには私たちと同じモンゴロイドの人びとが暮らす。彼らの食文化は、中尾佐助・佐々木高明らの提唱した「照葉樹林文化」*8の流れをくみ、納豆をはじめとする発酵食品など日本人にもなじみのものが多い。しかし、昆虫や犬肉を食べる点で、とくに菜食のインド人には想像するのも「おぞましい」、「野蛮な食」として扱われてきた。ところが、2015年現在、デリーのもっともおしゃれなエリアにはナガランド料理の店がオープンし、若者に人気のスポットとなっている。特徴的なのは、単にエスニック料理を提供するだけではなく、エスニックでおしゃれな空間のプロデュースが大切にされていることである*9。単に珍しい料理を味わう場としてではなく、今まで経験したことのない新しいもの、異文化を楽しむことを目的としているようだ。

　インドの全国版有力紙、『タイムズ・オブ・インディア（Times of India)』が都市のレストランガイド『タイムズ・フード・ガイド（Times Food Guide)』を2000年代初頭から都市別に刊行している。情報はか

なり正確で、お薦め料理、店の雰囲気、サービス、値段などの情報が掲載されている。このようなガイドブックが発行されることからも、新中間層を中心とした一般民衆が普通に外食を行っていること、おいしいものを求めて「楽しみ」として外食をしていることがわかる。

Ⅲ-2　メディアと食

1991年の経済自由化と同時期にインドのメディアは劇的に変化した。そのきっかけとなったのは衛星放送の開始である。インドでは長い間、1959年開局[*10]の「ドゥールダルシャン」という国営放送のみであったが、1991年に香港に拠点をおく「スターTV」が衛星放送を始めてから状況が一変した。ヒンディー語のテレビ局も開局し、ケーブルテレビ局がそれらのチャンネルの配信を始めた。それに続いて、各地域言語のチャンネルや、映画、音楽、スポーツの専門チャンネルも増加した。年々チャンネル数は増加して、2013年には100を超えるチャンネルがあり、アニメ専用チャンネル、ヨーガ、寺院の礼拝、宗教講話専用チャンネルに混じって、料理専用チャンネルまで登場した。料理番組では、インドはもちろん世界の料理が紹介され、カリスマ・シェフが見事な腕前とトークを披露している。

メディアの食に及ぼす影響力は具体的な数値では表せないが、非常に大きいと推察される。それまで外食やインド以外の食と接点のなかった家庭の主婦たちも、「外」の食にいつでもふれることができるようになったからだ。もちろん、味も匂いもわからない番組であるが、視覚的、聴覚的に訴えるものは大きい。気になった料理をモールのフードコートで試すきっかけにもなるだろう。番組のレシピをメモしておいて、自分で試作する女性も多い。筆者の友人の家族は、料理番組や知人から得たレシピを手書きのノートにまとめており、その数は5冊にものぼる。自分なりのアレンジを加えて、日々の食事に取りこんでいる姿に、インドの新しい食文化の息吹を感じた。

テレビ番組だけではない。新聞の日曜版では、レストラン情報や伝統的家庭料理、諸外国料理のレシピがカラー写真付きで紹介されている。本屋には"Cook Books"のコーナーがあり、インド各地の料理本、ケーキ・パン類、イタリアン、フレンチ、メキシカン、中華といった外国料理のレシピ本も豪華本の体裁で売られている。インド料理のカリスマ・シェフは映画スター並みの人気で、出版する本が次々とベストセラーになっている[*11]。最近

写真3　書店店頭に並ぶマラーティー語の料理雑誌

[*10] 1959年に全インド・ラジオの一部として開局し、ドゥールダルシャンとして独立したのは1976年。

[*11] Sanjeen Kapoor『カジャーナー Khazānā（宝石箱）』はシリーズ化されている。

第2部 食の変容とビジネス

の傾向としては、地方言語による料理本、雑誌が増加している（写真3）。

1990年頃までは、メディア的には鎖国状態といえる状況にあったインドの人びとが、ここ20年の間に洪水のような情報に翻弄されているといっても過言ではないだろう。

III-3　健康志向

これまでインドでは、男性も女性も痩せ型よりもちょっと太めが理想とされていた。つまり痩せていると貧相で、貧乏くさく見えるというわけだ。

ところが、外国の音楽番組やドラマなどを目にしてから、世界基準の「スリムが美しい」という価値観が定着しつつあるようで、現在のインドでは老いも若きもダイエットに励むようになってしまった。テレビの番組でも健康志向を前面に出して、油や糖分の多いインド的食生活の改善を訴えている影響もあるが、今までのインド的価値観とは異なる美意識が導入されてしまったようである。

筆者が2012年に調査をした折に目を引いたのがハイプロテイン・ダイエットの流行である。何軒か訪れた友人宅には必ずといっていいほど、Amway社やインドで生産されたダイエット食品の空き缶があり（写真4）、家族の誰かが興奮気味に、「1カ月で3kgから5kg減量できた」、「10kg減量できた」などと話してくれた。一缶1500ルピー（現在のレートで約3000円）で半月分。一日約100ルピー（約200円）をダイエット食品にかけることなど、従来は到底考えられないことである。

ダイエット食品だけではなく、朝の散歩やヨーガ教室通い、スポーツジムで汗を流すことで、減量＝健康を手に入れようと努力する人びとが急増した。究極は自然治療院に入院して行う減量プログラムである。食事と施術と自主的エクササイズによって健康的に減量することを目的としたものだが、ここに数カ月単位で入所して減量に励む。入所者は中高年女性の割合が高く見受けられる。これも生活のゆとりが生み出した現象といえようか。

実際、2005年に発表されたWHO（世界保健機関）のレポート[12]によると、インド人の死因の28％が心臓発作などの循環器系疾患、癌が8％、呼吸器疾患が7％、糖尿病が2％となっている[13]。癌以上に循環器疾患が多い。WHOのレポートは10年後の予想も出しており、それによれば、6000万人が慢性疾患で亡くなり、その割合は18％にのぼり、糖尿病についていえば35％まで上がる危険があるという。

写真4　インドブランドのダイエット食品の缶

[12] http://www.who.int/chp/chronic_disease_report/en/　2011年6月11日アクセス。
[13] その他は糖尿病以外の慢性疾患が8％、伝染性の病気、栄養失調などが36％、怪我などが11％となっている。

第1章
インド、都市新中間層の
食文化の変化
─インド西部のヒンドゥー教徒の事例から

また同レポートでは、2005年の肥満の割合が、男性22%、女性21%であるが、2015年には男性31%、女性29%に増加すると予測している。

　インド人の食生活は、油と塩分、砂糖の摂取量が異常に多い[14]。菜食の人びとであっても油と糖分摂取過多と運動不足によって肥満の人が多くなっている。WHOのレポートは的確に現状を映し出しているといえよう。

*14 聞き取り調査では、ある家庭（10人家族分）で砂糖の年間消費量が400kg、油が70kgであった［小磯・小磯 2006：69］。

Ⅲ-4　菜食（ヴェジタリアン）と非菜食（ノン・ヴェジタリアン＝肉食）

　ヒンドゥー教において、牛は三大神の一人であるシヴァ（Shiva）神の聖なる乗り物であると同時に、すべてに恵みを与えてくれる「母なる牝牛[15]」として敬う思いがあるため、ヒンドゥー教徒は牛を食さない。さらに、輪廻転生を信じるため、動物や魚を食べることは、自らの祖先を食すことになりかねない、という忌避感が働いている。また、菜食、非菜食はⅢ-1でふれた浄・不浄観と密接に結びついている。

*15 カーマデーヌ（kāmadenu）とよばれる牝牛はどんな願いごとも叶えてくれ、慈愛の象徴とされる。

　筆者の周りを見渡すと、圧倒的に厳格な菜食者が多いのだが、実際の菜食者はインドの全人口の3割強といわれている[16]。地域差、ジェンダー差、宗教による差もデータに現れており興味深い。先述のWHOレポートによれば、バラモンの55%、他の上位カーストの28%、ダリトとよばれる被抑圧カーストが15%、ムスリムは3%、クリスチャンは8%が菜食である。また、女性の34%、男性の28%、年齢別では55歳以上が37%、25歳までの若者は29%が菜食者である。さらに基準が曖昧であるが、敬虔なヒンドゥー教徒の43%、一般的ヒンドゥー教徒は28%が菜食者であるというデータもある。敬虔なヒンドゥー教徒、上位カースト、女性、年齢が高いほど菜食者の比率が高いことがわかる。

　筆者が調査したプネーは、バ

*16 大手英字新聞『ザ・ヒンドゥー（The Hindu）』が行った調査結果によると、人口の3割強が菜食というデータが出ている（2006年8月14日掲載）。

表1　菜食者の割合（社会階層・宗教他別）

バラモン	55%
他の高カースト	28
ダリト（被抑圧者層）	15
先住民	12
ムスリム	3
クリスチャン	8

表2　菜食者の割合（性・年齢他別）

女性	34%
男性	28
年配層（55歳以上）	37
若年層（25歳以下）	29
敬虔なヒンドゥー教徒	43
一般的なヒンドゥー教徒	28

出典：ともに、2006年8月14日付 The Hindu 紙のデータをもとに筆者作成。

149

第2部
食の変容とビジネス

写真5　菜食専門レストランの看板

ラモン人口比が他の都市よりも高いため菜食者も多いといえる。菜食者は基本的に卵も食べず、酒類も嗜まない。厳格な菜食者は肉食者との同席も忌避する。肉を調理した可能性のある鍋や調理器具での調理も、生理的に受け入れられない場合が多い。ゆえに、外食が盛んになった現在でも、菜食専門のレストランと一目でわかるように看板に明記してある場合が多い（写真5）。

　人や物の交流が著しい現代においては、厳格な菜食を守ることが難しい場合もある。海外に暮らすインド人は柔軟に対応せざるをえなくなっている。日本に暮らすインド人の菜食者によると、菜食を守ることは、「信仰というよりも、"生き物"を"殺して"食べることへの忌避感である」という人が多い。ただし、肉を食べる人、飲酒する人との同席も問題ないと譲歩（我慢？）している。また、肉入りの料理でも、肉を避けて食べることができるという寛容な菜食者もいる。

　インドでは、夫や子どものために肉や卵の料理を作るが、自らは口にしない女性も多い。

　インドの菜食者の場合は、宗教的タブーや主義によって菜食を守る場合と、習慣的に肉を食べていないために肉を口にすることに抵抗がある（食わず嫌い）だけの場合とに分けられる。

　ここで、ヒンドゥー教における牛肉食のタブーについて簡単に概観したい。紀元前1500年頃、中央アジアから北インドに来住したアーリア人は、ヒツジやヤギを飼育しながら移動する遊牧民であった。彼らがもたらした宗教がヒンドゥー教のもととなったバラモン教である。バラモン教では、祭壇を造り火の神アグニ（Agni）を招来し、さまざまな供物を護摩供養という形で天界の神々に捧げて、現世の安寧を祈願する。バラモン僧が難解なマントラ（真言）を唱え、人びとと神々の橋渡し的役割を担っていた。過去の文献[17]から、供犠にふされたウシを含む動物がバラモンによって食べられていたことが明らかとなっている。

　牛肉食がいつからタブーとなったかには諸説あるが、不殺生を説く仏教やジャイナ教の影響が大きいといわれている。また、マーヴィン・ハリスは、ウシの神格化と牛肉食のタブーには農業経済上の理由があると論じている[18]。また、牛肉を1kg得るためには飼料が10kg必要[19]であるという。人口増加が著しく食料確保が厳しい社会において、効率の悪い肉食を意図的にやめさせるために、ウシの聖性を強調したという見方もできるかもしれない。現在、ヒンドゥー教徒の非菜食者も、牛肉と豚肉は食べない。

[17] [Jha 2002] に詳しい。

[18] 牛はインドの農民にとってのトラクターと運送用機械の役割も果たしており、これを屠畜することは農業の疲弊と結びつく、としている。
[19] www.alive-net/animalfactory/fact/45-nikushoku.html　2014年7月20日アクセス。

第1章
インド、都市新中間層の
食文化の変化
—インド西部のヒンドゥー教徒の事例から

筆者がインドで暮らした約10年間（1981〜87年、1991〜94年）、日常的に肉を食べない生活[20]を送っていたが、とくに暑い季節には体が肉料理を必要とせず、消化のよい菜食や果物を中心とした食生活のほうが体に合うと感じられた。たまに肉を食べると胃に負担を感じることさえあった。インド料理は、菜食といっても、太陽の恵みを受けた多様な野菜を油とスパイスで炒め煮にした料理と、豆のスープ、乳加工品、サラダ、ピクルスとバラエティ豊かな食生活である。その豊かさは肉の必要性を感じさせない変化に富んだものである。そのために、非菜食者といっても、おもに経済上の理由から肉を食べるのは週に一度、または月に数回という程度で、日常的には肉のない食事が中心となっている。

インドの菜食文化を支えているのは、豊かな農作物を生み出すインドの大地である。また、油とスパイスと素材の組み合わせの妙で、料理が単調になりにくい点も、菜食を維持できる利点といえる。

しかし、前出の『ザ・ヒンドゥー』紙のアンケートによれば、近年、都市の若者層を中心に肉食・飲酒をする人が増えている。肉食の増加と飲酒の増加は比例しており興味深い。飲酒については次項でふれる。

*20 現在のようにスーパーマーケットなどで手軽に肉が手に入る環境ではなかった。また、周りは菜食者が多かったための配慮もあった。

Ⅲ-5　飲酒のタブーとワイン産業

前項でみた牛肉食同様、飲酒についても、古代バラモン教では寛容であった。バラモン教において酒は儀礼的供物[21]として扱われることもあり、飲酒もタブーとされていなかった。古代医学書『チャラカサンヒター』（A.D.1〜2C？）には、適量の酒は「百薬の長」とされ、たくさんの種類[22]の酒類が造られていた。また、古代インドの政治理論家であるカウティリヤの『アルタシャーストラ（実利論）』（A.D.3C頃？）の第25章、第42項目には「酒類長官」の仕事内容から酒類の販売と消費の統制、その製造の組織化についての記述や、居酒屋の主人の心得についてまで詳述されている［カウティリヤ 2013:（上）193-197］。

それが、のちにヒンドゥー教の規範となる『マヌ法典』（紀元前後に編纂？）では、スラー酒を飲むことは「五大罪」の一つにあげられ［渡瀬 1990:125］、罪悪視されるようになる。それ以後、イスラーム勢力が優勢となると、宗教的規制から飲酒はタブーとなった。このような歴史的、文化的背景からインドに飲酒文化は根づかなかった。そんななか、貧しい肉体労働者たちが肉体的苦痛を忘れるために、安価な

*21 『リグ・ヴェーダ』（B.C.1200頃成立）には、ソーマ酒（soma）やスラー酒（sura）が祭式に不可欠とある。詳細は［Kolhatkar 1999］参照。
*22 84種の酒とその効用が説かれている［矢野 1988:205-206］。

151

第2部
食の変容とビジネス

酒を飲んで正体不明の状態で醜態をさらし、家庭で暴力をふるうなど、酒は負のイメージしかなくなる。農村では女性が中心となって「飲酒反対闘争」を行い、酒屋を廃業させた事例も多い。

都市の飲酒が可能なレストランでも、飲酒している人たちはどことなく後ろめたい雰囲気で、到底飲酒を楽しんでいるようには見えない。インドの憲法では、飲酒可能な年齢は 25 歳からとなっている。現在でも西のグジャラート州と東のマニプル州は禁酒州となっており、その他の州でも国の祝日や選挙日などはドライデー（禁酒日）となっている。

WHO の 2011 年の「アルコールと健康に関する世界実態報告 *Global Status Report on Alcohol and Health 2011*」では、対象地域 188 カ国のうちインドのアルコール消費量は第 141 位であった。しかしインドは世界最大のウイスキー消費国となっている[23]。インドのアルコール消費市場の 6 割をウイスキーが占め、ビールは約 1 割であるという。20 年前には 300 人に 1 人であった飲酒人口が現在では 20 人に 1 人の割合になった[24] という。

全インド商工会議所連合会（ASSOCHAM）によると、ワイン市場は 2010 年から 2012 年、年率 30％という高い成長を示している。とくに女性を含む都市の新中間層にワインが浸透しはじめている。ワインは他のアルコール類に比べ、「ポリフェノールが健康によい」こと、「おしゃれでファッショナブルである」というイメージが先行しているようだ。また、「家族で楽しめる」、「食事とともに楽しめる」という健全さを前面に打ち出して売上を伸ばしている。

もともと良質のブドウ産地であるマハーラーシュトラのナーシクを中心にワイナリーが造られ、地場ブランドが手頃な価格のワインを提供するようになったことも大きい。

2000 年代初頭に農業省の大臣を務めたマハーラーシュトラ出身の政治家シャラド・パワール（Sharad Pawar）の後押しもあり、2001 年には「ナーシク・ワインパーク・プロジェクト」という小規模産業を推進する政策が進められた。これは、10 年間にわたる消費税の免除や、優先的に水の供給や道路整備を行うなどのインフラ整備が主体となっている。新しい産業の創出、高額な酒税が政府の財政を満たすことを見越したあざとい政策であるという批判もあるが、現在、ナーシクには 40 を超える大小のワイナリーが稼働している。

なかでも 2000 年に営業を開始したスーラ・ワイナリーはカリフォルニア・ワインにならった良質のワインを製造している。このワイナ

---

[23] IWSR (The International Wine & Spirits Record) の 2012 年発表による。

[24] 繁田奈歩（ジェトロ・ニューデリー事務所）による「次の消費大国インドの日本食事情」2015 年 2 月 10 日、発表レジュメより。

リーは、ラジーヴ・サーマント（Rajīv Sāmant）というIT技術者がカリフォルニアのシリコンバレーから戻って始め、2000年に初のワインを出荷した。生産されたワインの70％が国内消費で、約30％が輸出されている。2011年は620万lが生産され、生産量は年々増加し、20種以上の赤、白、ロゼワイン、スパークリングワインが生産されている。

　スーラ・ワイナリーでは、2012年当時、見学ツアー（4種のワインのテイスティングつきが約300円、6種類のテイスティングつきが約500円、見学のみが200円）を行い、人気を集めていた（写真6）。通常のツアーは11時半から17時半まで1時間ごとに行われ、1回に30人内外が参加できる。ツアーの内容は、ガイドの説明を聞きながらワインの製造過程を見学し、テイスティング・ルームでワインのテイスティングを楽しみ、好みのワインを購入するというものだ。また、ワインバーでワインと軽食を楽しむこともできるようになっている。2006年にテイスティング・ルームがオープンしてからは、週末は大型バスでの見学客などが2000人以上集まるという。ガイドは7人、ワイナリーと付属施設で働く人は1500人にのぼるという。ワイナリーが地元の雇用機会を増加させていることがよくわかる。ス

写真6　ワイナリーの見学ツアー

タッフはそろいのロゴ入りのポロシャツを身につけ、流暢な英語を操り、洗練された雰囲気である。

　ワイナリーに付属するレストランとして「小イタリア（Little Italy）」とタンドゥーリー料理の「ソーマ（Soma）」がある。ソーマのシェフ、カルラ（Kalra）氏は地元の有名人であり、そのオリジナルメニューは「ワインに合うインド料理」が謳い文句となっている。ワイナリーは宿泊施設Beyond（23部屋）も併設し、どの部屋からもブドウ畑を見下ろせるおしゃれなリゾート施設となっている。宿泊施設の売りは、「オーガニック・フード、アロマオイルのスパ、プール」である。また広大な敷地内には、500人収容可能なギリシャスタイルの円形劇場まであり、そこではコンサート、記念日のイベント、結婚式などが行える。毎年2月にはスーラ・フェスタ（Sūla Festa）という祭典が開催され、海外からのツーリストも増加している。ブドウ踏みのイベントやロックコンサートなどが企画され、新しい週末のリゾートスポットとして注目されてきている。

第2部
食の変容とビジネス

　2012年調査時に出会った60代の親夫婦と30代の息子夫婦と2人の子どもの一家6人のツアー客に話を聞いた。30代の夫は、「週に2、3回は家族でワインを飲んでおり、妻が許せば毎日でも飲みたい」という。また、「食事はワインに合うパスタやピザなども取り入れるようになったが、インド料理とも相性は悪くない」という。ちなみに、「インド料理にはロゼがお薦め」とのことだ。
　このように都市新中間層の間ではワインを中心に飲酒に対する忌避感覚が薄れてきている。

Ⅳ　まとめ

　インドの都市に暮らす新中間層の食文化の変化をみてきたが、12億を超える人びとの食の変化は世界の食料事情にも影響を及ぼすことは必至である。インドの菜食文化は今後の世界の食料事情を考える時に、大きなヒントを内包しているといえよう。
　ここ二十数年のインド社会の変化は、日本が戦後70年かけて行った変化に匹敵する。日本ではおそらく祖父母、親、子と三代にわたった変化が、インドの場合は親子二世代間で体験しつつある変化とみてよいだろう。今後、価値観の差による親子間の意識の断絶などが、どのような形で顕在化してくるのかが大変気になるところである。
　食の変化は宗教的価値観にも影響を及ぼし、食の選択行動が以前にも増してアイデンティティの拠りどころとなっている。都市の若い層では肉食をする人も増えている一方、より保守的に菜食を維持する人や、新たに肉食をやめて菜食者になる人もいる。とくにヒンドゥー教徒の場合は、菜食を守ることは格が高いという意識もあって、肉食をやめ菜食を守ることで、より浄性の高い立場を維持しようとする動きがある［小磯 2014：145］。宗教的な理由よりも周囲からの人目のほうを気にして菜食を守っている人さえいる。飲酒はするが菜食という人びとも大勢出てきている。
　飲酒については、生産、消費ともに変化が急激すぎ、飲酒文化の伝統のない社会で今後どのような変化を引き起こすのか見極める必要がある。アルコール依存症や肝臓病などの負の側面を心配する声もあがっている。しかし、ワインの普及によって従来のイメージとはまったく異なる飲酒文化が、新中間層の新しいライフスタイルとして育ちはじめていることは事実である。

〈文献〉

大場裕之　2005　「インドは"光"の国か？──自由化と日本化を中心に考える（第6章）」我妻和男編『光の国・インド再発見』麗澤大学出版会。

押川文子　1997　「インドにおける"中間層の形成"現象と女性」押川文子編『南アジアの社会変容と女性』アジア経済研究所、pp.85-120。

カウティリヤ（上村勝彦訳）　2013　『実利論──古代インドの帝王学』上下、岩波文庫。

小磯千尋　2014　「インド──ヒンドゥー教とジャイナ教」南直人編『食の文化フォーラム32　宗教と食』ドメス出版、pp.134-154。

小磯千尋・小磯学　2006　『世界の食文化8　インド』農文協。

小西正捷　1981　『多様のインド世界』三省堂。

佐々木高明　2007　『照葉樹林文化とは何か──東アジアの森が生み出した文明』中央公論新社。

ハリス、マーヴィン（板橋作美訳）　1989　『食と文化の謎』岩波書店。

矢野道雄訳注　解説　1988　『インド医学概論　チャラカサンヒター』朝日出版社。

渡瀬信之　1990　『マヌ法典──ヒンドゥー教世界の原型』中央公論社。

Goverment of India　2001　*Census of India, 2001.*

Jha, D. N.　2002　*The Myth of the Holy Cow*, Verso, London.

Kolhatkar, M.B.　1999　*Sura─The Liquor and the Vedic Sacrifice*, D.K.Print World.

第2章

マレーシア・サバ州・ドゥスン族社会における酒類販売の拡大とその影響

三浦哲也

要旨

　マレーシアは、人口約3000万人を擁するが、その人口の約6割がイスラーム教徒であるマレー系、3割を華人系、1割をインド系が占めている。この三大民族が伝統的にそれぞれのエスニシティ集団として生活習慣と居住形態とを割拠的に保持していることから、マレーシアは複合民族社会として知られている。マレー系が多数派で、イスラーム教が国教と定められていることもあり、マレーシアでは酒類販売は強く規制されている。とはいえ、イスラーム教徒を除いた国民の半数弱がアルコール飲用層であり、酒類市場は拡大傾向にある。

　その一方で、マレーシア・サバ州（ボルネオ島）のいくつかの先住民社会では、伝統的に自ら酒を醸し飲む文化が存続・維持されてきた。サバ州西岸内陸部を中心に居住するドゥスン族の社会にも、独特の飲酒文化が伝統的に存在してきた。ドゥスン族が醸す伝統的な酒は、彼らの言葉でトーミス（*tohmis*）と総称され、とくに結婚式、収穫祭などの儀礼の際にはなくてはならない伝統的な酒である。トーミスは、米もしくはキャッサバ芋を加熱処理したものを、カビ麹により固体発酵させた酒である。

　ドゥスン族の社会においても、近年は工業的に造られた酒類の販売・流通が拡大している。本章では、ドゥスン族社会における工業的

第2部
食の変容とビジネス

な酒類の受容の過程、選好理由、伝統酒トーミスとの競合などについての調査結果に基づいて、工業的な酒の普及が当該社会にどのような変化をもたらしつつあるのかを考察する。

Ⅰ マレーシアにおける
　酒類市場の概要

　マレーシアは東南アジアのマレー半島およびボルネオ島北部を領域とし、人口約2995万人を有している。マレー系、華人系、インド系という三大民族のほかに、先住民族、東南アジア地域からの移民などを多く含む多民族国家である。そのなかでとくに存在感の強い三大民族がそれぞれの伝統的な生活習慣や宗教、居住パターンを保持していることから、複合民族国家ともいわれる。マレーシアは憲法で信教の自由が保障されているものの、イスラーム教を国教と定めている。そのため酒類のテレビCMは禁止であり、イスラーム教徒の多い地域での酒類の小売りが事実上禁止されているなど、酒類販売に対する規制は多い。とはいえ、イスラーム教徒を除いた国民の半数弱がアルコール飲用層である。その中心は男性であるが、近年はとくに華人の若い女性にも飲用層が広がってきていることもあり、酒類市場は拡大傾向にある（表1）。ここ近年は年率数パーセントずつ成長している市場であるといえる。

　なお、WHO（世界保健機関）によると、マレーシアの15歳以上の年間のアルコール摂取量の平均は純アルコール換算で1.3 l であり世界的には非常に少ないレベルにある（ちなみに日本は7.2 l である）が、アルコールを常飲する者に限った平均摂取量は10.5 l である（日本は10.4 l）。これは、人口の過半を占める宗教的な理由でアルコールを摂取しないマレー系が摂取量の平均を押し下げている一方で、非イスラーム教徒が相当量の酒類を消費していることを示している［World Health Organization 2014］。

　酒類に対する税金は、アルコール度数が高いほど高率になるため、アルコール度数の低いビールの販売がもっとも多く、酒類メーカーの出荷額ベースではその53％を占めている。

　しかし、マレーシア国内で独自のビール醸造を行う企業はみられず、外資系企業が現地法人を設立して製造販売を行っている。市場で

表1　マレーシアにおける酒類市場の推移

年次	販売量 (kl)	販売額 (100万RM)	日本円換算 (100万円)
2012年	61,300	1,190	37,700
2013年	63,500	1,230	39,000
2014年	65,500	1,295	41,100
2015年見込み	67,400	1,365	43,300
2016年見込み	69,400	1,435	45,500
2017年見込み	71,200	1,500	47,600

出典：［第一マーケティング 2014］より。
RM＝マレーシアの通貨単位リンギット。

有力なブランドは、「Carlsberg」「Tiger」「Guinness」「Heineken」などであり、500 ml 瓶や 320 ml 缶が一般的である。日系ブランドでは「Asahi Super Dry」が都市部の量販店のビール売り場では最高価格で販売されている。

ワインはビールよりも酒税が高いこともあり、購買層は高所得者に限られる。しかし、都市部の高級スーパーなど取扱い店舗は増加している。一方、ウイスキーやウオツカなどアルコール度数が高い酒類は、量販店のほかコンビニエンスストアでも販売されているが、高額であるため販売量は限定的である。

II サバ州のドゥスン族について

サバ州は、ボルネオ島の北部に位置する。マレーシアの首都クアラルンプールからサバ州の州都コタキナバルへは、ジェット機で2時間余である（図1）。

マレー半島もボルネオ島北部も、ともに英国の植民地支配を受けたが、その経緯と支配形態は異なっていた。また、マレー半島が先述のようなマレー系・華人系・インド系の三大民族による人口構成であるのに対し、サバ州は非イスラームの先住民が多数派である[*1]。

本章でとくにとりあげるサバ州の先住民ドゥスン族は、サバ州西部の山間部に居住する人びとである。伝統的には水田および焼畑での稲

*1 サバ州における民族ごとの人口比については後述する。

図1　東南アジアにおけるマレーシア・サバ州の位置

第2部 食の変容とビジネス

作を主たる生業とし、精霊に対する信仰を保持してきた。彼らをさし示す民族名称は、これまでさまざまな政治背景や民族文化復興運動などの文脈で転変してきた [山本 1993, 2001]。現在、「ドゥスン族」は、公的機関や人口統計、そしてとくに政治的な場面においては、サバ州西部内陸地域に居住する「カダザン族（Kadazan）」を称する人びとをはじめとする複数の民族集団とあわせて「カダザンドゥスン（Kadazandusun）族」と集合的に称されるのが一般的になっている。

　しかし、サバ州の西部山間地域に居住する人びとは、自らを「ドゥスン（Dusun）族」と称し、「カダザン族」とは言語や習俗が異なっていることがしばしば強調される。本稿においては、「ドゥスン族」の語は、サバ州西部山間地域に居住する「ドゥスン族」を自称する人びとのみをさすものとして使用する。

　2010 年の統計では、サバ州の人口約 320 万人のうちカダザンドゥスン族は約 57 万人で約 18％を占め、サバ第一の民族集団となっている。マレー人（5％）、華人系（9％）インド系（0.2％）は少数派で、カダザンドゥスン族を中心とする先住民が 56％を占めている [Department of Statistics, Malaysia, Sabah 2015]。マレー半島部のようなマレー系／華人系／インド系の人びとによる三大民族の構図は、サバ州には当てはまらない。

　とはいえ、カダザンドゥスン族は、マレーシアという国家レベルでは全人口 2995 万人のわずか 2％のマイノリティである。また、マレーシアの国語がマレーシア語であるのに対し、サバ州の先住民の多くがそれぞれ固有の言語を有している。キリスト教徒を多く含むカダザンドゥスン族は、宗教的にも少数派である[2]。

　カダザンドゥスン族のうち、ドゥスン族を自称する人びとは、地理的にも、文化的にも、宗教的にも、マレーシアのなかにおいては周辺的な存在であるといえる。

Ⅲ　ドゥスン族の飲酒文化

　ボルネオ島に居住する先住民社会の多くは、伝統的に自ら酒を醸し、飲酒する文化を有している。ドゥスン族の社会にも、独特の飲酒文化が伝統的に存在してきた。

　ドゥスン族は、彼らが醸す伝統的な酒をトーミス（tohmis）とよぶ。その原料は米もしくはキャッサバ芋であり、これらを加熱処理した後にカビ麹によって固体発酵させる。

---

[2] サバ州ではイギリスによる植民地統治時代（1881 ～ 1963 年、そのうち 1942 ～ 45 年は日本軍政）にキリスト教（とくにカトリック）の布教が進んだ。カダザンドゥスン族も多くキリスト教へ改宗した。キリスト教徒が多数を占める地域であっても、各種儀礼においては伝統的な精霊信仰とそれを背景とする慣習法に従うことが多い [三浦 2006]。

第2章
マレーシア・サバ州・ドゥスン族社会における酒類販売の拡大とその影響

写真1　壺酒 (*siopong*)
左から2つ目の壺には、さしこまれた竹のストローが見える（白枠囲み）。

　うるち米もしくはキャッサバ芋を炊き、粗熱をとった後に固形の餅麹[*3]を砕いて粉にして振りかけ、よくかき混ぜる。これを壺などの容器に詰める。一晩置いた後に容器の口を密閉し、10日（キャッサバの場合は3週間）以上発酵させて完成する。固体発酵した酒であるから、飲む際には何らかの形で水を加えて、味とアルコール分とを水に溶出させてから飲むことになる。

　酒造りはおもに女性の仕事とされる。また、酒造りの前日からは酸味のある果実を食べてはならないといったタブーがある。トーミスは、その出来栄えがその時々で異なるが、その味は、*ohmis*（甘い）、*onsom*（酸っぱい）、*opeet*（苦い）の3つの味覚の組み合わせによって説明・評価される。酒の出来栄えや、作り手となる女性の得手不得手、麹の良し悪し、各世帯の酒の在庫など、人びとは常日頃から酒に関する話題で情報交換を行っている。

　伝統酒トーミスの飲み方には複数あり、いろいろな道具を用いる。飲み方、トーミスの様態、用いる道具によって、さまざまによび分けられる［三浦 2008, 2012］。

　もっとも伝統的なトーミスの飲み方は、シオポン（*siopong*：以後壺酒と称す[*4]、以下同様）という形式である（写真1）。人びとはトーミスの入った壺のまわりに集まり、ひとりずつ、順番に壺の前に座り、竹のストローを用いて、決められた量を飲むのである[*5]。

ミニコラム

　酒の醸造には、「糖化」と「アルコール発酵」という2つの工程が必要である。たとえばワインやビールの場合は、果汁や麦汁という糖分の多い液体がまず用意され、そこにアルコール発酵の作用が加わり醸造される。一方で、固体発酵とは、原料を低水分の固体状態のままで、糖化とアルコール発酵を同時に行うものである。ドゥスン族のトーミスの場合、加熱された原材料（米もしくはキャッサバ芋）内のアルファ化したデンプン質が酵素により糖化され、その糖が酵母の働きによってアルコールに変化する2つの工程が、同一容器内で同時に行われる。これを並行複発酵とよぶ。

[*3] 餅麹（口絵写真参照）は、かつては米粉やキャッサバ粉を用いて各世帯の女たちが自作することが多かった。近年では定期市で購入する者が増えている。

[*4] 壺に仕込み壺から飲む酒は、東南アジアの大陸部から島嶼部にかけて広く分布している。吉田はその特徴について、①麹で酒をつくる、②壺で酒をつくる、③飲む時に水あるいは湯を壺に注ぎこむ、④それを先端に穴あるいはスリットのある吸酒管で飲む、の4点を指摘している［吉田 2008］。

[*5] 壺の中に竹の棒を立て、それを目印にして一定量を飲む。もっとも一般的なのは、壺の口まで水を満たし、竹棒が水面に現れるまで飲んだら、再び壺一杯に水を満たして次の順番の者に交代する、という方法である。味がなくなったら、壺ごと交換する。

第2部
食の変容とビジネス

2003年に重症急性呼吸器症候群（SARS）が流行した際、壺酒を竹ストローで回し飲みすることによる感染の危険が意識されるようになった。そこで、壺酒に代わり、トーミスに水を含ませ、細いホースを用いてサイフォンの原理で抽出したリヒン（lihin：写真2）や、トーミスを布袋に入れてバケツの水の中で濾し出して作るリヌタウ（linu-tau）を、プラスチック製コップに注いで飲むという、ティノギエ（tinogie：コップ酒）という形式が広く行われるようになった。

さらに2008年頃から、清涼飲料水やミネラルウォーターのペットボトルの上部を切り取った容器の中でトーミスを発酵させ、これに水を加えプラスチックストローを差し入れて、めいめいが手に持って飲む、というトンポン（tongpong：PET酒、写真3）という形式が見られるようになった。これに類似した飲み方は古くから存在し、かつては竹筒・竹ストローを用いていた。しかし、ペットボトル入り飲料が安価に入手でき、その空き容器が軽くて扱いも簡単なため、それに置き換わったのである。

このように、ドゥスン族の伝統酒トーミスは、近年、その飲み方や道具がさまざまに変化してきた。その一方で、変化していない部分もある。

酒を仕込むことと、酒宴の料理の準備は女性の仕事であるが、酒や酒器の準備は男性がする点に変化はない。また、酒宴での作法や規範も変わっていない。さらに、婚約式・結婚式に供される酒は、今でも必ず、先祖伝来の大きな壺で仕込まれる（写真4）。婚約式・結婚式などの祝宴だけで用いられる伝統的な酒器シノンプル（sinompuru：写真5）やサンギッ（sangit：写真6）が、今でも用いられている[*6]。

近年では、後述するように安価で手に入るようになった缶ビールな

写真2　リヒンの抽出作業

写真3　PET酒（トンポン）

写真4　先祖伝来の壺

写真5　シノンプル

写真6　サンギッ

どの工業製酒類も飲まれるようになったが、儀式・儀礼の場で供される酒は、基本的には伝統酒トーミスであるべきだと多くの人びとが考えており、結婚式や葬式などでは、さまざまな形式でトーミスが飲まれているのである。

Ⅳ 工業製酒類の受容と需要

Ⅳ-1 缶ビールの普及

筆者は、1998年以降、サバ州の西部内陸地域に位置するタンブナン郡のドゥスン族の村落 KN 村（仮称）において、文化人類学的調査を継続的に実施してきた。

タンブナン郡の中心部の市街地は、英国植民地時代から西部内陸地域の開発拠点となり、また周辺の山間部に居住する先住民たちの交易拠点にもなっていた。しかし、缶詰・瓶詰の飲料や食品がこの地域のドゥスン族の間に普及するようになったのは、貨幣経済の浸透が本格化した 1960 年代以降である。肉や魚の缶詰は比較的早く一般化したが、工業製の酒類はトーミスを自作することのできるドゥスン族にとって高価であり、普及しなかった。

KN 村はタンブナン郡の市街地から 20 km ほど離れた山間部に位置するが、1991 年に自動車道路が開通するまでは市街地へのアクセスが非常に悪く、それは同時に工業製品へのアクセスも限定的だったことを意味する。しかし、1991 年の自動車道路開通以降は、さまざまな工業製品が村落の生活に流入するようになった。しかしながら工業製酒類が村落内で飲まれることはきわめてまれであった。

KN 村においてビールに代表される工業製酒類が広く飲用されるようになったのは、2007 年頃以降である。まず缶ビールを飲むようになったのは、折からの天然ゴム価格の上昇に恩恵を受けた者たちだった。1980 年代以前にパラゴムの木を植林したものの、国際価格の低迷からそれを放置していた者たちが、急に高収入を得ることが可能になった。その者たちが、それまで「割高」と感じていた缶ビールを積極的に購入し、飲むようになったのである。

「割高」といっても、彼らが街で購入する缶ビールは、「正規品」ではなくラブアン島からの「密輸品」であった。サバ州の西岸沖に位置するラブアン島は、マレーシア連邦政府直轄地であるが、1990 年から自由港となり島全体が免税特区となっている。この島で大量に買い

第2章

マレーシア・サバ州・ドゥスン族社会における酒類販売の拡大とその影響

*6 シノンブルは巨大な竹筒で、リヒンが満たされている。婚家の親族女性が、そこに藤の紐を結わえた小さな竹筒を沈めてリヒンを汲んで、客に順々に勧めて飲ませる。勧められた者は、一息で飲まなければならない。

サンギッもまた巨大な竹筒にリヒンを満たしたものであるが、下部に注ぎ口があり、ここからコップに注ぐ。その注ぎ口は木片で栓をするのが一般的だが、写真 6 は金物屋で調達してきた水道の蛇口を用いた器用仕事である。

第2部
食の変容とビジネス

つけられた免税酒や免税タバコが、船舶でサバ州に密輸されて広く流通しており、その状況は 2016 年現在も同様である。

彼らがタンブナン市街地で入手してくる缶ビールの銘柄は、「Tiger」「Anchor」「Carlsberg」「Heineken」などであったが、2007 年当時、多くの者が銘柄にこだわりや嗜好をもたなかったようだ。それは、当時の KN 村の成人男女の多くが「Bali Hai」という特定のビールの銘柄名を用いて、缶ビールを総称していたことからもわかる。

当時、市街地の商店では、缶ビールは 24 缶入りの箱での販売が基本であったが、すべての銘柄が同価格（24 缶入り 1 ケースが RM 48.00 ＝約 1580 円、1 缶あたり約 66 円〔当時〕）であった。また輸送中に箱が破損したり水濡れしたりしたさまざまな銘柄のビールを、小売店側で適当にアソートして 24 本セットにしなおして、同価格で販売する例も多くみられた。これらのことから、販売側も顧客側のビール銘柄に対する意識が低いことを認識していたように思われる。

KN 村では、2006 年から電力の供給が始まり、2016 年 2 月現在ではほぼすべての世帯が冷蔵庫を所有している。しかしながら、缶ビールを冷蔵庫で冷やして飲むということはほとんどない。常温のまま、一人一缶ずつ手に取り、缶から直接、銘々で飲む。コップに注いだり回し飲みされたりすることは滅多にない。

2007 年頃、高所得者から普及しはじめた缶ビールの飲用は、2013 年頃までには KN 村で広く一般化した。それまでは村落内での共同労働の後にふるまわれる酒は、トーミスのみだったが、2013 年以降、缶ビールもあわせてふるまわれるようになった。また、葬式や結婚式といった儀礼においてふるまわれる酒も、かつてはトーミスのみであったが、最近は缶ビールのみならず、ウイスキー、ワインといった工業製酒類も供されるようになってきている。

KN 村においては、最近 10 年ほどの間に缶ビールを主とする工業製酒類が急速に受容されたといえる。この地域の近隣の山間部の村落もほぼ同様といえるようで、タンブナン市街地のある華人商店での密輸ビールの販売量は、2005 年と比べると 2015 年では 3〜5 倍に増加しているという。

その商店での現在の密輸ビールの価格は、2016 年 2 月現在、いずれも 24 缶セットで Tiger が RM 65.00 ＝約 1820 円（1 缶あたり約 76 円）、Carlsberg と Skol が RM 62.00 ＝約 1740 円（同約 73 円）、Hite が RM 48.00 ＝約 1350 円（同約 56 円）などであった。

第2章
マレーシア・サバ州・
ドゥスン族社会における
酒類販売の拡大とその影響

Ⅳ-2　工業製酒類に対する嗜好
─KN村での聞き取り調査から

　KN村のドゥスン族の人びとが工業製酒類に対してどのような嗜好と需要をもっているのかを把握するため、2016年2月に質問用紙に基づく聞き取り調査をKN村とその隣接村の男女50名を対象として実施した。その内訳は、男性26名・女性24名で、年齢は18〜70歳（平均41.06歳）[*7] であった。

　酒類を初めて飲んだ年齢は、平均で17.48歳（男性16.61歳、女性18.42歳）であり、その際に飲んだ酒類は、48名がトーミス、2名がアラック（Arak）[*8] であった。

　もっとも好きな酒類については、35名がトーミスと回答し、ビールが11名、ワインが3名、ウイスキーが1名であった。嫌いな酒類としてトーミスをあげたものは皆無で、アラック16名、ウイスキー10名、Toddy（ヤシ酒）10名、ワイン2名であった。

　ビール銘柄に対する認識を調査するため、2007年以降、筆者がタンブナン市街地で販売を確認した主要なビール銘柄について、その銘柄の知名度と、その銘柄を飲んだ経験の有無について尋ねた（表2）。

　マレーシアでのビール製造大手のハイネケンマレーシア社（旧ギネス・アンカー社、Tiger、Guinness、Heineken、Anchor）、およびカールスバーグ・ブルワリー・マレーシア社（Carlsberg、Skol）の銘柄が高い知名度を示している。

　もっとも好きな銘柄を尋ねたところ、Tiger（27名）、Carlsberg（11名）、Heineken（6名）に人気が集まった。その理由としては、「味が好みである」とする者が多く、具体的に、「甘いから」「よい苦みがある」「飲み口が軽くてよい」といった実際に飲んだ際に感じる味覚を説明してその好みに言及する者が多かった（42名）。「高級感がある」「人気があるから」「テレビコマーシャルがカッコいい」といったブランドイメージを理由にする者は少なかった（8名）。

　嫌いな銘柄については、Skol（19名）、Bali Hai（9名）、Hite（8名）などをあげるものが多かったが、その理由も「味が重い」「苦すぎる」「酸っぱい」といった味覚で説明する者が多く、また「アルコール度数が高すぎる」ことを理由にする者も多かった。

　KN村では、多くの者がもっとも好む酒をトーミスであるとしなが

[*7] なお、マレーシアにおける酒類の法定購入最低年齢は18歳であるが、2017年12月から21歳に引き上げられる。

[*8] おもに米を原料とする蒸溜酒。タンブナン地域では先述のリヒンを蒸溜したとされる酒が安価で流通していた時期がある。

表2　KN村におけるビール銘柄に対する認識

銘柄（原産国）	知名率	経験率
Tiger（シンガポール）	98%	98%
Carlsberg（デンマーク）	83%	80%
Hite（韓国）	73%	68%
Heineken（オランダ）	65%	63%
Guinness（アイルランド）	65%	58%
Bali Hai（インドネシア）	58%	55%
Anchor（シンガポール）	65%	50%
Orange Boom（オランダ）	45%	43%
Skol（デンマーク）	40%	38%
Bintang（インドネシア）	18%	18%
Tsingtao（中国）	20%	18%
Shingha（タイ）	10%	5%
Jaz Beer（マレーシア）	10%	3%
333（ベトナム）	3%	3%
Asahi（日本）	5%	3%

らも、ビールをはじめとする工業製酒類を飲む経験を有しており、そのなかから、好みの酒類、好みの銘柄を明確に認識しているといえる。

先述したように、ドゥスン族の伝統酒トーミスは、その味について *ohmis*（甘い）、*onsom*（酸っぱい）、*opeet*（苦い）の3つの味覚の組み合わせによって説明・評価されている。ビールに対しても、同じような味覚の基準で個人の嗜好が語られ、銘柄に対する評価をしているといえる。

IV-3　工業製酒類に対する需要
― KN村での聞き取り調査から

KN村では、トーミスをもっとも好きな酒としてあげる者が過半であるが、缶ビールに対してはどのような需要があるのだろうか。

缶ビールが伝統酒トーミスよりも優れている点はどこか、という質問に対して「飲むのが簡単（手間がかからない）」（25名）、「街に行けばいつでも購入できる」（18名）という回答が多かった（複数回答）。

トーミスの醸造にはある程度複雑な作業工程が必要であり、さらに仕込んでから飲用できるまで10日以上かかる。飲みはじめる際にも、コップ酒形式であれ壺酒形式であれ、準備が必要である。さらに、飲み終えた後は、その残滓を処理せねばならない。それに比べると、缶ビールは缶の蓋を開けるだけで飲むことができ、手間がかからない。

一方で、トーミスは、つねにすべての家に飲み頃のものが準備されているわけではない。儀礼を行う日取りや親族の来訪時期など、トーミスが必要になる日時を見こんで醸造するのである。だから、ある日突然酒が飲みたくなったり、飲む理由が発生したりした際に自宅に飲み頃になっている十分な量のトーミスがない場合には、隣人から買い取るのである。村人の間では頻繁にトーミスの売買が行われているが、もし近隣に飲み頃のトーミスが見つけられない、あるいは十分な量が確保できない場合には、街まで出かけてビールなどを購入せざるをえないのである。

そのような理由で缶ビールに対する需要が存在するのだが、瞬間的に缶ビールに対する需要が高まるのは、葬儀の際である。

ドゥスン族の葬儀は、通常、死亡した翌日または翌々日に、死者の自宅で行われる。葬儀には、近隣村からも多くの弔問客が数日間にわたって訪れる。200〜400人ほどの弔問客には食事と酒がふるまわれる。近年は自動車やバイクの普及により、弔問客の数は増加傾向にあ

る。

当然ながら葬儀の開催は突然決定するため、事前に葬儀のためのトーミスを醸造しておくことはできない。遺族は、弔問客にふるまうトーミスをさまざまな伝手を使って手配しようとする。近隣村だけでなく、親戚の住む遠い村にまで出向くこともある。それでも大量のトーミスを確保することは難しいため、近年の葬式では缶ビールのみならず、ワイン、ウイスキー、アラックなども供されるようになっている。

葬儀でふるまわれるものとしてふさわしい酒は何か、という質問に対して、50名すべてがトーミスと答えたが、そのうち11名が場合によってはビールでもやむをえないと回答している。

一方、結婚式でふるまわれるものとしてふさわしい酒は何か、という質問に対しては、47名がトーミスと答えたが、ワイン（華人に娘を嫁がせた際の結婚式以来、ワインが大好きになった50代男性）、ビール（長く州都コタキナバルで働いていた40代女性）、アラック（退役軍人60代男性）と答えた者もあった。結婚式は、かなり前から日程がはっきりと決まっている儀礼であるから、婚家では事前に大量のトーミスを仕込むことになる。ふるまう酒の不足は、婚家の威信にかかわることなので、醸造する量について婚約時に受妻側と与妻側とで厳密に確認、約束される場合もある。

伝統酒トーミスが缶ビールよりも優れている点は何か、という質問に対しては「伝統の酒である」（28名）、「自分や知り合いが造ったものだから安心して飲める」（20名）、「値段が安い」（18名）といった理由をあげる者が多かった（複数回答）。葬儀や結婚式、収穫祭といった、村落生活において重要かつ公的でオープンな場においては、「伝統的な」酒であるトーミスがもっともふさわしいと考えられているようだ。

また、人びとはしばしば、トーミスと工業製酒類の"アルコール成分の違い"に言及する。その要点は、「缶や瓶の酒は、誰がどうやって造ったものかわからないから、悪酔いする。トーミスは、誰がどうやって造ったか知っているから悪酔いしない」ということである。だから、トーミスは安心して飲み、安心して酔える、というわけだ。

このように、ドゥスン族の人びとは酒類のなかでトーミスにプライオリティを置きながらも、多様な工業製酒類に接して、その利便性を享受し、またそのなかから、好みの酒類、好みの銘柄をおもに味覚の好悪から選別しているのである。

ミニコラム

ドゥスン族の社会では、結婚に際して婚資の贈与が行われる。婚資とは、受妻側から与妻側へ、形式的には新郎から新婦の父へと贈与される財物のことである。古くは先祖伝来の貴重な壺や銅鑼、スイギュウ、ブタなどが贈与されたが、現在では現金が贈与されることが多い。その額は一般にRM5000〜1万5000（約15〜45万円）とされているが、新婦に高い学歴や職歴がある場合にはさらに高額になる傾向がある。

婚資の内容については、多くの場合、受妻側と与妻側との交渉で決定され書面化し、婚約式の直前に村長などの第三者の立ち会いのもと、双方がサインをして最終決定される。その際に、結婚式の酒宴のために用意する酒や料理の最低量を定める場合もある。たとえば、2014年に結婚したあるカップルは、婚資についての合意条件に「新郎は結婚式の酒宴に、最低でも米400kg分のトーミスを用意するものとする。その費用RM800（約2万4000円）を婚資の一部に算入する」という一文を盛りこんだ。米400kg分のトーミスとは、壺酒180本に相当する。

第2部
食の変容とビジネス

Ⅴ 酒類販売拡大の影響と
トーミスの価値

　サバ州タンブナン郡では、近年急速に缶ビールを主とする工業製酒類の販売が拡大し、山間部のドゥスン族村落においては、相対的には伝統酒トーミスの消費よりも缶ビール等の消費が増加しているとみられる。

　それにともない、人びとの酒類に対する嗜好には多様性が生じ、たとえばビールの銘柄と味が記憶され、それらは今後の酒類の購買行動へと反映すると考えられる。

　酒類販売の拡大は、たとえば酒が容易に手に入るようになることや、アルコール度数の高い蒸溜酒の常用によってアルコール依存症患者の増加をもたらす、といった公衆衛生上の影響を引き起こしうる。だが、調査対象村落およびタンブナンの国立病院の医師へ聞き取りを行った範囲では、そのような傾向はまだ確認されていない。

　現在のところ、少なくとも今回の調査対象者のほとんどは、結婚式や葬式など重要な儀礼の場面では、トーミスこそがふるまわれるべき酒と認識している。また、ふだんの共同作業の後に行われる共食儀礼では、缶ビールが供されることもある。しかし、缶ビールだけの共食儀礼はありえない。缶ビールはあくまでもトーミスの不足を補う役割を果たす酒で、メインとなる酒はトーミスであるべきと考えられている。つまり、ドゥスン族の飲酒生活において、工業製酒類はあくまでも補助的な酒であり、その酒宴の中心には必ずトーミスが必要なのである。

　ドゥスン族の村落社会においては、缶ビールとトーミスを等価値とは考えておらず、伝統酒に特殊な意味と価値を認めている。トーミスが重要な文化的価値のある酒であるからこそ、簡単に他の酒に置き換えることはできないのである。

　その文化的価値とは、単に「伝統的な酒」として儀礼などに不可欠である、ということにとどまらない。文化人類学における親族研究においては、その新たな潮流として、生活実践から構築される社会関係に着目する relatedness「つながり」という概念がある。血縁あるいは親族関係になくとも食べ物の分配や共食、共同作業などの相互行為によって親族関係に類する社会関係が構築される、とされる［Carsten 1997, Carsten ed. 2000］。さらにヤノフスキーらは東南アジアの双系社

168

会においては、共に食べること、ないしは食べさせることを通じて食物は親族関係の構築に重要な意味をもっていると指摘している[Janowski & Kerlogue ed. 2007]。ドゥスン社会でいえば、各世帯が生産した米をトーミスという酒に変換し、それを分かち合い、飲ませ合うことで、重要な社会関係の構築が行われているものと考えられる[三浦 2017]。

　このような文化的背景が存在することもあって、ドゥスン族の村落社会においてはトーミスの重要性が非常に高く、近年の工業製酒類の販売拡大は当該社会に対して、今のところ多大な影響を与えているとはいえない。

　とはいえ、共食儀礼や葬儀、結婚式で缶ビールを主とする工業製酒類が供されるようになったのは、KN村ではごく最近のことで、ほんの数年前からである。これが長期間続くことにより、どのような影響が出るかは未知数である。

　さらに、若者の多くは就学や就労のために都市部に居住し、そこでさまざまな酒類を経験する。また、これまで結婚式は婚家の自宅で行われるのが普通であったが、近年、少しずつではあるが、街のレストランや都市のホテルを会場として行われることが増えてきた。そのような場所で供される酒は、ビールやワイン、ウイスキーといった酒がメインとなる。つまり、ドゥスン族の人びとが工業製酒類に接触し消費する場面と機会は急速に増加しているといえる。この傾向は今後さらに強まると予想され、彼らの酒類に対する嗜好と需要はさらに多様化していくものと考えられる。

〈文献〉

第一マーケティング編　2014　『アセアン諸国における食品市場実態調査 2014』富士経済。

三浦哲也　2006　「東マレーシア・ドゥスン族の信仰と日常生活」『アジア遊学 89 宗教を生きる東南アジア』勉誠出版、pp.110-120。

―　2008　「グローカルな飲酒文化の形成に関する文化人類学的研究――ボルネオ先住民社会の事例から」『たばこ総合研究センター助成研究報告』pp.13-30。

―　2012　「ドゥスン族社会における飲酒文化のグローカル化――物質文化の変容から」『育英短期大学紀要』29：53-64。

―　2017　「酒がつなぐ人間関係――東マレーシア・ドゥスン族社会の酒宴」櫻田涼子・稲澤努・三浦哲也共編著『食をめぐる人類学――飲食実践が紡ぐ社会関係』昭和堂、pp.104-126。

山本博之　1993　「サバのマレーシア加入とカダザン・ナショナリズム」『アジア経済』34（11）：18-36。

―　2001　「カダザン人のナショナリズムとエスニシティ――英領北ボルネオ（サバ）における収穫祭の成立」『ODYSSEUS』6：41-60。

吉田集而　2008　「壷酒――東南アジア大陸部の酒」山本紀夫編著『増補 酒づくりの民族誌――世界の秘酒・珍酒』八坂書房、pp.214-221。

Carsten, J.　1997　*The Heat of the Hearth* : *The Process of Kinship in a Malay Fishing Community*, Oxford University Press.

Carsten, J. ed.　2000　*Culture of Relatedness* : *New Approaches to the Study of Kinship*. Cambridge : Cambridge University Press.

Department of Statistics, Malaysia, Sabah　2015　*Statistics Yearbook, Saba 2014*, Kota Kinabalu.

Janowski, M. and Kerlogue, F. ed.　2007　*Kinship and Food in Southeast Asia*, Nias Press.

World Health Organization　2014　*Global Status Report on Alcohol and Health 2014*, Luxemburg.

第3章

イスラエル・ワインの現代史
—ユダヤ人のパレスチナ入植から現代まで

細田和江

要旨

　現代イスラエルにおいてワイン生産は国家の主要な産業となっており、大小合わせて数百を超えるワイナリーが点在している。ワイン発祥の地ともされている中東地域では古代からワインづくりが行われてきたが、現在あるイスラエルのワイン産業は近代に入ってからのものである。19世紀、ヨーロッパから移民してきた初期のユダヤ人らは、地中海沿岸の乾燥した荒地での開拓で困窮していた。ブドウの育成とワイン生産はこうした土地に適しており、フランスのユダヤ人篤志家の援助によって産業として定着した。ワイン生産は国家建設をめざしたユダヤ人たちが自立していく第一歩となり、国家が誕生した後も各地で生産されている。世界中で栽培されている人気品種のブドウでつくられたワインは、ここ数年、イスラエルの主要な輸出品の一つとなり、海外での評価も高い。

　本稿では、イスラエルのワイン産業の現状を俯瞰した後、19世紀後半から本格的に始まったワインづくりが、ユダヤ人の国家建設とイスラエルの国体の維持にどのような役割を果たしたかを検討している。

第 2 部
食の変容とビジネス

I　はじめに

　ワインとは、The Wine and Spirits Association of Great Britain による定義によると「新鮮なブドウの果汁を、その地域の伝統的、慣習的手法によって、その産地において醸酵させて得られたアルコール含有飲料」である［麻井 1981：30］。EU のワイン法では「破砕された、あるいは破砕されていない新鮮なブドウ、もしくはブドウ果汁を部分的あるいは完全にアルコール発酵させて生産されたもの」で、一定のアルコール濃度（8.5％もしくは 9％）をもった飲料であること、という明確な定義がなされている*¹。一方日本の酒税法では、果実酒（果実又は果実及び水を原料として発酵させたもの、アルコール度数が 20％以下の飲料）という規定*² にワインが含まれており、それ自体の定義はされていない。

　日本の規定や一部の例外があるものの、ワインとはブドウの果汁からつくられるものであるという点は多くの地域での共通認識である。そして世界のアルコール飲料でワインが特別視されているのは、第一にブドウ品種の多さとその品質・個性の違い、第二にワイン生産とブドウ生産の密接な連携の必要性があげられる。ワインのプロでなくても、ブドウの味の違いや、そのブドウでつくられたワインの特徴をとらえることができるし、現在でも多くのワイナリーが「ドメーヌ」（ブドウとワインの生産を両方行うワイナリー）である。ブドウは収穫後できるだけ早く圧搾しなければ、ワインの味が落ちる。つまり、「保存と輸送のきかないブドウを原料とするゆえに、品種に由来する多様さに加えて、さらに栽培地の気候条件、地質、地形などの自然条件や、その地域に受け継がれている醸造用具とそれらを使って仕込む方法の独自さ、つまり醸造技術にみられる伝統性が、ワインのタイプを一層豊富にしてきた」［麻井 1981：28］のである。

　そのワインと中東地域は昔から密接にかかわっている。確定ではないものの、ワインの起源は紀元前 5000〜6000 年ほど前までさかのぼる。ジョージア（グルジア）を世界最古のワイン生産地とする説が有力であるが、小アジア、メソポタミア地域でもかなり古い時代からワインが製造されていたとみられている。聖書にもブドウやワインの記述が多い*³。

　ブドウにはワイン用のヴィテス・ヴィニフェラ種（*Vitis Vinifera*）と食用のヴィテス・ラブルスカ種（*Vitis Labrusca*）がある。ヴィニ

*¹ EU 駐日代表部公式ウェブマガジンより。http://eumag.jp/feature/b1015/（2016 年 12 月 10 日アクセス）。
*² 酒税法（昭和 28 年制定）http://law.e-gov.go.jp/htmldata/S28/S28HO006.html

*³ 創世記 9.20-21 に「ノアは最初の農夫として葡萄畑を作った／彼は葡萄酒を飲んで酔い、天幕で裸になった」とあり、それ以降も多数の記載がある。また完全に発酵したブドウ酒「ヤイン」だけではなく、聖書には発酵過程のブドウ果汁「オィノス」、「ティーセーシュ」の記載もみられる［麻井 1981：51］。

フェラ種はヨーロッパ種ともよばれ、地中海沿岸部に古くから広まっていた。それは傾斜地が多く、夏に降雨がなく、昼夜の気温差が激しい同地域の特性にヴィニフェラ種が合致していたからである。そのためパレスチナ地域でも、フェニキア、ローマとの交易における重要な役割を果たし、キリスト教徒を中心にシリア地方（シャーム）で広くワインが生産されていた。ヨルダンの古代都市ペトラでもワインやブドウ畑に関する壁画がみつかったという［ミロン 2015:38］。

本章は、イスラエルにおけるワイン産業の現状をまとめ、その歴史的な役割、とくに19世紀のパレスチナ入植、ゴラン高原の占領、ヨルダン川西岸での入植地など、ユダヤ人による国家設立と発展においてワイン産業が果たしてきた役割がいかなるものであったのかを検討するものである。

II イスラエル・ワインの概要とユダヤ教

II-1 ブドウの品種

イスラエルのワイン・ブドウはフランスを中心としたヨーロッパ品種が主流である。現在生産されているブドウの主要品種は赤：メルロー、カベルネ・ソーヴィニヨン、カリニャン、白：シャルドネ、ソーヴィニヨン・ブランなどである。

19世紀末から20世紀にかけてのワイン生産黎明期には、赤ワインではマルベック、白ワインではセミヨンが多く生産されている。このブドウは地域の固有種というよりも、当時ボルドーで生産されていたブドウと同じものを移植したものであった。

上記の品種以外にも、赤はカベルネ・フラン、プティ・シラー、シラーズ、アルガマン、プティ・ヴェルドー、ピノ・ノアールなどが、白はリースリング、ゲヴュルツトラミネール、ヴィオネール、コロンバル、シュナン・ブラン、バルヴェーラ、マスカット・オブ・アレキサンドリアなどがある。赤ワイン用のブドウであるメルローとカベルネ・ソーヴィニヨン、白ワイン用のシャルドネは世界的な人気品種であり、イスラエルでは1980年代に本格的な栽培が開始されたものであるが、現在ではもっとも生産量が多い。イスラエルのワインも他の地域のワインと同様、いくつかの種類のブドウをブレンドしてワイン

第3章
イスラエル・ワインの現代史
——ユダヤ人のパレスチナ入植から現代まで

ミニコラム

イスラエルで最大のワイナリーであるカルメル・ワイナリー（p.178参照）。ジフロン・ヤアコヴと同時期の1890年、リション・レツィオンでもワインづくりが始まった。ジフロン・ヤアコヴと異なり、リション・レツィオンのワイナリーは2017年現在閉鎖され、その役目を終えているものの、建物の壁面（1902年当時のもの）には、町の発展に尽くしたその歴史を表したモザイク画が埋めこまれている。これらのモザイク画は自治体のプロジェクトとして、町の博物館に所蔵されていた100年前の写真をもとに、地元の4つの高校の生徒が、自分たちの祖先の歴史を学びつつ、モザイク作家の協力を仰いで制作したのだという。リション・レツィオン・オーケストラ（カラー口絵参照）やブドウを収穫する人びと（下写真）など、当時ヨーロッパから移民してきたユダヤ人たちが色とりどりの陶器やガラスのタイルで描かれ、道行く人を100年前の社会へと誘っている。

第2部 食の変容とビジネス

をつくることもあるが、近年は世界的な傾向もあり、単一品種のワインが多い。

地域の固有品種のブドウも過去には多数存在していたが、オスマン朝期の食用ブドウへの転換やフィロセキラ[*4]の被害などで廃れてしまった種類もある。ヨルダン川西岸地区のベツレヘム地域では、現在も固有品種の栽培が小規模で行われているが、おもに食用となっている。

II-2 おもなワイン生産地

夏期の気温が摂氏40度を超えるネゲブ地方以南を除いて、イスラエルのワイン生産地は広範囲にわたる。一般的な地域区分としては、イスラエル北部のガリラヤ地方、ユダヤ人による近代的なワイン産業が始まった沿岸地域を含む中部地域、イスラエルではサマリア地方（イスラエル中北部）・ユダ地方（イスラエル中南部）とよばれるヨルダン川西岸地区（パレスチナ自治区）のユダヤ人入植地、南部のネゲブ地方の5地域に分類される（図1）。生産量は良質なブドウが採れ、多くのワイナリーが自社畑を所有しているゴラン高原を含むガリラヤ地区が2000 ha強ともっとも多い（表1）。次に多いのは中部の沿岸地域である。

ただし本データは2006年のものであり、近年ヨルダン川西岸のワイン生産量が飛躍的に増加しているため、その数値は大きく変化している可能性が高い[*5]。現在では400軒近くのワイナリーが存在してい

[*4] 和名はブドウネアブラムシ。もともと北米に生息、ブドウに寄生し、木を枯死させる。1863年アメリカ産のブドウの木をフランスに持ちこんだことで、当時のヨーロッパのブドウの木が絶滅の危機に瀕した。その後、フィロセキラに耐性のある北米種ブドウの根にヨーロッパ種の枝を接木するという対策が功を奏し、危機を脱した。

[*5] イスラエル産業貿易省の輸出局が出している2013年のパンフレットでは、作付面積は5500 haに増加している。[The Israel Export & International Cooperation Institute ed. 2013：13]

表1　地域ごとのワイン畑の面積

地域	面積（ha）
ガリラヤ地方、ゴラン高原（北部）	2,050
イスラエル沿岸中央部	1,350
サマリア地方（ヨルダン川西岸中北部）	850
ユダ地方（ヨルダン川西岸南部）	500
ネゲブ地方	250
計	5,000

出典：[Sacks and Goldfisher eds. 2006：22]。

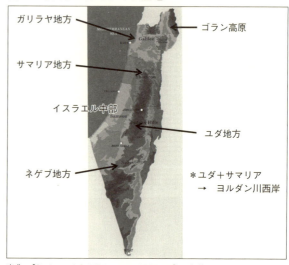

図1　イスラエルのワイン産地

出典：[Sacks and Goldfisher eds. 2006：25]に加筆。

るイスラエルであるが、生産量自体は12大ワイナリー*6でほとんどが占められている。生産量の8割が国内で消費されているが、輸出額は年々増加し、2001年は800万米ドルだったものが2015年は3900万米ドルにまで達した。前年比でも6％増であり、今や加工食品としては主要な輸出品の一つである*7。これまでの輸出先はアメリカ合衆国、フランス、オランダ、イギリス、カナダなどユダヤ系人口の多い欧米諸国であったが、近年日本・中国などアジア圏への輸出も増えている*8。

Ⅱ-3　コシェル・ワイン

　ワインは古代ユダヤ教の祭祀に欠かせないものであった。紀元前後に神殿が破壊された後ワインを捧げる習慣は失われたが、敬虔なユダヤ教徒にとってワインは聖なる飲料とされ、他のアルコール飲料とは異なる。安息日の晩餐前、過越祭*9（ペサハ）のセデル*10、結婚式や割礼などユダヤ教のあらゆる祭事で、場と時の聖別にワインが用いられる。祈禱しワインを飲むことが祭事の開始の合図となり、場を清める役割を果たしている。彼らが飲むのはコシェル・ワインとキドゥーシュ（祭事に使うワイン）の2種類である。

　コシェル（コーシャー*11）とは、ユダヤ教徒が遵守すべき規範であり、「適法な」「穢れのない」ものという意である。イスラームにとってのハラールと同様、おもに食物規定として言及されることが多い。コシェルの規定は、①食肉の屠畜法、②禁忌すべき食物（豚、猛禽類など）という点においてはハラールと類似しているが、③アルコール類の摂取、④肉類と乳製品の分離など独自の規定もある*12。

　アルコールが禁止されていないコシェルだが、ワイン生産に関しては多くの規定が存在する。ワインが祭祀に用いられていただけではなく、ブドウ自体が聖なる果実とされていたため、コシェルとして認定されるためにはより厳しい認定基準の必要があった。ユダヤ教徒がコシェルの遵守に用いる書『シュルハン・アルーフ*13』では、ブドウの木の植え方や、実が自然に落ちたものをワインに加えることを禁止するなど、仔細な注意がなされている。ロゴフ（Rogov）がまとめたものによると、現在遵守されているのは以下の規定である［Rogov 2011b：5］*14。

①ブドウの木を植えてから4年間は収穫してはならない。
②他の野菜や果物をブドウの木の畝の間で育ててはならない。

第3章

イスラエル・ワインの現代史
――ユダヤ人のパレスチナ入植から
　現代まで

*6 カルメル、バルカン、ゴラン高原、テペルベルグ1870、ビニヤミナ、ティシュビ、シオン、ガリラヤ山、レカナティ、タボール、ダルトン、アルツァの12ワイナリー。
*7 Israel Export Institute のデータより。詳しくはウェブサイトを参照されたい。http://www.export.gov.il/eng/Homepage/
*8 日本でもイスラエル・ワインを扱う輸入業者が徐々に増えている。また米大手チェーンのコストコでは2015年から本格的にイスラエル・ワインの扱いを始めている。
*9 毎年春分前後に行われるユダヤ教の春の祭り。エジプト時代のユダヤ人が、ファラオの「すべての初子を殺す」という命を、家に印を付けることによって「過ぎ越した」ことを記念する。
*10 過越祭の初日の夜に行われる正餐。苦菜、種無しパンなど決められたものを食べながら「ハガダー」とよばれる聖書の物語を読む。
*11 日本では kosher の英語発音「コーシャー」が一部で通用している。
*12 アルコールに関する規定とともにコシェルとハラールの最大の相違点は乳製品と肉類の分離にある。コシェルの規定では聖書の「子山羊を、その母の乳で煮てはならない」（出エジプト記23：19、34：26、申命記14：21）という記載を拡大解釈し、乳製品と肉類を同じ食卓にのせてはならないとされる。それはチーズバーガーなどの禁止だけでなく、肉類を摂取した食後のコーヒーのミルクやデザートにまで及ぶ。さらには過越祭向けコシェルのような特定の祭事に向けたものもある。過越祭では家庭などすべての場から種（酵母）を含んだ穀物が除去される。それに従い、過越祭向けコシェルは製造の過程でパンやパスタなどとの接触のないものであると認定されなければならない。
*13 16世紀に成立したトーラー（モーセ五書）の法的な解釈書。サフェド（ツファット）の聖職者ヨセフ・カロが執筆。
*14 その他［Sacks and Goldfisher eds. 2006：27］にもコシェル・ワインの詳細な規定が記載されている。

第2部
食の変容とビジネス

③初めての収穫から7年ごとに1年の休耕年を定めなければならない。
④ワイン生産のための生産ラインで用いられる器具はすべてコシェルの規定にのっとって洗浄されていなければならない。
⑤安息日を守るユダヤ教徒のみが生産にかかわることができる。
⑥ワイン生産で加える添加物（酵母など）もコシェルでなければならない。
⑦一定量のワイン（生産量の1％）を神殿の供物とする（地面に流す）。

世界のあらゆる地域で、こうした条件が守られているかどうかは疑問ではあるものの、イスラエル以外でも、アメリカ合衆国、フランス、ドイツ、スペイン、イタリア、南アフリカ、アルゼンチン、チリなどでコシェル・ワインが生産されている[*15]。

*15 ⑤の規定に関しては現在、敬虔なユダヤ教徒だけでなく信仰のある「啓典の民」でも可だとされている。実際欧米諸国のワイナリーではつくり手がキリスト教徒である場合がある。

コシェル・ワインに関する重要な点の一つとして「メヴシャル」"Mevushal" かどうか、という規定がある。「メヴシャル」とはヘブライ語で「調理された」という意であり、ワインを一定温度（およそ摂氏80～90度）まで加熱したものをさす[*16]。コシェル・ワインには「メヴシャル」か「メヴシャルでない」の2種類のワインが存在する。ワインを飲む際、「メヴシャル」ワインであれば、異教徒がボトルからワインを注いでしまっても、そのワインはコシェルのままであるが、「メヴシャルでない」ワインの場合はコシェルでなくなるという規定がある。

「メヴシャル」ワインが生まれたのは、祭祀用の供物であった神聖な飲料であるワインが異教徒の神に捧げられることを嫌ったことから始まっ

写真1　コシェル・ワインのラベル
"KOSHER FOR PASSOVER, MEVUSHAL" と記載。

写真2　キドゥーシュ用の甘口ワイン
（出典記載のない写真はすべて筆者撮影）

*16 アメリカのユダヤ教団体オーソドックス・ユニオン（OU）のコシェルサイトより。https://oukosher.org/passover/articles/pasteur-detente-kosher-wine/

*17 コシェル・ワインでも異教神に捧げられたもの Yayin Nesech（献酒）や異教徒の手によって作られた Stam Yaynan（彼らの普通のワイン）は「コシェル」ではないワインとして避けられた。

たとされる[*17]。当時のユダヤ教徒たちは異教徒が彼らのワインに興味をもたぬよう、あるいは異教徒の神が満足しないよう、あえて火を入れて味を落としたという。さらには、火を入れることで「聖なる飲料としてのワイン」の区分から外れることから、非ユダヤ人が触れたものであってもその「ワイン」はコシェルでありつづけるのだという論理が成り立つ。

こうした宗教的な「処理」のために、コシェル・ワインは嗜好品としての価値が長らく低かった。しかしながら、近年科学技術の発達に

よって瞬間的に加熱し即冷却する方法 "flash pasteurization"(瞬間殺菌法)が確立し、加熱しないものと遜色のないワインをつくることが可能になった。それでもなお、ワインの楽しみの一つである、長期保存した際の味の深化には耐えられないともいわれているため、高級なコシェル・ワインの多くは「メヴシャル」されていない。

　もう一つのワインであるキドゥーシュ用のワインは、砂糖が添加されたアルコール度の低い甘口ワイン、あるいはノン・アルコールのブドウジュースで、コンコードなど食用ブドウでつくられる。安息日に入り、晩餐の前に行う時と場の聖別に用いられている。こちらは安価で品質も高くなく、完全に祭事用の飲料である。

写真3　コシェル・ワインのみを扱う専門店(テルアビブ)

III　イスラエル(パレスチナ)のワインの歴史

III-1　パレスチナ地域のワイン生産(～近代)

　前節で述べたとおり、ユダヤ教徒とワインは歴史的に切り離すことができないほど密接にかかわっている。古代から生産されていたワインはローマ時代のパレスチナでも主要な産物であり交易品であった。ローマからユダヤ人が駆逐された後もキリスト教徒によってワイン生産は続いたものの、7世紀に勃興したイスラーム勢力によって支配を受けたのちは、アルコールの生産自体が低迷し、あくまでもキリスト教徒の儀礼で利用されるものとしてのみ小規模に生産されていた。

　現代的な意味でのイスラエルのワイン生産は19世紀に始まる。ヨーロッパで瓶詰めしたワインが流通するようになったのがちょうどこの時期であった［麻井 1981:18］影響か、19世紀半ばにイギリスのユダヤ人銀行家モーゼス・モンティフィオーリ(Sir Moses Montefiore 1784-1885)[*18]の助言によってエルサレムにワイン・ブドウの木が植樹された。

　さらにそれをきっかけとしてラビ[*19]・イツハク・ショル(Rabbi Yizhak Shor 生没年不明)が1848年に、ラビ・アブラハム・テペルベルグ(Rabbi Avraham Teperberg 1827-?)が1870年に、それぞれワイナリーを開設した。テペルベルグはフランスのユダヤ人支援組織アリアンス・イスラエリート・ユニヴェルセル(Alliance israélite universelle)の援助でヤッフォ(ヤーファー)に農業学校「ミクヴェ・イス

[*18] エルサレム旧市街の外にユダヤ人居住区をつくることに尽力したことで著名。
[*19] ユダヤ教の宗教指導者。

第2部
食の変容とビジネス

ラエル」(Mikveh Israel) を開校した。ヨーロッパ品種のブドウの木を植え、セラーやワイナリーも併設したもので、卒業生たちはワイン産業の従事者のさきがけとなった。

III-2　パレスチナ入植期（1800年代末〜）

19世紀末、おもに東ヨーロッパ・ロシアのユダヤ人が迫害と民族意識の高まりであるシオニズム[20]の旗印を掲げて移民するようになると、彼らがワイン生産の担い手となった。第1次アリヤー[21]、第2次アリヤーでヨーロッパから移民してきたユダヤ人たちの多くは、都市部の知識人階級の若者だった。農業の経験もない彼らは、あまり肥沃ではないパレスチナの地で困窮した。それを打破するために戦略的に栽培されたのがワイン用のブドウであった。イスラエルが世界的なワイン産地となる契機となったのが、フランスのユダヤ系篤志家のエドモン・ドゥ・ロッチルド（Edmond de Rothschild 1845-1934）男爵の存在である。

彼は、パレスチナへボルドーから醸造家を派遣し、ユダヤ人入植者たちにボルドー式のワイン生産のノウハウや生産に必要な機器への資金などを与えた。こうして、1890年にリション・レツィオン[22]、1892年にジフロン・ヤアコヴ[23]と二つの新しい入植地にカルメル・ワイナリーが開業した。同ワイナリーは現在もイスラエル最大規模である。1896年には株式会社カルメル・ワインという輸出会社を立ち上げ、ワルシャワに支店をもつほど急成長した。1902年にはカルメル・オリエンタル（のちにカルメル・ミズラヒ）がおもにオスマン朝支配地域（ベイルート、ダマスカス、コンスタンチノープルなど）への販売を行うようになった。

[20] 19世紀、パレスチナの地にユダヤ人のHomelandを設立することをめざしたヨーロッパ・ユダヤ人の民族運動。
[21] ヘブライ語で「上ること」の意。ユダヤ人による大規模なパレスチナへの集団移民をさす。1800年代末の第1次から第4次まで（一説では第5次まで）行われた。

[22] テルアビブ近郊の入植地。1882年ロシア帝国領内だったウクライナからの移民が移り住んだ。
[23] ハイファの南にある入植地。1882年ルーマニアからの移民によって開拓が始まった。ザマリンという名であった街の名を、ロッチルドに敬意を表して、エドモンの祖父であるヤコブにちなんだ「ヤコブの思い出」（ジフロン・ヤアコヴ）に変えるほど、ロッチルド家の貢献は大きかった。
[24] カルメル・ワイナリーの120周年記念誌に当時の写真が掲載されている。

ワイン産業は、当時荒野に入植していたシオニストたちにとって重要な産業であると同時に、現地のシオニストたちがヨーロッパのユダヤ人の資金援助に頼ることのない経済力をもつきっかけとなった。イスラエルの初代首相ダヴィッド・ベングリオンや第3代首相のレヴィ・エシュコルらシオニスト指導者たちも、このワイナリーで働いた時期がある[24]。また「シオニズムの父」テオドール・ヘルツルも1898年のパレスチナ視察の際にワイナリーを訪れ、そのワインの品質と設備を高く評価したという。

写真4　創業当時のカルメル・ワイナリー
ジフロン・ヤアコヴ、1898年。
出典：[Carmel Winery 2010 : 27] より。

第3章
イスラエル・ワインの現代史
—ユダヤ人のパレスチナ入植から
　現代まで

設立当初から順調に発展していたワイン産業であったが、第1次大戦後、主要な市場であった地域の政治状況の変化（①ロシア革命、②アメリカの禁酒法、③エジプトのアラブ・ナショナリズム高揚によるワイン輸入禁止）により大きな打撃を被った。そのため、ワインの輸出量が減少し、多くのブドウ畑が柑橘類の畑にとってかわった。

1948年イスラエルが建国、ワイン産業は新たな時代を迎えた。1957年カルメル・ワイナリーの経営権がロッチルド家より同ワイナリーの製造者団体に譲渡された。また同年、イスラエル・ワイン協会が発足、1960年代には数十軒のワイナリーが存在していた。ただし当時は生産量の90％あまりをカルメル・ワインが占めるなど、現在のような主要な産業とはいえなかった。

Ⅲ-3　第3次中東戦争後（1967年〜）

1967年、第3次中東戦争でイスラエルはシリア領であったゴラン高原を占領した。それからまもない70年代に、カリフォルニア大学デイヴィス校のコーネリアス・オー（Cornelius Ough）名誉教授の調査により、同地が火山質で良質なワイン用ブドウの栽培に適していることが判明する。そこでイスラエル政府はカリフォルニアのワイナ

写真5　1900年代のワインラベル
出典：[Carmel Winery 2010：40] より。

写真6　ゴラン高原ワイナリーのゲストハウス

リーからの技術援助を要請した。1976年には最初のワイン・ブドウが植樹され、1983年にゴラン高原ワイナリーが誕生する。こうしてつくられたワインが世界で高く評価され、今やゴラン高原はイスラエル一のワイン・ブドウの産地である。ゴラン高原ワイナリーは日本でもヤルデン・ブランドが知られるようになり、イスラエル第3位のワイナリーとなった。

一方で、ゴラン高原は係争地であり、国際的にもその占領が承認されていない。水源を有し、イスラエルにとってゴラン高原の維持は国防の面でも重要である。つまり、こうした地域でワインづくりを拡大することは、占領の既成事実化につながっているともいえる。

イスラエルにおいて、より高品質で国際的な競争力をもった辛口のワイン生産が主流となったのは、本格的にメルロー、カベルネ・ソー

第2部
食の変容とビジネス

ヴィニヨン、シャルドネなど人気品種の生産が始まった1980年代以降である。それまではフランス・ワインに倣った方式のワイナリーが多かったが、カリフォルニアなどの新世界のワイン生産の手法を採用するワイナリーも増加し、生産量も増加した。

Ⅲ-4　ブティック・ワイン生産と入植地の主要産業としてのワイン（1990年代〜）

　1990年代以降イスラエルのワイン生産はさらなる変化を迎えた。国際的な評価の高まりとともに、大規模なワイナリーではなく、より品質のよいワインづくりと高級ワインの生産を行うブティック・ワイナリーが各地に登場する。

　こうしたワイナリーのなかには、ワイン研究からワインづくりを始め、ワイナリーをオープンしたヤイル・マルガリット博士のマルガリット・ワイナリー（1989年創業）やドメーヌ・ド・カステル（1998年創業）など世界的に有名なものを含め数百軒にも達している。こうした小規模ワイナリーの成功は大手にも影響を与え、カルメル・ワイナリーなど小ロットでの高品質ワインの生産を始めるところや、バルカン・ワイナリーのようにブティック・ワイナリーの買収（セガル・ワイナリー）を行うなど、ワイン業界の再編が進んだ。

　ここ数年は、ヨルダン川西岸のユダヤ人入植地でワイン生産が盛んとなっている。2000年以降の増加は顕著で、2010年前後からさらに数多くのワイナリーが創業し本格的なワイン生産を始めている[*25]。

　1993年のオスロ合意以降、ヨルダン川西岸とガザ地区がパレスチナ自治区となり、「国家に準ずる地域」として承認されている。しかしながら和平交渉は進まず、イスラエルは2003年頃から「分離壁」とよばれる境界壁を建設し、パレスチナ自治区を囲いこんでいる一方、ユダヤ人の小規模入植地がこの分離壁の内側＝パレスチナ人側に点在することが和平の弊害の一因となっている。

　入植地でのワイン生産は、2000年の第2次インティファーダ[*26]以降、イスラエルとパレスチナの和平交渉が暗礁に乗り上げた頃から盛んとなっている。その結果、ワイン産業がパレスチナに対するユダヤ人強硬派のヨルダン川西岸占有を維持する手だての一つとなっているのである。

*25 ギヴォン・ワイナリー（2001）、プサゴット・ワイナリー（2003）、グシュ・エツィオン・ワイナリー（2005）など。

*26 「インティファーダ」とは1987年ガザでの衝突がきっかけで起こったパレスチナ人による民衆蜂起のこと。投石による抵抗の映像が、メディアを通じて広まり、世界中の注目を集めた。一方「第2次インティファーダ」とは、2000年イスラエルのシャロン（当時外相）がアラブ人の祈りの場であるエルサレムのアル・アクサー・モスクに入場したことがきっかけとなって始まった。

Ⅳ まとめ

　イスラエルにおけるワイン生産は、基盤をもたないユダヤ人が、地域に合った産業としてとらえ、入植を進めるための手段とした。そして結果としてワイン産業は、ユダヤ人の国家創世とその安定を維持する役割を担っている。

　また、ゴラン高原でのワインづくりやヨルダン川西岸のユダヤ人入植地での生産は、「占領」とそれを支える産業という構図をつくり出している。2015年、EUはヨルダン川西岸の入植地で生産されたワインに「占領地ワイン」と記載するよう通告した。イスラエル政府はこの決定を非難したが、こうしたワインの売上が違法入植地の維持につながることにEUは警鐘を鳴らしたのである[27]。

　ユダヤ教徒にとって「聖なる飲料」であったワインは、イスラエルを代表する生産物となった。そしてイスラエルでは、入植とワイン産業はつねに深く結びついているのである。

　2013年、パレスチナ自治区のヨルダン川西岸の町タイベに新しいワイナリーが誕生した。地元の名士フーリー家がビール生産に続いて始めたワインづくりは、2015年にファースト・ヴィンテージをリリースした。また、19世紀から祈禱用のワインを細々と生産していた修道院でも、高品質なワインづくりが始まっている。イスラエルのワイナリーも、パレスチナで栽培されてきた固有種でのワインづくりに取り組みはじめている[28]。こうしたパレスチナの畑で採れたブドウでつくったワインが、パレスチナ内だけでなく欧米や日本、そしてイスラエルで流通することで、ワイン産業は入植のくびきから解放され、新たな段階を迎えるのかもしれない。

〈文献〉
麻井宇介　1981　『比較ワイン文化考——教養としての酒学』中公新書。
ジョンソン、ヒュー（小林章夫訳）2008　『ワイン物語・上』平凡社。
ミロン、マルク（竹田円訳）2015　『ワインの歴史』原書房。
Carmel Winery　2010　*120 Harvest*, Carmel Winery, Zichron Ya'akov.（ワイナリーのみでの販売）。
The Israel Export & International Cooperation Institute ed.　2009, 2013　*Wines of Israel : Mediterranean Inspiration*, Jerusalem.
Margalit, Yair　2012　*Concepts in Wine Technology : Small Winery Operations*, Wine Appreciation Guild : San Francisco.
Rogov, Daniel　2011a　*Rogov's Guide to Israeli Wines*, Toby Press : New Milford.

---

[27] 詳しくは以下の記事を参照。http://www.telegraph.co.uk/news/worldnews/middleeast/israel/11988260/Israel-fury-after-EU-orders-labels-on-goods-from-occupied-territories.html（イギリス・インターネット版テレグラム紙 2016年9月4日アクセス）。

[28] イスラエルの日刊紙『ハアレツ』に、こうした試みがとりあげられた。詳しくは以下の記事を参照。Gleitman, Itay. 2015 "Will an Ancient Grape Revolutionize Israel's Wine Industry?", *Haaretz Internet Edition*. http://www.haaretz.com/jewish/food/1.682336（2016年12月6日アクセス）

—— 2011 *Rogov's Guide to World Kosher Wines 2011*, Toby Press：New Milford.

Sacks, Eliezer and Yaron Goldfisher eds. 2006 *The Wine Route of Israel*, Cordinata LTD：Jaffa.

〈ウェブサイト〉

OU Kosher. http://www.export.gov.il/eng/Branches/Consumption/Food/（2016年9月10日アクセス）

Israel Export Institute http://www.export.gov.il/eng/Branches/Consumption/Food/（2016年9月9日アクセス）

Israel Wine Producers Association http://iwpa.com/（2016年12月9日アクセス）

第**4**章

ブルガリアの保存食
「リュテニツァ」
―グローバル経済と「瓶詰め経済」の狭間で

マリア・ヨトヴァ

要旨

　1989年の社会主義の崩壊以降、ブルガリアは市場経済化へと移行し、グローバル化の波にのまれていった。急激な経済改革は、国営企業の閉鎖にともなう失業や貧困、国外への移民を生み出し、食のシステムにも大きな変化をもたらした。ブルガリアでは社会主義期と比較して、全体的に家畜頭数が減少しているものの、地方ではいまだに羊や鶏を飼いながら、食料を自給する家庭が多い。そういった家庭では夏から秋にかけて、女性たちが腕によりをかけ、野菜や果物を塩漬けや酢漬けにして保存食を作る。ブルガリアの統計局によると、毎年、家庭で作られる保存食は2億瓶を超えており、一世帯当たり100瓶にも及ぶそうである。この数字からも、社会主義体制のもとで開花した保存食作りが、ブルガリアの人びとの生活にいかに重要な役割を果たしているのかがわかる。数々の保存食のなかでも、赤パプリカとトマト主体のペースト状の「リュテニツァ」は国民食として絶大な人気を誇る。パンや乳製品、肉製品との組み合わせが抜群であるため、野菜ソースから肉や魚料理の付け合わせまで、万能食とよばれるほど用途が広い。

　本稿では、グローバルとローカルの狭間で再生される伝統食品について、保存食のリュテニツァを事例として、社会主義化と市場経済

第2部
食の変容とビジネス

化、グローバル化がもたらした影響について論じている。具体的には、ブルガリアの家庭で作られている保存食の様相、いわば「瓶詰め経済」について記述し、人とモノのグローバルな移動のなかで、材料の変化や「おばあちゃんの味」へのこだわりなど、生産者・消費者としての人びとの意識や活動の変容を明らかにする。また、現地の食をテーマとした祭りに注目しながら、ブルガリアの代名詞ともいわれるヨーグルトとの対比を通じて、国家・地域のイメージ戦略としての伝統食品の新たな役割について考察している。

Ⅰ はじめに

　日本では、ブルガリア出身であると自己紹介すると、必ずと言っていいほどヨーグルトの話題になる。その背景には、「ヨーグルトの大国ブルガリア」というイメージが強いこと、またヨーグルトが朝食で「ご飯と味噌汁」に取って代わるほど日本人の食生活に浸透していることがあると思われる。

　他方、ブルガリアの朝食の様子をふり返ってみると、意外にもヨーグルトが主役ではなく、赤パプリカとトマト主体のペースト状の「リュテニツァ」という食品が一般家庭の食卓によく登場する。主食のパンだけではなく、チーズや豆、ハンバーグやソーセージなどの肉製品とも相性がよいため、朝食や子どものおやつから、野菜ソース、肉・魚料理の付け合わせまで、万能食とよばれるほど用途は幅広い（写真1）。とくに子どもの間で、もしブルガリアの伝統食品ランキング投票があれば、おそらく「リュテニツァ」はトップに君臨するだろう。また、地域や家庭によって味が違うため、お土産や贈り物としても人気がある。

　筆者もリュテニツァの瓶詰めを日本の友人にお土産として渡したことがあるが、彼らが「これ何？」という一瞬戸惑いの表情を見せたのが印象に残っている。リュテニツァは、今やブルガリアの人びとによってスーツケースの中に大量に荷詰めされ、ロンドンやマドリードなどの移民先まで何千マイルも旅を繰り広げているが、それはブルガリアを代表するようなお土産であるというより、故郷を呼び起こす味として珍重されているからである。

　その一方で近年、とくにイタリアやスペインで暮らしているブルガリア移民の間では、リュテニツァ作りに適しているものとして、移民

写真1　ブルガリア人の典型的な朝食
パンにつけられているのはリュテニツァであり、その右にブルガリアのチーズ「スィレネ」が写っている。

第4章
ブルガリアの保存食「リュテニツァ」
―グローバル経済と
　「瓶詰め経済」の狭間で

先で加工されたトマトやパプリカの缶詰、また健康にいいということからオリーブオイルをブルガリアの親戚に大量に贈る傾向がみられている。そもそも、リュテニツァは缶詰ではなく、新鮮なトマトやパプリカで作られており、味つけとしてひまわりオイルが使われている。しかし、1989年、グローバル経済への市場開放以降、人やモノの移動とともに、リュテニツァの材料や作り方が多様化し、中国産のトマトペーストを用いた安価な製品から昔ながらの伝統を主張する高価な製品まで、さまざまな味が出回るようになった。

このようにグローバルに動きながら変化している食品に注目すれば、それを取り巻く社会変化や文化変容、人びとの活動と認識の変化もみえるのではないか、という問題意識に基づき、本稿では、保存食のリュテニツァについて、社会主義化と市場経済化がもたらした影響を明らかにする。またその際、国家政策や地域振興戦略、さらにスローフードやルーラルツーリズムの影響を考慮しながら、ポスト社会主義期における伝統食品の新たな意味づけについて検討する。

具体的な考察に入る前に、まず東欧諸国を扱う文化人類学的研究における食の意味づけについて整理したうえで、本研究の視座を示す。続いて、ブルガリアの家庭で作られている保存食の諸相、いわば「瓶詰め経済」について記述し、社会主義期において生まれ変わったリュテニツァの現在の位置づけについて明らかにする。次に、ラズグラッド地域のヨーグルト祭りとプロフディフ地域のリュテニツァ・保存食フェスティバルに注目しながら、社会主義期において支配的であった価値観やシンボルが転落し、国民文化やブルガリア人像の再定義が必要とされた状況のなかで、伝統食の新たな役割や国家的・地域的威信の高揚との関係性について考察する。

本稿のもととなった調査データは、筆者が2007年から2014年の間にブルガリアで断続的に行ったフィールドワークや、インタビューなどの調査結果によるものである。

II　民主化以降の伝統食の再評価

II-1　国家権力と結びつけられた食

社会主義時代当初より、国家は国民に良質な栄養を与えるために、高度な食品産業・農業システムの構築を最重要課題としていた[1]。当時の指導者は、料理を科学的な部門として扱い、化学・物理学・生理

ミニコラム

ブルガリアの国柄や国民性を表すキーワードの一つに「実用主義」というのがある。ブルガリア人は、食品やお土産を選ぶ時も、物事を考える時も、実用性を優先する傾向がある。モノ不足の社会主義時代の遺産なのかもしれないが、いろいろと自分で工夫し、新しいやり方を考えることを好む。これは日常生活に密着した場面だけではなく、政治的な問題への対処の仕方においてもみられる考え方。たとえば、1989年に社会主義が崩壊した時、ブルガリアでは一滴も血が流されなかった。ブルガリア人は、なんらかの理想や思想に夢中になることはあまりなく、行動する際はそれにどういう意味があるのかを考え、実利的であると判断すれば行動に移す。ブルガリア人には穏やかな性格の人が多いといわれているが、それは「平和主義」であるよりも、実際は「実用主義」なのかもしれない。

---

*1　ブルガリアはヨーロッパの南東部バルカン半島に位置し、人口が約715万人の小国である。第2次世界大戦後、ソ連の傘下に入り、社会主義国家となる。社会主義に終止符が打たれた1989年以降、民主化・市場経済化への道をたどるようになり、2007年には欧州連合（EU）の加盟国となった。

185

学などの自然科学分野に基づいて改革を進めていった。そこで、調理法や栄養基準の確立、給食の整備、国家規格の制定など、従来の食のシステムが根本的に変わっていった。このような国家政策のもとで、食料の大半は大規模な協同組合農場で生産され、国家基準に従い国営工場で処理され、人為的に安く販売されていた。たとえば、当時のヨーグルト一箱(500 g)の価格は、日本円にすると、17円と非常に安価であり、生産コストに関係なく、国営企業で発生した赤字は国家予算で補塡されていた。その統制は食の生産現場にとどまらず、外食産業にまで及んでいたため、各飲食店は国家の定めた献立や価格表、原材料や調理法に適応するよう義務づけられていた [Shectman 2009 : 162]。

　このような全面的な統制や安価な食料の分配は、人びとの食生活を国家に依存させるものであり、また同時に、政治的領域へとつなげて国民を拘束するものであった。ところが、それは部分的な統制にすぎなかった。慢性的なモノ不足のなかで、国家は十分に食料を供給することができず、社会主義の現実を生きるために、人びとはさまざまな生活戦略を立てていた。たとえば、流通網の欠落を補塡するうえで、重要な戦略のひとつとして買いだめ行動をとっていた [Humphrey 1995]。また、入手困難な食料を交換しあうことで農村から都会へのインフォーマルな流通ネットワークが構築されていた。そして、家畜の世話をしながら、裏庭や菜園でさまざまな野菜や果物を作り、冬を乗り越えるための保存食として瓶詰めにするような工夫もなされていた [Caldwell 2010 ; Zavisca 2003]。

　文化人類学者のスモレットは、ブルガリアの社会主義期におけるこのような事情について「瓶詰め経済」と称し、食料不足を補う以上に、人間関係を保つうえでは重要な役割を果たしていたという [Smollett 1989]。さらに、自分の食を作り、何かを主体的になしとげることは、国家統制や国家食への依存関係から解放されることも意味していた。こうして、人びとは個々の自由かつ創意工夫に富んだ手段を用いて、社会主義体制に適応しながらも、社会主義体制そのものを自分たちの都合に適応させていたのである。

II-2　自由化された食

　1989年の民主化以降の東欧諸国では、グローバル経済への市場開放とともに、大型スーパーマーケットや輸入食品売り場の設立、ショッピングカートや魅力的に包装された商品の出現、外国料理を提供するレストランやファストフード店の進出など、欧米諸国と同様の

食の生産・流通・消費システムが整備された。そこで、消費者は無数の新たな商品を目の当たりにし、マンゴーからアスパラまで新鮮な果物や野菜など、社会主義時代にはなかった食品がいつでも入手できるようになった。また、生活様式の変化や消費者の嗜好の多様化とともに、食品製造業者は加工食品に新たな味や香りを添加し、洗練された食品を魅力的な包装で売り出した。さらに、広告やテレビなどのマスメディアから自然食や健康的な食生活についてさまざまな情報が入るようになり、食の市場性が生活改善や政治運動に組みこまれていった［Patico and Caldwell 2002］。このように、食品は伝統やおいしさ、有機栽培や環境保全などさまざまな「情報」とともにパッケージングされるようになり、単純に「腹を満たす」のではなく、「健康」や「国民性」など、食の付加価値が重視されるようになったのである。

他方、HACCPのような食品衛生管理システムや欧州連合（EU）の品質基準といった新たな超国家的な規定が導入されたことによって、食品産業の統制は以前よりもいっそう厳しいものとなった。それは一見、安全な食を促進するかのようにみえる。しかしその一方では、EU標準化は地方の小規模な農家や生産者を市場から排除しており、その影響により不平等が高まり、地域・世帯格差が深まっている［Dunn 2005；Mincyte 2009；Thorne 2003］。このように、東欧諸国の新たな姿として、洗練された店の出現と不安定な生活や社会層の境界深化が見受けられるようになっていった。

国家・超国家的なレベルで新たな権力関係が働くなかで、東欧諸国の人びとはグローバル企業の提供する食品を懐疑的に見るようになり、国民料理や伝統食品に対して特別な価値を与えるようになった。東欧諸国の食を扱った文化人類学的研究の多くは、民主化以降の自国の食に対する再評価を社会主義的生活に関する郷愁に満ちた記憶と、資本主義に対する失望との連動という視点からとらえている［Caldwell 2009］。たとえば、リトアニアの事例では、消費者はソーセージの選択において「ユーロ」という名のブランドよりもむしろ「ソビエト」という名のブランドをより高く評価していると報告されている。それは、ポスト社会主義期における「西欧製」という象徴的価値の低下や、「ソビエト製」（われわれの味）がもたらす郷愁的価値の上昇と関係しているという［Klumbyte 2009］。旧ソ連圏では、社会主義時代に存在していたブランドに対するノスタルジアがいかに広まっているかについては、2005年に「ドルジバ」（Drujba、仲間同士・友情）というチーズが復活した際、モスクワにこのブランドの記念碑（写真2）

写真2　「ドルジバ」の記念碑（モスクワ）
このモニュメントは、キツネとカラスがソビエト時代のパッケージで包装された「ドルジバ」を仲良く抱いている姿を表している。ロシアの童話にはカラスがキツネにチーズを奪われる物語があり、ロシア人の間では両者が犬猿の仲とされているが、ここでは逆に社会主義のよき時代を表象する懐かしいブランドの一つが、彼らの仲をとりもったということを表現している。（トマ・バヤテフ氏撮影）

第2部
食の変容とビジネス

写真3　「アムフォラ」というチョコレート
社会主義時代から味も箱のデザインも変わらない人気のチョコレート。

写真4　「ロクム」という伝統菓子
今でも昔のパッケージと商品名で販売されている。

写真5　「メチャ・クラフ」（クマの血）というワイン
外観に若干の違いはあれども、ブランド名は当時のままで引き継がれている。

が建てられたことからもわかる [Kravets and Orge 2010]。このように、社会主義に対する消費者のノスタルジア自体が大きなビジネスのひとつとなっているのである。

　ブルガリアにおいても社会主義時代に生産されたソーセージやアルコール飲料、菓子類などの商品名は、今では資本主義の論理に沿ってブランドとして再生されており、消費者の間では定評がある（写真3～5）。たとえば、LEKIというソーセージの宣伝では、ブルガリアでは社会主義時代に作られた有名な映画のワンシーンが採用されている。舞台はソーセージ店。序盤の若い女性常連客へ男性店員がソーセージを受け渡すモノクロシーンから、画面は一瞬で現在のカラー映像に切り替わる。すると、二人はともに長い歳月が経過した姿で映し出され、ソーセージそのものは当時のノスタルジックな味と何も変わっていない、という印象を与えようとする宣伝内容となっている。

　しかし、人びとの言説や活動に注目してみると、こういった食品が、社会主義的生活への郷愁や資本主義に対する失望よりも、むしろ社会主義的近代化以前からの「ブルガリアの伝統」として受けとめられていることに気づく。また、「おばあちゃんの味」や自家製品が「本物」であるという言説、あるいは顔の見えない食品メーカーに対する不信感は、東欧諸国の固有の現象ではなく、文化や社会制度を超えた現代の食行動における共通点なのである。

　さらに、近年ではブルガリアにおいても食をテーマとした祭典など観光行事が開催されるようになったが、そこには地域振興を促進しようとする自治体の政策や、スローフードのようなグローバルに展開されてきたオルタナティブな社会運動の影響もみられる。このような動きは、先行研究が示してきたような旧ソ連圏における「西欧製」（資本主義的味覚）という象徴的価値の低下や、「ソビエト製」（われわれの味）がもたらす郷愁的価値の上昇といった食の再評価とは明らかに異なる。そのため、本稿ではブルガリアのリュテニツァなどの保存食にまつわる言説と活動を、社会主義へのノスタルジアではなく、社会主義的経験（瓶詰め経済）とポスト社会主義期の現実（グローバル経済）の狭間で生きている人びとの、自己肯定化への意識的な試みとしてとらえることにする。

　それを示すために、まずブルガリアの家庭で作られている保存食の諸相について記述する。さらに「瓶詰め経済」においてリュテニツァがどのような位置づけにあり、「ブルガリア固有の伝統」としてどのように展開していったのかを明らかにしたい。

第4章
ブルガリアの保存食「リュテニツァ」
―グローバル経済と
「瓶詰め経済」の狭間で

III　ブルガリアの「瓶詰め経済」

III-1　冬の暮らしを支える保存食

　冒頭でもふれたように、日本ではブルガリア人といえば、ヨーグルトを大量に食べることで知られているが、ブルガリア人が食べてきたのは、もちろんヨーグルトだけではない。主食はあくまでもパンであり、おかずとして肉・乳製品のほか、野菜や肉類も食卓に並べられる。1989年の社会主義の崩壊以降、全体的に家畜頭数が減少したが、地方ではいまだに自給自足的な生活を送る家庭が多い。そうした家庭ではミルクはヨーグルトやチーズなどへと加工保存し、他方、肉類はおもに塩漬け保存がなされる。家畜を殺し、血を見ながらの力仕事となる肉類の加工は、男性が主役の仕事となる。一方、ミルクや野菜・果物の加工保存はおもに女性の仕事である。

　ブルガリアの冬は厳しく、零下10° Cを下回る日も少なくないので、野菜や果物が何も穫れず、食料の価格も倍以上に高騰する。そのため、夏から秋にかけて女性たちが腕によりをかけ、野菜・果物を翌年の春まで腐敗やカビ、虫害から守るように、塩漬けや酢漬けにしてさまざまな保存食を作る。長い冬の間、家族が食べる毎日の食料を作るのには、相当の時間と労力がかかるため、夏は女性たちにとって、もっとも忙しい時期である。

　保存対象は、家庭菜園の野菜（トマト、キュウリ、キャベツ、パプリカ、ピーマンなど）や果物（リンゴ、プラム、サクランボ、洋ナシなど）、また近隣の森や牧地でとれるハーブ、キノコ、ベリー類など、じつに幅広い。保存法も多種多様であり、調味料として使われるハーブのように乾燥してそのまま潰すだけのものから、プラムやサクランボのように砂糖を加え加熱しながら煮こんで濃縮しジュースやジャムにする方法、またキュウリやキャベツのように塩漬けにして発酵させる方法、ミックス野菜のように砂糖や香辛料を加えて酢漬けにする方法まで、保存対象によって異なる技術が適用される。このように保存処理された野菜や果物を広口瓶に入れ、余計な空気や雑菌が入らないように、蓋をきち

表1　野菜・果物の保存法一覧

保存法	保存対象	保存食
乾燥	ハーブや薬草、リンゴやプラムなどの果物	スパイス、ハーブティー、ドライフルーツ
酢漬け	キュウリ、キャベツ、パプリカなどの野菜	ピクルスのような漬物
塩漬けして発酵	グリーントマト、キャベツ、キュウリなどの野菜	ザワークラウトやトゥルシアという保存食
砂糖を加え加熱しながら濃縮	リンゴ、プラム、サクランボなどの果物	シロップやジャム

第2部
食の変容とビジネス

写真6　家庭での保存食作りの様子
瓶に空気が入らないように、蓋を閉める。

写真7　貯蔵庫の様子

んと閉め、10分〜30分ほど湯せんする。この工程は、大量の野菜を洗ったり、切ったり、瓶に詰めたりするため、体力も人手も必要となり、場合によっては家族総出の作業となる（写真6）。

　このようにして、旬の野菜や果物はさまざまなピクルス、ジャム、スプレッドなどへと変身していき、瓶詰めの状態で地下室の貯蔵庫の棚に並べられる（写真7）。よい主婦は何百本もの瓶詰めを作り貯め、料理の材料や食事のおかず、お酒のつまみとして利用する。ブルガリアの統計局によると、毎年、家庭で作られる保存食は2億瓶を超えており、一世帯当たりの平均瓶数は100瓶にも及ぶそうである。この数字からもブルガリアの「瓶詰め経済」が人びとの生活においていかに大きな役割を担っているのかがうかがえる。

　自家製の保存食は、家計を助けながら、栄養源としてブルガリア人の食生活を支えると同時に、一方で、人間関係を強化するうえでも重要な意味をもつ。なぜならば、瓶詰めの一部は、都会暮らしの身内への仕送りや、移民先から帰省してきた親戚や友人へのお土産、さらには支援を受けた同僚や知人に対する返礼としても大きな価値があるからである。それは、作り手が、利益を追求し大量生産するような大きな企業ではなく、「顔が見える」近所の人や知人であることと関係している。そのため、自家製の保存食は味覚面においても、健康面においても、市販品より優れていると確信する人が非常に多く、個々が支えあう要素としてブルガリア国内のみならず、外国の移民先で暮らしているブルガリア人の適応力や生存力を高めているのである。

Ⅲ-2　保存食の王様

　数々の保存食のなかでも、赤パプリカとトマト主体のペースト状の「リュテニツァ」は、万人受けする食品として絶大な人気を誇る。パンとリュテニツァとチーズさえあれば、おいしくて十分な栄養がとれる食事となるため、ブルガリア人の間では重宝されている。また、ブルガリア人ならば、老若男女問わず、誰でも一度はリュテニツァ作りの参加経験があると言ってよい。

第4章
ブルガリアの保存食「リュテニツァ」
―グローバル経済と「瓶詰め経済」の狭間で

晩夏にブルガリアの街を歩けば、いたるところで食欲をそそるローストパプリカの香りがする。ほとんどの家庭ではこの時期に大量にローストパプリカを作り、リュテニツァの材料として使う。ローストパプリカの香ばしい香りが近所に広がると、うちも早く作ろう、と子どもたちは祖母や母親におねだりをしはじめる。パプリカの外側が真っ黒になるまで大量に焼いて皮を剥き、トマトやナス、ニンジンなどの材料とともにミート・チョッパー*2 でミンチ状にする。そして、すべてを大鍋に入れて火にかけて、水分が飛ぶまで2時間以上、焦げつかないようにずっと混ぜつづけなければならない。最後に、塩や砂糖、ひまわりオイルなどで味を調え、できあがったペーストを瓶に詰める。蓋をきちんと閉めてから10分ほど湯せんすると、リュテニツァ作りをめぐる作業がすべて終了する。この工程は他の保存食と比較しても時間と労力がかかるのだが、ようやくできあがった香ばしいペーストを瓶詰めにする時は、何とも言えない達成感を味わえる（写真8）。

リュテニツァは地域や家庭によって材料や味つけの仕方が千差万別で、家庭ごとに独自の味をもつ。主役のトマトと赤パプリカ以外に、好みでニンジンやナス、カボチャ、ジャガイモ、タマネギやニンニクを入れる人もいる。また、味つけは塩、砂糖、ひまわりオイル、パプリカパウダー、クミンなどがよく使用される。それらをいかにおいしく、かつ効率よく加工し瓶詰めするかが、腕の見せどころとなる。

しかし、都会に住んでいる人びとのほとんどはスペースや時間を多く持ち合わせていないため、市販の工場生産品に頼らざるをえない。社会主義時代には製品名もついていなかったリュテニツァだが、現在では、100以上のブランドによって製造・販売されている。ブランド名には、平凡な田舎暮らしを連想させるような地域名や、自家製品を彷彿させようとする古風な女性名、また「ブルガリアの伝統」、「おばあちゃんのリュテニツァ」といった名称が採用されている。この商品名やパッケージのラベル、さらに製品の宣伝やマスメディアで流布している言説などから、リュテニツァのブランド化がいかに進んできたのかがうかがえる（写真9、10）。リュテニツァにまつわる重要な商品価値として「手作り」、「ブルガリアの伝統」、「天然の味」などがとりあげられ、すべてのブランドが何らかの形でそれを主張している。このように、食品メーカーは自家製品のイメージを利用することによって、商品価値を高めようとし、国民性と結びつけられたリュテニツァの新たな意味づけに積極的に関与しているのである。

*2 肉塊を挽き肉にする器具。

写真8 リュテニツァ作りに欠かせない作業「混ぜる」
野菜の水分が飛ぶまで2時間以上混ぜなければならないので、相当の労力がかかる。

写真9 「トドルカ」というリュテニツァ
このブランド名は伝統的な女性の名前が由来。民族衣装をまとった女性のイラストは「伝統」を演出している。

写真10 「ツァリツァ」（女王）というリュテニツァ
家庭でリュテニツァを作る際に使用される器のイラストを掲載することで自家製感を表現している。

第2部
食の変容とビジネス

■ ミ ニ コ ラ ム ■

伝統食は、現地の風土に根ざして昔から引き継がれてきた料理や食材として定義できる。ただし、食文化研究で「伝統食」として理解される食べ物と、一般の人びとの間で「伝統食」として受けとめられている食べ物とでは、ズレが生じる場合もある。また、時代と地域、階層などによって「伝統食」に対する認識の違いが存在することも少なくない。一般的に「伝統」とは昔から不変のものとしてとらえられがちであるが、小さな村といったミクロな世界も、社会全体と連動しており、マクロレベルで生じる変化の影響と切り離せないものである。つまり「伝統」とは、歴史的変遷のなかで新たに息を吹き返しながら、つねに再創造されていくものなのである。

*3 地理的表示とは、品質や社会的評価などが特定の国や地域といった産地と結びついている農産物・食品について、その名称を保護するための原産地表示の制度である。EUでは1992年に運用開始以降、2015年までに1100以上の登録産品がある。

しかしその一方、市販品は利益のために顔の見えない人によって大量に製造されているので、原料や品質に対する不安や不信感が生じている。そのため、多様な食品のブランドのなかで、どの製品が添加物や遺伝子組み換え成分を含まず安全と感じられるものか、原料としてどのようなものが入っているか、どれを安心して子どもに食べさせられるか、など消費者の心配は尽きない。皮肉にもポスト社会主義時代における商品の多様性そのものが、消費者にとって悩みの種となっているのである。

さらに、2006年に30年前の賞味期限切れの冷凍牛肉輸入事件や発がん性物質含有のパプリカパウダー流出事故などが発覚し、近年食品関連の不祥事が増加している。そのなかで、多くの人は民主化・市場経済化以降に整備された新たな食システムについて、必ずしも食品品質改善へと通じるものではなく、企業側が利益を追求するあまり、健康上の危険性をもたらす恐れもあると受けとめるようになった。このような状況下で、リュテニツァに関しても、原料の仕入れ先や製造工程で徹底した品質管理が行われているかどうか、最終製品に保存料や着色材などの添加物が含まれていないかどうか、コスト削減のために新鮮なトマトやパプリカの代わりに中国産の野菜ピューレが使われていないかどうか、など市販品を疑問視する人びとの不信感がある。そして、利益重視の現在の食システムに対する消費者の抱いている強い不信感は、リュテニツァの本来の味が工場生産では再現できなくなったという解釈につながり、「本物」としての自家製品の価値を高めているのである。

Ⅳ 社会主義期に生まれ変わった リュテニツァ

現在、リュテニツァはブルガリア固有の伝統とみなされており、地域や国家レベルでその「本来の味」を守るという動きがみられる。その一環として、リュテニツァの産地として有名なプロフディフ州パルヴォマイ地域の特産品は地理的表示保護*3の対象となり、2013年8月にEUに登録された。この出来事は、ブルガリアがリュテニツァの本場として認められたという意識につながり、国民に大きな喜びをもたらすこととなった。また、それをきっかけにマスメディアやインターネット上のディスカッション・フォーラムなどにおいて、リュテ

第4章
ブルガリアの保存食「リュテニツァ」
—グローバル経済と
「瓶詰め経済」の狭間で

ニツァ以外にもブルガリアの「古くから伝わる伝統食品」を守る重要性や国家政策の必要性をめぐる活発な議論が発生することとなった。

しかしここで忘れてはならないことは、国民食や伝統食とみなされる料理は、多くの場合は外国からの材料や調理法の導入によって形成されたものであり、現時点で「伝統」として認識されるものも、歴史的事実からみればしばしば外来のものであるということである[*4]。そもそも、パスタはイタリアの代表的食べ物として広く知られているが、歴史的にみればイタリアにおけるその使用は15世紀にドイツを経由し中国から伝わってきたという[*5][Goody 1982]。

現在、国民食として親しまれているリュテニツァも、人やモノのグローバルな移動の影響を受けている。そもそも、リュテニツァ作りに欠かせないパプリカとトマトは、17世紀に新大陸への到達とともに欧州にもたらされ、ブルガリアにおいて広く普及したのは19世紀のことである[*6]。当初は、赤いトマトに関して毒性があるという迷信があったため、1920年ぐらいまではトマトの使用範囲は熟れる前の、青い状態の塩漬けに限定されていたという[Цанкова (Tsankova) 2010:64]。

そもそもリュテニツァの語幹「リュテ」は「辛い」という意味であり、1899年の辞書には「ニンニクとパプリカの料理」または「イラクサと唐辛子の料理」と書かれている[Геров (Guerov) 1899:37]。地域によってパプリカ以外にトマトやタマネギなどを使うこともあったが、瓶もない時代においては保存食としてではなく、夏の食べ物として親しまれていた[*7]（写真11）。この意味では、現在「ブルガリア固有の伝統」とされるリュテニツァは、ひとつのグローバルな動きの産物であり、また食品産業の発展や近代化のたまものでもある。その歩みをたどってみよう。

リュテニツァが今の形態で保存食として広まったのは社会主義時代であり、わずか50年前のことである。それまでは、冬の野菜不足を補うものとして、グリーントマトやカブ、ニンジンなどを塩漬けして発酵させた「トゥルシア」やザワークラウトに似た「キセロ・ゼレ」がおもに作られていた。ブルガリアの民俗学研究によると、当時の冬の食卓は、本来ブルガリアで収穫できる野菜の塩漬け（キュウリ、キャベツ、カブなど）を中心に、ごく簡素なものであった[Шулева (Shuleva) 2006；Цанкова (Tsankova) 2010など]。

しかし、1944年になると、ブルガリアは社会主義的近代化の路線を歩むことになり、新たな食品の生産・流通システムが整備されて

[*4] 日本の国民食として不動の人気を誇るカレーライスも、その原型はインド料理をもとに18世紀にイギリスで生まれ、明治初頭に「西欧料理」として日本へと伝わった。さらに、今や日本のさまざまな家庭料理の食材として不可欠であるジャガイモ、キャベツ、タマネギなども、カレーライスとほぼ同時期に「西欧野菜」として日本に取り入れられている。

[*5] 他方、石毛直道[2006]の説では、麺が中国から西アジア、イスラーム地域を経てイタリアへと伝播したのではないかとされている。

[*6] 興味深いことに、1870年のブルガリア初の料理本では、リュテニツァについて一切ふれられておらず、最初の記載は1899年の辞書にある。

[*7] 1920年代以降、リュテニツァの材料は多様化していき、イラクサよりもローストパプリカを中心に、トマトやタマネギ、豆などが使われるようになった。

写真11　リュテニツァの原型
今は「リュティカ」という名前で知られており、西ブルガリアを中心に夏に作られる。おもな材料はローストパプリカ、トマト、タマネギ。

第2部
食の変容とビジネス

*8 社会主義の基本理念の一つは、国家がすべての生産手段を掌握するものである。そのため、ブルガリアにおいても社会主義当初より個人所有の農地は、国家管理下におかれる必要があり、1957 年までに農地の92%が集団化されていった。その目的は、労働階級層に十分な食料を行き渡らせることであり、そのために近代的・合理的な食品産業を促進しようとしていた。ところが、蓋を開けてみると、慢性的な原材料不足や老朽化した設備の故障によって不安定な生産サイクルに陥っていた。また生産された食料は国家の都合により、優先的にソ連へと輸出されていたため、ブルガリア国内の消費者への配給は後回しにされていた。つまり、国家が掲げていた理想と人びととが直面していた現実とでは、大きな隔たりが生じていたのである。

*9 その一つは、1977 年に制定された国営地に関する条例であり、それは自給自足の生活という目的であれば、個人に国営地の使用権利が与えられるという内容である。

*10 1978 年以降は、都市部の住民も、個人用益地を与えられるようになり、町の郊外部では別荘を建て、菜園を維持するようになった。そこで、金曜日の午後になると、都市部の労働者は、農村地方の菜園へと向かうため、勤務時間を犠牲にすることが一般的であった [Бокова（Bokova) 2008]。同様に、農村で暮らしながらも近くの工場で働く、いわば農民兼工場労働者も、収穫時期や農園繁忙期は、工場勤務時間の短縮も常識の範囲内であった [Creed 1998]。

いった*8。そこで、賞味期限の長い瓶詰めの加工食品は、新鮮な野菜や果物よりも保存や再分配に適しており、配給しやすいことから技術的に進化し、新たなレシピが数多く開発されていった。当時の保存食の生産と消費をめぐる統計データによると、1939 年ベースで 1963 年の生産比率は約 30 倍、消費比率は約 4 倍に及んだそうである [Демирева（Demireva) 1968]。それは一見、供給過多のようにみえる。しかし、コメコン（ソ連主導の経済相互援助会議）による国際的分業体制において、ブルガリアは食料供給国であったため、国営企業で生産された加工食品の大半がソ連市場向けに輸出されていた。

その一方で、ブルガリア国内の食料不足に対処すべく、共産党中央委員会は、1973 年の「非営利な自家製野菜・果物栽培」という条令を制定し、その後も自給自足の生活を促進するための一連の政策を打ち出した*9。その結果、希望者へと譲り渡された国営地の面積は1978 年に 5 万 4000 ha にも及んだそうである。また、同時に 5254 もの大型工場の周辺に、労働者専用の農地が設けられ、給食に必要な食料を自給できるような制度が整備された [Беновска-Събкова（Benov-ska-Sabkova) 2001:246]。

他方、工業部門の推進政策によって引き起こされた都市部の人手不足問題を乗り切るために、共産党は農民や女性を中心に、都市部の各工場の働き手として登用しはじめた。結果的に、1947 年から 1965 年の期間中に、おおよそ 150 万人もの農民が農村を離れ、都市部の工場労働者へと配属されたという [Brunnbauer and Taylor 2004:289]。この大移動は、農村部の生活様式を都市部に移植することとなり、都市の農村化をもたらした。もともと都市部で生活を送ったことのない農村出身者は、各マンション間の空きスペースを活用して、豚や鶏を飼育したり、たき火を熾こして保存食を作ったりと、従来の慣行を都市部においても続けていったのである*10。

しかし、都市部で作られた瓶詰めの保存食は、農村で伝承された簡素なものではなく、近代的加工処理法を用いた多様なものであった。なぜなら、食品工場で働く女性たちが、そこで新しく開発された数多くの加工食品にヒントを得て、その調味料や具材の配合比を借用しながら、各家庭で自らがピクルスやペーストなどのさまざまな保存食を作るようになったからである。

現在、伝統食品として認識されるリュテニツァも、社会主義期の国営工場で、腐りかけのトマトやパプリカを余すことなく使い切るために、ペースト状にして瓶詰めの保存食へと姿を変えることとなった。

第4章
ブルガリアの保存食「リュテニツァ」
――グローバル経済と
「瓶詰め経済」の狭間で

その利便性やおいしさに気づいた女性労働者は、リュテニツァのレシピを家庭に持ち帰り、各自の嗜好や用途に合うように試行錯誤して再変換していったに違いない。結果的に、隣人との情報交換や農村出身地との往来によって、リュテニツァ作りという新たな伝統が徐々に全国に普及していき、国民の間で「瓶詰めの万能食」へと再認知されていったのである。さらに、瓶の蓋を閉める装置やパプリカを焼く器具「チュシコペク」（写真12）などの自家製保存食用の便利なグッズの開発が進むにつれて、ブルガリアの保存食手作り文化が開花していき、食料不足の社会主義時代において人びとの生活を根底から支えていくことになった。

2010年に行われた「20世紀のブルガリアのもっとも重大な発明」という国民投票キャンペーンで、チュシコペクの開発が第1位で選出された。社会主義を経験していないものからすれば、これが何を意味するのか、さっぱりわからないかもしれない。しかしこの投票結果は、手作りリュテニツァの歴史におけるチュシコペクの重要性を示すだけではなく、社会主義期におけるブルガリア人の創意工夫に富んだ生活の象徴としての大きな意味をも反映しているのである。

写真12　パプリカを焼く器具「チュシコペク」
パプリカを垂直に入れる穴（スペース）が3個ほどあり、表層の皮を均等に加熱する器具。パプリカの皮が焦げるため、とても剥がしやすく便利である。1974年に、ブルガリアのエンジニアが妻の保存食作りの手助けとしてチュシコペクを個人使用で発明したといわれている。それがのちに知れ渡って爆発的なヒット商品となり、国外にまで輸出されるようになった。

V　民主化以降に文化遺産化されていく「おばあちゃん」

V-1　観光資源化される食

1989年の民主化以降、ブルガリアの「瓶詰め経済」は、国民の食生活の基盤としての重要な意味を失うことなく、今もなおGDPには表れない重要な役割を担っている。実際、計画経済から市場経済への移行期において、ハイパーインフレや通貨危機、教育と医療サービスの有料化など数多くの試練のなかで、「瓶詰め経済」の重要性がよりいっそう高まることとなった。また、「ショック療法」とよばれた急激な経済改革は、国営企業の閉鎖とともに失業や貧困、国外への移民を生み出し、多くの後遺症を残すこととなった[11]。結果的に、この25年間で、人口は氷山が溶けていくように約150万人も減少し、とくに農村においては過疎化が急激に進んでいった。これは未曾有の減少率であり、市場経済化への移行期における国民の苦しみを物語っている。

[11] 社会主義国家の誇りであった食品産業においても、集団農場の解体による野菜・果実生産の激減、農地の荒廃化、さらには国内消費の縮小やコメコン市場の喪失によって、各地方の食品工場は生産を停止し、民間投資が誘致されるまで閉鎖されたままのケースも目立った。

第2部
食の変容とビジネス

写真13 ヨーグルト博物館の外観

写真14 ヨーグルト博物館の展示

写真15 ワイン博物館の外観

写真16 ワイン博物館で展示されているワイン

　現在、人口の16％が首都ソフィアに集中しており、地方との間で平均給与や失業率など大きな経済格差が生じている。その問題に取り組むべく、多くの自治体は、観光を中心とした地域振興を展開しようとしている。そこで、観光資源としてもっとも期待されるのが現地の食文化であり、それを伝える手段として、近年では各地域において伝統的な料理や食品をテーマとした博物館の開館や祭典の開催が目立つようになった。実際、この10年の間に、豆の博物館（2003年）、ヨーグルト博物館（2007年）、ワイン博物館（2008年）、蜂蜜の博物館（2009年）などが、それぞれの産地に創設された（写真13～16）。

　また、ブルガリアの経済観光省が発表している観光行事のカレンダーのなかでは、ヨーグルト祭り、ジャガイモ祭り、ソーセージ祭り、リュテニツァ・保存食祭り、バニツァ（チーズパイ）祭り、サクランボ祭りなど、食をテーマとした祭典が数多く紹介されている。こうした行事も、とくに2000年代以降、スローフードやルーラルツーリズムといった新たなグローバルな動きの影響で、各地域で開催されるようになった。ここでは、ラズグラッド地域のヨーグルト祭りとプロフディフ地域のリュテニツァ・保存食祭りを事例として、伝統食品に対してブルガリアの人びとがどのような意味づけを行っているのかを示すことにしたい。

V-2　全国で注目されるラズグラッド地域のヨーグルト祭りと「おばあちゃん」

　ブルガリアの北東部に位置するラズグラッド市は首都ソフィアから約400km離れた、人口3万人ほどの静かで小さな町である。ところが、7月末のヨーグルト祭りの開催時期になると町は一変し、あたかも世界のヨーグルトの首都になったかのように、華やかな飾りやパレードなどで装飾され、数多くのイベントや世界の民族音楽・舞踊のリズムで活気をみせる。ここはブルガリアのなかでももっともおいしいヨーグルトができるという定評があり、かつては嫁がおいしいヨーグルトを作れなければ実家に帰されたともいわれている[*12]。家庭によってヨーグルトの味が微妙に異なり、その発酵技術は昔から女性を中心に伝承されている。それぞれの「技」を自慢し合う場として、ヨーグルト祭りは見事に機能しており、その規模はブルガリアの中央部に位置するカザンラク地域のバラ祭りについで大きなものである。国内外から多くの観光客を引きつける国際色豊かなイベントとして、展示会や国際シンポジウム、写真のコンクールやダンス女王の選定、

手作りヨーグルトの味コンテストや冷製スープ「タラトル」*13の早作り競争など、数多くの行事が行われている。

そのなかでも、もっとも注目されるのは、ヨーグルトにまじないの言葉を唱える地元の「おばあちゃん」である。彼女たちのパフォーマンスは、ヨーグルト祭りの目玉として大いに脚光を浴びており、主催者のラズグラッド自治体によると「おばあちゃん」はこの地域のもっとも大きな文化資源であるという。毎年、ヨーグルト祭りに主賓として招待されるブルガリア大統領と駐ブルガリア日本大使も、地元の「おばあちゃん」の売店に足を運び、彼女たちの手作りヨーグルトを試食することになる*14。このように、ラズグラッド地域の「文化遺産」とされる現地の「おばあちゃん」は自慢の味をアピールし、誇りをもって祭りに参加しているのである（写真17）。

V-3　生産者と消費者をつなげるプロフディフ地域のリュテニツァ・保存食祭り

他方、ソフィアから約130km離れた場所にあるプロフディフ地域のクルトヴォ・コナレ村では、2009年からリュテニツァ・保存食祭りが開催されるようになった（写真18）。その開催時期は9月中旬、リュテニツァの材料となるトマトとパプリカの収穫が終わる頃である*15。ここで栽培される「クルトヴォ・カピア」というパプリカの品種が、他の品種に比べても保存食に向いており、手作りリュテニツァに欠かせない材料となっている。また、1894年に現地の農家は、国内でもっとも早く蒸気製粉機を導入したことで、ブルガリア初の赤唐辛子粉末の製造に成功した。トマトとパプリカの栽培技術も、20

第4章
ブルガリアの保存食「リュテニツァ」
—グローバル経済と「瓶詰め経済」の狭間で

*12 濃厚でおいしいヨーグルトを作れることは、勤勉で料理が上手であるという意味をもっていた。ヨーグルト作りは、今もなお地元の女性の誇りであり、ラズグラッド地域全体を象徴する伝統となっている。
*13 タラトルは、キュウリ、ヨーグルト、ニンニクなどがおもな材料であり、世界三大冷製スープの一つだといわれている。ブルガリアの代表的な料理として、とくに夏の食卓に欠かせない一品である。

*14 ラズグラッド地域を代表する特産品として、「おばあちゃん」の素焼き壺のヨーグルトは主賓や公式代表団へと贈呈されている。

*15 そもそもクルトヴォ・コナレ村が位置しているトラキア平原は、気候条件がよく、土壌も肥沃であるため、野菜の栽培に適している。

写真17　ヨーグルト祭りで披露される「おばあちゃん」の自慢の味

写真18　リュテニツァ・保存食祭りの様子

197

第2部
食の変容とビジネス

世紀初頭にクルトヴォ・コナレ村から全国に伝わったという [Паскова и Пасков（Paskova and Paskov）2008]。パプリカだけではなく、現地の「ピンク・トマト」とよばれる品種もとくにおいしいと定評があり、2013 年に絶滅の危機に瀕している在来品種としてスローフードの「味の箱舟」*16 に認定されている。そして、クルトヴォ・コナレ村は、その産地として小学校の教科書に掲載されるほど有名なのである。

　3 日間にわたるリュテニツァ・保存食祭りのプログラムにはさまざまなイベントがある。リュテニツァの製作披露からベスト・マスターの選定まで、またピクルスの試食会から手作りコンテストまで、すべてにおいて自家製の保存食が話題になっている。そして、この祭りも主役は地元の女性たちであり、彼女たちの手作りリュテニツァが大きく注目されている。

　ソフィアなどの都市部から訪れてくる人びとにとって、「おばあちゃん」の自慢の味を試食できることは、祭りの一番の楽しみである。そして、気に入った自家製品について、その場でお土産として買う人もいれば、冬のために「本物」のリュテニツァを確保しようと、作り手の「おばあちゃん」に何百もの瓶を発注して、後日に送ってもらう人もいる*17。そこで発注される瓶数は毎年増加傾向にあり、2014 年には 5000 瓶を超えたといわれている。この数字からも「おばあちゃんの味」が都会の人びとをいかに魅了しているのかがうかがえる。このように、リュテニツァ・保存食祭りは、「おばあちゃん」にとっては、年金生活に副収入を得るビジネスチャンスでもあり、地方での平穏な暮らしを支えているのである*18。

　また、最近では、新たな取り組みとして、現地の女性の手作り保存食がクルトヴォ・コナレ村のオンライン・ショップで取り寄せできるようになっており、生産者と消費者をつなげてオルタナティブなネットワークの形成をうながす措置として機能している。そこには、食のグローバル化に対するオルタナティブな運動として展開されてきたスローフードの影響もみられており、地域の経済復興をめざしている自治体の政策も一定の成果をもたらしているといえる。さらに、社会主義期に生まれ変わったリュテニツァの「伝統」も無関係ではなく、民主化以降の激しい社会変化のなかで、アイデンティティの危機に直面している消費者の「ルーツ探し」も大きくかかわっているのである。

*16 各地方の固有な在来品種など生物の多様性を守るため、1997 年に開始されたスローフード運動のプロジェクトの一つ。現在、世界中で 900 以上の動物、果物、野菜の品種が「味の箱舟」と認定されている。日本では岩手県の安家地大根や長野県のすんき漬けなど 25 品目が登録されている。

*17 「おばあちゃん」のリュテニツァを大量に買う観光客は、医者や IT 関係者など高所得者が多い。

*18 ヨーグルト祭りにおいても人気のお土産は「おばあちゃん」の手作りヨーグルトであり、現地の人びとにとって、いい副収入源となっている。

第4章
ブルガリアの保存食「リュテニツァ」
—グローバル経済と
　「瓶詰め経済」の狭間で

Ⅵ 国家と地域のイメージ戦略
　としての伝統食品

　現在、ヨーグルトはブルガリアを代表する伝統食品として受けとめられているが、「ブルガリアといえばヨーグルト」という連想をするのは世界中で日本人だけなのかもしれない。西欧からはブルガリアは「旧ソ連の衛星国」ないし「欧州の周縁国」とみなされ、今もなお東欧の問題児として扱われている。なぜなら、民主化以降の失業や貧困、移民などの問題は西欧社会の秩序を脅かしかねないととらえられているからである。

　このようにネガティブに映るブルガリアのイメージを一新し、国際社会においてその「地位」や「国格」を向上させるために、さまざまな行事や展示会、コンクールなどを通じて、世界へとブルガリアの食、文化、歴史をアピールするとともに、国民的自尊心や愛国心を促進することが必要とされている［Нейкова (Neikova) 2008］。そこで、2000年以降は、2007年のEU加盟に向けて「ブルガリアのシンボル」、「20世紀におけるブルガリアの偉大な業績」、「ブルガリアの文化遺産」と題された大規模なキャンペーンが次々と展開されはじめ、国民文化やブルガリア人像の再定義への動きが目立つようになった。この流れのなかで、ブルガリアの食文化は新たなシンボルを生み出せるポテンシャルのあるものとみなされ、国家・地域のイメージ戦略として重要な意味をもつようになった。

　伝統食品のなかでもっとも注目されているのは、日本において健康食品として高く評価されているブルガリアのヨーグルトである。興味深いことに、国営テレビの「20世紀におけるブルガリアの偉大な業績」という全国規模のキャンペーンの一部として制作されたビデオでは、ブルガリアの伝統を示唆する素焼き壺のヨーグルトの映像以外に、日本の「明治ブルガリアヨーグルト」が登場し、商品のパッケージの変遷や製品の多様化までも紹介された。今日の日本では、ヨーグルト抜きにブルガリアを語ることができないのと同様に、民主化以降のブルガリアにおいても、日本の「ブルガリアヨーグルト」なくして、自国のヨーグルトを語れない存在になっている[19]。なぜなら、ヨーグルトを架け橋に、日本とのつながりを通して、西欧からの厳しい視線とは異なる見方を獲得することができ、別の自己像を提示することが可能になったからである。

[19] 筆者が2008年にブルガリア人のインフォーマントの間で行ったアンケート調査では、「ブルガリアは日本においてヨーグルトの大国として有名である」という事実を知っている人は82％と非常に高い結果となった。また、日本のイメージに関する質問で63％の人は、経済大国・技術大国という印象が強く、品質の高いものを作る国としてとらえている。他方、25％のインフォーマントは、日本というと、生け花や茶道、俳句などを連想し、日本の伝統文化を高く評価している結果となった。

199

第2部
食の変容とビジネス

*20 ヨーグルト祭りは、経済観光省の発行している観光促進パンフレットにおいて、バラ祭りとともにブルガリア最大の祭典として紹介されており、国外向けの旅行会社のツアーにも含まれている。

*21 「明治ブルガリアヨーグルト」の開発のきっかけになったのは1970年の大阪万博である（次頁ミニコラム参照）。明治乳業の社員は、酸味の強いヨーグルトに違和感を覚えつつも、それこそがメチニコフの提唱した「長寿の秘訣」であるという信念のもとで、日本初のプレーンヨーグルトの商品化に踏み出した。結果、1973年に「明治ブルガリアヨーグルト」が誕生し、日本に浸透していった。
　消費者に新商品の価値を伝えるためには、本家ブルガリアのイメージが必要であった。そこで、ブルガリアの国名を冠する条件として、国営企業から毎月ブルガリア菌を買い取り、技術指導を受け入れることとなった。
　発売当初の宣伝は、おいしさや食べ方に関する提案に加え、民族衣装の女性、民族楽器を演奏する若者、古い町並みを歩く元気な老人、家畜の群れを率いる村人など牧歌的な風景を描いて、ブルガリアの民族的様相と健康効果を視覚的に反映させている。
　しかし、明治乳業が再現した「本場の味」は、ブルガリアの家庭の味でも国営企業の味でもなく、健康意識の高い日本の消費者のために「情報化」された資本主義ブランドの味であった。と同時に、自然豊かで美しいブルガリア像、およびそのなかで永遠に輝くヨーグルトの成功物語なのであった。

そう考えると、ヨーグルトがブルガリア人の長寿食として世界旅行博覧会などでとりあげられることの意味や、ブルガリアの魅力を訴えるうえでの重要性が理解できる。また、ヨーグルト祭りにブルガリア大統領や日本大使が公賓として迎えられることも、全国メディアにおいて多くの注目を集めるのもうなずける[20]。現在、ヨーグルトはラズグラッド地域の文化的独自性を表すと同時に、ナショナル・アイデンティティを担う国家のイメージ戦略としても重要な存在となっているのである。

そもそもブルガリアのヨーグルトに初めて注目したのは、ロシア出身のノーベル賞受賞者メチニコフである。彼は、20世紀の初頭に老化と腸内腐敗を研究するなかで、ブルガリア菌で乳酸発酵したヨーグルトを摂取することが長寿につながると発表した。これをきっかけに、それまで欧米文化圏ではほとんど知られていなかったヨーグルトは、庶民の間でも「長寿食」として話題になり、徐々に食生活に浸透していった。

メチニコフの不老長寿説は、ブルガリアの乳酸菌研究にも大きな影響を与え、またのちに日本の明治乳業の関心を引きつけることとなった[21]。「明治ブルガリアヨーグルト」というブランドは、日本におけるヨーグルトの普及に多大な貢献をしただけではなく、ポスト社会主義期においてブルガリア国民に自国のヨーグルトの価値を再認識させる重要な役割を果たした。このように、乳酸菌研究に基づいて国際的なブランドとして育成されたブルガリアのヨーグルトは、今や国民性と結びつけられるようになり、国民表象となっているのである。

他方、リュテニツァはブルガリア人にとって保存食の「王様」であるといわれながらも、ヨーグルトのように科学的研究に基づいたストーリー性やブランド力がなく、国際的にもブルガリアの伝統食品として認知されていない。ソ連の大規模な市場に輸出されていた時代においても、特別な価値のある健康食品やブルガリア固有の保存食としてではなく、あくまでも人民の腹を満たすノーブランド食品であった。

ブルガリア在住のロシア人のインフォーマントの話からも、リュテニツァからブルガリアを連想する人が非常に少なく、ソ連市場の瓶詰めの多くがブルガリア産であったこともほとんど知られていない様子がうかがえた。2013年に地理的表示保護の対象品としてEUに登録されたリュテニツァであるが、ヨーグルトのように世界的な名声を確立しておらず、国民文化をアピールする手段として国家のイメージ戦

200

略に取り入れられていない。

　興味深いことに、インフォーマントのほとんどは、ヨーグルトの起源についてブルガリア人の祖先とされている古代トラキア人（紀元前3000年頃）と結びつけているのに対して、リュテニツァの場合は国民のルーツよりも「故郷の味」や「家庭で伝わる保存食」といった表現で説明する人が多かった。とくに、家族や親戚、友人と離れて暮らす人びとにとっては、リュテニツァは故郷を呼び起こす食品であり、家族の思い出や祖父母の知恵が凝縮されたものとして珍重されている。

　さらに、クルトヴォ・コナレ村の人びとのように、リュテニツァ作りを通して自己を定義し、家族の伝統を維持している喜びを味わうブルガリア人も少なくない。地元で作られるリュテニツァが全国で高く評価されていることは、現地の人びとに「リュテニツァの達人」としての自負と使命感をもたらしている。そして、リュテニツァ・保存食祭りは、地方色豊かな行事として自治体の地域活性化政策に組み入れられており、地域のイメージ生成に大きく寄与しているのである。

　ナショナル・アイデンティティを担うヨーグルトと地域の文化的独自性を表すリュテニツァに共通するのは、「おばあちゃんの味」という主張であり、国家・地域レベルでのイメージ戦略における大きな役割である。それは、社会主義とその崩壊、EU加盟という時代の荒波を経験した人びとに名声をもたらし、国家・地域の威信高揚に大いに貢献しているものなのである。

Ⅶ　おわりに

　本章では、ブルガリアの社会主義期において「瓶詰め経済」の発展とともに、季節限定の食品から万能食へと生まれ変わったリュテニツァを中心に、クルトヴォ・コナレ村の祭りやラズグラッド地域のヨーグルト祭りに注目しながら、生産者・消費者としての人びとの意識や活動の変容、さらに国家・地域のイメージ戦略としての伝統食品の新たな役割について論じてきた。

　先行研究では、現在の東欧諸国における伝統食品の再評価について、おもに資本主義への幻滅や社会主義への郷愁としてとらえられてきた。しかし、現代ブルガリアの食の祭典や人びとの言説からも明らかなように、伝統食品が見直されるようになったのは、資本主義の「西欧製」というシンボルが覆されたからではなく、社会主義の「国家食」がもたらす物懐かしさが増したからでもない。それは、むしろ

第4章
ブルガリアの保存食「リュテニツァ」
—グローバル経済と
　「瓶詰め経済」の狭間で

ミニコラム

　現在、国民表象とされているヨーグルトであるが、社会主義時代にはあくまでも「栄養源」として重要視されていたにすぎない。大阪万博の展示でも、社会主義の建設に尽くす労働者の姿は登場しているが、その食生活やヨーグルト食が大きく紹介されたわけではなかった。食堂ではヨーグルトを使った各種の料理がブルガリア料理として提供され、塩味の冷たいヨーグルトドリンクが添えられたが、それはヨーグルトをブルガリア固有の文化としてアピールするための戦術ではなく、国のイメージ戦略とも無関係であった。

　しかし、ブルガリア館を訪れた昭和天皇が、出されたヨーグルトを賞味して大変感銘を受けていると発言されたのをきっかけに、一躍注目を集めた。ブルガリア側の意図とは無関係に、ヨーグルトはブルガリア固有のものとして国際舞台へ踊り出たのである。

　結果的に、日本でのヨーグルトの「発見」および日本企業によるブランド化は、ブルガリア国内においても、ヨーグルトに対する意識の高まりや「ヨーグルトの大国ブルガリア」というイメージ形成に大いに貢献した。

社会主義的経験（瓶詰め経済）とポスト社会主義期の現実（グローバル経済）の狭間で生きている人びとの、自己肯定化への意識的な試みであるといえるだろう。

　またそれは、国家・超国家的なレベルで新たな権力構造が働くなかで、ブルガリアの人びとが西欧の厳しい視線をつねに意識しながら、「過去」と「現在」、「伝統」と「現代」、「グローバル」と「ローカル」の対極でアイデンティティの危機に瀕していることと密接に関係している。そして、彼らがかかえている国家としての自尊心の喪失や新たな食システムに対する不信感は、自らのルーツ探し（祖先から引き継がれた伝統食の再評価）や「おばあちゃんの味」への特別な思いにつながっている。すなわち、社会のすべてが揺れている不安定なポスト社会主義期において、伝統食品は身体を養うと同時に、人びとの精神性をも培っているのである。

〈文献〉
石毛直道　2006　『麺の文化史』講談社学術文庫。
（英語）
Brunnbauer, Ulf and Karin Taylor　2004　Creating a "Socialist Way of Life"：Family and Reproduction Policies in Bulgaria, 1944-1989. *Continuity and Change*, 19(2)：283-312.
Caldwell, Melissa　2009　Food and Everyday Life after State Socialism. In Melissa Caldwell (ed.), *Food & Everyday Life in the Postsocialist World*. Indiana University Press, pp. 1-29.
──　2010　*Dacha Idylls：Living Organically in Russia's Countryside*. University of California Press.
Creed, Gerald　1998　*Domesticating Revolution：From Socialist Reform to Ambivalent Transition in a Bulgarian Village*. Pennsylvania State University Press.
Dunn, Elizabeth　2005　Standards and Person Making in East Central Europe. In Aihwa Ong and Stephen Collier (eds.), *Global Anthropologies：Governmentality, Technology, Ethics*. Wiley-Blackwell, pp. 173-193.
Gille, Zsuzsa　2009　The Tale of the Toxic Paprika：The Hungarian Taste of Euro-Globalization. In Melissa Caldwell (ed.), *Food & Everyday Life in the Postsocialist World*. Indiana University Press, pp. 57-77.
Goody, Jack　1982　*Cooking, Cuisine and Class：A Study in Comparative Sociology*. Cambridge University Press.
Humphrey, Caroline　1995　Culture of Disillusionment. In Daniel Miller (ed.), *Worlds Apart：Modernity Through the Prism of the Local*. Routledge, pp. 43-68.
Klumbyte, Neringa　2009　The Geopolitics of Taste：The "Euro" and "Soviet" Sausage Industries in Lithuania. In Melissa Caldwell (ed.), *Food & Everyday Life in the Postsocialist World*. Indiana University Press, pp. 130-153.
Kravets, Olga and Orsan Orge　2010　Iconic Brands：A Socio-Material Story. *The Journal of Material Culture*, 10(2)：205-232.

Mincyte, Diana 2009 Self-made Women : Informal Dairy Markets in Europe-anizing Lithuania. In Melissa Caldwell (ed.), *Food & Everyday Life in the Postsocialist World*. Indiana University Press, pp. 78-100.

Patico, Jennifer and Melissa Caldwell 2002 Consumers Exiting Socialism : Ethnographic Perspectives on Daily Life in Post-Communist Europe. *Ethnos* 67 (3) : 285-294.

Shectman, Stas 2009 A Celebration of Masterstvo : Professional Cooking, Cu-linary Art, and Cultural Production in Russia. In Melissa Caldwell (ed.), *Food & Everyday Life in the Postsocialist World*. Indiana University Press, pp. 154-187.

Smollett, Eleanor 1989 The Economy of Jars : Kindred Relationships in Bul-garia. *Ethnologia Europea*, 19 (2) : 125-140.

Thorne, Stuart 2003 Estonian Food Production. *Anthropology of East Europe Review*, 21 (1) : 169-177.

Zavisca, Jane 2003 Contesting Capitalism at the Post-soviet Dacha : the Meaning of Food Cultivation for Urban Russian. *Slavic Review*, 62 (4) : 786-810.

(ブルガリア語)

Беновска-Събкова, Милена (Benovska-Sabkova, Milena) 2001 *Политически преход и всекидневна култура*. БАН Марин Дринов.

Бокова, Ирена (Bokova, Irena) 2008 Градско и селско – случаят „село сателит", Доклад изнесен на международна научна конференция "The Urban and Rural in Present-day Bulgaria", 29-30 May 2008.

Геров, Найден (Guerov, Naiden) 1899 *Речник на българския език. Част III.* Съгласие.

Демирева, Мария (Demireva, Maria) 1968 *Промени в храненето на българския народ*. БАН Марин Дринов.

Нейкова, Мария (Neikova, Maria) 2008 Игра с образи. В : М. Златева (съст.), *Имиджът на Балканите : исторически подходи и комуникационни перспективи*, 225-230. Софийски университет „Свети Климент Охридски".

Паскова, Маргарита и Георги Пасков (Paskova, Margarita and Georgi Paskov) 2008 *История на Куртово Конаре*. Читалище „Любен Каравелов".

Шулева, Лиляна (Shuleva, Lilyana) 2006 Особености на обредната трапеза при календарните празници в Пазарджик. В : Р. Попов, А. Янков, Е. Троева, Ц. Бончева (съст.), *Обредната трапеза. Сборник доклади от XI-та Национална конференция на българските етнографи*, с. 215-220. Етнографски институт с музей – БАН.

Цанкова, Татяна (Tsankova, Tatyana) 2010 Храна и хранене в делник и празник (по материали от с. Младен (Букурово), Севлиевско – 19-20 век). В : А. Гоев (съст.) *Храната – сакрална и профанна*, 58-69. Фабер.

第5章

ミャンマー茶産業の課題と取り組み
―シャン州ナムサン郡の事例から

生駒美樹

要旨

　茶は、ミャンマーの伝統文化、日常生活に深く根ざし安定的に消費されてきた。しかし、近年ミャンマー最大の茶産地、シャン州ナムサン郡の茶生産は不振に陥っている。そこで、本稿では、シャン州ナムサン郡の生産者と、ミャンマーの二大都市ヤンゴン市とマンダレー市の流通業者への調査から、近年の茶生産不振の背景と実態、茶生産立て直しの取り組みとその課題について明らかにすることを試みる。

　本稿では、まずナムサン郡の茶生産のあり方を分析する。ナムサン郡では、収穫した生葉から、加工方法の異なる４種類の茶を生産しており、生産者は、加工する茶の種類を選択することで生産活動を安定させている。続いて、ミャンマー国内における茶消費・流通について分析し、中国産の発酵茶やナムサン郡以外の国内の後発酵茶の需要増加といった消費市場での変化が、ナムサン郡の茶生産にいかに影響を与えているかを検討する。そして最後に、茶栽培・加工・販売者組合の活動と取り組みを紹介し、ナムサン郡の生産者がかかえる課題について指摘する。

第2部 食の変容とビジネス

I はじめに

ミャンマーには、茶を飲み物としてだけでなく、食べ物として用いる独特の文化がある。「ラペッ」とよばれる食用の漬物茶は、チャ[*1]の葉を蒸して揉んでから漬けたもの（後発酵茶[*2]）で、冠婚葬祭や日々のおかずとして欠かせないものである。油や塩、ニンニク、唐辛子、ライム等で味つけし、付け合わせの揚げ豆とともに食べたり、トマトやキャベツ、干しエビ等と和え物にして食べたりする。また、飲用茶も日常的に消費されている。家庭には緑茶（不発酵茶）が常備され、町の喫茶店ではコンデンスミルク入りの甘い紅茶（発酵茶）を飲む人びとの姿が見られる。

このように、茶は、最大多数民族ビルマ人を中心とするミャンマーの伝統文化、日常生活に深く根ざし安定的に消費されてきた。ところが、2000年代後半頃から、ミャンマー最大の茶産地、シャン州ナムサン郡の茶産業は深刻な経営難に直面している。本稿では、シャン州ナムサン郡の生産者と、ミャンマーの二大都市ヤンゴン市とマンダレー市の流通業者への調査[*3]から、①茶生産が不振に陥った背景と実態、これに対して行われた②茶生産立て直しの取り組みとその課題について明らかにする。

結論の一部を先取りすると、近年の茶生産不振の背景には、中国や国内新興茶産地との競合や、消費・販売スタイルの変化があげられる。グローバル化が進む現在、こうした状況は特別珍しいことではないだろう。しかしながら、生産者がこの変化を実際にどのように経験し対応しているのかは、生産する農作物、生産方法、それぞれの地域の社会背景によって異なる。そこで、本稿では、まずナムサン郡の茶生産のあり方と、ミャンマー国内での茶消費・流通について分析したうえで、先述の2点の課題について検討する。

II 調査地概要

ミャンマーのシャン州パラウン自治区ナムサン郡

[*1] 本稿では、植物を指す場合はチャ、加工品を指す場合は茶と表記し、区別する。
[*2] 加熱により一度酸化発酵を止めた後、微生物の働きにより発酵させたもの。
[*3] 2010年から2014年にかけて断続的に実施。調査言語はビルマ語。

図1 調査地地図
出典：筆者作成による。

は、標高 1500 m から 2000 m ほどの山間部に位置し、人口 7 万 2204 人（2014 年調査）[Myanmar, Department of Population, Ministry of Immigration and Population 2015] のうち、およそ 9 割[4] をモン・クメール系のパラウン（自称タアン）人が占める。

耕作地総面積 2 万 3176 ha[5] のうち、およそ 90％の 2 万 903 ha をチャ園が占めるのに対し、畑は 6％、焼畑は 2％、水田は 1％（2014 年、ナムサン郡[6]）とわずかしかなく、茶生産に特化した地域である。チャ摘みシーズンは 3 月末から 11 月上旬までで、5 月中旬から 10 月上旬までは雨季である。

ナムサン郡一帯のパラウン人の茶生産については、英領時代の民族誌やミャンマー政府発行の民族誌等に記述がある [Scott and Hardiman 1900, Scott 1921, Milne 1924, Min Naing 1962, Thinhka 1966]。いつ頃からチャ栽培が始まったかは明らかになっていないが、16 世紀前半にチャの種が伝来したという伝承 [Scott and Hardiman 1900:491-492, Milne 1924:226] や、ビルマ人[7] 初の統一王朝バガン王朝の第四代アラウンスィードゥー王（在位 1113-1165）からチャの種を授かったという伝承 [Min Naing 1962:49-50, Thinhka 1966] が紹介されている[8]。

いずれの文献でも、現在のナムサン郡一帯のパラウン人が古くから茶生産を経済基盤とし、ビルマ人をはじめとする周辺民族と交易を行ってきたことが指摘されている。彼らは古くから、食用の後発酵茶と飲用の不発酵茶を生産しており、とくにビルマ人の儀礼や行事で不可欠な食用の後発酵の産業を独占してきた [Scott 1921:135]。1939 年には、イギリスのボンベイ＝ビルマ商会（Bombay Burma Trading Company）がナムサン市内で発酵茶の生産を開始した [Min Naing 1962:52]。

Ⅲ ナムサン郡の茶生産の特徴

調査を実施した P 村落区 P 村[9] では、加工方法の異なる 4 種類の茶、すなわち食用の後発酵茶、飲用の発酵茶、不発酵茶、後発酵茶の生産を行っている。後発酵茶の加工工程は、食用にする場合①加熱（殺青）、②揉捻、③嫌気発酵、飲用にする場合は最後に④乾燥させる。不発酵茶は、①加熱（殺青）、②揉捻、③乾燥の順で加工される。発酵茶は、オーソドックス製法とよばれる方法で加工されており、その工程は、①萎凋、②細断・揉捻、③発酵、④乾燥、⑤区分けである[10]。

第 5 章
ミャンマー茶産業の
課題と取り組み
—シャン州ナムサン郡の事例から

写真 1　パラウン人の民族衣装

[4] 国勢調査では、民族別の人口は公表されていないが（2017 年公表予定）、聞き取り調査によればおよそ 9 割だという。これに先立ち 2009 年に発行された『ナムサン郡基本情報』によれば、人口（調査年不明）は、5 万 6710 人で、民族内訳はパラウン人が 5 万 886 人ともっとも多く、およそ 9 割がパラウン人であった。また、人口の 98％以上が仏教徒である [Myanmar, Namhsan Township 2009]。

[5] 元データはエーカー表記。

[6] 土地統計局への聞き取りより。

[7] ミャンマー最大多数民族。

[8] 詳細はミニコラム（p.211）および生駒 [2012:124-125、2014:87] 参照。

[9] ナムサン市から南東に 7 km ほど離れた人口 1197 人（2014）の村。

[10] 加工方法の詳細は生駒 [2014] 参照。

第2部
食の変容とビジネス

写真2　シャン州ナムサン郡P村
尾根に沿って住居が連なり、斜面にチャ畑が広がる。

写真3　チャ摘みの様子

　以下にみていくように、ナムサン郡の茶生産の特徴は、この4種類の茶を選択的に加工していることにある。
　農家は生葉の収穫が終わると、すぐに自家加工するか、仲買人や製茶工場に販売する。4種類のうち自家加工できるのは発酵茶を除く3種類である。製茶工場は、大規模なチャ畑を所有しておらず、生葉の供給を農家に頼っている。
　農家は次の三点を考慮し、自家加工する茶の種類や生葉の販売先を選ぶ。第一に、加工する茶の種類によって、適した生葉が異なる[*11]ため、生葉の状態に合った茶を自家加工する、あるいはそれに適した茶を加工する工場へ生葉を販売する。生葉に合った茶を加工することで高品質で高値のつく茶を生産することができる[*12]。
　第二に、農家は、生葉の価格を考慮している。生葉の価格は、季節や時期によって異なる葉の状態や、市場における茶の販売価格に基づき決められる。たとえば3月下旬から4月の新茶の時期は生葉の価格が高い。そのためP村の農家は、手間をかけて自家加工するよりも仲買人や製茶工場に生葉を販売することを好む。一方、5月以降雨季に入ると、生葉の価格が下落するため自家加工する傾向がある。
　第三に、消費市場の需要に合わせて加工する茶の種類を選択する。都市部の販売業者から注文があればその茶を加工し、逆に在庫が余っていると聞けばそれ以外の茶の加工を行う[*13]。
　また、農家だけでなく、製茶工場も加工する茶の種類を選んでいる。たとえば、発酵茶工場Sは、新茶

[*11] たとえば、後発酵茶は黄色、不発酵茶と発酵茶は黒い葉がよいとされている。また、加工の途中で細断される発酵茶と比べ、後発酵茶と不発酵茶は加工後も葉の形がそのまま残るため柔らかい新芽が好まれる。
[*12] 土壌によっても生葉の性質は変化するため、村ごとに主力の茶は異なる。調査地のP村では、おもに発酵茶と後発酵茶（食用）に加工する。このほか、K村は不発酵茶、Z村は後発酵茶生産に強みをもつ。
[*13] このほか、農家と製茶工場間の借金関係も、選択肢に影響を与えている［生駒2014］。

写真4　蒸した葉を揉む様子

の時期には、工場で発酵茶を生産する。品質のよい生葉を売りにくる農家が多く、この時期に加工した茶は高値で販売できるためである。しかし、雨季には農家が生葉を売らず自家加工することから、工場稼働に必要な量の生葉の獲得が難しくなる。そのため彼らも雨季になると後発酵茶を自家加工する。さらに、彼らもまた市場の需要に合わせて生産活動を行っている。都市部の問屋から市場での販売動向に関する情報を手に入れ、加工する茶を決定する。

このように、ナムサン郡の茶生産の特徴は、チャというひとつの農作物に依存しながらも、加工する茶の種類を選択することで生産活動を安定させていることだといえよう。ここで重要なのは、生産者は、加工する茶の種類を選択することによって、市場の需要に合わせているだけでなく、市場に出回る茶の供給量もある程度コントロールしているということである。たとえば、発酵茶が供給過剰になれば、それ以外の茶の加工を行い、発酵茶の供給量を抑えることにより需要と供給のバランスを調整する。これは、ナムサン郡がミャンマー最大の茶産地であるがゆえに可能であったといえるだろう。しかし、後述するように、2000年代以降、徐々に変化がみられるようになる。

IV 都市部での茶流通・消費

ナムサン郡で生産された茶は、基本的に国内消費向けに出荷されている。まずマンダレー市やヤンゴン市等の都市部の問屋や小売業者に販売され、そこから全国に出荷される。

以前は、都市部在住のビルマ人や中国人が茶問屋や小売店を営むことが多かったが、2000年以降、ナムサン郡出身のパラウン人が都市部に次々と問屋や小売店を開業し、茶販売に参入している。P村でも、近年、7軒の農家がマンダレーをはじめとする都市部に問屋兼小売店を開業している。

茶は、ビルマ人を中心とするミャンマー伝統文化や日常生活に不可欠なものである。食用の後発酵茶は、王が好む崇高な食べ物として大切にされ、王朝の儀礼に用いられてきた。また、当時の裁判では、原告と被告が合意に至ると茶を食べる習慣があった。現在でも、冠婚葬祭や儀礼、来客時のもてなしとして、日々のおかずとして安定的に消費されている（写真5）。

また、都市部には喫茶店が数多くあり、コンデンスミルクを入れた甘い紅茶（発酵茶）が人気である（p.213 ミニコラム参照）。緑茶（不発

写真5 食用の後発酵茶
器の下が後発酵茶。付け合わせの揚げ豆やニンニクなどとともに専用の漆器に盛り付けられる。

第2部
食の変容とビジネス

写真6　ヤンゴン市内の喫茶店

酵茶）は、喫茶店、飲食店、家庭で日常的に飲まれている。

　このように、ミャンマー伝統文化、日常生活に根ざした茶は安定的に消費されてきた。なかでもナムサン郡産の茶は、都市部の茶業者から良質な茶として認識され、古くから高値で取引されてきた。また、都市部の販売業者は、良質な茶を求めてナムサン郡の生産者と長期的で安定的な関係を結んできた。しかしながら、近年、ナムサン郡産の茶の評価が変化しつつある。

V　市場の変化への対応

　2000年代以降、茶業を取り巻く状況が大きく変化し、ナムサン郡の生産者は深刻な経営難に直面している。本節では、ナムサン郡の生産者に大きな影響を与えることになる消費市場での茶の価値づけの変化と、それに対する生産者の対応を分析する。

V-1　CTC製法の発酵茶人気

　ナムサン郡には100軒以上の発酵茶工場があるが、2012年の新茶シーズンには、そのうちの7〜8割が休業もしくは廃業を余儀なくされた。この背景には、中国産のCTC製法による発酵茶人気の高まりがある。

　発酵茶の製法は大きく分けてオーソドックス製法とCTC製法（Crush, Tear and Curl、機械で粉砕し丸める比較的新しい製法）の2種類がある。ナムサン郡の発酵茶のほとんどは、オーソドックス製法を採用している。

　CTC発酵茶は、2000年代半ば以降、中国からミャンマーへ不法に流入するようになった。これが、安価で、色が美しく、誰にでも簡単にいれられ、味も濃く出るため経済的であるとミャンマー国内の市場で人気を獲得した。とくに、喫茶店のチェーン店化が進むヤンゴンでその傾向が顕著にみられるようになった。

　一方、オーソドックス製法を採用しているナムサン郡の発酵茶は、こだわりをもった個人経営の喫茶店など一部では好まれているものの、徐々に人気を失っていった。そのため、2000年代後半から、ナムサン郡内の発酵茶工場は次々と閉鎖に追いこまれた[*14]。2000年代

写真7　後発酵茶と付け合わせの揚げ豆類のセット

*14　業績が好調なのはCTC製法を採用する2工場のみ。CTC機導入にはまとまった資本を必要とするため、ほとんどの工場主は工場の閉鎖を余儀なくされた。

前半までは、ナムサン郡産の発酵茶を手に入れるためには、新茶シーズン前から前払いしなければならないほど人気があったが、その状況は大きく変化した。チェーン店化など喫茶店の経営スタイルの変化によって、好まれる発酵茶の種類が変化したのである。

これに対し、発酵茶工場主らは、これまで行っていたように加工する茶の種類を変えることでこの難局を乗り越えようと試みた。たとえばP村にある三つの発酵茶工場のうち、二つの工場は2010年、2011年に閉鎖したが、このうち2010年に閉鎖したL工場は、当時市場で比較的高い値段で取引されていた後発酵茶の生産へ移行した。P村以外でも同様に、発酵茶工場主らは次々と後発酵茶生産に参入していった。第Ⅲ節でみたように、以前から新茶のシーズンが終わると後発酵茶を自家加工していた彼らにとって、この移行はそれほど難しいことではなかった。次節で詳述するパラウン茶業者組合の副組合長によれば、これまでナムサン郡で収穫された生葉は、4：3：3の割合で後発酵茶、不発酵茶、発酵茶に加工されていたが、発酵茶加工分の生葉の多くが後発酵茶生産にあてられることになった。

ところが、消費市場における発酵茶の価値づけの変化と並行し、後発酵茶の評価も変わりつつあったのである。

Ⅴ-2　出荷に適した後発酵茶人気

食用の後発酵茶は、油や塩、唐辛子、うま味調味料、ニンニク等で味つけをして食すのが一般的である。以前は、市場で購入した後発酵茶を、食べる直前に各家庭で味つけしていたが、近年は、すぐに食べられるようにあらかじめ味つけをして販売するのが主流になってきた。スーパーマーケットには、後発酵茶専用の陳列棚があり、種々に味つけされたさまざまなブランドの後発酵茶が販売されている。

これまで、ナムサン郡の後発酵茶は、柔らかく香りがよいことから最高級品と評価されてきた。しかし、近年、柔らかいナムサン郡の後発酵茶は、油を吸いやすく形が崩れやすいことから、流通業者・消費者は、より葉が硬く見た目のよい他地域のものをより高く評価するようになった。流通の際に、味つけをしたまま長期間保存しても形が崩れないためである。P村にチャ畑を持ち、マンダレー市で後発酵茶の小売店を経営するP氏は、当初自分で生産した後発酵茶を販売するために小売店を開業したが、2013年からは消費者の好みに合わせて他地域の後発酵茶を仕入れざるをえなくなっているという。あらかじめ味つけしたものをスーパーマーケット等で売るという販売や流通方

第5章
ミャンマー茶産業の
課題と取り組み
—シャン州ナムサン郡の事例から

ミニコラム

世界各地で用いられているチャの呼称をみてみると、その多くが中国の福建語テーと広東語チャを起源とする2つの系統に大別できる。しかし、ミャンマーの公用語ビルマ語では、チャは「ラペッ」とよばれる。

「ラペッ」の語源は、ナムサン郡のパラウン人に伝わるチャ起源の物語とともに語り継がれている。それによれば、ナムサン郡の茶生産は、バガン王朝の第四代アラウンスィードゥー王（在位1113-65）がパラウン人の長老にチャの種を授け、栽培させたのが始まりであるとされる。長老が片手で種を受け取ったことから、その木は「レッ（手）」「タペッ（片側）」（片手）の木とよばれるようになり、時を経て現在の「ラペッ」という呼称になったのだという。現在、ナムサン郡の人びとは、村の僧院や製茶工場、家庭に、この伝承を表した像を祀り、チャを王から授かったものとして大切にしている。

ただし、この伝承には諸説ある。そもそもパラウン語ではチャを「ミャム」とよぶ。にもかかわらず、彼らがパラウン語ではなくビルマ語のチャ「ラペッ」の語源となる伝承を語り継いでいることにも疑問が残る。

第2部
食の変容とビジネス

法の変化により、好まれる後発酵茶の種類が変化したのである。

こうして、2013年になるとナムサン郡産の後発酵茶は供給過多となり、生産者は大量に在庫を抱える結果となった。前項で述べたように、発酵茶工場が閉鎖し、後発酵茶を増産していたことが、この状況に追い打ちをかけた。2013年の新茶のシーズンには、ナムサン郡の生産者は深刻な経営不振に直面した。これまで彼らが行ってきた「加工する茶の種類を選択する」という方法では、乗り越えられない状況に陥ってしまったのである。

VI 茶業立て直しの取り組みと課題

ナムサン郡の茶生産をめぐる厳しい状況が続く2013年2月6日、ナムサン郡の有力な茶業者（工場所有者、問屋経営者）らによって、「パラウン茶栽培・加工・販売者組合（Palaung Tea Growers & Sellers Association）」が設立された。

設立に先立ち行われた会議資料によれば、組合の設立目的は次の6点である。①茶農家、茶業者の生活水準向上、②原料となる生葉の質向上と栽培加工技術獲得、③加工品の国内外での市場獲得、④消費者のための国産高級自然茶の供給、⑤政府の経済関連基本原則への提言、⑥上記目標達成のために国内外の支援を探すことである。そして、「パラウン人の社会経済を発展させることによりパラウン地域の和平を支える」ことをめざすという。

2013年4月には、ナムサン郡の農家、製茶工場主、各村の村長らを集め、1回目の会議およびワークショップが行われた。小規模農家、大規模農家、問屋、発酵茶、後発酵茶、不発酵茶のグループに分かれ、それぞれ現在直面している問題をあげ、解決に向けて何ができるか話し合いが行われた。この会議でとくに問題視されたのは、中国から無課税で不法に流入する発酵茶であった。また、他地域の茶に対抗できるよう品質の向上をめざす必要性も話し合われた。品質の良い生葉の収量を上げ価格を下げるためにチャ畑改良の重要性が強調された。

この会議を受け、2014年末までの2年弱の間に行われてきた活動をまとめると次の7点である。①ナムサン郡をはじめ、パラウン人が居住する地域での事務所の開設および運営、②組合員の募集、③寄

写真8 ワークショップの様子

付金、運営資金集め、④ワークショップの開催、⑤海外からの支援者の獲得および窓口となること、⑥チャ畑の改良、加工技術研修、⑦ナムサン郡の茶の強み、つまり香りや味がよく、オーガニックであるとアピールすること、などである。

　組合の活動は一定の成果を上げている。副組合長への聞き取りによれば、組合がパラウン民族党とともに、ミャンマー政府に対して、中国から不法に流入する茶に課税するよう求めたところ、2014年には税関が強化されたという。その結果、閉鎖を余儀なくされていた発酵茶工場の一部が、再稼働した。また、ドイツ国際協力公社（GIZ）の支援を受けて、チャ畑の改良も少しずつ進められている。

　ただし課題も多い。ナムサン郡では茶業不振の影響により、出稼ぎに出る人びとが増え、深刻な人材不足に直面している。そのため、チャ畑を改良するどころか、村によってはチャ畑の放置が目立つようにさえなっている。そして、資金不足による組合の運営難もある。現在、活動資金は、幹部ら自身の資金あるいは寄付に頼らざるをえない状況である。海外への輸出も少しずつ始まっているが、品質の安定、食品衛生管理の技術が不足している。

　また、組合名にパラウンという民族名を掲げているため、設立に際し他民族からの反発があった。実際、組合の幹部は、彼らの活動を経済活動ではなく、民族活動だと認識している。

Ⅶ　まとめにかえて

　ナムサン郡では、4種類の茶を生産しており、加工する茶の種類を選択することで、消費市場の需要への対応と供給量のコントロールを行い、生産活動を安定させてきた。しかしながら、喫茶店のチェーン店化や、味つけした後発酵茶の販売といった、消費・販売スタイルの変化により、ナムサン郡産の茶の価値づけが低下した。生産者は、従来どおり加工する茶の種類を変えることでこの問題を乗り切ろうと試みた。しかし、4つの選択肢のうち発酵茶と後発酵茶（食用）という2つの選択肢を失ったことにより、従来の方法ではこの難局を乗り切れなくなってしまった。そこで、「パラウン茶栽培・加工・販売者組合」が設立され、これまでのような農家や工場の個別の対応ではなく、茶生産を取り巻く社会的経済的状況に対して働きかける動きが生まれた。しかし、人材不足、資金不足、技術不足など課題も多い。

　ナムサン郡の茶生産は、消費市場における茶の価値づけの変化に

第5章
ミャンマー茶産業の課題と取り組み
―シャン州ナムサン郡の事例から

ミニコラム

　ミャンマーの紅茶は、濃く煮出した紅茶の抽出液に、コンデンスミルクや砂糖、ミルクをたっぷり入れたとても甘い飲みものである。喫茶店では、紅茶を注文する際、好みの味を指定できる。店によって多少の違いはあるが、代表的なのは、基本の味「ポンマン」、甘さ控えめ「チョーポ」、甘くてミルクをたっぷり入れた「チョーセイン」、コンデンスミルクをたっぷり入れた「シェー（スペシャル）」など。このほかに、「チャーセイン」「ポセイン」「ポチャー」「パンチョー」「パンセイン」などがある。いずれも、「チョー（甘い）」、「パン（渋い）」、「チャー（よく煮出した）」、「セイン（ミルクをたっぷり入れた味）」、「ポ（軽い）」を組み合わせたものである。

　喫茶店は、軽食のメニューも充実している。席に着くと自動的に菓子類が運ばれてくるが、食べた分だけ支払えばよい。インド系のナンやチャパティ、サモサ、中国風の揚げパンは定番メニューである。麺類や、軽食類に力を入れている店もある。近年は飲食店のように食事メニューが充実した、近代的な店構えの喫茶店が増えつつある。

注文に合わせて手際よくいれていく。

よって不振に陥った。しかしながら、新しい価値の創造はナムサン郡の茶生産にとって、よい影響を与える可能性もある。最近、パラウン茶栽培・加工・販売者組合やナムサン郡産の茶を扱う都市部の販売業者は、ナムサン郡の茶は、肥料や農薬を一切使用していないオーガニックティーであるということを強調するようになってきた。これまでナムサン郡の生産者は、自らの茶生産を、「時代遅れの」伝統的な栽培、加工方法であると評価してきた。しかし、「オーガニック」という新たな価値を付与することで、欠点を利点に変えようと試みている。

　また、今回の事例では、加工する茶の種類を選択することによって生産活動を安定させる方法の限界が明らかになったが、生産者は現在でもこの方法を続けている。生葉の質・状態・価格、消費市場の動向に合わせて加工する茶の種類を選択できることは、ナムサン郡の茶生産の最大の特徴であり、強みでもあることには変わりない。生産者が、今後この強みをどう生かしていくのか、または変えざるをえないのか、引き続き調査を行っていきたい。

〈文献〉

生駒美樹　2012　「モノを媒介とした山地社会と平地社会のつながり――ミャンマー、シャン州ナムサン郡の茶生産、流通を事例として」『言語・地域文化研究』18：121-135。

――　2014　「茶をめぐる生産者の選択と関係――ミャンマー北東部シャン州ナムサン郡を事例として」『東南アジア研究』52(2)：82-115。

Milne, L.　1924　*The home of an EASTERN CLAN：A study of the Palaungs of the Shan States.* Oxford：Clarendon Press.

Min Naing　1962　*Medo Palaun（Palaungs of Burma）*. Myanmar：Ministry of Union Culture.

Myanmar, Namhsan Township　2009　*Nanhsan myo myoneacheihkan achetal-etmya*［ナムサン郡基本情報］. Namhsan：Namhsan Township Head Office.

Myanmar, Department of Population, Ministry of Immigration and Population　2015　*The 2014 Myanmar Population and Housing Census：The Census Report Volume 3-M Shan State.* Nay Pyi Taw：Department of Population.

Scott, J. G.　1921　*Burma：A Handbook of Practical Information. 3rd ed.* London：Alexander Moring, De La More Press.

Scott, J. G. and J. P. Hardiman　1900　*Gazetteer of Upper Burma and the Shan States, Par I, Voume 1.* Rangoon：Superintendent of Government Printing and Stationary.

Thinhka　1966　*Lethpet yinkyeihmu*［茶文化］. Yangon：Sapei Beikman.

第**6**章

英国ロンドンにおける
日本食のグローカライゼーションと
ビジネス

大澤由実

要旨

　イギリスの代表的な食べ物といえば、白身魚とジャガイモを揚げた
フィッシュ・アンド・チップスや、アフタヌーンティーで有名なス
コーンなどが思い浮かぶであろうか。首都ロンドンでは、国際的な大
都市としての様子を反映して、中国料理、インド料理、アラビア料理
など世界中の料理を口にすることができる。日本食レストランも多く
存在し、その数は年々増加しているという。本章では、大都市ロンド
ンにおける日本食の普及と、日本食レストランを中心とする日本食の
ビジネスの様子について紹介する。ロンドンでは、店名から内装、店
の雰囲気を含めて「日本」的イメージで統一された日本食レストラン
や、回転寿司のチェーン店、スーパーで販売される寿司、またはラー
メンなどの専門店など、多様な形で日本食が生産・消費されている
とが明らかになった。ユネスコの無形文化遺産として登録された「和
食」、世界的な人気が続く寿司など、日本食をめぐる世界的な動きは
めまぐるしい。グローバル化が進む「食」の生産・流通・消費という
視点から、ロンドンにおけるグローカルな日本食の消費の実態につい
て考察する。

第2部
食の変容とビジネス

I　はじめに

I-1　ロンドンの日本食事情の背景

　イギリスや欧州連合（EU）域内で最大の都市圏を形成しているイングランドの首都ロンドン市内には2万8000店弱のレストランが存在する（2016年7月時点）。そのうちの696店が「日本食レストラン（Japanese Restaurants）」として分類されている[1]。筆者が以前調査を行った2007年時には、ロンドンには約350店の日本食レストランが存在していたことから［農林水産省 2007］、その数は9年間で2倍近く増えたのがわかる。本章ではロンドンにおける日本食の普及の様子をヨーロッパにおける事例として紹介し、日本食レストラン関連のビジネス形態について考察する。

　まず、ロンドンの食事情として最初にふれておかなければならないのは、ロンドンの食事情＝イギリスの食事情ではない、ということである。2015年の調査によると、ロンドンの総人口845万人のうち、195万人が非英国人（移民）とされている[2]。このロンドンの特殊性は、イギリスのEU離脱が決定された2016年6月の国民投票でも大きな話題になっていたことは記憶に新しい。さらに、ロンドンは年間1860万人の観光客や訪問者を海外から受け入れていることに加え[3]、留学生・ビジネスマンなど一時的にロンドンに滞在する外国人の数も多い。

　こういった国際都市、国際観光都市としてのロンドンの事情を反映して、ロンドンにおける食事情は、イギリスの他の地域の様子に比べて、より複雑かつ国際的であることをまず考慮しなければならない。ロンドンにおいては日本食に限らず、「Ethnic food」を提供するレストランが増えている［Warde 2000］。Ethnic food の直訳は民族料理であるが、自分たちの文化以外の料理をさす表現である。ロンドンには、インド料理、中国料理、アラブ料理、カリブ料理、タイ料理などのレストランが多く存在する。たとえばイタリア料理やフランス料理などの西洋料理は「Ethnic food」とみなされる場合とそうでない場合がある。

　では、このような国際的大都市ロンドンの特殊な背景を頭に入れて、ロンドンにおいて日本食がどのように受け入れられ消費されているのか、そして日本食にかかわるビジネスの様子について考察する。

[1] レストラン総数については、ローカルビジネスレビューサイト Yelp に登録されているレストランの数を参照した（Yelp London：http://www.yelp.com/london）。日本食レストランの総数については、Category（分類）から Japanese restaurants を選択し得られた数。

[2] Office for National Statistics, Population by Country of Birth and Nationality Report：August 2015（http://www.ons.gov.uk/peoplepopulationandcommunity/populationandmigration/internationalmigration/articles/populationbycountryofbirthandnationalityreport/2015-09-27）

[3] Office for National Statistics, International Passenger Survey（IPS）（https://www.ons.gov.uk/surveys/informationforhouseholdsandindividuals/householdandindividualsurveys/internationalpassengersurveyips）

第6章
英国ロンドンにおける
日本食のグローカライゼーションと
ビジネス

I-2　ロンドンの日本食の歴史

　イギリスにおける日本食レストランの歴史はあまり長くない。イギリスで最初にオープンした日本食レストランの一つといわれているのが、1967年にロンドン中心部、オックスフォード・ストリートのセント・クリストファー・プレースに開店した「Hiroko」である［Rudlin 2000］。Hirokoのオーナーは、翌1968年には別の日本食レストラン「Akiko」を、その後は日本人ナイトクラブの「Kazuko」も開店している。

　これらの店のおもな客層はロンドンに住む日本人の駐在員で、当時は接待の場所としても頻繁に利用されていた。イギリスにおける日本食レストランの歴史は、日本人駐在員の歴史にも深く関係し、駐在員のコミュニティがイギリスの日本食レストランの導入初期に影響していたことがわかる［Cwiertka 2005］。業務時間外に取引先などの顧客を飲食店などでもてなすという日本企業における接待文化が、日本食レストランのイギリスにおける導入のきっかけであったという点は面白い事例であろう。

　海外における日本食は、1970年頃まではおもに海外在住の日本人、もしくは日系人によって消費されるものであった。1970年頃にアメリカの西海岸を中心に寿司ブーム・日本料理ブームが起こる［小山・石毛1985］。この寿司ブーム・日本料理ブーム、とくに寿司ブームが、アメリカを経由しイギリスやヨーロッパ諸国に飛び火したものとされている［Cwiertka 2006］。その後、このアメリカ経由の寿司ブームは、イギリス、とくにロンドンにおいては一過性のブームで終わることはなかった。年々増えつづけるロンドンの日本食レストランや後述の寿司は、日常的な食の選択肢の一つとして定着するにいたったのである。

　2005年の調査によると、イギリスにおける日本食レストランの70%が寿司を提供し、30%のレストランは日本人によって経営されていたという［Cwiertka 2005］。筆者は2015年9月21日から26日の間、ロンドンおよびその周辺において、マーケット調査（日本食レストラン、スーパーマーケット、高級デパート、日本食専門スーパーマーケット、本屋）および聞き取り調査（日本食消費者、専門家、日本食産業関係者等）を行ったが、2005年の状況に比べると、現在のロンドンの日本食を提供するレストランの形態と、提供される料理の種類はより多様なものとなっているといえよう。従来の寿司店や、回転寿司店から、

ミニコラム

　イギリスが階級社会であるという話は有名だろう。多文化化が進み、社会経済状況も変化しているイギリスだが、歴史的な社会階級は現代でも色濃く残っており、階級によって英語の話し方から、住む地域、服装、読む新聞までもが違ってくる。階級は、上流のアッパークラス、中流のミドルクラス、労働者のワーキングクラスと大きく3つに分かれ、さらに中流のなかでもアッパーミドル（中の上）、ロウワーミドル（中の下）などに細分化されている。

　イギリスのスーパーマーケットは、王室御用達から、高級で質の良い商品を扱う店、低品質だがとにかく安い商品を扱う店などいろいろなランクがあり、買い物をする店も階級によって異なる。代表的な社交の場であるパブにおいても、人びとが頼む飲み物やビールの銘柄などに階級の影響がみられる。食と社会階級の関係を考察するのも面白い。

217

第2部
食の変容とビジネス

ミシュランスターを獲得するような高級店、ストリートフード（屋台）、フュージョン料理の店、ラーメン店など、多種多様な選択肢が提供されていることが明らかになった。次節ではその様子をより詳しくみていきたい。

II ロンドンの日本食の特徴

II-1　一般的な日本食レストラン

　ロンドンにおいて日本食を提供する場所でもっとも一般的なのは、寿司を提供する日本食レストランである。これは先述の2005年時点の様子から変わっていない。「寿司を提供する日本食レストラン」と表現しているのは、これらのレストランは寿司専門店とは限らないという点である。このような店では、寿司や刺身も提供するが、そのほか、餃子、天ぷら、照り焼き（サーモン照り焼き、チキン照り焼き）などのいわゆる海外の日本食レストランで人気のメニューが並ぶ。

　このような店で人気があるのは、寿司も含まれたセットメニューである。Bento Box（ベントーボックス）、Bento Set（ベントーセット）などの名前で提供されるセットメニュー[*4]は、漆塗り風の赤と黒をベースにした一段の重箱に、サラダ、枝豆[*5]、天ぷら、寿司（細巻き、握り）、サーモン照り焼きなどがセット内容に応じて詰められたものである。日本の幕の内弁当をイメージしてもらえればわかりやすいであろうか。こういったセットメニューは昼食時、夕食時を問わず人気のメニューである（写真1）。

　このようなレストランの特徴としてあげたいのは、提供する料理だけではなくそのほかのレストランの要素についても「日本」というものを売りにしているという点である。たとえば、店の外観、内装、食器類、店内のBGM、従業員の制服から店名にいたるまで、「日本」を意識しているのである。ここでいう「日本」のイメージは、海外において広く受容されている「日本」のイメージであり、たとえばMt. Fuji（富士山）、Geisha（芸者）のようなイメージである。この「日本」のイメージが、店全体において再現されているのである。

　アジア系の従業員が雇用されているケースも多く、店内に入ると、「いらっしゃいませ」と日本語での挨拶が聞こえてくる。店名については、Sakura（さくら）、Tokyo（東京）などの、海外でも知られている日本語や、日本をイメージしやすい名前の店が多い。こういったレ

[*4] ベントーボックスの価格は店のエリア、セットの内容によってさまざまではあるが、味噌汁付きで6～12ポンド（約840円～1680円）が平均である（1ポンド＝140円で換算、以下同じ）。

[*5] 枝豆はもともとイギリスでは食べられていなかったが、近年の日本食ブームの影響もあり消費が増えている。植物性タンパク質を取れることも人気の理由であろう。そのままスナックとして、またはサラダの素材として、ニンニクやオリーブオイルなどで味つけをしたアペタイザーとしてさまざまな方法で食されることが多い。2009年頃からイギリス国産の枝豆が市場に出回るようになった。

写真1　ソーホーにある日本食レストランTaroの看板
着物を着たキャラクターが右手にBento Boxを、左手に寿司の盛り合わせを持っている。Bentoの中身は寿司、刺身、たくあん、枝豆、海老フライ。
（以下、記載外の写真はすべて筆者撮影）

ストランでは、日本食を提供することのみにとどまらず、日本食を日本（風）の雰囲気のなかで食べる機会を提供しており、客は食事以外の要素を含めて全体的に「日本」を疑似体験することが可能なのである。

II-2　ファストフード感覚の寿司

次に、ロンドンの日本食の提供場所について特徴的な点としてあげられるのが、ファストフード感覚の寿司店の多さである。これらの寿司店の店内には、寿司セット（握り寿司、巻き寿司）、枝豆、海藻サラダ、味噌汁などが冷蔵ケースに並び、すべてが持ち帰り（take away）できるように包装されている。客はショーケースから自分で欲しい商品を取り、レジで会計をする流れである。店内に飲食スペースを設けている店も多く、飲食スペースでは購入した商品を食べることも可能である（写真3）。店内の商品のほとんどが持ち帰り可能であること、店内で短い時間で食べられること、また値段も通常のレストランより比較的安価なことから、これらの寿司店はファストフード店に近い位置づけであるといえよう。

これらのファストフード感覚の寿司店の特徴としていえるのは、その多くがチェーン展開をしている店だということである。代表的なチェーン店としては、Wasabi（わさび）、Itsu（いつ）などがあげられる。

Wasabiは、2003年に韓国系移民のオーナーによってロンドンの中心地エンバンクメントに1号店がオープンされた。ロンドン市内では39店舗（2014年時点）を展開しており、2014年にはアメリカに進出、ニューヨークにイギリス国外初の店舗をオープンした。Wasabiの人気メニューは、一つ一つ個別包装された握り寿司や巻き寿司である。客は1個単位から好きな組み合わせで寿司を購入できる点も人気の理由となっている[*6]。ビクトリア駅などのメインターミナル駅の構内等にも店を構えており、移動の途中、乗り換えの途中に寿司を購入する人の姿を多く見ることができる。また、寿司の隣ではホットフード（温かい料理）が提供されているのもWasabiの特徴である。カレー、

第6章
英国ロンドンにおける
日本食のグローカライゼーションと
ビジネス

写真2　ソーホーにある日本食レストラン、eat TOKYOのカウンター
金曜日の夜、店内は満席。カウンターにはネタケースがあり、サーモン、たこ、まぐろなどが並ぶ（2015年9月、ロンドンにて）。

写真3　ファストフード感覚の寿司店、Itsuの店内
昼時で店内は混雑している。左手にあるショーケースから商品を選び、奥のレジで会計をする。右手には飲食スペースもある。

[*6] 店舗やネタによって寿司の値段は異なるが、握り寿司や巻き寿司2貫で1.5ポンド（約210円）程度である。

第2部
食の変容とビジネス

焼きそば、チャーハンなどが保温器（フード・ウォーマー）に入れられて並んでおり、注文すると、紙の容器に取り分けたものが提供され、温かいままの料理を食べることができる。これらの温かい料理は、スイートチリ・チキン弁当、照り焼きチキン焼きそば、豆腐カレーなど、伝統的な日本食というよりもアレンジされている料理が含まれているのも特徴である。

もう一つの人気チェーン店 Itsu は、現在イギリスに 60 店舗以上を構えており、そのほとんどがロンドン市内に集中している。創業者はイギリス人で、1997 年のロンドンの高級住宅地チェルシーにおける 1 号店のオープン以降、「健康」を前面に押し出した展開を進めている。店の看板には「Eat Healthy（健康的に食べる）」、「Eat Beautiful（美しく食べる）」などのキャッチフレーズが目立つ。価格帯の例としてはサーモンとアボカドの裏巻き寿司 6 つのセットが 4.79 ポンド（約 670 円。持ち帰りの場合は 3.99 ポンド ＝ 約 560 円）である。

こうしたファストフード感覚の寿司店に共通していえるのは、店のイメージや内装がカジュアルで、ガラス張りの明るい店内が多いということである。また、お店のインテリアやメニュー表のデザインを含めた店内・外のイメージや雰囲気については、とくに日本を意識したということはなく、日本語での表記や日本を思い起こさせるようなデザインは少ない。たとえば従業員・店員の制服についても、シャツやポロシャツにエプロンといった様子である。商品が寿司であること以外は、他のファストフード店と大きな差がない雰囲気が特徴であり、先述の「日本」的雰囲気とともに、寿司を中心とした日本食を提供するレストランとは対象的である。

写真 4　ファストフード感覚の寿司チェーン店、Itsu の調味料コーナー
スプーン・フォークも蛍光ピンクでカラフルだ。ホイシン・ソース（海鮮醬）、テリヤキソース、シラチャー・ソース（アメリカ発のチリソース）などのソース類と、ゴマ、パンプキン・シード（カボチャの種）が並ぶ（2015 年 9 月、ロンドン）。

II-3　専門店の台頭

海外における日本食は、これまで寿司や鉄板焼きが定番とされていたが、ロンドンにおいては、近年それ以外のラーメン、うどん、お好み焼きなどの専門店の増加が目立っている。これらの店のなかには人気店、有名店も多く、外に行列ができるような店もある（写真 5）。レストランに入るための行列をあまり見かけないロンドンにおいては珍しい光景であろう。とくに、近年はラーメン店の進出と、その人気が

第 6 章
英国ロンドンにおける
日本食のグローカライゼーションと
ビジネス

写真5 ラーメン店の行列
ラーメン店金田屋（KANADA-YA）の外観。夕方6時頃、夕食には少し早いがすでに長い列が見える。豚骨ラーメンの専門店である。

写真6 ピカデリー・サーカスにあるラーメン店、Shoryu Go の店内
カウンター席のみの小さな店。持ち帰り用メニューには、キムチや寿司も並ぶ（2015年9月、ロンドン）。

目立っている。

　日系のラーメン店の進出の例としてあげられるのが、大手チェーンの一風堂である。2014年に1号店をトッテナム・コート・ロードにオープンし、現在ロンドン市内に2店舗を構えている。定番の豚骨スープをベースとしたラーメンのほか、厚切りベーコンポテトチーズ、揚げ出し豆腐、モダン焼き、ビーフカツなどラーメン以外のメニューが充実している。海藻とキノコ類から出汁をとり、揚げた豆腐をトッピングの具材にしたベジタリアンラーメンもメニューに並ぶ。ビール、日本酒、焼酎、ウイスキー、ワインなどの酒類も提供している。

　ラーメン店 Shoryu Ramen（昇龍ラーメン）は、現在6店舗をロンドンに構えており、豚骨ラーメンを中心としたメニューを提供している。後述の日本食材小売店 Japan Centre が経営する地元チェーン店である。常設の店舗経営だけにとどまらず、Shoryu Ramen Wagon（昇龍ラーメンワゴン）という、移動式のワゴンカーを屋台として利用し、食のイベントやお祭り等に参加し、ラーメンを販売している。ロンドン観光の中心地ピカデリー・サーカスにある Shoryu Go 店は持ち帰りにも対応している。ガラス張りの店の前に簡易なテラス席を設置しているのだが、テラス席の客が箸を持って大きな器からラーメンを食している姿がまだ珍しいのか、店の前で立ち止まる人、店内の様子をうかがう人、また写真を撮る人の姿を多く見かけた（写真6）。

　一方、うどんについては博多うどん店の Ichiryu Hakata Udon House（イチリュウ博多うどんハウス）や、讃岐うどん専門店の Koya

Bar（コヤ・バー）などがある。Koya Bar のメニューで目を引くのが、通常のかけうどん、きつねうどんに並んで、English Breakfast Udon（イギリス式朝食うどん）として、目玉焼き、ベーコン、椎茸を具としたうどんがあることであろう。

　ラーメン店やうどん店について共通していえるのが、Ramen Bar（ラーメンバー）、Udon Bar（うどんバー）など、「Bar」とよばれることが多いという点である。こういった店では、他の料理店に比べてテーブルや椅子は高めに設置されている場合が多く、長時間滞在しゆっくり食事をするというよりは、短時間でさっと食事をすませる客が多い。もともと英語圏では、麺類（とくに中華を含めたアジア系料理の麺類）を提供する店を Noodle Bar とよぶことが多く、ラーメンやうどんについてもこの呼称を基に Ramen bar、Udon bar とよばれているのではないかと考える。とくに、麺類をカウンター越しに提供する様子がバーとよばれる所以ではないか。

　近年ロンドンで人気の専門店で提供されているラーメン、お好み焼きなどは、寿司などに比べると脂質量も多く、一般的に「ヘルシー」とは言いがたい料理が目立つ。従来、海外において日本食は健康的な料理と考えられており、それが日本食人気の理由であると解釈されることが多かった。しかしながら、現在のロンドンでの日本食人気をみると、「日本食はヘルシーだから人気がある」というポイントからだけでは、説明がつかなくなる。今回の現地調査における情報提供者のイギリス人の一人（40 代女性、ロンドン郊外在住）は、「近年ロンドンではストリートフードや、フードトラック（可動式の屋台）が人気で、エスニックフードを提供する店に混じって、日本食を提供している店も多い。こういったフードトラックの人気が、日本食人気に関係しているのではないか」とコメントしていた。今回は時間の制限上、調査するにはいたらなかったが、今後ロンドンのストリートフードブームについても考察する必要があるだろう。

Ⅱ-4　ロンドンにおける日本食レストランの分類

　一般的な日本食レストラン、ファストフード感覚の寿司店、専門店などを紹介したが、その他ロンドンにおいては、チェーン展開をしている日本食の店も多い。そのうちの一つは、回転寿司のチェーン店 YO! Sushi（ヨー！すし）である。イギリス人の実業家が 1997 年に 1 号店を開店させて以来、現在ではヒースロー空港やガドウィック空港にも出店している。YO! Sushi は、日本のポピュラーカルチャーをイ

メージした色鮮やかでポップなイメージ戦略をとっている。オレンジやピンク色を用いた店内のデザインで、7種類の皿の色*7により料理の値段がわかるようになっている。巻き寿司・握り寿司だけではなく、チャーハン、焼きそば、たこ焼き、唐揚げ、茶漬け、サラダなどもメニューに含まれる。YO! Sushi は Sushi School と題した寿司作り教室を開催しており、日本米の炊き方から始め、巻き寿司や手巻き寿司の作り方を教えている。また、子ども向けの教室、Mini Ninja Sushi School（ミニ忍者寿司スクール）も開催している。

表1　ロンドンの日本食提供レストランの分類

分類	料理タイプ	店の雰囲気	価格帯	例
一般的な日本食レストラン	定番・人気の日本食（寿司、天ぷら、照り焼き、Bento）	伝統的な日本（着物、舟盛りなど）	中	eat Tokyo、Taro
ファストフード寄りの寿司チェーン店	健康志向を意識した料理（寿司、刺身、サラダなど）、持ち帰りも可能	カジュアル、ポップ	低	Itsu、Wasabi
専門店	ラーメン、うどん、お好み焼きなどに特化	多様	中	Ippudo、Koya Bar、Abeno
創作日本食店	フュージョン・創作日本料理	モダン	高	Sushi Samba、Nobu
高級日本食店	本格的な寿司、和牛など	日本を意識したモダンな造り	高	Sushi Tetsu、Engawa
日本食「風」レストラン	日本食の要素を取り入れたアジア料理	カジュアル、ポップ	中	Wagamama

チェーン店 Wagamama（わがまま）も本社をロンドンに置いている。香港出身の Alan Yau（アラン・ヤウ）氏が1992年に1号店をオープンし、現在はイギリス国内に120店舗を構えている。Wagamama が提供する料理は、日本食を意識してはいるが他の東・東南アジアの料理の要素も多く取り入れられている点が特徴である。たとえば、chilli chicken ramen（チリチキンラーメン）は、チキンスープと卵麺の組み合わせで、赤タマネギ、香草、ライム、唐辛子が具材として用いられている。ラーメンと名づけられているが、具材だけみるとベトナムの麺（フォー）をイメージさせる。Chicken raisukaree（チキンライスカレー）にしても、ココナツミルク入りで、香草やライムがトッピングされている。Pad-thai（パッタイ、タイの麺料理）などの、日本食以外のメニューも提供している。

その他、ロンドンにおいては本格的な高級寿司店や、日本食をベースとしたフュージョン料理、創作料理を提供するレストラン Sushi Samba（日本料理と南米の料理のミックス）、Nobu（アメリカを中心に世界中に支店をもつ高級創作和食店）もあり、日本食を提供する店の形態は多種多様であることがわかった。簡単にこれらのレストランを料理のタイプ、店の雰囲気、価格帯を考慮して分類したのが、表1である。

*7 価格は2ポンド（約280円）の緑の皿からスタートし、青、紫、オレンジ、ピンク、グレーと値段が上がり、6ポンド（約840円）の黄色の皿まである。緑の皿では、いなり寿司2貫、ポテトサラダなど。黄色の皿ではソフトシェルクラブの唐揚げ、マグロの刺身キャビアのせなどである。店舗により若干の値段の差がある。

第2部 食の変容とビジネス

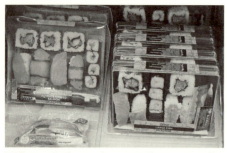

写真7 大手スーパー、TESCO でサラダ類とともに販売されている寿司
左はスモークサーモンの巻き寿司、握り寿司中心のセットで5ポンド（約700円）。右はエビとアボカドのカリフォルニアロール、スイートチリ・チキン、燻製のサバなどの寿司セットで3.5ポンド（約490円、2015年9月、ロンドン）。

*8 イギリスでは、東アジア、東南アジア地域に関することを oriental と表現することが多い。

ミニコラム

イギリスで人気のスナック、クリスプス（Crisps）は、薄切りのジャガイモを揚げた、いわゆるポテトチップスである。ランチ時に、小腹が空いた時に、パブで飲むビールのつまみとして、日常的にさまざまな場面で消費されている。日本でもなじみの塩味のほか、Salt & Vinegar（塩とお酢）味も人気が高い。さっぱりとした酢の味が後を引き、ついつい手が止まらなくなる。日本で使われている「ポテトチップス」という表現はアメリカ英語である。イギリスで「チップス（chips）」と言えば、フライドポテトのことである。一方アメリカでフライドポテトは「フレンチフライ（French fries）」とよばれている。みなさま、旅行の際には混乱にご注意を。

Ⅲ レストラン以外の日本食

Ⅲ-1 スーパーの寿司

次に、レストラン以外で提供される日本食について考察したい。まず、ロンドンおいては、スーパーマーケットで提供されている寿司が多いということである。イギリス大手のスーパー（TESCO, Sainsbury, Waitrose, Marks & Spencer など）では、寿司を販売するコーナーが設けられており、その普及率は大変高い。パック詰めされた寿司が、サンドイッチやサラダ、カットフルーツが並ぶ冷蔵コーナーに陳列されているのである。筆者が英国に滞在していた2004年当時には、スーパーでこういった寿司を見かけることはほとんどなかったが、その後急速にスーパーで販売される寿司の普及率は高まっていったと考えられる。

2014年にイギリス最大手スーパー TESCO（テスコ）の CEO（最高経営責任者）に就任した Dave Lewis（デイブ・ルイス）氏は、就任後の方針として店舗内のサンドイッチコーナーの30％を削減し、代わりに寿司とサラダコーナーを拡大した。結果、寿司の売上量、売上高とも上昇したと報告されている［Reuters 2015］。

スーパーで販売されている寿司の特徴は、そのスタイルが多様であるということである。たとえば、握り寿司のネタがパプリカであったり、巻き寿司の具がニンジン、クリームチーズとアサツキであったりと、あまり日本では見られない組み合わせのものが多い。また、スイートチリ・チキンなど「オリエンタル」*8 な具が巻き寿司の中身に使われることが多い。一方で、青魚、白身魚が寿司のネタに使われることはあまりなく、ツナ（まぐろ）、サーモン、エビが人気のネタである。この、ツナ、サーモン、エビ人気については、先述のファストフードの寿司店で提供される寿司も含めて、ロンドンにおける寿司について共通していえることである。

イギリスで一般的な昼食のメニューはサンドイッチである。スーパーやコンビニエンスストアなどでサンドイッチを購入し、人によってはそこにリンゴ、クリスプス（ポテトチップ）、チョコレートを加えたものが定番の昼食の内容である。スーパーで販売されている寿司や、ファストフード感覚の寿司チェーン店の広がりを考えると、ロン

ドンにおいては、寿司の消費は一般的になっており、その分類としては昼食や軽食として、サンドイッチのように手軽に購入し食べるものと認識されていると考えることができる。

Ⅲ-2　日本食材スーパー

ロンドンには日本食材を取り扱う小売店が12店舗ある［日本貿易振興機構ロンドン事務所 2015］。小売店の一つ、Japan Centreは現在ロンドンに2店舗を構えており、ヨーロッパ最大の日本食材小売店である。店舗の一つ Japan Centre Food Hall and Book Shop は、ロンドン中心部ピカデリー・サーカスに位置する。大きな通りに面した1階の入口付近には、たこ焼きの屋台が出店されており、街を行く人びとの目を引いていた。

店内には、調味料、野菜、果物、飲料、肉類、魚類、菓子類、惣菜、弁当、パンなどが並び、商品の内容はほぼ日本のスーパーと変わらない。日本からの輸入品も多く売られている。客層は多様でロンドン在住の日本人や、イギリス人以外の外国人の利用も目立つ。店内には購入したパンや惣菜、寿司などを飲食できるスペースがあり、観光客風な客層も含め、つねに賑わっていた。

食材のほか、店名からもわかるように、日本の本、雑誌、漫画、弁当箱、食器などの商品の販売も行っている。日本の「Kawaii」文化［Yano 2009］を象徴するかのような、キャラクターや動物の顔をしたパン、キャラ弁（キャラクター弁当）を作成する商品などが多く売られているのも特徴であろう。海外における日本文化の露出のなかで、このような Kawaii 文化が果たす役割は大きく、また、キャラクターのパン、弁当などと、日本食文化が海外に輸出される過程においても影響を与えていることがわかる。

Ⅳ　日本食と健康イメージ

ファストフード寿司店 Itsu に関連しても先述したが、日本食は健康であるというイメージはつねについて回るようだ。Itsu の創設者の一人である、Julian Metcalfe（ジュリアン・メトカルフェ）氏は Itsu の創業以前から、サンドイッチのチェーン店である Pret A Manger（プレタ・マンジェ）の創業と経営にもかかわっている。Pret A Manger の主力商品はサンドイッチであり、その他オーガニックコーヒー、Natural food（自然な食）を売りにしている。これらの商品はプラス

写真8　Japan Centre の入口
在ロンドン日本人の間ではジャパセンのニックネームでよばれている。左手にたこ焼の文字が見える。

第2部
食の変容とビジネス

*9 クレンズは浄化の意味。デトックス効果があるとされる生の野菜や果物を使ったジュースをクレンズジュースとよぶ。

*10 絶対菜食主義者とよばれ、卵や乳製品を含めた動物性食品を一切摂取しない人びと。

ミニコラム

　近年イギリスをはじめとする欧米で注目を浴びているのが「グルテンフリー」である。グルテンとは、小麦や大麦などの穀物から生成されるタンパク質の一種であるが、そのグルテンの摂取を避ける、グルテンフリーの食生活に取り組んでいる人が多いのである。もともとはハリウッドの有名女優などが健康によいと紹介し話題になったものである。なかには、グルテンへのアレルギーをもつという人もいる。小麦を避けなければならないので、パンやパスタ、クッキー、ピザなど一切食べることはできない。小麦の代わりに米粉を使ったパン、米、トウモロコシ、ジャガイモなどを原料としたパスタなどグルテンフリーの食材も多く販売されている。グルテンフリーのメニューを注文できるレストランも増えてきている。そんななか、日本料理やアジアの料理は、もともと米を主食としていることもあり、グルテンフリーダイエットに取り組む人にとっても人気のようだ。

チックではなく、紙素材のものを中心として商品を包装して販売している点も特徴である。このサンドイッチ店においては、サンドイッチやグラノーラ入りのヨーグルトなどが並ぶ棚の横に、寿司も並んで売られている。このような「健康」や「自然な食」を売りにした店においても、寿司は商品としての地位を確立している。Itsu では、Detox Miso（デトックス味噌汁）という名前の、ショウガ、春雨、水餃子入りのデトックス（解毒）作用を謳った薄味の味噌汁や、Raw Veg Cleanse（生野菜クレンズ*9）という、ホウレンソウ、コリアンダー、アボカド、キュウリ、ショウガ、リンゴジュースを混ぜたスムージーなども販売されている。各商品は値段のほかに、カロリーと fat（脂質量）がすべて記載されている。

　Whole Foods Market（ホールフーズ・マーケット）は、アメリカのスーパーマーケットチェーンである。オーガニック商品、ベジタリアン商品など健康を意識した商品を取り揃えているのが特徴である。2016 年時点でロンドンに 7 店舗を構えている。2012 年に開店したピカデリー・サーカス店は、入り口近くのサラダバーをはじめとして、Tofu（豆腐）売り場、Vegan（ビーガン）*10 用の売り場など健康を意識した商品が並んでいる。

　Japan-Easy（簡単な日本、日本風を意味するスラング Japaneasy をもじったもの）と示された一角には、Japanese Dried Daikon（切り干し大根）、Japanese Pickled Daikon（たくあん）、Ume-Shiso Sprinkle（ゆかり風のふりかけ）などの食材が並ぶほか、Nori（のり）、Wakame（わかめ）、Arame（あらめ）、Kombu（昆布）、Sea Vegetable Salad（海藻サラダ）などの海藻類も種類豊富に販売されている。

　調味料については、醬油、味噌、調理酒などの一般的なものから、たまり醤油、三河みりん、八丁味噌、玄米味噌にいたるまで販売されているほか、オーガニックの寿司用の玄米など日本のスーパーでは簡単に手に入らない商品も販売されていた。Japanese white Shirataki noodle（日本の白シラタキ麺）として売られているシラタキの包装には、グルテンフリー、低カロリーと謳われていた。そのほか枝豆フェットチーネ、枝豆味噌ラーメン、ハーブ入りの燻製された豆腐、玄米とわかめのヌードル（麺）など、日本ではあまり見ない材料の組み合わせの商品も多く見られた。

　これらの商品の特徴としていえるのが、日本からの輸入商品がそのまま販売されているのではなく、ヨーロッパで生産されたものや、日本からの輸入品をヨーロッパにおいて再度パッケージングしたものが

多い、ということである。これは先述のJapan Centreが日本からの輸入商品を多く扱っている点と異なる点であろう。

V 官民ファンドと海外進出

最後に、官民ファンドの出資を得てロンドンに進出している日系の日本食レストランについて紹介したい。2015年2月にオープンしたばかりのEngawaレストランは、神戸牛や寿司を提供するレストランである。場所はロンドンのレストラン業界のトレンドを牽引しているともいえるソーホー地区にあり、ディナーはおまかせ2コース（刺身、寿司11種）が85ポンド（約1万1900円）、甘味までが含まれた6コースが135ポンド（約1万8900円）からと、高めの値段設定である。

本格的な日本酒のほかに、シソモヒート（モヒートの本来の材料であるミントをシソに変えたカクテル）、ユズマルガリータ（マルガリータにユズジュースを加えたもの）などの飲み物も提供している。昼食時には11種の料理が少しずつ詰められた弁当箱40ポンド（約5600円）が人気だという。

マカオ・ポルトガル系の移民であるロンドン在住の情報提供者（30代男性）は、オープン当初から一度はこのランチを食べてみたいと考えており、特別な機会があった際のお昼に、食事をしたという。「味はもとより、提供された料理の色の鮮やかさ、繊細（デリケート）な盛りつけに感動した」と言い、当日に撮影した料理の写真を見せてくれた（写真10）。

Engawaが支援を受けたのは経済産業省「JAPANブランドプロデュース支援事業（MORE THANプロジェクト）」である。日本の商材・サービスを海外へ送り出したい中小企業とプロデュースチームの活動のための支援事業であり、補助金（平成26年度は一件400万円程度）としての経済的な支援のほか、情報発信や、販路開拓などの支援も提供されている。対象となる商材としてあげられているのは、ファッション、地域産品、サービス、衣食住関連などがある。

Engawaが採択された際のプロジェクトの概要には「ロンドン・ソーホーにオープンした高級ブ

写真9 Japan Centreで購入した玄米の巻き寿司
具はツナカツと、ニンジン、レタス。玄米の巻き寿司の人気は高い（2015年9月、ロンドン）。

写真10 Engawaのランチで提供される弁当箱
14種類もの小皿が並び、彩りも鮮やか（情報提供者撮影）。

第2部
食の変容とビジネス

ティックホテル内1階の最も人が往来するエリアに和食レストランをプロデュース・運営する。最新のホテルで和食レストランをブランディングすることで、和食の世界的な発信力を一気に高める。」［経済産業省 2014］と記載されていた。

それよりも大規模な支援を受けたのが、先述のラーメン店、一風堂である。一風堂を運営する株式会社力の源カンパニーは、2014年に海外需要開拓支援機構（通称クールジャパン機構）から、「欧米豪においてラーメンをはじめとする日本食の普及および日本酒などの日系飲料や食材の流通経路として高い効果が期待される店舗の出店資金や、海外において他の日系外食企業も活用できるセントラルキッチンなどの設立資金」として、約7億円の出資と最大13億円の融資枠の支援を受けた［クールジャパン機構（株式会社海外需要開拓支援機構）2014］。

Ⅵ　まとめ—ソフトパワーと日本食

社会文化政治的な概念としての日本のソフトパワーは、「グロス・ナショナル・クール（Gross National Cool）」［McGray 2002］、もしくは、日本政府のクールジャパン奨励政策として2002年頃を前後に注目を浴びはじめた。アニメ、漫画、音楽、ゲームと並び、日本食は日本のもつソフトパワーとして、政府や民間企業からも認識されている。政策レベルで日本食全体を「ブランド」化し、世界の食のマーケットへの参入を推進していく背景には、海外での日本食ブームがもつ経済的な価値がある。海外での日本食ブームを背景とした、農林水産物・食品の輸出量は年々増加している。

2006年に日本政府（農林水産省）は、海外における日本食レストランの認証システムの導入を発表した。日本食レストランの認証制度を確立し、「正しい」日本食を普及させることで、さらなる海外における日本食材の普及と輸出をめざしたいという点が背景としてあった。結果、この認証制度の導入は海外のメディアから「Sushi Police（寿司警察）」と揶揄され、制度の確立にはいたらなかった［Sakamoto and Allen 2011］。

海外における日本食を提供するレストランは「日本食」レストランとよばれることが多く、本稿でも意図的にこの表現で統一して表記しているが、この表現は日本国内ではあまり使われないものである。代わりに日本では「日本料理」や「和食」といった表現が使われることが多い。日本料理や和食は、通常日本食に比べて限定された料理、い

228

わゆる伝統的な日本料理や、家庭で生産され消費される和食をさすことが多い。一方、海外で生産・消費されている日本食は、調理法、食材、料理や素材の組み合わせや見せ方などの点において、日本国内で消費される日本料理よりも、より多様かつ柔軟なものであることが多い。

　今回、ロンドンにおける日本食について考察したが、ロンドンという一都市においても近年の日本食の普及率の上昇に加えて、その形態やイメージが急速に変化していることが明らかになった。海外の日本食レストランについては、本格志向の店、高級店、他のアジアのエスニック料理とのフュージョン料理店、チェーン店など多くの形態をとっている。また、レストランのほかに、日本食持ち帰り専門店、日本食品・食料の輸入・販売店など、日本食に関するビジネスは多岐にわたる。

　近年、海外での日本食の消費は増えており、日本食ブームともいわれる。世界的に人気が増加している日本食（グローバル化）と、ロンドンにおいて独自に発達した形で生産・消費される日本食（ローカル化）の視点から、グローカルな日本食の実態を考察した。そもそも「正しい」日本食とは何なのか、グローバル化が進む食文化のなかで、歴史や社会的な背景に着目し考察しつづけていく必要があるだろう。

〈文献〉

クールジャパン機構（株式会社海外需要開拓支援機構）　2014　「ニュースリリース：世界主要都市（欧米豪）に日本食の魅力を発信する外食事業へ出資」

経済産業省　2014　「平成26年度　JAPANブランドプロデュース支援事業　採択プロジェクト一覧」

小山修三・石毛直道　1985　「日本料理店の成立と展開　Ⅲまとめ」石毛直道・小山修三・山口昌伴・栄久庵祥二『ロスアンジェルスの日本料理店──その文化人類学的研究』ドメス出版、pp.54-56。

日本貿易振興機構（ジェトロ）ロンドン事務所　2015　英国日本食品消費動向調査

農林水産省　2007　「主要都市・地域における日本食レストランの現状と関係組織の活動状況」

Cwiertka, Katarzyna　2005　From ethnic to hip：circuits of Japanese cuisine in Europe. *Food and Foodways* 13（4）：241-272.

──　2006　*Modern Japanese cuisine：food, power and national identity.* Reaktion Books.

McGray, D.　2002　Japan's gross national cool. *Foreign Policy*：44-54.

Reuters　2015　Davey, James and Maidment, Neil, Tesco seeks fresh start with suppliers who survive cull (http://uk.reuters.com/article/uk-tesco-suppliers-idUKKCN0PA16T20150630)

Rudlin, Pernille　2000　*The History of Mitsubishi Corporation in London：1915 to Present Day*, Routledge.

Sakamoto, Rumi and Allen, Matthew　2011　There's something fishy about that sushi : how Japan interprets the global sushi boom. *Japan Forum* 23 (1) : 99-121

Warde, Alan　2000　Eating Globally : Cultural Flows and the Spread of Ethnic Restaurants. In Kalb, Don eds. *The Ends of Globalization : Bringing Society Back in*, Rowman & Littlefield Publishers, pp.299-316.

Yano, Christine　2009　Wink on Pink : Interpreting Japanese Cute as It Grabs the Global Headlines, *The Journal of Asian Studies* 68 (3) : 681-688

第7章

タイにおける「外来食文化」の受容実態
—多様化する日本食、維持される食事形式

宇都宮由佳

要旨

　本章では、タイにおいて外来食文化の受容、とくに日本食に着目して実態調査した結果を述べている。タイは、1990年代より急激な経済発展をとげ、健康ブーム、国内外のテレビ番組での日本に関する情報流入、渡航ビザの免除による来日旅行者の増加などにより、それまでの在タイ日本人向けの日本食レストランから現地のタイ人向けの店が増加した。

　その結果、タイにおける外国料理店の店舗数では、日本料理店がもっとも多く、さらに「寿司」や「ラーメン」店など専門店もある。ただ食事様式については、味噌汁を飲む時レンゲを用いること、日本の定食での主菜は1種類に対して、タイでは複数主菜が好まれ提供されること、日本茶に甘味を加えてストローで飲むことなど、日本料理を受容しつつもタイの様式を維持していた。また最近は、グリーンカツカレーなどタイ料理を日本風にアレンジしたものも登場している。

　タイの大学生を対象にした日本食に関するアンケート結果では、好きなものが「寿司」、嫌いなものが「刺身」であった。「刺身」は好む者と苦手な者で二極化していた。タイの「握り寿司」は、カニカマ、とびっこ、卵焼き、ツナマヨなど、加熱したネタが多く、色鮮やかで日本のものよりサイズが小さい。このほかヒヤリングでは、日本茶や

第2部
食の変容とビジネス

抹茶を使った菓子も人気であった。

タイにおける日本食の価格帯は、茶や菓子などの手軽なものから高級なものまで幅広い。以前から外食・中食をする頻度の高いタイにおいて、多様な日本食が受容されている実態が明らかとなった。

I はじめに

1990年代から2000年代初頭、急激な経済発展をとげたタイにおいて、都市部を中心にファストフードや日本食レストランが増加している。近年タイでは、「スッカパーディー（タイ語：健康によい）」という健康志向の高まりとともに「ヘルシーな日本食」が注目され、2007年724店舗だった日本食店は、2016年には2713店舗まで増加した。現在、タイにおける外国料理店では日本食店がもっとも多い。2013年、タイ人の日本への渡航ビザが免除になり、来日者が増加し、同年12月に「和食」がユネスコ無形文化遺産に登録されると、スーパーやデパートで日本食のイベントが開催されるようなった（2014年2月、GLOBAL NEWS ASIA）。

そこで本章では、タイにおける外来食文化、とくに現代の日本食の受容実態について、タイの概略および食文化、外食産業の動向をふまえつつ、筆者の1997年からの定期的参与観察調査、大学生を対象にしたアンケート（2013年8月、2015年8月）およびヒヤリング調査（2013～2016年の8～9月）結果から探っていくこととする。

II タイの概要

タイ王国は、インドシナ半島の中央に位置し、首都はバンコクである（図1）。第二の都市といわれるチェンマイは北タイに位置し、700年余りの歴史をもつ古都で、北部の中心都市として栄えている［石井監修1993］。国土は51万3115 km²（日本の約1.4倍）で、「水中に魚あり、田に稲あり」（スコータイ王朝ラムカムヘーン王の碑文）とあるように、国土は豊かで、農地面積が全体の約4割を占め、米の輸出量は1位インド（約1000万t、占有率26％）、2位タイ（800万t、占有率23％）で、

図1 タイ王国地図

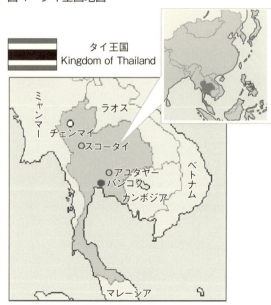

出典：外務省HPよりのものに筆者加筆。

第7章
タイにおける
「外来食文化」の受容実態
——多様化する日本食、維持される食事形式

図2 タイ国内総生産(GDP)および各地域の域内総生産(GRP)の年次比較

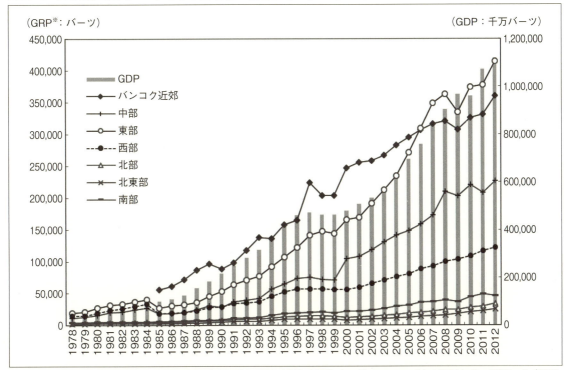

Statistiocal Yearbook THAILAND No.33,40,43,46,(1981-84, 1993, 1996, 1999);http://www.nso.go.th/syb2001/national2001.pdf,(2000-2012)National Statistical Office, Office of the Prime Minister. THAILAND http://service.nso.go.th/nso/web/statseries/statseries15.html（筆者作成）
※ Gross Regional Product　1人当たりの地域内総生産

日本への輸出量はアメリカに次いで多い［農林水産省 2016］。日本と同様、米を主食とした国である。

　気候は、熱帯モンスーンに属し、高温・多湿である。雨季（5〜10月）、乾季（11〜2月）、暑季（3〜4月）に分けられ、暑季は一年でもっとも暑く40℃近くなり、4月の13〜15日にはソンクラーン（水かけ祭り）[*1]がある（写真1）。

　人口は6466万人（2012年）で日本の約2分の1、タイ族（約85％）、中華系（10％）、モン・クメール系、マレー系、ラオス系、インド系のほか山地民がおり、複数の民族が共存している。

　タイはかつてシャムとよばれ、13世紀中頃から独立と王制を維持してきた。タイ王国の基礎は、13世紀にスコータイ王朝が築かれ、その後、アユタヤ王朝（14〜18世紀）、トンブリー王朝を経て、現在のチャックリー王朝（1782〜）にいたる。16〜18世

[*1] タイにおける旧正月を祝う祭り。仏寺や僧侶、親や先輩を訪れ、水を振りかけたり、相手の手に水を注いだりして、尊敬や祝福を表す［星田 1972］。一年でもっとも暑い時期でもあるため、近年では水鉄砲を用いるなど、水をかけあう祭りになっている。

写真1　チェンマイの田舎のソンクラーン

233

第2部 食の変容とビジネス

*2 為替レートが固定されるドルペッグ制をとっていたが、タイバーツ通貨が過大評価されているとヘッジファンドが資金を一斉に引きはじめ、1997年7月タイバーツが暴落し、それがアジア各国に波及した。

*3 上座部仏教とは、大陸部東南アジアやスリランカで主流となっている南伝仏教の流れで、パーリー語仏典を伝持している。出家による自立救済を基本とし、「善行によって善果を得、悪行によって悪果を得る」因果応報を説き、タンブン（積徳行）をすることで現世の運の境遇を向上させ、よき来世を迎えるとしている。タンブンとは、仏・法・僧、寺院を支える喜捨・寄進行であり、息子が出家しても積徳になる。僧侶は、禁酒、食事は午前までの2回である。在家信徒は、毎朝食事を寺や托鉢に来た僧侶へ寄進する［綾部・林 2003、石井 1991］。仏教の祝日（万物節、三宝節など）には寺院に詣でる老弱男女であふれ、タイの日々の生活に根づいている。

紀の大航海時代の際、ポルトガルをはじめさまざまな国と交易をし、現在、結婚式にも用いられるタイの伝統菓子フォイトーン（鶏卵素麺）は、この時代のポルトガル由来菓子である。1932年に立憲革命があり、現在、立憲君主制のもと象徴的な存在として王室がある。

タイの経済は、アジア通貨危機*2の時を除き基本的に拡大を続け、名目GDPは2013年ではおよそ約13兆バーツ（約39兆円）、一人当たり約5600米ドルであり、日本と比べて14％の水準まで上昇してきた。しかし、バンコク首都圏と地方とで経済格差がみられる（図2）。通貨はバーツ（1B＝約3円）で、2013年度家計調査では、世帯月収5万B以上の上流層は人口の9.7％、月収3万B以上の上位中間層13.7％、月収1～3万B未満の下位中間層が51.1％、月収1万B以下の下流層25.4％となっている［National Statistical Office Thailand 2014］。ASEAN諸国内でインドネシアについで2番目の経済規模であり、2006年スワンナプーム国際空港が開港し、東南アジアのハブ空港として重要な位置を占めている。

宗教については、タイの憲法は信仰の自由を規定しているが、国民の大多数（93.3％）が上座部仏教*3を信仰しており、年号も仏暦（2559年：西暦2016年）を使用している。僧侶は社会のなかでもっとも尊敬され、一般信者は毎朝托鉢僧に食物を渡して、タンブン（積徳する行為）をする（写真2）。最近は、家庭で作った料理や菓子だけでなく、インスタントラーメンなども托鉢僧に渡されている。仏教関連の伝統行事も多く、タイの仏教徒の生活における文化・風習の一部となっている。仏教以外では、イスラーム教（約4.8％）、キリスト教（約1.7％）、ヒンドゥー教、シーク教、山地民族固有の宗教もある。また精霊信仰も根強く残っている。

写真2　早朝の托鉢風景

III　タイの食事情、食事スタイル

タイ食文化の原点は、米と魚であり、諸外国の食文化を受け入れ発展してきた。たとえば、中国から揚げる調理法、イスラーム文化からココナツミルク入りカレー、大航海時代のポルトガルなどとの貿易による唐辛子の使用、などである［山田 2003］。ただタイは、東南アジア諸国において、唯一植民地になったことがない国である。タイ料理

第7章
タイにおける「外来食文化」の受容実態
―多様化する日本食、維持される食事形式

は単に「辛い」だけではなく、「辛くて、酸っぱくて、甘い」というように複雑な味つけで、おもな調味料は、ナム・プラー（魚醬）、プリック（唐辛子）、ガピ（海老発酵食品）、マナオ（タイのライム）などで、イスラーム系料理にはココナツミルクが使用される。レストランや食堂のテーブルには必ずナム・プラー、酢、砂糖、唐辛子の4つの調味料が置いてあり（写真3）、最終の味つけは各個人が決める（写真4）。

タイ料理には、世界三大スープの一つといわれるトムヤムクン、アメリカの情報誌で世界一のカレーと称されたマッサマンカレーがあり、世界的にも認知されている。1990年代、急速に諸外国でタイ料理店の出店が進んだことから、「Kitchen of the World」プロジェクトが開始され、タイ料理の国際展開が推進されている。あわせて、OTOP（タイ版の一村一品運動）やロイヤルプロジェクトなどで、各地域の特産物にも力を入れている。

タイ人の食事は、一日3回（朝・昼・晩）、間食は平均2回で、食事には、スプーンとフォーク、麺類には箸とレンゲを用いる。カオニャオ（モチ米）をよく食べる北部では、手食文化も残っている。カーオ（味なし白飯）に、ガップカーオ（おかず：タイ語で「飯とともに」という意味）を2～3品食べる。汁は必ずとるものではなく、食事中の飲み物はおもに冷たい水である。麺類は、小麦粉麺以外に、米粉麺の種類が豊富である。食後に果物やデザート[*4]を食べる。日本に比べ一回の食事量が少ないため、コンワーンといって、クェトー（バナナを揚げたもの）やマンピン（芋を丸めて焼いたもの）、菓子などを間食（キンレン：食べ遊び）する文化がある。小中学校のなかにも売店があり、児童生徒は昼休み時間などにアイスや菓子を買うことができる。また、登下校の時間帯には、学校の門の前に屋台が並ぶ[*5]。しかし最近の健康志向で、2016年調査では間食をする回数、頻度は減っている。

都市部では、朝食も家ではなく学校や職場で、買ってきたものを食べる様子をよく目にする。メイドがいる上流家庭、または農村では、自宅で調理したものを食べるが、都市部の勤め人の多くは、日常的に屋台や市場で買ったものを中食している。昼食は弁当もあるが、都市部では圧倒的に外食である［日本貿易振興機構（ジェトロ）農林水産・食品部バンコク事務所 2012］。現在は、アパートに台所が設置されるようになったが、20年前は台所がなく、ベランダで簡易なガスボンベとガスコンロを使って調理していた。JETRO Bangkokが実施した調査では、夕食について「週1回は外食する」が100％で、「夕食を自宅で調理」は週3回以下が67％にのぼる［高橋 2013］。それだけ外食

写真3　食卓の調味料
唐辛子、砂糖、ナム・プラー、唐辛子入りの酢がセット。

写真4　小学校の給食でも最後に各自で味つけ

[*4] ハスの実、モチ米、タロイモにかき氷を入れ、ヤシ砂糖のシロップ、ココナツミルクをかけたものなど。

[*5] 一部の学校では、児童の肥満を懸念し、乳製品と健康的な菓子のみの販売になった。

第2部 食の変容とビジネス

や中食が発達している。ヒヤリングによると、時間がある休日などは家で作るそうだ（2016年8月チェンマイ市内：30歳代女性）。食事は、特別な日（伝統行事、母の日、誕生日など）には家族そろって共食するが、日常の食事は家族バラバラ、子どもだけの孤食でも日本のように問題視していない（2016年8月バンコク：40歳代女性）。

Ⅳ タイの外食産業
―日本食、地方への出店

　タイの保健省統計によれば、2013年のタイの外食店舗数は約16万2000軒あり、首都バンコクに約1万9000軒、地方に約14万3000軒ある。売上規模の公式統計はない。しかし、バンコク日本人商工会議所［2014/2015］によれば、2013年度の国家経済社会開発局およびカシコーンリサーチセンターのリポートによる推定で、法人登録ベースのレストラン業態が全体の売上974億B（約3000億円）、法人登録のない小規模な屋台を含めると1900～2000億B（約6000億円）であるという。

　外食店は、レストラン（約6万1000軒）、フードストール（屋台）業態（約10万軒）に分類される。さらにレストランは、①パタカーン（高級料理・外国料理）、②ファストフード（多店舗チェーン展開をする軽食喫茶、日本食、タイフード店）、③ラーン・アハーン（食堂：小規模で庶民的な麺類や飯を提供するタイ料理店）の3つに分類される。フードストールには、ペーンローイ（屋台）、スーン・アハーン（ショッピングセンター内のフードコート）が含まれている。

　タイにおける国・地域・料理別店舗は上位から国全体で、1位タイ料理61.6％（バンコク52.6％、地方64.3％）、2位日本料理5.7％（バンコク16.2％、地方2.5％）、3位イタリア料理5.4％（バンコク3.4％、地方6.1％）、4位アメリカ料理4.7％（バンコク6.7％、地方4.1％）であった。

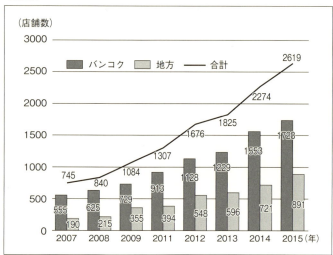

図3　タイにおける日本食店舗数の年次推移およびバンコクと地方の比較

注：2010年は洪水の影響により統計データなし。
出典：『タイ国経済概況』（2008～2015）より筆者作成。

第7章
タイにおける
「外来食文化」の受容実態
―多様化する日本食、維持される食事形式

V タイに溶けこむ外来の食、日本の食文化

V-1 熱い鍋を囲む文化―タイスキ

　タイスキは、今やタイ料理の一つとなっている鍋料理である。薄切りにされた牛肉、豚肉、鶏肉のほか、魚介類、練り製品、野菜などを出汁スープ（トムヤムクン味、チキン味など）の鍋（ガスコンロ／深鍋ホットプレート）に入れ、各人が、刻みニンニク、ライム、パクチー、唐辛子などの薬味を加えたタレをつけて食べる。タイ風のスキヤキ、しゃぶしゃぶと紹介されることが多く、タイ人のなかにも日本食由来であると思う者もいる。

　しかし、もともとは寒さの厳しいモンゴルが発祥の地とされる中国の「火鍋」をヒントに、1957年、バーンラック地区にあった中華鍋の食堂（現在のコカ・タイスキ・レストラン）で出されたのが最初だといわれている。当初、中央に穴の開いた煙突がついた台湾産の炭火鍋が使われ、暑いバンコクで鍋料理は受け入れられないと思われていたが、タイ人好みの味つけや、食材に魚介類を入れ、食材を少量個分けするなど工夫をしたところ、鍋をみんなで囲んで調理しながら食べるスタイルが好評を得た。

　タイスキの名称は、1960年代に世界中で大ヒットした日本のSuki-yakiソング（「上を向いて歩こう」）からとったとされる。1980年代には、複数のチェーン店が地方にも広がり、熱帯地域で熱い鍋を囲む食事文化が普及していった。

　さらに、電気鍋やホットプレートが手ごろな値段（2016年調査時の価格で690～2990Ｂ程度）で普及したことで、家庭でも食べられるようになった。スーパーでは、タイスキ用に野菜など具材がセットされたものとともに、各メーカーが製造した専用のタレ（42～52Ｂ）が販売されている。タイスキ専門店には、食材、スープ、タレがセットされて家で煮るだけのデリバリー（宅配サービス）もあるという。日本料理として提供される「しゃぶしゃぶ」との食べ方の違いについてヒヤリング（2016年8月バンコク：40歳代女性、チェンマイ：60歳代男性）すると、明確な回答は得られなかったが、料理の締めに、飯を入れて雑炊にしたり、春雨と溶き卵を入れたりして食べるようになったのは、日本スタイルの影響であるという。このほか、「ムーガタ（豚肉

ミニコラム

　シャム（Siam）の起源は古く、ポーナガルのチェム語碑文（1050年）やパガンのビルマ語碑文（1120年）、カンボジアのアンコール・ワットの浮き彫りに残された刻文（12世紀）などでSyāmの文字がみえる。インドのアッサム州、ビルマのシャン州、雲南にいるタイ語系民族が語源になったともいわれる。西暦1511年に来たポルトガル人（Castanheda）はSiaoと書き、別のポルトガル人（Correa）はSiam、イギリス人（Sir James Lancaster）は1592年の旅行記に、フランス人(de la Loubére)が1691年にそれぞれSiamと書いている。日本では新井白石の『西洋紀聞』（1725年）中「アジア諸国・スイヤム」の条に「シャム」という発音が記されている。

　しかし、タイ人自らは、首府の名をもって「スコータイ国」「アユッタヤー国」、バンコク王朝になって一般市民は「ムアン（国土）タイ（自由）」と言っていた。

　19世紀以降結ばれた諸外国との条約では国名はすべてSiamで統一され、1939年まで現タイ王国の旧称として用いられていた［石井1993、プーミサック1992、星田1972］。

237

第 2 部
食の変容とビジネス

焼き)」「YAKINIKU」は若い世代を中心に人気を博し、家でも食べられるという。ヒヤリングの結果、外食であった鍋・鉄板焼き食文化が、タイの食材、調味料を用い、ホットプレートが普及したことで、各家庭にまで浸透している様子がうかがえた。

V-2　日本食バイキング―進化するタイの回転寿司

　40年ほど前、タイにある日本食店の多くは、日本人を対象にしており、高級な店が多かった。1980年代、経済が発展しタイ人向けの日本食店が登場する。当初、鯖照り焼き、焼き鳥、天ぷらなどが人気のメニューであった。1990年代後半になると、アジア通貨危機などの経済低迷で日本企業のタイ工場撤退があり、それまで日本の駐在員を対象にしていた店が次々と食べ放題のバイキング式（1人199B程度）に変更されていった。これを契機に、安価になった店へ多くのタイ人が訪れるようになった。日本食を食べ慣れないタイ人にとって、現物を見て選べるバイキング式はわかりやすく、人気を博した。

写真5　回転寿司しゃぶ
カウンターテーブルにはしゃぶしゃぶ鍋が埋めこまれ、寿司としゃぶしゃぶの具が同じレーンを流れていた。

　2000年頃になると、大型デパート内に「回転寿司」が登場した。タイの回転寿司の特徴は、店内に、バイキング式の天ぷら、デザート、飲み物のエリアが設置されていることである。また「回転寿司」と「しゃぶしゃぶ」が一緒になっている店も多い。「Shabu shi」はテーブルに1人前用の鍋が埋めこまれ、回転ベルトに「寿司」と「しゃぶしゃぶの具材」が乗って流れてくる（写真5）。生食の握り寿司に並んで加熱用の肉が流れてくることに、筆者は当初抵抗感があったが、その後、握り寿司が壁側にバイキング式で置かれ、回転ベルトには、しゃぶしゃぶ用の具材だけが流れるように変更されていた。出汁も、チキン、トムヤムクン風、和風と選べるように進化していた。

　タイ料理の一般の食堂では60～100B程度で十分食べられるところを、「回転寿司+しゃぶしゃぶ」は食べ放題とはいえ、ほとんどの店が1人前399Bと高額である。それにもかかわらず、おもしろさ、珍しさもあり、土日には現在も列をなしている。飲食店が豊富なタイにおいて、並んでまで食べることは非常に珍しい光景である。現在は、75分までと時間制限を出しているところもある。

238

V-3 複数主菜、汁はレンゲで飲む

　タイで提供される定食において、汁、飯に、焼き魚、天ぷらと、日本でいうメインのおかずが複数提供されることがある。また、焼き魚定食、焼き肉定食など、メインが1種類の場合は、各自が定食を注文し、別途、メインになりうる一品料理（イカのフリッター、スパイシーチキン、焼き餃子など）を複数頼んで、それをシェアしながら食べる光景がよく見られる。定食につく漬物は、キムチである場合が多い。日本料理はタイ料理に比べ「辛くない」「味が薄い」と評価されており、タイ人にとっておいしさの一つである「辛さ」のあるキムチが採用されたものと考えられる。

　また、タイでは飯の上におかずをのせて食べる文化があり、日本の丼物がタイ料理のレストランでも一部で提供されている。丼に盛られた飯の上に卵焼き、豚肉炒めをのせた豚丼にパクチーがトッピングされ、添える紅ショウガはバラの花に盛りつけるなど、タイ風にアレンジされている（写真6）。

　食法は箸とレンゲで、プラスチックの椀に入った味噌汁であっても直接器に口をつけず、レンゲを用いる。緑茶は、ガラスコップに氷入りで提供されたものをストローで飲む。

　和食は、一汁三菜が基本とされ、飯、汁、主菜（肉・魚）、副菜（野菜類）、副々菜が小鉢で提供される。一方、タイのガップカーオ（おかず）は、動物性タンパク質を含むものが多く、一般的なタイの食堂では、同じ大きさの皿で提供され、それをシェアしながら食べたり、飯に2、3種類のおかずを選んでのせて食べたりする。

　タイ人は、日本料理を受容しつつも、複数の主菜（肉・魚）をとり、味噌汁にレンゲを用い、氷入り緑茶をストローで飲むなど、タイの食事様式を維持している。

V-4 飲料―甘いお茶、抹茶入り菓子

　経済成長とともに、日本のテレビ番組（「TVチャンピオン」）や健康ブームにより、日本食が着目されるようになった。なかでも緑茶は、手軽（ペットボトル1本12B～25B）なものとして、さまざまな味のものが販売されている。無糖ではなく加糖で、風味をつけたものが多い（写真7）。以前は「はちみつとレモン」味ぐらいだったが、2016年8月調査では、「タマリンド」「ライチ」「青りんご・マス

写真6　紅ショウガを花に見立てて盛られた丼

写真7　風味づけされた緑茶

第2部
食の変容とビジネス

カット」「グレープ」「メロン」味などが見られ、日本では考えられないほどバラエティに富んでいる。一方、本物志向のものもあり、無糖はもちろん「ほうじ茶」なども販売されている。

また近年は、コーヒーがよく飲まれるようになった。北タイのケシの実栽培のかわりにコーヒー栽培が推奨され、年々栽培量、消費量が増加し、カフェやコーヒースタンドでよく販売されている。これもブラックではなく、砂糖・ミルク入りがほとんどである。

菓子では、抹茶入りが人気で、日本では見かけない抹茶入りチョコレート、飴、クッキーなどがあり、コンビニでは一棚を全部使って、抹茶入り菓子のコーナーが設けられていた。味についてヒヤリング（2015年9月チェンマイ：40歳代女性、中・高校教員）すると、「大人は抹茶味は好きだが子どもは苦手」という声も聞かれ、抹茶ブームは2016年現在、以前よりだいぶ落ち着いた感がある。

Ⅴ-5　専門化する日本食とタイの外食文化

これまで日本食レストランでは、刺身の盛り合わせ、巻き寿司、天ぷら、焼き鳥、焼き魚、丼物、そば、うどんとあらゆるジャンルのものが提供されてきたが、2010年以降、バンコクを中心に、牛丼、トンカツ屋、うどん屋、ラーメン屋と専門店が登場する。いずれも年々増加しているが、2015年の前年比をみると、寿司・海鮮（前年比129％）、喫茶・ケーキ（同165％）、丼物（同138％）が特筆される（表1）。

加えて、やよい軒、大戸屋など、比較的リーズナブルな価格で日本食を提供する店も出てきた［大木 2013］（図4）。これらはいずれも日系のチェーン店がタイに出店したものである。

その背景には、タイの経済発展だけでなく、日本食産業側の海外進出促進もある。日本では「日本食レストラン海外普及推進機構（JRO）」[6]が設立され、主要各国で日本食料理店の発展のための支援活動を2008年にスタートさせ、2016年4月「日本料理の調理技能認定制度」「日本商材サポート店認定制度」を開始し、日本食の発

表1　業種別タイの日本食店舗数、年次比較

業種 ＼ 年	2011	2012	2013	2014	2015
日本料理	519	559	584	668	713
ラーメン・中華	205	261	269	316	341
しゃぶしゃぶ・鍋	138	237	243	309	376
焼き鳥・居酒屋	128	162	175	236	275
焼き肉・BBQ＊	91	142	157	206	271
寿司・海鮮	23	47	59	115	148
牛丼・天丼・豚丼	18	28	40	48	66
喫茶・ケーキ	―	―	―	37	61
洋食・パスタ・バーガー	79	89	108	83	71
ホテル内和食	51	65	76	83	79
トンカツ・天ぷら	25	29	38	42	54
鉄板焼き・お好み焼き	―	―	―	33	53
カレー・オムライス	19	28	40	43	48
うどん・そば	11	29	29	41	49
宅配	―	―	7	14	14
合計	1,307	1,676	1,825	2,274	2,619

＊：2013年度まで鉄板焼きが含まれていた。
出典：バンコク日本人商工会議所［2008/2009、2010/2011、2012/2013、2014/2015］『タイ国経済概況』より筆者作成。

第7章
タイにおける
「外来食文化」の受容実態
―多様化する日本食、維持される食事形式

図4　日本食レストランのタイ系チェーン、日系チェーンの創業年と店舗数

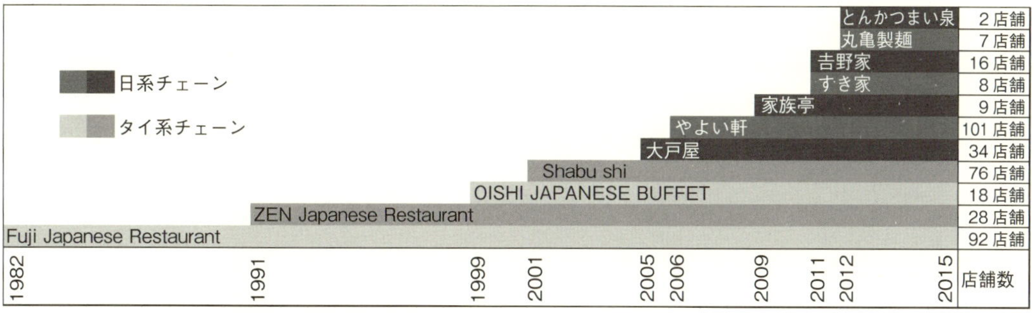

凡例：日系チェーン／タイ系チェーン

チェーン名	店舗数
とんかつまい泉	2店舗
丸亀製麺	7店舗
吉野家	16店舗
すき家	8店舗
家族亭	9店舗
やよい軒	101店舗
大戸屋	34店舗
Shabu shi	76店舗
OISHI JAPANESE BUFFET	18店舗
ZEN Japanese Restaurant	28店舗
Fuji Japanese Restaurant	92店舗

年代軸：1982　1991　1999　2001　2005　2006　2009　2011　2012　2015　店舗数

出典：『月刊食堂』2013年9月号および筆者調査より作成。

信、日本産食材の需要拡大を狙っている。

　また、訪日タイ人向けのビザ免除後、訪日者が増加し、自国でもリーズナブルかつ本場の味を求めるようになった。日本への渡航者は、2007年の日タイ修好120周年および日タイ観光交流年の折、ビザ申請が簡素化されたことによって16万7000人に増加した。さらに2012年6月1日、観光や親族訪問を目的とする者に一般短期滞在数次ビザが運用されたことでリピーターが増加した。同年12月にはバンコク・北海道千歳線が就航し、訪日者26万640人を記録、2013年7月15日には短期滞在者にビザが免除されて一気に日本ブームが起こる。タイの経済発展と同時に円安もあり、2013年は45万3642人と前年比174％となっている。

　最近は、日本のテレビ番組を放映するだけでなく、タイの映画やドラマで日本をロケ地とするものが増え、東京だけでなくロケ地となった地域（千葉県香取市、佐賀など）のほか、関西、北海道、九州など、日本各地を人びとが訪れるようになった。それにあわせるかのように日本食の店名に、「箱根」「北海道」「京都」「九州」「沖縄」などの地域名が入った店が登場し、店内に風景写真や小物を展示し、北海道ではカニ料理、京都は抹茶の和風デザート、九州は博多らーめん、宮崎牛の鉄板焼きなど、それぞれ特徴を打ち出している。さらに、トムヤムクンうどん、トンカツのせグリーンカレーなど、日本とタイが融合した料理もみられるようになった。

　さらに表1で示したように、食事だけでなく間食、テイクアウトができる喫茶、カフェ、日本のパンやケーキなども人気がある。

　日本食は、スーパーで1個10Ｂの握り寿司から接待で利用するような高級日本料理店があり、家族や友だちと行くリーズナブルな定食屋や回転しゃぶしゃぶ、デートでは日本のカフェ、ケーキ屋など多岐

*6 健康志向の高まりとともに日本食レストランが世界各地で急増した。しかし、日本の食文化を知らない現地の料理人が、本来の日本食からかけ離れた「日本風」のフュージョン料理を提供しているものも多く、料理の質の低下、刺身など衛生上の懸念が生じていた。
　そこで、農林水産省の外郭組織として本機構が「日本の食の魅力を世界に伝え、日本食レストランの技術向上を図り、日本食・食材の海外市場開拓に寄与するために、世界中の日本食レストランをサポートし、より多くのお客様に喜んで頂くことにより、日本の食文化が世界に共有されること」を目的に設立された。具体的には、調理技術向上のための教材、日本食レストランガイドブック（上海編、バンコク編、マニラ編、アムステルダム編、シカゴ編、ロサンゼルス編）などの作成、講習会等を通じた人材育成、ならびに海外の日本食ニーズの把握と現地でのPR活動に関する事業、海外の会員相互間の交流を通じた情報交換に関する事業、日本産食材の輸出促進等の調査研究に関する事業などを行っている［特定非営利活動法人日本食レストラン海外普及推進機構、農林水産省 2000；2007］。

第2部 食の変容とビジネス

ミニコラム

外国へ行くと日本では見られないユニークな日本風の食を見ることができるが、なかでもタイは目をひく。とくに寿司は、タイ人にとって魅力的だったのか、寿司型のドーナツまでできた。そのポスターには箸で食べる様子が描かれている。最初は、弁当箱の意匠だったが2016年には、ピクニックバージョンが登場し、寿司の表現も進化していた。日本のイメージが導入される食べ物は菓子類が多い。海苔巻きを模したスナック菓子、△の形状のパンにイチゴクリームが入ったその名も「Fuji Pan」、抹茶入り菓子の種類はきりがない。

抹茶や緑茶は、日本への健康、安全、清潔イメージに加え、抗菌効果を期待してか、マスクなどの衛生用品にも緑茶の図像が使われるようになった。タイの友人から生理用品まであると聞いた時は驚いた。

タイは日本の食を、おもしろおかしく楽しみながら受容しているようだ。

寿司ドーナツのピクニックバージョンのポスター。

富士山の姿を模したFuji Pan。

にわたっており、それぞれの経済力、生活レベル、TPOに合わせ選択することができる。そのため、タイ人の外食や中食を頻繁に利用する食文化に非常に適していると考えられる。

VI チェンマイの大学生を対象としたアンケート調査結果

VI-1 目的と方法

タイで急増する日本食レストランだが、前述したように、バンコクから地方への進出がめざましい。そこで、タイの伝統文化を維持し、第二の都市といわれる古都チェンマイで大学生を対象に、消費者の視点に立って、現在増えつつある日本食について、イメージ、よく行く日本食の店、好きな料理、嫌いな料理などについて、自由記述式質問紙調査（2013年8月：100名、2015年8月：70名）、ヒヤリング調査（2015年2、8月10名、2016年8月8名）を実施した。

ちなみに、筆者の当該地域における1997～2005年の食生活調査では、間食は西欧のスナック菓子が主だが、食事はタイ料理で、ファストフード、パンは食事ではなく間食の位置づけであった［宇都宮・益本2000、宇都宮ら2003］。

VI-2 調査結果

2013年調査において、日本食のイメージは、「おいしそう」「見た目がいい」「盛り合わせ方が芸術的またはカラフル」の回答が多かった（表2）。また、実際に食してみて、タイ料理に比べ「味が薄い」「辛くない」「生臭い」「あまり好きでない」などのネガティブなイメージが続く。一方で、「栄養がある」「新鮮（な素材を使う）」「良い」「太らない」などの健康的なイメージもみられた。

よく行く店の1位は、前述した「しゃぶしゃぶ」と「回転寿司」がセットになった「Shabu shi」であった。上位はタイ系の日本食レストラン「Fuji」「OISHI」、そして日系の「yayoi（やよい軒）」であった。その他、「8番らーめん」「学校の前の店」「Japanese market」などがあげられた（表3）。

好きな日本食は、1位寿司、2位ラーメン、3位おにぎりであった。その他、たこ焼きや焼き魚など、多様な日本食が選択されていた（表4）。一方、嫌いな日本食1位に刺身、2位にわさびがあがっており、

第7章
タイにおける
「外来食文化」の受容実態
――多様化する日本食、維持される食事形式

もともと生魚を摂取しないタイ人にとって、好き嫌いが分かれる（表5）。好きなものに寿司、嫌いなものに刺身と、一見矛盾した回答も得られたが、現地の寿司には生魚以外のカニカマ、卵焼き、ツナマヨネーズなど、加熱処理されたネタの寿司が多くあり、このような結果になったと考えられる（写真8）。タイの握り寿司は、日本のものよりやや小さく、一貫ずつ購入することができる。カニカマやとびっこなど色とりどりで美しく、タイの伝統菓子（写真9、一つ5cmほどのサイズでカラフルな色合い）にも類似し、寿司にもその食文化が反映され

表2　日本食のイメージ

	内容	件
1位	おいしそう	49
2位	見た目、芸術的、盛り合わせ方	16
3位	味が薄い	10
4位	栄養がある	9
5位	魚料理が多い	6
5位	あまり好きでない	6
7位	新鮮	5
8位	辛くない	3
8位	生臭い	3
8位	良い	3
8位	めずらしい	3
12位	太らない	2
13位	みんなで集まる時に使う	1
13位	お米が主として使われる	1

表3　日本食のよく行く店

	よく行く店	件
1位	Shabu shi	30
2位	Fuji	20
3位	OISHI	19
4位	yayoi	12
5位	sukishi	5
6位	Hachiban ramen	3
7位	Tsunami	2

表4　好きな日本食

	料理名	件
1位	寿司	55
2位	ラーメン	13
3位	おにぎり	9
4位	たこ焼き	5
4位	鯖・鮭焼き	5
6位	お好み焼き	4
7位	天ぷら	3
8位	刺身	2
8位	うな重	2
8位	しゃぶしゃぶ	2
8位	とんかつ	2
8位	ワカメの和え物	2
8位	うどん	2
8位	餃子	2
その他	オムレツ、カレー、牛丼、どら焼き、焼きそば、いか焼き、出汁卵焼き、コロッケ、弁当	各1

表5　嫌いな日本食

	料理名	件
1位	刺身	16
2位	わさび	13
3位	ラーメン	7
3位	寿司	7
5位	カレー	6
5位	うな重	6
7位	味噌汁	4
8位	たこ焼き	3
9位	天ぷら	2
その他	うどん、そうめん、餃子、キムチ、牛丼、おでん、塩サバ、カニかまぼこ、漬物	各1
嫌いなものなし		24

（表2〜5ともに2013年8月調査　n=100）

写真8　タイのカラフルな握り寿司　　写真9　タイの伝統菓子　　写真10　SushiDo（寿司型ドーナツ）

243

第2部
食の変容とビジネス

たものと考えられる。また、この時 SushiDo なる寿司を模したドーナツが販売されていた（写真10）。2015年2月、ヒヤリング調査を進めるなかで、それぞれの料理で、選択される・されない理由、また性差もあることがわかった。

そこで2015年8月、女子35名、男子35名に、好きな日本食、嫌いな日本食を一つあげてもらい、その理由を記述してもらった。好きな日本食では、全体で1位刺身（12票）、2位寿司（9票）で、3位カレーライス（4票）。

性別でみると、寿司は、女子が7票で圧倒的に多く、「健康によい、食べやすい、ネタが多い、美しい」などが理由にあげられた。

健康志向は女子で高く、ヒヤリング調査では、動画サイトを見ながら一日30分程度運動することが流行し、チェンマイ市内でもスポーツジムが増加していることわかった。

男子の好きな料理は、刺身が6票でもっとも高かった。それ以外はカレーライス（2票）、牛丼、うな重、お好み焼き（各1票）などが、「味が濃い、値段・購入しやすい」などの理由で選択されていた。

女子は健康的なもの、男子はしっかりした味つけで腹持ちがよいものが好まれる傾向がみられた。また、餃子、たこ焼き、から揚げは、「パリパリ、カリカリしておいしい」という、食感が理由で選択されていた。

嫌いな日本食は、1位刺身（19票）、2位納豆（9票）、3位漬物（8票）、4位わさび（7票）で、刺身は好きな人と苦手な人で二極化している。好きなものに比べ、嫌いなものは男女ほぼ共通しており、その理由に「刺身の生臭さ、納豆のにおい、料理の見た目が悪い」などがあげられた。嫌悪感は、においに関するものが多かった。好きな日本食のうち緑茶、抹茶入り菓子は、「香りがよい、よい香り」と、味より香りが好まれ選択されている。タイの伝統菓子には、専用のローソクで菓子を燻製して香りをつけるものがあることや、パクチーなどの香草やメンダー（昆虫のタガメ）など、独特な香りを楽しむ料理もあることを考え合わせると、「香り」も料理のおいしさの評価で重視されていることがうかがえる。

ヒヤリング調査で、作ってみたい日本食では巻き寿司が多くあげられた。大学の調理実習で習ったということもあるが、見た目の華やかさ、「巻きす」で飯と具を巻く一連の動作におもしろさ、興味があるそうである。

写真11　スーパー巻き
OISHI の SUPER MAKI のポスター。

VI-3　考察

　観察調査、アンケート・ヒヤリング調査から、欧米のファストフードとは異なり、米が主食の日本食は、最初から食事として位置づけられていることがわかった。一方、最近、ファストフードは間食から食事へと認識されるようになり、一部、朝食に菓子パン、牛乳、コーヒーがとり入れられるようになった。しかし日本食は彼らの食生活において、そこまでの日常的な存在にはいたっていない。

　ただ、たこ焼き、カレーが学食に入り、コンビニでタイ風のラープムー（豚挽き肉の料理）入りのおにぎり、スーパーで1個10Bの寿司が販売されるなど、安価な日本食が登場し、入手しやすい環境にはなった。味付け海苔が、菓子として先に入っていたことにより、他の諸外国でみられるような海苔に対する嫌悪感はなく、巻き寿司は必ずしも裏巻きではない。実際に巻き寿司を家で作ったという学生もいた。

　バンコクに比べ、日本への渡航経験者も少ないチェンマイにおいては、本物の味を追求するにはいたらず、回転寿司としゃぶしゃぶがセットになっている店などは「珍しい、おもしろい食事スタイル」が、休日の外食形態の一つとして楽しまれている。刺身は、生食に抵抗感がある者が少なくなく、物流（コールドチェーン）が発達し、醤油のマスキング効果やわさびの消臭効果などで生臭さを感じなくなっても、現時点においては容易に受け入れられる食文化ではないのであろう。そのためチェンマイでは、生食でなく加熱処理されたネタ、とびっこ、カニカマなどカラフルなローカライズ寿司が、先に定着、普及していくものと考えられる。

　しかし、2016年8月、チェンマイの30歳代男性、50歳代女性へのヒヤリングでは、「自分自身は寿司（刺身）が嫌いだが、自分の子ども（小学生、中学生）は好きだ」という。将来的に、サーモンなどの寿司を食べる世代の幅が広がり、刺身（生食）が受容される率が上がる可能性もある。

Ⅶ　おわりに

　タイにおける日本食の受容実態について、タイの食事文化、外食産業の動向をふまえつつ参与観察調査、アンケート・ヒヤリング調査から探ってきた。石毛直道ら［1985］によれば、世界の食事文化には、

第7章
タイにおける
「外来食文化」の受容実態
―多様化する日本食、維持される食事形式

■ミニコラム■

　日本のラーメンやうどんの汁は、外の気温が高くてもフーフーしながらアツアツを食べるに限る。現地調査で久しぶりに日本の味が恋しくなり、九州出身の私が向かったのは、博多ラーメンの店。注文して、しばらくすると懐かしの豚骨ラーメンが登場した。まずは、汁からであるが「ぬるい」、冷房が効いた店内で配膳の途中で冷えたのではなく「ぬるい」のだ。熱くするよう、もう一度頼んだが、それでも日本人の私にはぬるく麺は伸びる一方である。

　日本在住のタイの友人に聞くと、日本のラーメンやうどんなどの汁麺は、タイ人にとって量が多く、熱くてなかなか冷めないから最初は食べにくいという。タイで汁麺のクエティオやバミーではまったく感じなかったが、日本食になると好みの喫食温度はタイ人と異なるようだ。

　そこで、温度計を用意して表面温度と汁の内部の温度を調べてみた。すると、日本と比べやや低いことがわかった。確かにクエティオでは、フーフーと冷ましながら食べている姿を見たことがない。さらに、日本の汁麺に比べ麺の量も少なく、器の口径が広いためより冷めやすい。なぜ、このように喫食温度の嗜好に差が生じるのか、次の研究課題としたい。

第2部
食の変容とビジネス

　日本やアメリカなど、外来要素を受け入れて並立的共存をしながら自己の食事文化体系のなかに取りこんでいく"オープンシステム"、中国などのように、周囲にさまざまな食があっても、家庭内では中国料理を作りつづける"クローズドシステム"があるという。タイも、家庭内で作るものはタイ料理もしくは昔からある中国料理で、中国のクローズドに近かった。しかし、経済が発展し、日本への渡航経験者も増加するなかで、多種多様な日本食を外食の一つとして楽しむようになってきている。たとえば、鍋料理（タイスキ）のように新しく作られた料理も、外食から始まって長い時間をかけて家庭内に取りこまれた。

　現在、トムヤムクンうどん、トンカツのせグリーンカレーなども登場している。タイにおける日本食は多様化しつつ、上流層から中流層へ、都市部から地方へと広がっている。ただ、刺身に対して二極化した意見があり、現段階においては、経済的に豊かなバンコクと地方では違った日本食が受容されている。

　地方スーパーでも日本の食材や調味料が流通するようになり、一部ではあるが家庭で日本料理を作る者も現れた。バンコクでは、本格的フランス料理、日本料理の調理学校が開校され、従来はメイドに調理をまかせきりだった上流層の間でも、自分で料理ができることがステイタスの一つになりつつある［住田 2015］。タイは、フェイスブック、カカオトークなどSNSが盛んで、写真・動画もよく撮ってアップされている。今後、国内外で日本料理を学んだ者や渡航経験者が、各家庭で再現・アレンジした日本食がSNSから拡散していく可能性もある。

　タイ市場のマーケティングでは、消費者はシンプルで親しみやすく、おもしろいことが好きで、たくさんの情報を読むことは好きでないという［ポンタナラート 2016］。住田［2015］によれば、タイ人の気質を表現すると「サヌック」「サバーイ」「サドゥワック」である。これは、「楽しいこと」「楽であること」「便利であること（都合がよいこと）」という意味である。つまり、タイ人は「楽しく」「楽で」「便利」な環境を選ぶという。鍋を囲む「タイスキ」、「回転寿司としゃぶしゃぶ」がタイ人の間で人気を博したのは、これらの要素が含まれているからであろう。

　ヒヤリング調査で、作ってみたいとされた日本食は、巻く作業が面白そうで、切った断面が美しい「巻き寿司」であった。今後、千葉県の郷土料理「太巻き祭りずし」（写真12）のように、タイ版のユニー

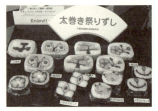

写真12　千葉の太巻き祭りずし
（和食文化"再考"シンポジウム『再発見！「和食」文化の魅力』関東ブロック開催会場にて撮影、2013年10月15日）

クな巻き寿司ができるかもしれない。タイスキのように簡単にできる
「海苔、具材、巻きす」をセットにし、味に「辛さ」を加え、作り方
がすぐにわかる動画サイトのQRコードを添付して、コンテストなど
開催するのもおもしろいだろう。

　外食の際は、主菜を複数注文してシェアする、汁はレンゲを用いて
飲むなどの食事様式は、タイ式が維持されていくであろうが、多様化
した日本食は、タイ人の経済、生活レベル、TPOに合わせ、それぞ
れの場面で、彼らの食生活に浸透していくものと考えられる。

〈文献〉

綾部恒雄・林行夫　2003　『タイを知るための60章』明石書店、pp.172-176。

石井米雄　1991　『タイ仏教入門』めこん。

石井米雄監修、吉川利治編　1993　『タイの事典』同朋舎出版、p.152、pp.208-
　　210。

石毛直道ら　1985　『ロスアンジェルスの日本料理店——その文化人類学的研究』
　　ドメス出版。

宇都宮由佳・益本仁雄　2000　「北タイの3地域における経済化と情報化の進展が
　　児童・生徒の間食選択に与える影響について——主な4品目の間食に着目して」
　　『日本家政学会誌』51(10)：913-932。

宇都宮由佳ら　2003　「北タイの3地域における児童・生徒の食生活とライフスタ
　　イルについて」『日本家政学会誌』54(5)：365-376。

大木清弘　2013　「新興国の日本食ブームを捉えるには？——タイの日本食レスト
　　ランから見るサービス産業の新興国市場戦略」『赤門マネジメント・レビュー』
　　12(8)：589-612。

月刊食堂編集部　2013　「第20回タイの日本食市場分析」『月刊食堂』9月号：
　　8-15。

住田千鶴子　2015　『知っているようで知らないタイ国とタイ人』SUMITA、バ
　　ンコク、p.23、30。

高橋則孝　2013　「タイにおける外食チェーン産業の現状と今後の展望」『盤谷日
　　本人商工会議所所報』2013年12月号：23-29。

日本貿易振興機構（ジェトロ）農林水産・食品部バンコク事務所　2012　「タイに
　　おける食のマーケット調査」pp.1-54。

バンコク日本人商工会議所　2008/2009、2010/2011、2012/2013、2014/2015　『タ
　　イ国経済概況』外食産業。

プーミサック、チット（坂本比奈子訳）　1992　『タイ族の歴史——民族名の起源か
　　ら』勁草書房、pp.2-74。

星田晋五　1972　『タイ—その生活と文化』学習研究社、pp.65-66、pp.245-225。

ポンタナラート、クリティニー　2016　「タイ人の心をつかむマーケティング　ク
　　イティアオ食堂『ジェックメン』の教訓」『盤谷日本人商工会議所所報』2016
　　年8月号：49-50。

山田均　2003　『世界の食文化5　タイ』農山漁村文化協会、pp.67-79。

〈ウェブサイト〉

特定非営利活動法人 日本食レストラン海外普及推進機構（JRO）http://jronet.org/
　　about/active（サイトはすべて2017年1月20日閲覧確認）

農林水産省　2006　「海外における日本食レストランの現状について（平成18年
　　11月）」pp.1-15。http://www.maff.go.jp/j/shokusan/sanki/easia/e_sesaku/japa
　　nese_food/kaigi/01/pdf/data3.pdf）

第2部
食の変容とビジネス

農林水産省　2007　「海外日本食レストラン推奨有識者会議　提言　日本食レスト
　　ラン推奨計画（平成 19 年 3 月 16 日）」pp.1-11。http://www.maff.go.jp/j/shoku
　　san/sanki/easia/e_sesaku/japanese_food/kaigi/03/pdf/proposal.pdf
農林水産省　2016　「米をめぐる関係資料（平成 28 年 11 月）」p.87、p.93。http://
　　www.maff.go.jp/j/council/seisaku/syokuryo/161128/attach/pdf/index-10.pdf
野元伸一郎　2013　「経済統合で変わるアジアの日本食―― AEC 前夜のタイ・バ
　　ンコクから」JMAC　アジア「食ビジネス」レポート。http://www.nikkeibp.
　　co.jp/article/asiacolumn/20131127/375112/
National Statisitical Office Thailand　2014　*Statistical Yearbook Thailand 2014*
　　p.209 http://web.nso.go.th/en/pub/e_book/esyb57/files/assets/basic-html/
　　page272.html

第3部

境界線を超えて

第3部には、国家・宗教・民族の境界線を超える食を扱う。本国マレーシアにおいては華人風のものとされるコーヒーショップ「コピティアム」が、オーストラリアにおいて複合民族国家マレーシアを象徴するものとなっていく。パレスチナ・イスラエルでマイノリティとして暮らすアラブ人キリスト教徒の食は独特の特徴をもちながらも、ユダヤ教徒やムスリムとの相互作用によって互いに影響を与え合っている。世界中の熱帯地域で重要な食物として栽培され、またそれぞれの文化で象徴的な意味を担っているバナナの事例からは、外来の作物の導入や栽培技術の変化により、主食とされているものが変化するさまが描かれる。食がさまざまな境界線を超えていく時、境界線の両側で相互作用が起こる。境界線のこちら側とあちら側が、もともともっていたものをベースにしながら、互いに影響を与え合うのである。

第**1**章

越境する「故郷の味」
―オーストラリアにおける
マレーシアの飲食文化の展開

櫻田涼子

要旨

　マレーシアでは、西洋諸国による植民地統治の歴史と、インドや中国南部出身の移民がもちこんだ多様な飲食実践が混淆したハイブリッドな食文化が醸成されている。その一つに「コピティアム（*kopitiam*）」とよばれる、中国海南島からもちこまれたとされるコーヒーショップがある。コピティアムは、海南島出身の中国人がマレー半島にもちこんだ飲食文化とみなされてはいるが、イギリス植民地期の海南島出身者の社会経済的立場と、海南島の喫茶文化の混成により生成されたハイブリッドな食文化と理解するほうがより実態に近い。今日、コピティアムは地域の多様性を象徴するパブリック・カルチャーとして注目を集め、マレーシアあるいはシンガポールのナショナル・アイデンティティを体現する文化アイコンとして認識、共有されている。

　マレー半島の飲食文化は、人の移動とともにさらに進化を続けている。たとえば、近年では故郷を離れオーストラリアやイギリス、その他の国に移住する人も増加し、移動する人びととともにもちこまれた「故郷の味」は、新天地において新しい展開をみせるようになっている。本章では、マレーシアからオーストラリアに移住した人びとが、民族的違いを超えて「マレーシアの」飲食文化として「故郷の味」を再現する状況を分析する。

251

第3部
境界線を超えて

I はじめに

マレー半島には数多の「コピティアム（*kopitiam*）」と称されるコーヒーショップが存在する。

ここ数年来、コピティアムはシンガポール、マレーシア両国の文化多様性を示すパブリック・カルチャーの代表として注目を集め、マレー半島のナショナル・アイデンティティを体現する文化アイコンとして現地の人びとに認識、共有されている［Lai 2013, Duruz and Khoo 2015］。海外在住のマレーシア人、およびシンガポール人がよく利用するオンライン・コミュニティやメーリングリストの多くが「コピティアム」の名称を用いるのはけっして偶然ではないだろう［Duruz and Khoo 2015:25］[*1]。また、近年のマレーシア、シンガポールで盛んに行われている、市井の人びとの語りの集積からナショナル・ヒストリーを描こうとする動き［櫻田 2016a］で必ずとりあげられるのが、コピティアムやホーカー（屋台村）といった、多様な文化的背景をもった人びとが共に飲食することができる社会空間である［櫻田 2016b:177-181］。

1965年にマレーシアとシンガポールがそれぞれ分離独立するまでは、マレー半島は一つの地域として発展してきた経緯がある。したがって、コピティアムに代表されるマレー半島の飲食文化は、細かくみれば両国それぞれに微細な、しかし「同じだ」と断言すれば因縁めいた論争が必ず起こるほどの「大きな」差異がみられるが、ここでは、基本的にはマレー半島の飲食文化をほぼ同質のものとみなしたうえで、とくにマレーシアの飲食文化に言及する。

さまざまな文化的背景をもった人びとの混成により成熟したマレーシアの飲食文化は、進展する人の国際移動により変化しつづけている。移動する人びととともにもちこまれた「故郷の味」は、新天地において新しい展開をみせるようになっている。

本章では、まずマレー半島に特有の食文化であるコピティアムについて概観する。そのうえで、オーストラリアに移住したマレーシア人が移住先にもちこんだ「故郷の味」がどのように現地で展開しているのか、これまでのコピティアムに関する研究［櫻田 2016a、2016b］と、2015年に実施した短いシドニーのエスニック・レストランビジネスの概況調査から明らかにしたい。

*1 たとえば、マレーシア最大のオンライン・コミュニティ（https://forum.lowyat.net/Kopitiam）のアドレスはコピティアムを含む。同様に、米スタンフォード大学のマレーシア人留学生コミュニティのメーリングリストのアドレスや、シンガポールのオンライン・コミュニティも kopitiam という名称を用いている［Duruz and Khoo 2015:203］。

第1章
越境する「故郷の味」
――オーストラリアにおける
　マレーシアの飲食文化の展開

II ホームランド、マレーシアの飲食文化

II-1　多文化社会としてのマレーシア

　マラヤ（現在のマレーシア）とシンガポールは、イギリス植民地期に南インドや中国南部各地から集まった労働力に依存したプランテーション経営や、港湾、鉱山開発が広く行われ、植民地型モノカルチャー経済を発展させてきた。外部から移入した労働力を国内各地に遍在させ植民地経済を成立させる構造は、それまでの社会とは断絶した移民コミュニティを発生させ、排他的で同質性の高い各民族集団から構成される「複合社会」が形成されたとみなされてきた。

　しかし、1970年代後半から近代化と都市化が急速に進展するなかで、民族集団間の相互交渉が前提となる社会空間がさらに拡大しつつある。当然のことながら、高等教育機関への進学や都市部での就労によって、さまざまな文化的背景をもった人びとと共に学び、働き、飲食する機会がますます増加している。国内の民族間関係の変化もさることながら、近年はマレーシアから欧米諸国への人の流れも活発になっている。たとえば、マレーシアの旧宗主国であるイギリスや、イギリス連邦のカナダ、オーストラリア、ニュージーランドに就学し、あるいは就業機会を求めて移動する人の流れは加速している。

　興味深いことに、イギリスやオーストラリアなどの移住先社会では、マレーシアで「華人の料理」や「マレー人の食文化」とみなされ、民族集団内部で限定的に消費されてきた軽食や料理が〈私たちの懐かしいマレーシア料理〉として飲食される機会が増えているようである。たとえば、マレーシアではインド系が占有的に調理するロティ・チャナイ（roti canai）とよばれるインド風の平たいクレープ風のパンは、華人が調理販売することはまずない。しかし、オーストラリアのシドニーでは、マレーシア出身の華人がガラス張りの調理ブースで一生懸命ロティ・チャナイの生地を伸ばし焼く様子を見ることができる。移住先のオーストラリアでは、フレキシブルに「故郷の味」が再現されているようだ。

II-2　マレー半島の飲食文化

　19世紀後半から20世紀初頭にかけて、中国南部地域を出身地とす

ミニコラム

　マレー半島で人気の海南鶏飯の原型とされるのが海南島の「文昌鶏」だ。文昌とは海南島にある地名で、まるまると太った丸鶏をゆでてぶつ切りにしたものをご飯と一緒に食べる名物料理である。面白いことに、移民社会であるマレー半島では一人でも食べやすい量で提供されることが多いが、海南島では豪快に数人前を一皿で提供されることが多いようだ。マレーシアの感覚で注文した筆者は、海南島のたらいサイズのスープが食べきれず大変な目にあった。

海南島海口市の人気店で食べた文昌鶏もやはり豪快に提供された。

253

第3部
境界線を超えて

る多くの中国人がマレー半島に移住した。比較的早くから半島に移住した福建系中国人と広東系中国人は社会経済的基盤を早々に固めることができたが、後発移民としてマレー半島にやってきた海南島出身者は、経済的ニッチを求め苦心した末に、結果としてマレー半島にユニークな食文化をつくりあげたとされる［櫻田 2016a：162-164、2016b：177-181］。その代表的な食文化のひとつがコピティアムとよばれる喫茶文化であり、パン食やチキンチョップなどの料理に代表される洋食文化である。

「海南島」という中国大陸の南端の島は、なぜかマレー半島や香港、台湾においてカレーやチキンチョップ、パンなどの洋食や、コーヒー、あるいは鶏の出汁で炊いたご飯にぶつ切りのゆで鶏をのせてチリソースをかけて食べる、世界的にも有名な海南鶏飯（Hainanese Chicken Rice）などのオリジナリティのある料理と結びつけられ想起されてきた（写真1）。

写真1　海南鶏飯
シンガポールのラッフルズホテルのすぐ裏にある海南鶏飯の名店「新瑞記鶏飯」では、手頃な値段で海南鶏飯を食べることができる。今も昔も働く庶民の胃袋を満たす美味なる一皿だ。

なかでも「コピティアム（kopitiam）」と称される喫茶店は、マレーシア、シンガポールを代表する食文化のひとつと目されている。

シンガポール国立博物館の展示案内によると、コピティアムは、1930年代頃にマレー半島に単身で渡来した男性労働者に、簡単な朝食を提供する屋台として海南島出身者が始めたものが前身である、と説明されている。1950年代以降のコピティアムでは、麺料理や粥などの温かい料理も提供されるようになったようだが、初期移民社会の、圧倒的に男性が多いという不均衡なジェンダーバランスがのちに是正されるようになり、またテレビが一般家庭に普及し、男性同士の社交より家庭ですごす時間が長くなると、急速にその社会的意味を失っていったようである。

とはいえ、長らく男性を中心としたコミュニティが続いたマレー半島では、コピティアムは長きにわたり重要な社会空間として機能してきた。とくに初期移民社会では、コピティアムは売春宿や阿片窟、賭博小屋といった違法空間の代替であったようだ。1829年にイギリス植民地政府が賭博小屋を違法として以降、いくつかのコピティアムは庶民が賭け事を楽しむ場所として機能していたという［Lai 2013：212］。実際、多くのコピティアムは男性が政治談議を楽しむ言論空間であり、女性は排除されてきた。

マレー半島に移入してきた移民とともに花開いたかのようにみえるコピティアムではあるが、しかし、移民の出身地でありマレーシアからはコーヒー文化の総本山と目されてきた中国海南島で調査をしてみ

第1章
越境する「故郷の味」
——オーストラリアにおける
　マレーシアの飲食文化の展開

ると、コピティアムそのものが海南島に存在するわけではないことが明らかとなった［櫻田 2016a、2016b］。

　コーヒーは、確かに海南島を代表する産品である。しかし、それは昨今の観光開発の一環として栽培されはじめた商品作物としてのコーヒー豆と、観光客用の土産として製品化され一般化しつつある比較的新しいものであり、コーヒーを飲むという習慣は昔から広くみられてきたわけではないようだ。

　一方で、指摘しておく必要があるのは、海南島にはマレー半島のコピティアムに類似した食習慣「老爸茶（*laoba cha*）」があるという点である。老爸茶は屋外の喫茶空間で、道端に置かれたテーブルに座り、友人とお茶や菓子をつまみながらゆっくりとした時間をすごす海南島特有の喫茶文化である。最近では「年配男性ばかりが集まる場所」という過去のイメージを払拭し、若者が集まるしゃれた老爸茶館も増えてきているようである［櫻田 2016b: 182-186］。

　このようにみてくると、海南島出身者がマレー半島にもちこんだとされてきたコピティアムなどの飲食文化は、故地由来の伝統的食文化であると単純に断定することがいかに難しいかがわかる。むしろコピティアムは、マレー半島移住後にさまざまなエスニックグループや華人内部の多様な方言集団間の、社会経済的関係性のなかで醸成されたものである、とみなすほうが正しいだろう。

　後発移民としてマレー半島に渡来した海南島出身者は、すでに鉱山事業や商業で成功を収めていた福建・広東出身者と比べると社会経済的には劣位におかれ、屋台を引くほか選択肢がなかった者が多かったとされる。また他の中国出身者が参入していなかった、イギリス植民地行政官の家庭で使用人・料理人として雇用される者が多く、そのような環境から植民地風海南西洋料理（Western Colonial Hainanese Foods）と称される独特の食文化を創出した*2。ライによると、19世紀から20世紀初頭にかけて、海南島出身者は、裕福なヨーロッパ人やプラナカン（マレー人と中国人の通婚により独自の文化を築いた中国系コミュニティ）家庭において、忠誠心の高い使用人、料理人としての評価を高め、植民地における富裕層の生活様式を維持するうえで欠か

写真2　人びとがくつろぐ海南島の老爸茶館
日中の陽の高い時間でも涼しく快適にすごせるよう、天井が高く風通しのよい造りになった店が多い。屋外にテーブルを広げて営業している店舗では、大樹の木陰にテーブルを配置し、涼しくすごせる工夫がなされている。

*2 マレーシアの首都クアラルンプールのマスジッドジャメ地区にある老舗レストラン「カフェコロセウム」は、植民地風海南西洋料理を提供するレストランバーとして有名である。店内は、食事ができる客席とバーカウンターのエリアに分かれている。

写真3　「カフェコロセウム」の店内

255

第3部
境界線を超えて

ミニコラム

コピティアムのチェーン店化の流行にともない、2007年頃には、クアラルンプールのショッピングモールにインド系のママッのチェーン店も次々とオープンするようになった。「スティーブンズ・ティーガーデン (Steven's Tea Garden)」もその一つだ。店の入り口に置かれた泡立つミルクティー、テタレを笑顔で作るおじさんの看板人形（下写真）は、インド系マレーシア人男性の典型的な姿を模したものだ。この店は、1977年からクアラルンプールで店を開いたタミル・ムスリムのママッの老舗「スティーブンズ・コーナー (Steven's Corner)」が2007年頃から展開した新業態のカフェである。残念なことに、数年のちにこの店は潰れてしまった。食に貪欲なマレーシア人のこと、飲食業界の栄枯盛衰は激烈なのだ。

*3 インド南部タミル・ナードゥ州出身のイスラーム教徒のこと。マレーシアには50万人以上のタミル・ムスリムがいるとされ、彼らの多くは都市部で商業に従事している。
*4 マレーの伝統料理である煮こみ肉を挟んだバーガー、ルンダン・バーガー (rendang burger) や、マレー風の炒めた挽き肉が入ったオムレツをのせたサンドイッチのロティ・ジョン (roti John) など。

せない労働力になっていたという [Lai 2013:213]。

戦間期から独立期になると、家内労働者としての立場のみならず、飲食業で身を立てる海南系華人が増加した。1934年にシンガポールで設立された「新加坡瓊僑咖啡酒餐商公会 (Kheng Keow Coffee Merchants Restaurants and Bar-Owners Association)」の会員数は、当初は61だったが、1950年になると505にまで増加している [Lee 2009:16-17]。海南系華人はイギリス植民地という環境において、イギリスの食文化を巧みに取り入れながら、独特の食文化を開花させたのである。

このようにみてくると、コピティアムは海南島出身者がマレー半島にもたらしたと広く認識されてはいるが、故地からもちこんだ習慣（老爸茶など）が現地のさまざまな要因と相まって生じた、きわめてハイブリッドで近代的なものであるとみなすことができるだろう。

一方で、マレー半島の喫茶、飲食文化は、コピティアムに代表される華人由来のものにだけ限定されるわけではない。たとえば、南インド出身者やタミル・ムスリム*3 の喫茶文化として「ママッ (mamak)」がある。ママッ (mamak) は、インド系ムスリムを意味する語であるが [Lai 2013:212]、転じてマレー半島でママッといえば、インド系の軽食を出す屋台を意味する。それはたとえば、小麦粉にギー（バターオイル）を加え練ってから薄く伸ばして焼いたプラタ (prata) やロティ・チャナイ (roti canai)、米粉を発酵させた生地を鉄板で焼いたトーサイ／ドーサ (thosai/dosa) などの南インドのスナック、即席麺や中華麺を使った焼きそば (mee goreng) や焼き飯 (nasi goreng) などの中華とインド料理が融合した軽食とともに、コーヒー (kopi) や空気を含ませた泡立つミルクティー (teh tarik) などが提供される、屋外の喫茶空間である。マレーシアでは、ママッは夜遅くに、非常に安い価格で飲み物を飲みながら友人と一緒に、または一人でくつろぐ場所として幅広い世代に人気がある。

その他、マレー系の屋台では、定番のコーヒーや紅茶のほかに、水で薄めたローズシロップに練乳を加えた非常に甘い飲み物アイール・バンドゥン (air Bandung) や大麦とシロップ入りの飲み物アイール・バーリー (air barley) などとともに、マレー、インド系と西洋料理のハイブリッドな料理*4 などが提供される。またジャワやスマトラ出身者などが米料理を中心としたパダン料理などを提供する店舗 (kedai-kedai) や屋台 (gerai-gerai) なども存在する [Lai 2013:212, 216]。このようなマレーシアの多様な民族集団によるそれぞれの飲食文化

が、マレー半島のパブリックな飲食空間の混淆性の形成に寄与しているのは確かな事実である。

　マレー半島の飲食文化の多様性を概観すれば、今日のコピティアムがけっして華人に限定的な社会空間ではないことは明らかである。たとえば現在、マレー半島に増加しつづけるチェーン展開するコピティアムのほとんどは、店名をコピティアムと銘打ってはいても、ママッやマレー系屋台を融合した店づくりとメニューをそろえている。そのため、イスラーム教徒であるマレー人にとっても利用しやすいように、ハラールフード*5 を提供していることが一般的である。また、写真を多用したわかりやすい英語メニューを充実させることで、誰もが入りやすい店づくりが基本となっている。

　実際に、このようなコピティアムの大衆化・チェーン店化をめぐるフードビジネスが、マレー半島を中心に興隆をみせている。イポー市で創業した老舗のコピティアムチェーン「オールドタウン・ホワイトコーヒー（Old Town White Coffee）」や、長距離バスターミナルなど公共施設にテナントとして入ることが多い「ハイラム・コピティアム（Hailam Kopitiam*6）」、シンガポールを中心に展開する「トースト・ボックス（Toast Box）」などがある。

　これらのフードビジネスに共通するのは、「懐かしさ」を前面に打ち出した店内装飾を施し、人びとのノスタルジーを喚起する経営を行っている点である（写真4、5）。コピティアム・ビジネスは人びとの過去に対する懐かしさを強く刺激する装飾を配置することで、多民

第1章
越境する「故郷の味」
——オーストラリアにおけるマレーシアの飲食文化の展開

*5 たとえば、華人系屋台メニューの定番、雲呑麺（ワンタンメン）の具は普通焼豚が2、3枚のっていることが多いが、コピティアムのワンタン・ヌードルは鶏肉で代用する場合がほとんどだ。

*6 海南は、現地ではHainamとピンインに倣って表記されることが多いが、マレーシアではnの音がlに変化しHailamとアルファベット表記されることがある。店名に漢字表記の「海南」を用いないハイラム・コピティアムでは、マレー人の従業員・顧客が多いのが特徴である。

--- ミニコラム ---

　都市部でチェーン展開するコピティアムに共通するのは、古いマレーシアの街並みを大胆に引き伸ばしたセピア色の写真を使うなど、懐かしい過去を喚起するノスタルジックな内装を多用している点である。これは「オールドタウン・ホワイトコーヒー」のみならず、他のコピティアムチェーンにも共通してみられる特徴である。興味深いことに、セピア色の写真を店内インテリアに利用する手法は、マレーシアの「スターバックス・コーヒー」などの米系コーヒーショップでも同様に多用されるようになってきている。

写真4　「オールドタウン・ホワイトコーヒー」の店内
トゥドゥン（ヒジャブ）とよばれるヘッド・スカーフを被ったイスラーム教徒の女性にとってもコピティアムはくつろぎの場所となる。

写真5　壁面いっぱいの写真
コピティアムの店内に貼られた白黒写真は独立前のシンガポールの街の様子を伝える。

第3部
境界線を超えて

族国家の「われわれの過去」を喚起するのに最適な国民アイデンティティ創出のモチーフとなりえているようだ。

その一方で、コピティアムはマレーシア、シンガポールから海外へ留学や就業を契機に移住するマレーシア人、シンガポール人にとって、故郷を思い出させる懐かしい味を提供する場所として、また「オーセンティック」な東南アジアの味を提供するレストランとして、海外でも人気を博しているようである。

それでは次に、マレーシア人の移住先の一つであるオーストラリアの状況を確認しよう。

Ⅲ　オーストラリアのコピティアム

Ⅲ-1　マレーシアからオーストラリアへの人の流れ

2011年のセンサスによると、オーストラリアにおけるマレーシア出身者は11万6196人で（2001年は7万8858人）、現地社会では9番目に大きな移民コミュニティを形成しているという［ABS 2011］。

在豪マレーシア人の平均居住年数は17年で、中国やインド出身者が平均して10年未満であるのに比べると、比較的早くからオーストラリアに移住していることがわかる。また、多くの移民は都市部に集住しているが、オーストラリアに移住したマレーシア出身者もその例外ではなく、93％以上がシドニー、メルボルン、パース、ダーウィンといった都市に集住する傾向にあるという［ABS 2011］。

シドニーは、なかでも多くの移民を受け入れる国際都市である。シドニーに居住する外国人人口のなかでも、もっともその割合が大きいのはイギリス出身者で、2番目に大きい集団は中国出身者である。2001年には8万人程度だった中国人コミュニティは、2011年には14万6000人を超えるほどに急成長している。また次に大きいのはインド出身者のコミュニティで、2001年には3万人程度だった人口は2011年には8万6000人を超え、2倍以上に増加している。以下、移民コミュニティとして大きい順に、ニュージーランド、ベトナム、フィリピン、レバノン、韓国と続くが、これらの国々の出身者は中国とインド出身者ほど

図1　マレーシアからオーストラリア各都市への人口移動のイメージ

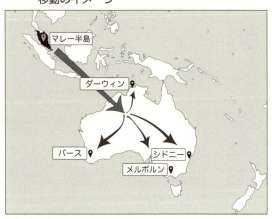

出典：図は筆者作成。

258

急激に増加してはいない。シドニー在住のマレーシア出身者は、数は多くないためトップ10に入らないが、オーストラリア国内では9番目の移民コミュニティで、オーストラリア人口の0.7％を占めている。

タイやインドネシア出身者は、シドニーでもとくに中心部のヘイマーケット（Haymarket）やシドニーCBD（Sydney Central Business District）に集中している[*7]。ヘイマーケットやCBDは金融街でもあるが、東南アジア出身者が多く集まるエスニックタウンとしても機能しており、エスニックレストランやエスニックスーパーなどが点在している。

筆者は、2015年8月14日〜17日までの4日間という非常に短い期間ではあるが、シドニーCBDを中心に訪問し、マレーシアの飲食文化の定着と変容についての簡単な調査を行った。なお、今回は残念ながら訪問することができなかったメルボルンは、シドニーに比べると移民人口におけるマレーシア出身者が占める割合が比較的大きく、マレーシア人コミュニティは9番目の規模を誇る。それは、マレーシアのコピティアムチェーン店「オールドタウン・ホワイトコーヒー」が、2015年にオーストラリア1号店をメルボルンにオープンさせたことからもうかがい知ることができるだろう。

III-2 シドニーのエスニックタウン、レストラン訪問記

それでは、シドニー中心部のアジア系飲食店の概況をみていこう。

シドニー中心地にあるオフィス街CBDでは、いくつかの東南アジア料理（とくにマレーシア料理）を提供するレストランが目についた。目抜き通りであるヨーク通りには「イポー・タウン（Ipoh Town）」というマレーシア・イポー市の料理を看板メニューにしたマレーシア料理店があった（写真6）。訪れたのが早朝だったため、残念ながら店内の様子をみることはできなかった。

入り口には『ザガット・サーベイ』などのグルメ本に紹介された該当ページが掲示され、この店の提供する料理の評価が高いこと

第1章
越境する「故郷の味」
――オーストラリアにおけるマレーシアの飲食文化の展開

*7 ヘイマーケットに居住するタイ人は全体の17％、インドネシア人は13％で、CBDに居住するタイ人の割合は9％、インドネシア人は12％である。

――― ミニコラム ―――

クアラルンプールから北に200kmの距離にあるペラ州イポーは、19世紀に錫鉱山開発で栄え、現在では広東系華人が多く居住するマレーシアの主要都市へと発展した。華人の間では、イポー料理はマレーシアで一番おいしいと有名で、週末ともなると、クアラルンプールやシンガポールから訪れる人びとで市街地が賑やかになるほどだ。水がきれいなイポーのモヤシ（tauge タウゲ）はまるまると太く食べ応えがあり全国的に名を馳せている。このモヤシを使った鶏肉料理タウゲ・アヤムや、広東系のスペシャリテである幅広のライスヌードル「河粉」にゆでた鶏肉とモヤシをのせた汁麺、早朝から楽しめる飲茶なども人気がある。またマレーシアでチェーン展開する「オールドタウン・ホワイトコーヒー」の本店（下写真）は、イポーの旧市街にあり世界各地から観光客を引きつけている。

本店とされる南香茶餐室店内。香港や台湾のテレビ局やマレーシア前首相の来店を示す写真が数多く飾られている。

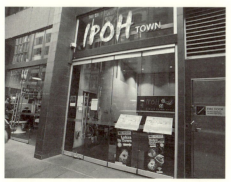

写真6 シドニーCBDのマレーシア料理を提供する「イポー・タウン」

第3部
境界線を超えて

写真7 「イポー・タウン」店頭に掲示されたハラール認証と食の安全性レーティング

がうかがい知れた。また、店頭には食品の衛生状況を示すレートやオーストラリア当局によるハラール認証なども掲示してあった（写真7）。

次にヘイマーケット近くにあるチャイナタウンを訪れたが、これまた早朝だったため開いている店舗は少なかった。ざっと見た限り広東系レストランが多い様子だったが、台湾系レストランも少なくなかった。

シドニーのチャイナタウンで特筆すべきは、マレーシア、シンガポールの定番中華料理である「海南鶏飯」や「肉骨茶（バクテー）」の専門店があるという点である（写真8）。

サンフランシスコやニューヨークなどのアメリカのチャイナタウンでは、先発移民である広東系レストランがほとんどで、最近になって少しずつ中国東北料理などの新しいジャンルの中華料理店やマレーシア中華料理店も開店するようになってきている。たとえば、サンフラ

写真8 チャイナタウンの海南鶏飯店外観

写真9 韓国系インターネットカフェと中華料理店が入る建物

ンシスコのチャイナタウンには、椰子の木をモチーフにして、南国イメージを前面に押し出したマレーシアのペナン料理店などが存在するが、シドニーのチャイナタウンでは、マレーシア式中華料理の専門店（海南鶏飯や肉骨茶とよばれる豚肉料理を一品のみで提供する）が市民権をもち、「中華料理店」として店を構えている点は非常に特徴的である。

チャイナタウンの後は、アジア系移民が集住する地区であるヘイマーケットを視察した。訪問を予定していた人気マレーシア料理店「ママッ（Mamak）」には午前中に訪問したが、開店時間が11：30であったため再び戻ってくることにして、先にタウン・ホール周辺をまわることにした。

ヘイマーケットとタウン・ホール周辺には、韓国系のネットカフェやベーカリー、美容室、さらにアジア系生鮮食品スーパーなどが数多く建ち並び、道行く人もアジア系が多い印象であった（写真9）。

そのなかのオフィスビル1階にある「アリスズ・マカン（Alice's Makan, Malaysian Food & Signature Kuih）」を訪問した（写真10）。マカン（makan）とは「食べる」を、クエ（kuih）とは「菓子」を意味するマレー語である。オフィスビルの中にあるこの店舗は、サ

第1章
越境する「故郷の味」
——オーストラリアにおける
マレーシアの飲食文化の展開

ンドイッチスタンドやケバブ店などとともにこのビルのフードコートを構成し、忙しいオフィスワーカーが簡単に昼食をすませるのにうってつけの店のようであった。この店のレジには、マレーシア人に限らず、さまざまな人びとが行列をつくっていた。提供されていたのは、濃厚なココナツミルクとカレースープを米麺や卵麺で食べるラクサ（*laksa*）や、カレー味のジャガイモを小麦粉で練った皮で包んで揚げたカリーパフ（*kari paf*）、ロティ・チャナイ（*roti canai*）などの幅広いメニューで、フードコートの他の店と比べて値段が安いため*8 手軽なランチスポットとして会社勤めの人びとに人気があるようだった。

写真10　「アリスズ・マカン」のカウンター

CBDには、「アリスズ・マカン」のような本格的なマレーシア料理が楽しめる店が少なくなかった。それらの店に共通するのは、この本格的な飲食空間が、けっしてマレーシア出身者のみを対象とするエスニックビジネスを展開していないという点である。これらの店は、「早い、安い、旨い」をモットーに、忙しい会社勤めの人たちの胃袋を満たしているという点で、マレーシアのママッやコピティアムと非常に似通っていて、誰でも入り

写真11　「ママッ」に並ぶ人の列

やすい、使いやすいという点で現地社会にすっかり溶けこんでいた。

さて、その後、再度「ママッ」を訪問した。レストランに入ろうとする人の列は通りをぐるりと囲むように長く伸びていた。列に並ぶ人は54人もいて、その人気の高さがうかがえた（写真11）。

「ママッ」は、シドニーに住む3人のマレーシア華人が始めたレストランである。ホームページの説明によると、「子どもの頃から慣れ親しんだクアラルンプールの味、たとえば、その場で焼き上げられた新鮮なロティ・チャナイや、クリーミーな泡のテタレ（ミルクティー）、香ばしいサテ（焼き鳥）が恋しくなった」3人は、会社を辞めてマレーシアで開店のための準備をしたという。

シドニーに戻った3人は、毎週金曜日にチャイナタウンで開催されるナイトマーケットに「ママッ」という名でロティ・チャナイとテタレを出す屋台を出店したところ、懐かしい故郷の味を求めて行列をつくる人の波が数時間も途絶えなかったという。そうして、2007年に

*8 ロティ・チャナイは一つ2.50ドル。2015年8月の時点で1オーストラリアドルは約90円。

第3部
境界線を超えて

ミニコラム

　マレーシアでは、毎日どこかでパサール・マラム（pasar malam）とよばれる夜市が開かれる。筆者が調査のため長らく暮らしたマレーシアのジョホール州の町でも、毎週土曜日に住宅地の街路を使って賑やかな夜市がたつ。老いも若きも人びとが集まりはじめる午後4時を楽しみにしていた。パサール・マラムでは新鮮な生鮮食品をはじめ、ありとあらゆる料理や軽食、台湾や日本で流行していると噂のお菓子や飲み物、衣類やCD、DVDなどがなんでも手に入る。とくに人びとが楽しみにしているのは、固定店舗を持たずにパサール・マラムでのみ営業する人気店の屋台料理を味わうことだ。筆者の住む町のパサール・マラムで一番人気の海南鶏飯の屋台は、午後4時に開店すると7時前には用意した鶏肉すべてを売り切って早々に店じまいしてしまう。

写真12　早朝のママッ
マレーシアの街角によくあるママッでは、インド系の軽食を朝ごはんとしてとることができる。

　満を持してCBDに「ママッ」をオープンすると、2009年には店舗を拡張し、2010年に2号店を、2012年にはメルボルンに3号店をオープンした。さらに2014年にはマレーシア中華料理（Malaysian-Chinese cuisine）の専門レストランである「ホーカー（Hawker）」をオープンし、その事業は順調そのもののようである。

　ホーカーとは露天商を意味するが、マレーシアでは雲呑麺や海南鶏飯、豚肉、野菜などとライスヌードルを炒めた炒粿条（チャークエティアオ）などの料理を専門に提供する数多くのホーカー（屋台）が集まってフードコートが構成される。「ママッ」をオープンした3人はマレーシアに一時帰国し、ペナン、イポー、クアラルンプール各地で炒粿条、たまり醬油で味つけした太麺焼きそばの福建麺（ホッケンミー）、海南鶏飯といったマレーシアの定番中華料理の調理技術を学んでシドニーに戻ると、「ホーカー」をオープンさせ、マレーシアの本場の味を提供しているのだという。

　「ママッ」は、マレーシアの味だけではなく、食文化をもしっかりと伝道している。それはたとえば、夜の営業時間をディナータイム（17：30〜22：00）とサパータイム（22：00〜翌2：00まで）に分けているところからも明らかである。

　一年を通して暑いマレーシアでは、涼しい夜の時間に屋外のコピティアム、ママッや屋台などで夕涼みする者が少なくない。そんなマレーシアにおいて、「サパー」とは、お腹を満たすしっかりとした食事の「ディナー」とは異なり、夕食後にとる軽食のことをさす。マレーシアでは、サパータイムにロティ・チャナイなどの軽食をつまみながら好きな飲み物を片手にゆっくりと時間をすごすのが夜の時間を楽しむ醍醐味とされる。マレーシアのコピティアムやママッは、まさにサパーの時間である夕食後に、小腹を満たす軽食をとりながら友人と語らい、あるいは一人でテレビを見ながらのんびりすごす場所なのである。

　シドニーでマレーシア出身の華人の若者がオープンさせた「ママッ」は、このマレーシア人にしかわからないような微細な食文化を実践していたため、客は故郷を懐かしむマレーシア人を中心としたものなのだろうと想定していた。しかし、実際に店舗を訪問してみると、列に並ぶ人びとはマレーシア出身者のみならず、韓国出身者や大陸出身の中国人、白人系オーストラリア人などの非マレーシア人の客も少なくなかった。中国人留学生に話を聞いてみると、おいしい料理が楽しめる店だと評判なので友人と連れ立って来てみたとのことだった。

　「ママッ」が提供する料理は、一般にママッとよばれるインド系の

第1章
越境する「故郷の味」
――オーストラリアにおける
　マレーシアの飲食文化の展開

写真13　「ママッ」の店頭風景
鮮やかな手つきでロティ・チャナイの生地を伸ばす華人青年。

写真14　「ママッ」の厨房の様子

軽食屋台の定番であるロティ・チャナイを中心とした各種のロティや、マレー系ホーカーの定番料理であるご飯と辛いソースをバナナの葉で包んだナシルマ (nasi lemak)、マレー風炒飯のナシゴレン、甘辛いサラダのロジャ (rojak) などである。これらの軽食や料理は、マレーシアではインド系マレーシア人やマレー人にとっての定番料理である。にもかかわらず、「ママッ」の従業員は全員華人であった。

マレーシアでは、ママッで調理を担当するのはほぼインド系マレーシア人だし、ナシルマの店の場合も、マレー人が働いていることが一般的である。そのため、マレーシア華人の若者がロティ・チャナイを作る様子は（マレーシアの光景に慣れている筆者にとっては）非常に珍しいものであった（写真13）。

「ママッ」の行列に並び、席が用意されるのを待ちわびる人びとは、ガラス張りの厨房でコックがロティ・チャナイの生地を薄く伸ばし、それを鉄板に広げ手際よく焼いていく様子に目を奪われていた。「ママッ」が提供するロティ・チャナイは、シンプルなロティ・チャナイのほかに、ティッシュよりも薄く伸ばした生地を大きな円錐形に成形し焼き上げるロティ・ティッシュ (roti tisu) やココナツミルクと甘い香りがするハーブのパンダンから作るカヤジャムとよばれるカスタードクリームを挟んだロティ・カヤ (roti kaya) など、最近マレーシアで流行している新しいメニューもあった。そのため、珍しいものを食べて写真をSNSにアップしたい若者にとって、「ママッ」で食事することはおしゃれなイベントのようなものだという。

「ママッ」の従業員に出身地を聞いたところ、東マレーシアのサラワク州出身の留学生や半島マレーシアのイポーやクアラルンプールな

写真15　「ママッ」のロティ・チャナイ（左）とナシルマ（右）
ロティ・チャナイは小麦粉にギーとよばれるバターオイルを加えて練った生地を薄く伸ばして焼いたクレープのようなスナック。ナシルマは、ココナツミルクで炊いたご飯にサンバルとよばれるチリソースなどを混ぜて食べるマレーシアの朝食の定番。

263

第3部
境界線を超えて

どの出身者が多いとのことであった。店では、マレーシア出身の留学生などを中心に雇用しているという。

そのほか、CBDから少し離れた郊外地区ボンダイ・ジャンクションのショッピングセンター、ウェストフィールド・モールのフードコートにあるファストフード中華料理を提供する「金塔（Golden Tower）」を視察した。この店は、スピーディに、安価に中華料理を提供する学食のような店構えで、非中華圏のショッピングモールに必ず一つは入っている、いかにもどこにでもあるチャイニーズ・ファストフード店といった風情である。

興味深いのは、この店で提供されるメニューに、ごく普通の炒飯や野菜炒め、酢豚のみならず、ラクサや海南鶏飯、フィッシュボールヌードルなどのマレー半島の定番中華料理が「中華料理」として、とくに説明もなく並んでいた点である。そのほか、パッタイなどのタイの麺料理も人気があるとのことだった。さまざまな世代、出自の人びとが手軽に利用するショッピングモールのファストフード中華料理からみえてきたのは、オーストラリアのカジュアルな中華料理は東南アジア出身の華人がもちこんだ飲食文化の強い影響を受けているという、他の国ではみられない状況だった。

このフードストールの従業員は大陸出身の中国人だったが、オーナーはマレーシア華人とのことだった。

最後に、オーストラリアの現地スーパーマーケット、「ウールワース（Woolworth）」と「コールズ（Cole's）」を視察した。どちらもエスニックスーパーではないにもかかわらず、アジア系の調味料や食品の品揃えは豊富であった。とくにコールズはアジア系食品のラインナップが充実していた。マレー半島で一般的なココナツミルク入りのカレースープ麺のラクサはオーストラリアでも人気があるようで、即席スープ売り場にはラクサ味の即席スープが欧米では定番中の定番であるチキンクリームスープやトマトスープと隣り合わせで陳列されていた（写真16）。

写真16 スーパーの商品棚に並ぶ即席スープの素

Ⅳ まとめ

ここまで概観したように、シドニーではマレーシアのコピティアムやママッなどの軽食を中心とした飲食文化や中華料理などが予想以上に流行し、一般化していた。

当初、コピティアムは移住したマレーシア人を中心に利用されるエ

第 1 章

越境する「故郷の味」
—オーストラリアにおける
　マレーシアの飲食文化の展開

スニックな飲食空間と想定していたが、実際は現地の人びとにも訴求
力のある、マレーシア人に限定されない飲食文化に成長していること
がわかった。

　今回はあまり多くの店舗を調査することができなかったが、数少な
い店舗の視察からも明らかになったように、チャイナタウンの海南鶏
飯専門店などのマレー半島の中華料理や、郊外のファストフード中華
料理店が扱う東南アジア風中華料理が、シドニーで市民権を得て人び
とに受け入れられていた点は非常に興味深い。つまり、このような料
理を頻繁に口にするオーストラリア人にとっての「中華料理」は、ラ
クサやフィッシュボールヌードルなどのマレーシア、シンガポール、
あるいはタイの「中華料理」の影響を強く受けているからだ。

　このようにみてくると、オーストラリアで展開されているエスニッ
クフードは、本章で確認してきたマレー半島のコピティアムやママッ
のように、新しい土地に移入する人びとのさまざまな文化的背景を前
提に新しい土地で出会った要素を吸収しながら、移民社会ならではの
新しいジャンルを構築し、また開かれた飲食空間として新たな人びと
を引きつけるハイブリッドな社会空間を創出していることがわかる。

　ところで、Ⅲ-1 で確認したように、シドニーの移民人口は中国出
身者とインド出身者が急増している状況にある。マレーシア出身者は
減少こそしていないものの、平均居住年数が 17 年であるため、中国
出身者の 8 年、インド出身者の 5 年に比べれば、オールドカマーと称
しても差し支えない、成熟したエスニックコミュニティを構築してい
るとみなすことも可能であろう。

　このような状況において、今後さらに急増するであろう大陸出身中
国人コミュニティが、シドニーですでに定着しているマレーシア・シ
ンガポール風中華料理を「間違ったもの」として排除し、自らの故郷
の味を求めるようになるのか、あるいはすでに定着しつつある東南ア
ジア華人の味がオーストラリアの中華料理として定着していくのか。
今後の動向を注視していきたい。

〈文献〉
櫻田涼子　2016a 「甘いかおりと美しい記憶——マレー半島の喫茶文化コピティ
　　アムとノスタルジアについて」津田浩司・櫻田涼子・伏木香織編『「華人」とい
　　う描線——行為実践の場からの人類学的アプローチ』風響社、pp.161-190。
——　2016b 「『故郷の味』を構築する——マレー半島におけるハイブリッドな飲
　　食文化」川口幸大・稲澤努編『僑郷——華僑のふるさとをめぐる表象と実像』
　　行路社、pp.173-192。
ABS, Australian Bureau of Statistics　2011　Census of Population and Housing.

第3部
境界線を超えて

Duruz, Jean and Gaik Cheng Khoo 2015 *Eating Together* : *Food, Space, and Identity in Malaysia and Singapore*, Lanham, Maryland : Rowman & Littlefield.

Lai, Ah Eng 2013 'The Kopitiam in Singapore : An Evolving Story about Migration and Cultural Diversity', Lai Ah Eng, Francis L. Collins and Brenda S.A. Yeoh eds. *Migration and Diversity in Asian Contexts*, Singapore : ISEAS Publishing, pp.209-232.

Lee, M. S. 2009 *Hainanese Gobidiams in the 1930s-1950s* : *Food Heritage in Singapore*, Unpublished Paper submitted for the Independent Study Module. Singapore : Department of History, Faculty of Arts and Social Science, National University of Singapore.

〈ウェブサイト〉

Hawker : Malaysia Street Food https://www.hawker.com.au

Mamak : Malaysian Roti and Satay https://www.mamak.com.au

第**2**章

パレスチナ・イスラエルの
アラブ人キリスト教徒にみられる
食文化の特徴とその影響

菅瀬晶子

要旨

　イスラーム圏であり、部分的には中東唯一のユダヤ人国家に属するパレスチナ・イスラエルで、宗教的マイノリティとして生きるキリスト教徒の生活や慣習は、マジョリティであるムスリムやユダヤ教徒とそれほど差異があるわけではない。顕著に差異がみられるのは、食文化の様態であり、なかでも菜食と豚肉食にキリスト教徒ならではの特徴がみられる。菜食はキリスト教の信仰と大きなかかわりがあり、毎週水曜・金曜や大祭時に動物性食物を断つことは教会で決められている。この菜食期間中は小麦、ことに地元産のデュラム小麦を多用した食事が作られるが、イエスの聖体の原料である小麦が宿す聖性と、聖地であるパレスチナという土地自体が宿す聖性が、小麦を中心とした菜食行為とキリスト教徒の宗教的アイデンティティを結びつけている。

　一方、豚肉食は宗教的な意味合いはない。キリスト教徒が豚肉を食べるのは、キリスト教がアブラハム一神教のうち唯一食の禁忌をもたないという理由による。中東において、豚肉の生産・流通・消費にかかわっているのは事実上キリスト教徒のみであるが、マジョリティであるムスリムの視線を気にして、豚肉食を忌避するキリスト教徒も多い。また、ムスリムや世俗的ユダヤ教徒とキリスト教徒が混住するイ

267

スラエル側では、ムスリムのなかにもごくわずかではあるが、キリスト教徒が経営する豚肉専門店に勤務したり、豚肉食を行ったりする者も存在する。

Ⅰ　アラブ人キリスト教徒の概要

Ⅰ-1　中東のキリスト教徒

　中東とは、東はイラン、西はモーリタニアまでを漠然とさし、そこに住む人びとのじつに9割以上がイスラームを信じているため、イスラーム地域の中心とみなされている。しかしながら、アラビア半島でイスラームが誕生し、中東全域に伝播する以前、中東のなかでも地中海沿岸地域やイラク、イランなどに住む人びとの多くは、キリスト教徒であった。これは地中海沿岸地域が、ローマ帝国の支配下にあったことに起因している。ビザンツ帝国の国教であった東方正教（ギリシャ正教）の信徒がもっとも多いが、異端とされたキリスト単性論派の流れをくむ古東方正教（シリア正教、コプト正教など）、ローマ・カトリック傘下でありながらも、中東独自の組織をもつ東方カトリック教会（メルキト派カトリック、マロン派カトリック）などの信徒も多い。

Ⅰ-2　食文化にみられるキリスト教徒の特徴

　ムスリムと比較して、キリスト教徒の特徴が日常生活のなかでもっとも顕著に表れるのは、食文化である。なかでもムスリムが行わず、基本的にキリスト教徒にのみみられる食文化の特徴が、菜食の神聖視と豚肉食であろう。

　カシュルートとよばれる厳格な食の規定があるユダヤ教と、そのユダヤ教の影響を受けてハラール概念を成立させたイスラームとは異なり、キリスト教には食の規定はほぼ皆無といってよい。むしろ食の貴賤を問わないことで、ローマ帝国内に信徒を増やしたともいわれている。キリスト教徒の食文化の特徴のうち、菜食も豚肉食も宗教と密接なかかわりがあるが、その性格は大きく異なる。菜食はよりキリスト教徒として敬虔であるために、キリスト教徒がみずからに課す行為であり、豚肉食は食に宗教的な制限が存在しないがゆえの、キリスト教徒のみに許された自由である。つまり、菜食はキリスト教徒の宗教的義務であり、一定期間に菜食を実践している者はキリスト教徒であると断定できるが、豚肉食を行うか否かは個人の裁量に任されており、

豚肉を食べるからキリスト教徒であるとは限らないのである。

Ⅱ　キリスト教徒の菜食

Ⅱ-1　菜食の定義と期間

　キリスト教徒が祭の前に菜食を行うことすなわち斎は、イスラームにおけるラマダーンの断食と同じく、アラビア語では一般的には「断食（サウム、*saum*）」とよばれている。ただし、厳密には教派によって微妙な定義の差がある。パレスチナ・イスラエルで信徒数の大半を占める、東方正教（ギリシャ正教）とメルキト派カトリックでは、以下のように定められている。

〈東方正教の斎〉

　東方正教における斎は2種類あり、日中いっさいの食事を摂らず、晩の聖体礼儀に参加して聖体を拝領してから食事を行うものと、一定期間に決められた種類の食物、おもに肉や魚、乳製品など動物性食物の摂取を控えるものとに分かれる。本来の断食の形式は前者であり、かつては毎週水曜日と金曜日、一般信徒もすべて断食を行うという慣習を守っていた。しかしながら時代の変遷とともに、過酷な日中の完全断食は行われなくなり、やがて一定期間に動物性食物の摂取を控える形式に替えられるようになった。さらに時代が下り、現代では断食そのものが行われなくなってきている。

斎の期間：
・使徒の斎。復活祭の50日後に行われる、聖霊降臨祭[*1]の1週間後
　〜聖ペテロ・パウロ祭（7月12日）
・生神女就寝祭[*2]の準備斎。8月14日〜8月27日。
・降誕祭準備斎。11月28日〜12月25日。
・復活祭前の大斎。復活祭前の40日間。

〈メルキト派カトリックの斎〉

　メルキト派カトリックにおける斎も、東方正教と同様2種類ある。ローマ・カトリックの大斎にあたるサウムは、夜半から正午までの半日間、いっさいの飲食を断つことである。同様に小斎にあたるキターア（*qitā'a*）は、肉類と肉で出汁をとったスープの摂取を控えることを意味する。大斎と小斎を行う期間は、以下のとおりである。

第2章
パレスチナ・イスラエルの
アラブ人キリスト教徒にみられる
食文化の特徴とその影響

[*1] イエスの死後50日目に、聖母マリアやイエスの弟子たちに聖霊が降臨したことを記念する祭。
[*2] カトリックの聖母被昇天にあたる。聖母マリアが地上での人生を終え、肉体と霊魂の双方を天国に迎えられたことを記念する祭。

第3部
境界線を超えて

大斎を行う期間：
- 受胎告知日（3月25日）の週の月曜～金曜日。ただし聖日当日は該当せず。
- 光の土曜日（復活祭前の土曜日）。
- クリスマス（12月25日）と主の洗礼（1月7日）。ただし土曜日か日曜日にあたる場合はその日は行わず、その前の金曜日に実施する。

小斎を行う期間：
- 毎週水曜日と金曜日。ただし復活祭から昇天日までの期間と聖霊降臨祭、クリスマスと主の洗礼前の12日間、ファリサイ派と徴税人のたとえの主日（復活祭の10週前）の後の1週間は除外。
- 大斎期間中の毎週水曜と金曜日。ただし受胎告知日は除く。
- 8月1日と14日、ただし日曜の場合は該当せず。および、8月1日から14日までの同月水曜日と金曜日。ただし主のご変容の8月6日は除く。この8月の断食は、聖母の断食とよばれる。

　カトリックの小斎は、本来肉食のみを戒めるものであるが、敬虔な信徒のなかには肉に加えてすべての動物性食物（おもに卵と乳製品）、さらにはオリーブの実と油の摂取も控える者がある。これは東方正教の影響であろう。メルキト派カトリックは東方正教から分離し、ローマ・カトリック傘下に入ったという歴史をもつ教派であるため、東方正教の影響がみられても不思議ではない。筆者が観察したのは、メルキト派カトリック信徒のみが住む村で、生まれてから一度も村の外で暮らしたことのない高齢女性であるため、実際に東方正教徒と接触して影響を受けたわけではないことがわかる。

Ⅱ-2　キリスト教徒の食文化における菜食の発達

　このように、肉食を控える機会が頻繁にあるため、キリスト教徒の間では菜食が独自の発展をとげた。その代表的な存在が、ブルゴルとよばれる挽き割り小麦（写真1）と、野菜やマメを組み合わせた料理である。

　ブルゴルとは、東地中海地域で栽培されるデュラム小麦をゆでて乾燥させ、挽き割りにしたもので、パスタに類似する。これを水でふやかし、新鮮な山羊か羊の挽き肉とパプリカのペースト、香辛料と練り合わせ、団子状にしたクッベは、東地中海地域の前菜および主菜として、広く食されている。ことに気候の冷涼なシリア、レバノン、パレスチナ北部のガリラヤ地方では、火を通さずにクッベを生食するクッ

写真1　ブルゴルとよばれる挽き割り小麦
（写真はすべて筆者撮影）

ベ・ナイエ（生のクッベの意）が好まれ、ガリラヤ地方ではキリスト教徒の多い北部の名物料理として、「北のクッベ」の名でよばれている（写真2）。

このようにクッベが好まれる東地中海地域では、肉を使わないクッベも存在する。肉の代わりにゆでたジャガイモを使用するクッベト・バタータ（写真3）、レンズ豆を使用するクッベト・アダス（写真4）などが存在し、ことに前者は斎の時期の食事として、キリスト教徒の家庭で広く食されている。ただしクッベそのものは、生肉を用いたものが正式であり、これら菜食のクッベはあくまで斎の時期の代用品とみなされている。菜食のクッベが、別名「偽のクッベ（クッベト・カッザーベ）」とよばれていることからも、通常の食事においていかに肉が重視されているかがうかがえる。

斎の食事としては、ほかにブルゴルとレンズマメを炊いたムジャッダラ（写真5）や、トマトソースのパスタ（マァカローネ）、ヒヨコマメのコロッケであるファラーフェル（写真6）も一般的である。

II-3 小麦の聖性

キリスト教徒の斎の食事で特徴的なのは、小麦製品が多用されていることである。上記のブルゴルのほかに、パン生地を使用した惣菜パンも多くの種類があり、斎の食事のほかに、大祭時の宴会にも供される。小麦製品が斎の食事に多いのは、東地中海地域における、小麦の聖性と深いかかわりがあると考えられる。現在東地中海地域で流通している小麦には2種類あり、ひとつは日常食のパンの原料である輸入小麦、もうひとつは地元産のデュラム小麦（写真7）であり、とりわけ後者は聖なるものとみなされている。

キリスト教徒にとって、小麦はミサでイエス・キリストの肉体の象徴として扱われる聖体のパン（写真8）の原料であるが、この聖体のパンや麦粥は、必ず地元産のデュラム小麦を使って作られる。さらに、斎の食事に不可欠なブルゴルやパスタもまた、デュラム小麦を原料としている。斎とは神聖なミサ（聖体礼儀）を受けるための準備でもあるため、その時期の食事として聖性を宿した地元産のデュラム小

写真2　「北のクッベ」を作る女性たち

写真3　クッベト・バタータ

写真4　クッベト・アダス

写真5　ムジャッダラ

写真6　ファラーフェル

写真7　デュラム小麦

第3部
境界線を超えて

写真8　聖体のパン
専門のパン屋が受注に応じて焼いている。

麦が使われることは、理にかなっているのである。

　東地中海地域のキリスト教徒は、イエス・キリストとその弟子たちが生まれ育ち、伝道活動を行った地域に住むだけではなく、先祖が彼らから直接教えを授けられ、世界最初のキリスト教徒となったということに誇りを抱いている。土地に宿る聖性もまた、地元産のデュラム小麦の聖性を増し、小麦とキリスト教徒としてのアイデンティティを不可分のものとしているのである。

III 豚肉食

III-1 豚肉食に対するキリスト教徒の意識

　中東で発生したアブラハム一神教の信徒のうち、唯一豚肉を食用としているのがキリスト教徒である。ただし、教会法で正式に豚肉食を認めたり、奨励したりしているわけではない。ユダヤ教やイスラームでは、聖典のなかに明確な食のタブーに関する記述があるが、キリスト教にはまったく存在しないことは、先にも述べたとおりである。

　したがって、キリスト教徒の間では、豚肉が古くから食されてきた。農村部での養豚のほか、狩猟によって農地を荒らすイノシシを駆除し、食用とすることも行われてきた[*3]。しかしながら、女性を中心に中高年層には、豚肉食を忌避する傾向がみられる。その理由として、彼らはイスラームにおける豚肉食の禁忌をあげる。「科学の発達していなかった時代、ムスリムがあれほど豚を忌み嫌うのには、なんらかの根拠があったはず（寄生虫の存在など）。その禁忌にも科学的な根拠があることが、現在わかってきている。古くからの言い伝えには、必ず意味がある。だから自分もそれに従う」というのが、豚肉を忌避するキリスト教徒の言い分である[*4]。また、豚肉食が理由となって、ムスリムとの間に無用のトラブルが発生することを恐れる気持ちも存在する。

　一方、男性を中心に若年層には、豚肉に対する忌避はあまりみられない。安価であること、栄養価が高いことを理由に、彼らは積極的に豚肉を購入し、家族や友人が集まる金曜日や土曜日の食事に取り入れている。なかには豚足を好んで食す者もいる（写真9、10）[*5]。

　確かにパレスチナ・イスラエルにおいて、豚肉は非常に安価である。アラブ人がもっとも好む羊肉の6割程度の値段で入手可能であり、レバーなどの内臓類や豚足はさらに安い。後述するように、じつ

[*3] 2000年12月および2013年2月26日、ファッスータにて実際に狩猟を行っていた人物より聞き取り。ファッスータはメルキト派カトリック信徒のみのキリスト教徒の村である。

[*4] 2001年6月、ハイファにて聞き取り。2013年2月20日〜27日の調査中にも、同じ意見を複数名から聞いた。

[*5] 2013年2月20日、ハイファにて聞き取り。

第 2 章
パレスチナ・イスラエルの
アラブ人キリスト教徒にみられる
食文化の特徴とその影響

はムスリムのなかにも豚肉食を実践している者が少数ながら確実におり、彼らもまた、安価であることを豚肉を食べる理由としてあげている。キリスト教徒の存在によって安価な豚肉が出回り、そのことがムスリムの食生活に影響を与えているという。

写真 9　豚足を食べるキリスト教徒の男性

写真 10　豚足料理のアップ
豚足を煮て、塩とコショウで味つけしたもの。男性が自分で調理した。

Ⅲ-2　豚肉生産・流通事情：ヨルダン川西岸地区の事例

　パレスチナ自治区のなかで、キリスト教徒が数多く居住しているのは、エルサレムとベツレヘム、ラーマッラーの三都市とその周辺が含まれるヨルダン川西岸地区の中南部である。このうち、豚肉産業の中心となっているのは、ベツレヘムとその周辺である。ベツレヘムは市街地が多いため、より農地の占める割合が多い隣町のベイト・ジャーラとベイト・サフールに、それぞれ一カ所ずつ養豚場がある。このうち、ベイト・サフールにある「修道院農場（Mazra'a al-Dīr）」は、その名のとおり東方正教の修道院が経営する農場である。

　農地の広さは 500 ドゥナム（50 ha）あり、ほとんどの土地は飼料として使用する野草の栽培にあてられている。農場で飼育しているのはヨーロッパ品種とみられる豚で、16 頭の親豚を管理し、随時子豚を飼育している（写真 11）。子豚は生後 100 日を超えると出荷され、生きたまま買い取られるか、農場の精肉加工場で加工される。この工場では生肉のほか、パレスチナの伝統的な手法でサラミ（*naqnīq*）も作っている（写真 12）。ただし、市場はヨルダン川西岸内部のキリスト教徒が住んでいる地域に限定されており、イスラエル側などに商品が出荷されることはない。エルサレムやベツレヘムには多数の欧米出身の NGO 職員が住んでいるが、彼らの存在が市場に影響を与えることもない。彼らが消費する量は微々たるもので、コンスタントに豚肉を大量に消費するにはい

写真 11　修道院農場の内部
特別に内部に入ることが許された。背中を向けている人物が飼育員。

273

第3部
境界線を超えて

写真12 「修道院農場」製のサラミ

*6 2013年2月15日、ベイト・サフールにて聞き取り。

*7 2013年2月16日、ベイト・ジャーラにて聞き取り。

たっていないためだ。

　農場で日中働いているのは、地元出身のキリスト教徒の飼育員ただ1名である。監督として修道院の担当の僧侶がいるものの、実質すべての業務をこなしているのは、この飼育員であった。彼はたったひとりですべての仕事を任されていることを負担に思ったことはなく、仕事内容にも給料にも満足しているが、ヨルダン川西岸地区の封鎖のために、閉塞感をおぼえていると語った。封鎖のために西岸の経済状態そのものが慢性的に停滞しており、新しい産業も興らない。このため、ヨルダン川西岸地区を離れ、海外へ出稼ぎに出る者も少なくない。かつては欧米諸国が出稼ぎ先であったが、近年は同じアラビア語を公用語とし、景気のよい湾岸諸国やサウジアラビアが出稼ぎ先として人気を集めている。

　2000年にこの農場が開かれた時、飼育員は彼を含めて4人いたという。しかしながら、ほかの3名はいずれも湾岸諸国やサウジアラビアへ出稼ぎに行ってしまい、彼はひとり取り残された。しかしそれでも、自分の仕事には誇りをもっていると、彼は語った*6。

　限られた市場ゆえ、豚肉産業のこれ以上の拡大は望めないと「修道院農場」の飼育員は語ったが、じつは豚肉の小売店は以前よりもわずかではあるが増えている。ベイト・ジャーラには豚肉専門店が2軒あり、そのうち1軒は農場も経営する老舗であるが、もう1軒は2005年に開店したという新興店である。ただし規模は小さく、店主と店員の2名のみで運営されている。店は小さいが、経営は軌道に乗っており、固定客もついていると店主は語った。

　ベイト・ジャーラにはムスリムも住んでおり、彼らのなかにも豚肉を買いに来る者はいるという。ムスリムもまた豚肉を食べるようになった理由として、店主は以下のように語った。

　　俺たちパレスチナ人が、なんでこんなに肉を食べるのか、わかるか？　この封鎖状態と、おおいにかかわりのあることだ。君も経験したことがあるんじゃないだろうか——人間ってものは、あまりに暇でやることがないと、余計に腹が空くものなんだ。自分の住んでいる地域に縛りつけられ、ろくに仕事も刺激もない俺たちの置かれた状況は、まさにそれだよ。肉を食べたくてたまらないのに、羊肉や牛肉を買うカネなんてない。鶏じゃ満足できないよ、あれは肉じゃないからね！　ムスリムのなかに、キリスト教徒をまねて豚を食べる者が出はじめたのは、つまりそういう事情によるものだよ*7。

つまり、封鎖が招いた劣悪な経済状態ゆえに、豚肉食がパレスチナ自治区の一部のムスリムにも受け入れられつつあるというのが、彼の主張である。

ただし、パレスチナ人にとっては災厄そのものである封鎖と関連づけて語られているという点からは、彼がけっしてこの現象を歓迎すべき事象とみなしているわけではないことがうかがえる。豚肉を（隠れて）常食するムスリムが増えれば、豚肉専門店を営む彼自身の収入増につながるものの、イスラーム世界では豚肉食は禁忌である。前述のように、そのなかで生きるキリスト教徒コミュニティの内部でも、ムスリムの価値観に影響を受け、あるいは彼らとの無用の争いを未然に防ぐため、豚肉食を忌避する者は多い。豚肉の売買を生業としているキリスト教徒からみても、ムスリムが豚肉食に関心を示している今日の状況は、異常事態であり物議をかもすものととらえられているといえよう。

Ⅲ-3　豚肉生産・流通事情：イスラエルの事例

パレスチナ自治区では、キリスト教徒が居住している地域のなかでもごく限られた場所でのみ、豚肉を購入することが可能であった。しかしながら、イスラエル側のアラブ人市民のおもな居住地域であるガリラヤ地方では、豚肉はさらに入手が容易であり、堂々と消費されている。

ガリラヤ地方を中心に、イスラエルには 2013 年末の時点で約 169 万人のアラブ人市民が居住しており、そのうちキリスト教徒の占める割合は 8〜9％である。しかしながら、そのなかでハイファは例外的にキリスト教徒の占める人口が、アラブ人市民全体の 14％に達する。これはハイファにガリラヤ地方におけるキリスト教徒の最大集団である、メルキト派カトリック教会のガリラヤ大司教座が置かれているほか、ローマ・カトリック教会の修道院など、主要な教会の施設がそろっていることが大きな要因となっている。

ハイファにおけるアラブ人市民のおもな居住地区は、ワーディ・ニスナースとその周辺の、いわゆるダウンタウンとよばれている古い街区である。ワーディ・ニスナースの中心部には市場があり、ここには大小 5 軒ほどの精肉店が散在している。このうち、もっとも大きな精肉店と二番目に大きな新しい精肉店は、豚肉を主力商品として販売している。筆者はこのうち前者の、歴史も古く規模も大きい精肉店を調査した。

第3部
境界線を超えて

　ガリラヤ地方のみならず、イスラエルでは各地で豚が飼育されている。これらの豚は出荷時期がくると、豚専門の精肉加工場に運ばれ、食肉として加工される。豚専門の精肉加工場はガリラヤ地方に2カ所あり、そのいずれもがキリスト教徒の居住する村（イビッリーンとマイリヤ）に位置している。

　ハイファで豚肉を扱う精肉店は、いずれもイビッリーンの加工場から豚肉を仕入れている。調査した精肉店は、店舗と自社加工場をワーディ・ニスナースに持っており、毎朝イビッリーンの加工場からトラックで運搬してきた豚肉をまず自社加工場に運びこみ（写真13）、そこで加工をすませた豚肉を、向かいの店舗で販売している。

写真13　豚肉の加工場

　精肉店のオーナーはメルキト派カトリック信徒であり、店舗で働いている店員3名やほとんどの従業員も同じくメルキト派を中心としたキリスト教徒であるが、自社加工場で働いている20名のうち、3名はムスリム、1名はロシア系のユダヤ人移民であった。

　ロシア系移民は、ユダヤ人としてイスラエルに受け入れられてはいるが、実際にはロシア正教徒である。そのため、豚肉は常食しており、商品として扱うことにもなんら支障を感じてはいないという[*8]。

*8　2013年2月22日、ハイファにて聞き取り。

　一方、ムスリムの従業員の豚肉と豚肉食に対する意識は、個人の間で微妙な相違がみられた。ムスリムの従業員のうち、1名は中年男性であったが、彼は「売り物として扱うだけで、自分は食べない。食べることを考えたこともない」と語ったが、残る2名の若者は自身も食べると語り、それほど宗教心に篤いわけではないので、良心の呵責はおぼえないとのことであった[*9]。やはりキリスト教徒同様、若い世代であればあるほど、豚肉食に抵抗感を抱かない傾向があるようである。イスラームの慣習をどれほど遵守するかということに関しては個人差があるが、ハイファではラマダーンは行っても、口にする食物がハラールであるか否かに気を遣うムスリムは、パレスチナ自治区よりも確実に少ない。そのことは、豚肉を扱う精肉店のほとんどでは、豚肉とそれ以外の肉を同一のショーケースにおさめて売っており（写真14）、地元のムスリムはそのことに抵抗を感じていないことからもうかがえる。

*9　2013年2月22日および23日、ハイファにて聞き取り。

　イスラームでは、ハラールと認められた食品がハラームと同じ場所に置かれたり、同じ生産ラインで扱われたりすると、そのハラール性は失われるとされている。つまり、豚肉を扱う精肉店で売られている

羊や牛、鶏の肉は、たとえそれが食肉に加工された時点でハラールであったとしても、豚肉と同じ場所に置かれただけで、ハラールではなくなってしまうのである。しかしながら、ハイファのこれらの精肉店には近隣のムスリムたちが日常的に肉を買いに来る。ハラールにこだわる敬虔な者たちは、郊外のムスリムの村に肉を仕入れに出かけるというが、それぞれ生業をもっている彼らにそれほどの時間的余裕があるとは思えない。

写真14　肉のショーケース
豚肉とその他の肉が混ざっている。

本調査にて、筆者がインタビューを行ったムスリムの5家族のうち、郊外のムスリムの村にハラール肉を仕入れに行くと答えた家は一軒もなかった。5家族はいずれもワーディ・ニスナースの精肉店か、アラブ人キリスト教徒が経営するスーパーマーケット、あるいはユダヤ人がおもな客であるショッピングモール内のスーパーマーケットで肉を仕入れており、うち3家族は豚肉を頻繁に食べ、同時にアルコールも摂取していた。ただしこの3家族は血縁関係（父親の家庭と息子2名の家庭）にあり、親子はいずれもイスラエル警察に長く勤務しているため、ライフスタイルが似通っているのだと考えられる[*10]。また、残る2家族も週末にスシ・バーや中華料理店など、ユダヤ人市民の間で話題になっているレストランへ行くことを好み、積極的に豚肉を食べることはしないものの、ハラールに拘泥しない食生活を送っている[*11]。

パレスチナ自治区の場合、ムスリムが豚肉を食すようになった理由として考えられるのは、その値段の安さと、キリスト教徒の影響であった。イスラエル側の場合は、ユダヤ教の規範が市民生活の中心にありながらも、あくまで世俗国家であり、実際には豚肉の入手も容易であるという環境が大きく影響を及ぼしているものと考えられる。また、パレスチナ自治区よりも生活水準が高く、行動も抑制されないアラブ人市民は、頻繁に欧米へ旅行に出かける。これはディアスポラ状態[*12]にある親族を訪ねる場合もあるが、多くの場合は娯楽を目的としている。これらの国で豚肉を食べ、その味をおぼえて帰ってきたというのも、豚肉食が受け入れられつつある理由としてあげられる。また、食のグローバリゼーションが普及し、豚肉のすぐれた栄養バランスが注目されたことも、要因のひとつであろう。

Ⅲ-4　パレスチナ・イスラエルにおける豚肉食の今後

今後パレスチナ・イスラエルに限っていえば、豚肉食の傾向は強ま

[*10] 2013年2月23日および24日、ハイファにて聞き取り。

[*11] 2013年2月24日、ハイファにて聞き取り。そのほか2001年12月に実施した聞き取りより。

[*12] 1948年のイスラエル建国以降、パレスチナ・アラブ人はディアスポラ（離散）を続けている。隣国ヨルダンだけではなく、欧米に移住した者も少なくない。どの家庭にも、海外に住む親族が複数おり、世代を超えて交流を続けている。

第3部
境界線を超えて

る可能性が高い。ただし、豚肉食にはさまざまな問題も課せられている。まずひとつは、衛生面の問題であろう。2008年に世界の食肉業界を脅かした豚インフルエンザ問題への対処は、いずれガイドラインをまとめる必要がある。現在のところ、中東地域に豚インフルエンザは波及していない。このためか、今回の調査で訪れた養豚場は、セキュリティには細心の注意を払っていたものの、職員の衣服の殺菌などはまったく行っておらず、衛生面ではまったくの無防備であった。

　2点目にあげられる課題は、イスラーム主義の台頭にともなう用心であろう。現在（2014年6月）、政情不安の続くイラクやエジプト、内戦状態に陥ったシリアなどで、イスラーム主義過激派の一部による教会への焼き討ちや、キリスト教徒村での虐殺といった、キリスト教徒をはじめとしたマイノリティに対する攻撃が頻発している。これは、これらの国々で長期独裁を敷き、イスラーム主義過激派の攻撃対象となっている世俗政権と、彼らマイノリティが多かれ少なかれ協力関係を築いてきたという事実にも起因している。周辺アラブ諸国との交流が断絶されたパレスチナ・イスラエルではあるが、同様の現象が波及する可能性はまったくないとはいえず、その場合、豚肉食はキリスト教徒排斥の口実となりうる。

　また、若い世代に豚肉食が普及しているという事実は、キリスト教徒がムスリムに気兼ねすることなく、ムスリムが禁忌とみなす食文化を実践しつつあることを意味しており、さらにはキリスト教徒とムスリムが互いの存在や文化に無関心になりつつあることも暗示している。東地中海地域で培われてきた、ムスリムと非ムスリムの共存状態は、互いに敬意を払うという前提のもとに成り立ってきた。豚肉食の普及は、単なる食のグローバリゼーションの普及にとどまらず、ムスリムとキリスト教徒の間にあった互いへの気遣いや敬意が稀薄になり、無用な争いを生む火種が増えつつあることを示しているといえよう。

〈文献〉

菅瀬晶子　2010　『イスラームを知る6　新月の夜も十字架は輝く──中東のキリスト教徒』山川出版社。

──　2013　「ムジャッダラ考──とある家庭料理をめぐる、シャーム地方文化論」『季刊民族学』143号：57-74。

──　2016　「イスラエル・ガリラヤ地方のアラブ人市民にみられる豚肉食の現在──キリスト教徒とムスリム、ユダヤ教徒の相互的影響」『国立民族学博物館研究報告』40巻4号：619-652。

Lahām, Lutfī al-Matrān　1988　*Madkhal ʿIlā al-Rutab al-Litrajiyya wa Ramūzha fī al-Kanīsa al-Sharqiyya,* al-Matbaʿa al-Būlusiyya.

第3章

バナナの比較食文化誌

小松かおり

要旨

　バナナはアジアからニューギニアの湿潤地帯に起源をもつ果物で、世界中の湿潤熱帯で栽培され、生産量の4割は生産地の周辺で料理して食べられている。原産地であるアジアでは、主食はバナナやイモなどの根栽類と雑穀から、水田耕作によるコメに移ったが、デザートバナナや軽食の材料として品種の多様性を保っている。アフリカでは、紀元前に到来して以来、東部海岸部・東部高地・中部熱帯雨林で独自の品種群をもつバナナ栽培文化を発展させたが、中部熱帯雨林では16世紀以降、主作物が南米からもたらされたキャッサバに置き換わった地域も多い。ヨーロッパによってバナナがもたらされた南米では、反対に、一部の人びとはキャッサバ栽培からバナナ栽培へと移行し、氾濫原に強いバナナ栽培文化を創りあげた。本章では、いくつかのバナナ栽培文化を紹介し、歴史と自然環境、農と食の文化に影響されてつくりあげられたバナナという食物／作物と人びとのかかわり方について比較する。そのうえで、中部アフリカの熱帯雨林を例に、保守性が強いと考えられる主食／主作物が置き換わる要因について、導入の歴史、栽培法、加工法、文化的な嗜好性から考察する。

279

第3部
境界線を超えて

Ⅰ 多様なバナナ栽培文化

　バナナは、オレンジやリンゴを超えて、世界でもっとも生産量の多い果物である。北緯30度から南緯30度までの広い地域で栽培され、広範囲な気象条件に適応しており、現在、世界中の湿潤な熱帯と亜熱帯で栽培されている。そして、そのうち4割程度のバナナは、料理して食べられている。アフリカの湿潤な地域には、バナナを主食とする人びとがいる。なかでも、ウガンダの人たちは、全カロリーの4分の1以上をバナナから摂っている。

　おそらく数千年前に食用となったバナナは、起源地から東へは、最初に太平洋を航海したラピタ人とそれに続く航海者たちに連れられて太平洋を渡って太平洋の島々へ移動し、西へは、インドやアラビア半島を経て紀元前にアフリカに到達した。そのなかで、バナナだけに農も食も依存した緻密な農を作る人びとや、できるだけ手をかけずに育てつつ主食にする人びと、バナナを趣味的に育て、いろいろな味を楽しむ人びとなど、さまざまなバナナと人の関係を生み出してきた。また、実を食べるだけでなく、葉を皿や包装材に利用したり、葉柄の繊維でロープを作ったり、多様な利用法が見出された。

　本章では、東南アジア、中部アフリカ、東アフリカ、南米という4つの地域の事例から、多様なバナナ栽培文化を紹介し、その地域での

図1　バナナの伝播

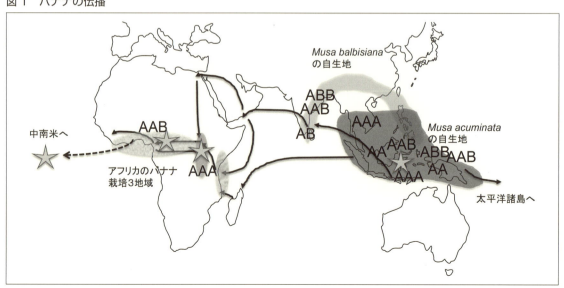

出典：筆者作成。

人とバナナのかかわり方について記述する。また、それらの地域のいくつかでは、バナナが主食であること、または過去に主食であったことから、保守的であると考えられている主食が変化する時にはどのようなことが起きるのかについて考えたい。

II バナナという作物

バナナは、バショウ科（Musaceae）バショウ属（*Musa*）に分類される多年生草本である。バショウ属に属する植物は数十種あるが、現在の食用バナナのほとんどは、そのなかでも、ムサ・アクミナータ（*Musa acuminata*）とムサ・バルビシアーナ（*Musa balbisiana*）の2種の野生種から生まれた [Stover & Simmonds 1987]。野生のバナナには種があるが、一方、子株からも増える栄養体繁殖[*1]の植物である。最初は、ムサ・アクミナータのある株が、突然変異で受粉しなくても果房が大きくなる単為結実性を獲得して、種なしバナナが生まれたのだろうと考えられている。その後、それらがバルビシアーナ系と交雑したり、再び突然変異で3倍体[*2]になったりした。人間がそのような種なしバナナを発見して、株で増やしていったのが栽培バナナである。

それらの食用バナナは、ムサ・アクミナータ（AA）とムサ・バルビシアーナ（BB）のゲノムの組み合わせにより、AA、AB（2倍体）、AAA、AAB、ABB（3倍体）と表現される。一般的に、3倍体のバナナは2倍体のバナナより大きく、アクミナータ系のバナナ（AA、AAA）は、バルビシアーナのゲノムをもつバナナよりも繊維が少なく生食に向いている。ただし、ABのバナナは香りの高い生食用品種であることが多いし、アクミナータ系のバナナを料理用にのみ利用する地域もあり、ゲノムタイプと利用法は必ずしも一致しない。

バナナと人間のつきあい方は、土地によってじつに多様性に富んでいる。

多国籍企業による輸出用プランテーションでは、もちろん最大の生産性を追求するが、在来農法であっても、集約栽培では高い生産性を上げる。東アフリカ高地では、アフリカ有数の高人口密度をバナナで支えている。施肥などの丁寧な管理で数十年以上同じ畑で栽培を続ける。一方、中部アフリカの熱帯雨林の低人口密度地帯では、焼畑移動耕作の主作物のひとつとしてバナナが栽培されている。熱帯雨林では植物の繁殖力が高く、2、3カ月もたつと畑は雑草に覆われるが、除

写真1 バナナ
（写真は提供の記載以外すべて筆者撮影）

[*1] 種ではなく、茎・根などの栄養器官から増えること。イモ類に多い。

[*2] 生物は、遺伝情報を伝えるのに必要な染色体のセット（ゲノム）をもっている。野生の植物は相同な2組の染色体をもつ2倍体が多いが、栽培植物には3倍体、4倍体なども多い。倍数性が高くなると植物体が大きくなる傾向がある。

第3部
境界線を超えて

図2　バナナの植物体

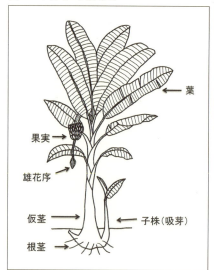

出典：筆者作成。

草は1、2度しかせず、1度収穫した後は、藪のなかで自然に更新するのみである。しかしそれでも、バナナを主食として暮らすだけの収穫は確保できる。このように、集約的栽培から粗放的栽培までの幅が広いのが、バナナ栽培のひとつの特徴である［小松ほか 2006］。

バナナの利用のしかたも、地域によって異なる。バナナの果実の4割程度は、熟す前のものを調理して食べられると見積もられている［FAO 2003］。とくにアフリカ、南米、ニューギニアなどでは、主食としても重要な位置を占める。雄花序は東南アジアの一部ではサラダの材料になる。葉は皿や調理用具、梱包材として利用されている。仮茎の繊維はロープや織物の材料として利用され、織物としては、沖縄の芭蕉布が有名である。地域ごと、品種ごとに、必要性に応じてバナナのさまざまな部位が利用される。

さらに、バナナは各地で象徴的な意味を担っている。地上部の大きさに視覚的なインパクトがあることに加えて、ひとつの植物体からたくさんの子株が出てくることや、ひとつの果房につく果指の多さから多産や豊穣の象徴とみなされることが多い。

III 東南アジアのバナナ栽培文化

食用バナナの起源地である東南アジアでは、現在、ほとんどの地域で、重要な主食はコメである。雑穀地帯もあるが、根栽作物（イモやバナナなど、株で増える作物）が農業と食の基本である地域は多くない。これは、東南アジアからニューギニアにかけて生まれた根栽農耕文化の上に、インドで生まれた陸稲や雑穀を受け取って、しだいに生産性に優れた陸稲が優勢になり、のちに水田耕作に転換したためである［中尾 1966］。しかし、フィリピン、インドネシア、マレーシア、南インドにいたるまで、アジアの湿潤熱帯では驚くほど似た光景をよく眼にする。水田の周りに、ココヤシ、サトウヤシなどさまざまなヤシとバナナがある光景である（写真2）。

インドネシアの農業の基本はコメである。インドネシア政府は、1945年の独立以来、コメの自給をめざして国家プロジェクトを進め、1960年代の緑

写真2　東南アジアの農村風景

の革命*3 の助けを借りて、1980 年代にはいったんコメの自給を達成した。その時代、それまで根栽作物や雑穀を自給用作物として作っていた地域にもコメ作が推奨され、農村部の主食もコメとなった。コメが収穫できない地域では購買してコメを主食としたのである。これから紹介するマンダールの人びとは、コメを主食としているが、周囲から「バナナ食い」と称されてきた。

マンダールの人びとが暮らすのは、スラウェシ島の西部で、海のそばから山が立ち上がる丘陵地帯である。平地が少なく、水田には向かない。彼らは、帆船を使った漁業と、バナナ、ココヤシ、サゴヤシ、近年導入されたカカオなどの栽培で暮らしを立ててきた。バナナはいたるところにある。ココヤシやカカオと混作するバナナ畑はもちろん、家の周り、道の横、ちょっとした空き地とどこにでもバナナが植えてある。

東南アジアは、現存するさまざまなゲノムタイプのバナナを生み出した場所なので、ゲノムタイプの多様性が高い。マンダールの居住域は約 200 km に及ぶ海岸線とその後背地である。海岸線沿いの街道を中心に車で走りながら品種を探したところ、38 品種が観察されたが、そのうち、AA が 2 種、AAA が 6 種、AAB が 14 種、ABB が 14 種であった（2 種は不明）。そのなかで、それぞれ AA、AAA（2 種）、AAB、ABB のゲノムタイプをもつ 5 品種が、マンダールエリアのどこでも見られるバナナで、それ以外は、山の中にしか見られない品種、特定の海岸沿い数十キロでだけたくさん見られる品種、ある町にだけ特有な品種など、地域ごとに品種の差が大きい［小松ほか 2006］。海岸線が長く、帆船を使って他地域との行き来が多いこの地域では、他地域からさまざまな株が持ちこまれ、持ちこまれた品種のうちいくらかは、その場所でだけ細々と作られるのだろう。

料理用バナナは軽食や菓子の材料として食べられる。東南アジアの市場ならどこでも見られる揚げバナナ、網で焼いて軽くつぶし、サトウヤシの黒砂糖をかけて食べる焼きバナナ、熟しすぎのバナナと小麦粉を混ぜ、たこ焼き器とそっくりな鉄板で焼いたバナナ焼きなど、レシピは数多い。なかでも目立ったのは、米粉とバナナ、ココナツミルクをさまざまなバリエーションで調理した蒸し菓子である（写真 3）。畑で見る光景がそのままセットで食卓に載っているのが興味深い。以前はゆでたバナナをペースト状にして主食としたといい、専用の品種も観察されたが、現在は珍しくなっている。1990 年以前は、バナナとココヤシスライスをバナナの葉で包み、蒸し焼きにしたものが主食

第 3 章

バナナの比較食文化誌

*3 1940 年代から、アジア・アフリカ・南米で行われた農業改革。改良品種・化学肥料・農薬・機械がセットで導入された。とくにアジアでは、コメの生産量が劇的に上がったが、農民の選択肢を奪ったなどの批判も多い。

写真 3　バナナの蒸し菓子

第3部
境界線を超えて

・ミニコラム・

FAOの農業生産物の統計には、bananaとともにplantainという項目がある。プランテンとは、この場合、料理用バナナという意味である。しかし、地域によっては、品種は必ずしも料理用と生食用に分けられているわけではなく、ひとつの品種を両方に使うことも多い。統計上の扱いは国によって違っていて、すべてのバナナをbananaと集計する国もあれば、おもに料理用に使う品種をplantainとする国もある。プランテンにはもう一つ意味がある。AABというゲノムタイプをもつバナナのうち、大ぶりで角のような形をした実をもつ特定の品種群が専門家によってプランテンとよばれている。中部アフリカから西アフリカのバナナの多くがプランテンである。そのため、広義のプランテンは料理用バナナ、狭義のプランテンは特定の品種グループをさしている。食の統計を扱う場合は、ある分類に、自分が考える以外の意味があるのではないかと考えてみることも必要だろう。

だったという報告もある［古川 1996］。料理にはそれぞれ、向いた品種があると考えられ、使い分けられている。食用にされるのは果実だけではなく、雄花序も炙ってサラダの具になる。葉は、おもに調理用具として活用されている。

インドネシアでは、1990年代になると、コメの不作時に輸入量の激増や社会不安が起こった。2000年以降は、コメに依存するのは食糧安全保障上好ましくないということから、多品目の生産にシフトさせようという政策の転換が行われた。それにより、キャッサバなど、これまで軽視してきた作物を見直す動きがある。主食としてのバナナも少しは見直されるかもしれない。

マンダールでは、精神文化にもバナナが根づいている。儀礼の供え物には必ず特定の品種のバナナが必要だし、家を建てる時には、強さの象徴としてのココヤシ、楽しみの象徴としてのサトウキビとともに、日々の糧としてのバナナが供えられる。ひとつの果房のなかでも先端に近いほど小さくておいしい果掌であることにひっかけた格言もある。"Inna mi ta'tallang duna takki ama lino -poppor loka musanga ulusei"——おいしくない果掌をおいしい果掌の地位に置き換えると世界が壊れる、つまり、不適任な人をふさわしくない地位にすえると世界が壊れる、といった意味を表す。

アジア各地を旅して印象的なのは、キリスト教、ヒンドゥー教、イスラームといった大宗教の施設や儀礼のなかで、バナナがさまざまな役割を担っていることだ。マンダールの人びとのほとんどはムスリムであるが、イスラームの儀礼のなかでもバナナは欠かせない役割を担う。南インドのケララ州でキリスト教の教会を訪れた時に見たマリア像には、背景にバナナの絵が描かれていた。この地域では、圧倒的な多数派であるヒンドゥー教徒のなかで、キリスト教徒はマイノリティとして暮らしている。ヒンドゥー教徒がキリスト教徒からある品種のバナナをとりあげて食べたところ死んだという逸話があり、神はキリスト教徒だけにこのバナナを与えたのだとされる。ここでは、集団間の軋轢がバナナに託して語られているのである。

Ⅳ 中部アフリカ熱帯雨林の　バナナ栽培文化

現在、中部アフリカでは、16世紀に南米からもたらされ、奴隷貿

写真4　カメルーンのバナナ畑

易を通じて栽培と利用が広まったキャッサバ、とくに有毒のビター・キャッサバがもっとも重要な主食になっている。しかし地域によっては、バナナに強い執着をもち、キャッサバや他の新大陸起源の作物を受け入れながらも、バナナ中心の農業と食文化を営む人びとがいる。

　カメルーン東南部、コンゴ川流域の最西端にあたる東部州の熱帯雨林地帯に暮らすバンガンドゥの人びとは、バナナを主作物とし、毎日バナナを食べる人びとである。この地域は半落葉性樹林帯である。バンガンドゥは、もともとサバンナに暮らす集団から分岐して、200年前くらいまでに森林で暮らしはじめ、バナナを主作物とした。1950年代頃カカオが導入され、以来、カカオで現金収入を、バナナで自給作物を賄う生業体系を築いた。

　彼らの畑は焼畑移動耕作で、多種の作物を混作するのだが、伐開して数カ月たつと、一見して畑には見えない。毎年拓く主食作物畑では、バナナ以外にもキャッサバ、ヤムイモ、ヤウティア（アメリカ大陸原産のサトイモによく似たイモ）といった各種の根栽作物や、トウモロコシ、オクラ、トウガラシなどさまざまな作物を混作する（写真4）。

　熱帯雨林では植物の生長力が非常に大きく、湿度が高いために火入れでは雑草の種子が十分に燃え尽きないこともあって、畑を拓いた直後から雑草が旺盛に生長する。植えつけ8カ月後からキャッサバが収穫された後には、ほとんど除草されなくなる。その結果、畑は多種類の作物や二次林[*4]で最初に生長するムサンガという木を含む雑草が混然とした状態で、藪のように見えるのである。このような藪状態は、省力化の結果でもあるのだが、さらにその結果として、二次林が

[*4] 人間が切り開くなどして攪乱した森のこと。攪乱されていない状態を一次林とよぶ。

第3部
境界線を超えて

早く再生し、数年から十数年でバナナ畑として再利用可能になる。彼らはこのような二次林を活用することで、村を動かさず、畑から遠く暮らすこともなしに畑地を確保できている［四方 2013］。

そして、バナナはこのような藪のなかでも次々と吸芽を出し、数年間は収穫可能な大きさの果実をつけ、実際に収穫されるし、十数年後に再び畑地として伐採された畑にバナナの株が残っていることもしばしば見られる。バナナには水分が多いので、再び畑を焼いてもその株は生き残る。バナナは、果実をつけた株を胸の高さで切り倒して収穫するだけで、施肥もしないし、子株の管理もしない。

このような「手抜き栽培」が可能であるひとつの理由は、バナナが、植えつけをしなおさなくても次々と子株を出して実をつけつづけることと、最初の株がある程度育つと、光が弱くても雑草に囲まれても実をつけることに起因している（写真5）。生長に日光が必要なキャッサバや、毎年の植えつけが必要なトウモロコシではこのような手抜き栽培は難しい。

写真5　親株の周りに生えた子株

バンガンドゥの人びとが栽培するバナナは、中部アフリカから西アフリカにかけて主要な品種群であるAABのプランテン・バナナである。熟しても繊維とえぐみが少し残り、生食には向かない。プランテン・バナナは、AABのなかでも共通性の高い品種群なのだが、中部～西部アフリカの農民は、突然変異で起こった小さな変化を見逃さず、多くの品種を作りあげてきた。バンガンドゥの地域では、そのなかでも、ボイとよばれる、果指が大きくて、生育期間が短く、吸芽の数が多いホーンタイプのプランテンがもっとも多い。ある村では、プランテンだけで13品種が観察され［四方 2013］、その周囲の幹線道路沿い数十キロの間に、18品種のプランテンと、4品種のAAAの生食用品種が観察された[*5]［小松ほか 2006］。

バンガンドゥの主食のほぼ半分はプランテン・バナナで、成人一人当たり平均で一日1.1 kg、年間382 kgを消費する［四方 2013］。ほかに、キャッサバやヤウティアなども主食となる。彼らは、一年を通じてプランテン・バナナを供給することに強いこだわりをもっていて、畑の管理の実力がある壮年女性になると、一年に2回小さな畑を拓くことや、植えつけ時期をずらすこと、放棄した畑から収穫できるプランテン・バナナも利用することで、一年を通じてほぼ毎日バナナを収穫することに成功する［四方 2013］。

バナナは、朝なら蒸したり焼いたもの、夕方は蒸した後、臼と杵で

[*5] それぞれの品種は、形質や色、味、大きさ、収穫までの期間の長さ、吸芽の数などに違いがあり、とくに、収穫期間までの長さの違いは多品種を植える理由として言及されることがある。

搗いたり叩いたりしてダンゴ状にして、肉や魚、野菜とヤシ油で調味したソースをつけて食べる（写真6）。ダンゴ状の主食にソースをつけて食べるのは、サブサハラ一帯でもっとも多く見られる食卓の風景である。間食には、熟してゆでるのに向かなくなったプランテンを焼いたり、揚げたりする。保存することはあまりないが、その時にはスライスして日光や炉で乾燥させる。余剰のバナナは街道を通るトラックの運転手に売られることもあるが、基本的には自給用である。葉は、食べ物を包んだり、重いものを頭に載せて運ぶ時に丸めて頭と荷物の間に挟み、クッションにしたりするが、村の周囲の二次林にはクズウコン科の大きくて丈夫な葉がたくさんあるため、日用的な消費財としてのバナナの利用は、次節で紹介する東アフリカ高地ほど重要ではない。

写真6　バナナダンゴとヤシ油のソース

次節に移る前に、バンガンドゥの人びとの居住地に近い熱帯雨林の事例をもうひとつ紹介する。この地域から直線距離で200 kmほど離れたコンゴ共和国の熱帯雨林に居住するボバンダの人びとは、おそらくバンガンドゥよりも長く森林でプランテン・バナナを利用してきた人びとである。彼らは、1920年代に植民地政府の集住化政策で川沿いに集住するまで、数世帯単位で近隣のアカ・ピグミー[*6]と協力関係をもちながら、頻繁に森のなかを移動しながら暮らしてきた［塙 2008］。彼らは現在でも、より生産性の高い一次林にバナナ畑を拓くことを誇りとしている。しかし、一年を通して十分な量のバナナを確保することは難しく、端境期には、畑からのバナナ泥棒をめぐるトラブルも多発する。バナナは、主食材料の出現頻度の79％を占める［Komatsu 1998］。それに加えて、女性の日常的な交換財であり、アカ・ピグミーに労働を依頼した時にふるまう正餐に欠かせない食材であり、干し魚やヤシ酒とともに、社会関係の表現手段となっている。儀礼上もバナナは多くの役割を果たす。子どもが生まれると、初めて家から出す時に、バナナの葉の上に子どもを寝かせて、儀礼的に他人が連れ去ることで子どもの安全を祈願し、その後、その葉をその性別の子どもが生まれていない夫婦の寝室にかけることで子が授かる祈願をする。

この地域のバナナ栽培は、土壌はよくないが土地の広さには余裕のある熱帯雨林という環境を生かして、人間が管理しすぎず、自然の復元力を生かした栽培方法と、プランテンに特化した品種群が特徴だといえるだろう。

*6 ピグミーは中部アフリカの熱帯雨林で狩猟採集を主生業としてきた人びとの総称である。アカ、バカ、ムブティなど、言語の異なる複数のグループがある。どのグループも近隣の農民と協力関係をもっている。

第3部
境界線を超えて

V 東アフリカ高地の
　バナナ栽培文化

　バナナにさらに依存した生活を送る人びともいる。東アフリカのビクトリア湖を囲む丘陵地帯は、アフリカ有数の高人口密度地帯である。この人口密度を支えているのは、肥沃な土壌と、バナナと換金作物（現在はコーヒー、1960年代までは綿花）を組み合わせた生業体系である。ここでは、ウガンダのガンダについてみていこう。

　ガンダの人びとは、ウガンダ中央部のビクトリア湖西岸の丘陵地に暮らす。ウガンダは、アフリカで一番（約1000万トンで2位のタンザニアの約2倍）、世界でも2番目にバナナの生産量が高く、その多くが自給用か地域内で消費されるバナナ大国である［FAOSTAT］。

　ガンダの人びとの居住域は、もともと常緑林に覆われていた地域であるが、現在はほとんどが開墾されて畑地になっている。のちにガンダとなる人びとは、もともとシコクビエというアフリカ原産の穀物を中心に、穀類やイモ類を組み合わせて栽培していたが、6世紀から9世紀にバナナを作物のひとつとして取り入れた。さらに9世紀から13世紀くらいにかけて栽培技術を発展させてバナナへの依存を深め、14世紀から15世紀にはバナナをもとに経済を発展させ、ブガンダ王国にいたったと推定されている［小松・佐藤 2016］。

写真7　ウガンダの屋敷畑
（佐藤靖明氏提供）

　ガンダの人びとが住む地域の景観は、遠くから見ると森のように見えるのだが、よく見ると、その森はバナナを中心とする畑とその中心にある家がいくつも細胞状に並んでいるものだとわかる［佐藤 2011］（写真7）。このような光景は、ウガンダからルワンダ、ブルンジ、タンザニアにいたる丘陵地のバナナ地帯で一般的な光景である。もっとも、屋敷地に生えているのはバナナだけではない。1960年代までは綿花が、それ以降はコーヒーが換金作物として混作され、サツマイモ、スイート・キャッサバ、ココヤム、ヤム、トウモロコシ、トウガラシなどの調味料にいたるまで、このなかで混作される。しかし、畑の中心であり、食卓の中心であり、文化の中心に位置するのはバナナである。

　彼らが栽培するバナナは、非常に多種にわたり、ひとつの村で50

品種を超えることもある。その半分以上を占めるのは東アフリカ高地 AAA とよばれる品種群であり、それらの品種は、「昔からあった私たちのバナナ」を意味する言葉でよばれる。それ以外の品種は、最近導入された外来種だと認識され、主食をはじめとする利用においても、東アフリカ高地 AAA の重要性が圧倒的に高い。

ガンダのもっとも重要な主食はバナナで、「食事」という言葉は主食用のバナナ料理を示す言葉で表現される。バナナの調理法は基本的に「蒸す」ことだが、この「蒸す」という一見単純な作業に多大な手間をかける。さまざまな種類のバナナの葉を使って幾重にも包んだ後、1時間以上かけて蒸しあげ、それを、蒸すのに使ったうちの特定の葉に載せて供する。蒸せば蒸すほどおいしくなる、と考えられ、儀礼の時は、前夜から蒸しつづけることもあるという（写真8）。マトケとよばれるこの料理は、中部アフリカのダンゴ状のプランテン・バナナより水分量も粘度も高いもので、ガンダの人びとは総じて、柔らかくて粘度の高いバナナを好む。

写真8　ガンダの蒸しバナナ料理

バナナは主食や軽食の材料になるだけではない。醸造用に特化した品種を使って、バナナ・ビールも醸造される。追熟させた果肉と草を混ぜたものをバナナの偽茎を敷きつめた上で足で踏んで液を絞り出し、木製の舟の中に入れ、そこに水を加えて数日寝かせることでビールができる。ビールからワラギとよばれる蒸溜酒をつくることもある。

バナナの葉も、果実に負けず、多くの役割を担っている。バナナ料理以外にもバナナの葉はさまざまな調理に用いられ、その使い方にはこだわりが多い。葉の主脈でバスケットを編む。バンガンドゥと同じように頭でものを運ぶ時にクッション（写真9）にするし、包みにも使う。果皮は、乾燥させてタバコに混ぜる。仮茎の繊維は乾燥させてさまざまに利用され、または生のまま牛の餌とされる。バナナから作った道具は、十分に利用されたのちに、最後には畑に投棄されて肥料となる。周囲に森がほとんどないこの土地では、あらゆる日用品の材料に、バナナのあらゆる部位があますところなく利用される［佐藤2011］。

写真9　葉で編んだクッション
（佐藤靖明氏提供）

屋敷畑は、非常に念入りに管理される。人口密度が高く、新たな屋敷地をつくることが難しいこの地域では、屋敷地は数十年以上にわたって利用される。屋敷地には、家、トイレ、墓、作業場などさまざ

第3部
境界線を超えて

まなものが配置されているが、これらはすべてバナナを中心とした作物に囲まれている。ゴミやトイレ、バナナの皮を剝く作業場などの周りは、土壌が肥えているので、主食用の品種を栽培するなど、品種の配置にもこまやかな配慮がみられる。葉は頻繁に剪定され、土壌のマルチング（覆って保護すること）に利用される。

　主食用品種は、果房を大きくするために、適当な時期に雄花序を切除する。子株は毎年たくさん出るので、その個体をどちらの方向に動かしたいか考えて間引きする。大きな果房がつくと支柱を立てる。畑地は2、3カ月に一度ずつ丁寧に除草する。このような手塩にかけた管理の結果、数十年以上にわたる栽培が可能になる［佐藤 2011］。

　屋敷畑はまた、儀礼の空間でもある。在来の東アフリカ高地 AAA は、雄と雌に分類でき、ひとつの畑に両方がそろって初めてバナナが実ると考えられており、品種の選定の際には考慮される。バナナ畑はしばしば呪術の対象になると考えられているので、それを防ぐさまざまな行為が行われる。バナナの豊作を祈るための細かな祈願もたくさん実践されている［佐藤 2011］。

　この地域のバナナ栽培文化の特徴をまとめると、非常に丁寧に管理された常畑での長期間の栽培と、東アフリカ高地 AAA を中心とした多品種、果実が主食や酒の中心的材料であるだけでなく、他の部位がさまざまな日用品の材料として利用され、バナナが食以外の物質文化においても非常に大きな役割を果たしていることである。

　現在、この地域は深刻なバナナの病虫害に悩んでいる。世界中で輸出用バナナであるキャベンディッシュを壊滅させかけているといわれるパナマ病だけでなく、ブラック・シガトカ病などの病気、バナナゾウムシや線虫による虫害などであり、そのためにバナナの生産量が激減した。ウガンダ政府は、現在、その対策として、さまざまな改良品種を試している。そのなかには、在来品種から生み出した遺伝子組み換えバナナもある。遺伝子組み換え作物は、アフリカでもけっして無条件に受け入れられるわけではない。しかし、食も農もバナナに強く依存しているウガンダでは、遺伝的に非常に近い東アフリカ高地 AAA 群のバナナを常畑で高密度栽培するため、病気の蔓延のリスクは避けられない。遺伝子組み換えバナナはまだ実験圃場にしかないが、従来の改良方法で病虫害に強いバナナが作れず、病気を防ぐ有効な手段が見つからない場合、近い将来、遺伝子組み換えバナナが通常の畑で栽培されることになるだろう。

写真10　バナナの手入れをする男性
（佐藤靖明氏提供）

第3章
バナナの比較食文化誌

VI ペルー・アマゾンの バナナ栽培文化

　東南アジアで生まれた食用バナナは、東は太平洋へ向かい、西はインド、アラビア半島を経てアフリカに紀元前には到着した。そして、最後にバナナが到着したのが、中南米である。中南米のバナナは、アフリカから西向きに運ばれた品種と、アジアや太平洋から東向きにもたらされた品種が混じっている。

　中南米のバナナ生産で有名なのは、エクアドルをはじめ、ホンジュラス、コロンビアなどの国々である。それらの国は、20世紀初めから1世紀以上にわたって、現在チキータ、ドール、デルモンテとなっているアメリカ資本の大企業の直営、または提携のプランテーションでバナナを生産し、アメリカやヨーロッパに輸出してきた。その過程で、企業が、土地を自由に使うためにそれらの国の政治に大幅に介入したこともよく知られている[7]。輸出用のバナナは20世紀前半にはその時まで輸出用品種であったグロスミッチェルの農園がパナマ病で壊滅してからは、キャベンディッシュというひとつの品種のバナナに特化していた［コッペル 2012］。

　一方、中南米では、農民が自ら食料とするために栽培してきたバナナもある。ブラジルやペルーのアマゾン川流域にも、アマゾン原産のキャッサバと並んで、バナナを主食とする人びとがいる。アマゾン川に注ぎこむペルーのウカヤリ川流域に住む先住民シピボもそのような人びとである。シピボは、アヤワスカという幻覚剤を使用するシャーマンの民間医療で知られているが、一方で、この地域は、19世紀後半には世界的なゴム景気のなかでゴムを生産し、20世紀後半には木材を輸出する外国資本の企業が参入するなど、世界市場にかかわりが深い。近年は、政府に先住民コミュニティとして認定された村単位で木材の取引をする村も多い。

　シピボの生活は、ウカヤリ川を中心に営まれている。ウカヤリ川は、雨季と乾季で7mもの水位の変動があり、それに加えて、数年に一度は大氾濫が起き、村ごと水に浸かることも珍しくなく、時には本流の位置すら変わってしまう。土地は、雨季の水位の高い時に冠水するかどうかで分類される［大橋 2013］。大氾濫でも冠水しない土地はテラフィルメ、乾季には露出するが毎年のように冠水する土地を低ヴァルゼア、大氾濫の時にだけ冠水する土地を高ヴァルゼアとよぶ。

[7] 可耕地の70％をアメリカのバナナ企業が所有していたグアテマラでは、1952年に、アルベンス政権が休閑地を接収して農民に分配しようとした。これに対して、CIAが転覆工作を仕掛け、1954年に政権を崩壊させた［コッペル 2012］。

第3部
境界線を超えて

　テラフィルメには、数年に一度不定期に畑を拓き、スイート・キャッサバを中心に、バナナや他の作物を混植する。低ヴァルゼアには、冠水する前に収穫可能な商品作物のトウモロコシを中心に植える。数年に一度冠水する高ヴァルゼアには、バナナが中心に植えられる。高ヴァルゼアでは大氾濫の時には水深2mにもなって、バナナが全滅することもあるが、それ以外の年は、氾濫によってもたらされた肥沃な土によって、バナナは豊かに実るので、20年以上、植え替える必要がないという。彼らは、テラフィルメにも時々焼畑を拓き、キャッサバを中心にバナナも植えつける。

　テラフィルメと高ヴァルゼアでは、植えつけるバナナの品種が異なる［大橋 2013］。テラフィルメには、商品作物として重宝されるAABや生で食べることが多いAAAのバナナが多く植えつけられるが、高ヴァルゼアでは、AABのふたつの品種も多く植えられる。これらの品種は、冠水に強く、数カ月冠水が続いても倒れずに実をつける。一方、商品価値が高いAABのプランテンタイプは、冠水すると、1カ月から1カ月半で腐って倒れてしまう。高ヴァルゼアは、氾濫のリスクがあるが、それ以外の年は豊かなバナナの生産を約束してくれる。氾濫した年には、最低限、冠水に強いタイプのバナナは生き延びる。一方、テラフィルメは、土地が痩せていて2年ほどでバナナが収穫できなくなるが、商品価値が高く冠水に弱いプランテンタイプのバナナを安定して収穫できる。

　しかし、リスク分散をしていても、数十年に一度は、村全体が水に浸かり、作物が全滅する年もある。その時には、出稼ぎに出たり、親類を頼ったりして食べつなぐ。シピボの生活は、アマゾン川という激しい川の変動とともにあるように見える。

写真11　シピボのゆでバナナ料理

　バナナはゆでたり焼いたり揚げたりして主食にされる（写真11）が、すりおろして魚と煮たスープや、煮たり焼いたりしてから潰してタマネギなどと混ぜて揚げたものを副食として食べることもある。また、たっぷりの水で煮て冷めてから搗き潰してゆでた汁ごとジュースにすることも多く、これは、生食のバナナに加えて、重要な軽食である。生食用の品種と料理用の品種、兼用の品種があるが、適していると考えられている用い方とは異なる利用をすることもあり、品種と調理にこだわりはない。

　アマゾン川流域は、アフリカ全域で現在重要な主食になっているキャッサバがそもそも栽培化された地である。キャッサバには、青酸系の毒が含まれている。この毒がごく少ない品種を無毒キャッサバあ

第3章
バナナの比較食文化誌

るいはスイート・キャッサバ、水さらしなどの毒抜きをしないと食べられない品種を有毒キャッサバあるいはビター・キャッサバとよぶ。アマゾンの上流域ではスイート・キャッサバが多く、シピボの人びとは、ビター・キャッサバの存在を知らない。この地域にバナナが入ってきたのは、ヨーロッパと接触した16世紀以降であるというのが定説である。その後、シピボのように、もともと主食であったキャッサバがバナナに置き換わった地域もある。

バナナが主食として優勢な地域は、ビター・キャッサバではなく、スイート・キャッサバを栽培していた地域とほぼ重なるという [Renvoize 1972、大橋麻里子 私信]。ビター・キャッサバは、毒抜き加工をともない、独自の調理法が確立しているのに対して、スイート・キャッサバとバナナの調理法は、煮る・焼く・揚げると、まったく同じであり、両方を一度に料理することも可能であるため、食文化に取り入れやすかった可能性がある。また、スイート・キャッサバは一般的にビター・キャッサバよりも生産性が低いといわれるので、バナナはそれを補うという利点があったかもしれない。

Ⅶ 主食が変わる時

ここまで述べてきた4地点で、ここ数百年で考えると、インドネシアのスラウェシでは、主食はバナナからコメに変わり、東アフリカ高地では、シコクビエからバナナに変わり、中部アフリカでは、バナナからキャッサバへ、ペルー・アマゾンでは、反対にキャッサバからバナナへと変わっている。

食文化は一般的に保守的で、変わりにくいと考えられているが、このように、主食の変更は、歴史的にみると多くの地域で起こっている。では、このような変化は、どのように起こるのだろうか。バナナからキャッサバへ大きくシフトした中部アフリカを例に考えてみよう。

中部アフリカの熱帯雨林では、紀元前にはアフリカ原産のヤムイモがもっとも重要な炭水化物源だったが、その後、バナナを中心とする東南アジア原産の作物と鉄器を取り入れて、熱帯雨林の各地で人口が増えたと考えられている [Vansina 1990]。そして、ヨーロッパによるアメリカ「発見」とその後に続く奴隷交易のなかで、アフリカにキャッサバがもたらされた。

キャッサバがアフリカにもたらされたルートはいくつかあるが [安

渓 2003]、この地域では、ヨーロッパと早くから接触したコンゴ王国と、奴隷交易のルートとなったコンゴ川を通じてキャッサバ栽培が広まった。コンゴ王国の東隣にあるブションゴ王国では、1650年頃にはキャッサバが取り入れられた。当時の王が、バッタ害に対抗するためにキャッサバを導入したといわれている［Jones 1959］。バッタに対抗するためのキャッサバ導入、という伝承は、他の地域にもみられる。

　最初は、薄切りにしてゆでて食べていたが、シクワングとよばれるチマキ状の料理が知られるようになったとも伝えられる。コンゴ王国は、ポルトガルと密接な関係を築いていたため、毒抜きが必要なビター・キャッサバが導入された時には、毒抜き法もセットで伝わった可能性がある。一方、これより早くキャッサバが伝わった西アフリカのギニア湾沿岸では、当初、毒抜きを含む加工法が知られなかったため、受容が遅れたが、奴隷交易がもっとも盛んになった18世紀に、南米起源のガリとよばれるビター・キャッサバの粗挽き粉の加工法とセットでキャッサバが広範に拡がった。また、東アフリカでは、19世紀以降にスイート・キャッサバを中心に栽培が拡がった。

　20世紀には、人口増加と都市化にともなってアフリカ全体でキャッサバの栽培が盛んになった。キャッサバは、都市近郊では商品作物として、それ以外では省力的で安定した主食作物として重要な位置を占めるようになったのである。

　バナナやキャッサバなどの根栽作物を栽培する地域の多くは、混作で複数の作物を栽培している。そのような栽培の場合、新しい作物が持ちこまれた時も、混作作物のひとつとして取り入れられやすい。また、新たな作物が、その地域で使われていない土地で栽培するようなニッチ作物だった場合も、取り入れることは容易だろう。そして、そのバランスは、奴隷交易のような何らかの社会的な変動や、飢饉などの危機の際に、時には政治的な主導のもとで大きく変化することがある。

　食文化においても、キャッサバは当初、ゆでるという、バナナと同じ鍋で調理することが可能な、いわば簡便な方法で取り入れられた。そののち、作物がキャッサバに偏る過程で、キャッサバに特化した調理法が開発されていったと考えられる。ペルー・アマゾンで、バナナが取り入れられた地域は、スイート・キャッサバを主作物としていた地域であった。これも、調理法の類似がバナナの受け入れとバランスの変化を容易にしたひとつの要因だと思われる。

第 3 章
バナナの比較食文化誌

　また、文化的嗜好性の面では、キャッサバが既存の調味料の多くと相性がよいと認められたことも、普及に一役買ったと考えられる。現在、キャッサバとバナナの両方を主食としているある村の調査では、バナナとキャッサバでは、組み合わされる調味料が一部異なっており、キャッサバのほうがより多くのカテゴリーの調味料と組み合わせが可能であることがわかった［小松 1996］。

　ニュージーランドのマオリによるコムギの拒否とジャガイモの受容、イギリスとアイルランドにおけるジャガイモの受容についての調査をしたリーチは、主食になる食物が受け入れられるには、独立した３つの要因があると指摘した［Leach 1999］。文化的嗜好性、（生産・加工・調理の）技術的コスト、経済的ポテンシャルで、このうちひとつ、もしくはいくつかの要因が働けば、主要な主食材料となる可能性があるという。リーチのあげた例では、既存の加工・調理の技術の有無と加工の労力が決定に大きくかかわっている。また、受容に際しては、既存のレパートリーにマイナークロップとして加えられ、自然・社会的な大変動によってある地域で優越し、地域全体に普及する、という道をたどるといい、バナナをめぐる主作物・主食の変化も、まさしくこのような道をたどっている。

　ただし、加工の労力でいえば、中部アフリカでバナナからビター・キャッサバに主作物が変わった地域では、農作業にかかる能力は確かに減ったが、加工にかかる労力は増え、それらはトータルとして女性の労働を増やし、男性の労働を減らす結果となった。男性は、減らした労力で、商品作物の栽培などの現金獲得労働を増やしたと考えられ、新たな作物の導入は必ずしも生業や食事の準備を楽にするものではなく、むしろ、新たな労働を生み出す可能性もあると考えられる。

〈文献〉
安渓貴子　2003　「キャッサバの来た道——毒抜き法の比較によるアフリカ文化史の試み」吉田集而・堀田満・印東道子編『人類の生存を支えた根栽農耕　イモとヒト』平凡社、pp.205-226。
大橋麻里子　2013　「アマゾンの氾濫原におけるバナナの自給的栽培——ペルー先住民シピボの事例から」『ビオストーリー』Vol. 19：85-94。
コッペル、ダン（黒川由美訳）2012　『バナナの世界史——歴史を変えた果物の数奇な運命』太田出版。
小松かおり　1996　「食事材料のセットと食事文化——カメルーン東南部移住村の事例より」『アフリカ研究』第 48 号：63-78。
小松かおり・北西功一・丸尾聡・塙狼星　2006　「バナナ栽培文化のアジア・アフリカ地域間比較——品種多様性をめぐって」『アジア・アフリカ地域研究』第 6-1 号：77-119。

295

第3部
境界線を超えて

小松かおり・佐藤靖明　2016　「バナナから見たアフリカ熱帯雨林農耕史」石川博樹・小松かおり・藤本武編『食と農のアフリカ史——現代の基層に迫る』昭和堂、pp.79-93。

佐藤靖明　2011　『ウガンダ・バナナの民の生活世界——エスノサイエンスの視座から』京都大学アフリカ地域研究資料センター。

四方篝　2013　『焼畑の潜在力——アフリカ熱帯雨林の農業生態誌』昭和堂。

中尾佐助　1966　『栽培植物と農耕の起源』岩波書店。

塙狼星　2008　「中部アフリカの生態史」池谷和信・武内進一・佐藤廉也編『朝倉世界地理講座——大地と人間の物語 12』朝倉書店、pp.452-466。

古川久雄　1996　「南・東南スラウェシの沿岸村落」『東南アジア研究』34（2）：438-468。

FAO　2003　*The World Banana Economy 1985-2002*. Rome：FAO.

Jones, W. O.　1959　*Manioc in Africa*, Stanford：Stanford University press.

Komatsu, K.　1998　'The food cultures of the shifting cultivators in central Africa：the diversity in selection of food materials', *African Study Monographs*, Supplementary Issue No.25：149-178.

Leach, H. M.　1999　'Food processing technology：its role in inhibiting or promoting change in staple foods,' Gosden C. and J. Hather eds, *The Prehistory of Food：Appetites for Change*, London：Routledge, pp.129-137.

Renvoize, B.S.　1972　'The area of origin of Manihot esculenta as a crop plant：a review of the evidence,' *Economic Botany*, Vol. 26, No.4：352-360.

Stover, R. H. & N. W. Simmonds　1987　*Bananas*. Harlow：Longman.

Vansina, J.　1990　*Paths in the Rainforests, Toward a History of Political Tradition in Equatorial Africa*. Wisconsin：The University of Wisconsin Press.

〈ウェブサイト〉

FAOSTAT　http://faostat3.fao.org/home/E

資料

「ぐるなび」食の未来創成寄附講座
食文化共同研究の概要

阿良田麻里子

I　東京工業大学「ぐるなび」食の未来創成寄附講座とは

　本書は、東京工業大学創立 130 周年記念「ぐるなび」食の未来創成寄附講座（以下「ぐるなび」寄附講座と表記）が主催した食文化共同研究の成果報告書をベースに、一般向けに加筆修正を施したものであり、同講座の成果公開活動の一環として上梓するものである。

　「ぐるなび」寄附講座は、2010 年 10 月、株式会社ぐるなび代表取締役会長 滝久雄氏および株式会社ぐるなびの寄附によって東京工業大学に開設された講座であり、食の未来創成に関する教育・研究に取り組んできた。当初は 4 年間の期限つき講座として大学院イノベーションマネジメント研究科に設置されたが、その後 2 年間の延長を経て、2016 年 4 月の大学改組により環境・社会理工学院に所属を移し、2016 年 9 月まで合計 6 年間の活動を行った。「ぐるなび」寄附講座を組織する教員は、髙井陸雄（特任教授、在籍 2010 年 10 月～2016 年 9 月）、嘉多山茂（特任教授、在籍 2012 年 10 月～2016 年 9 月）、櫻谷満一（特任准教授、在籍 2010 年 10 月～2012 年 9 月）、阿良田麻里子（特任助教／特任講師、在籍 2011 年 10 月～2016 年 9 月）であった。

II　食文化共同研究会の設置と活動の概要

　「ぐるなび」寄附講座では、食に関する諸問題の解決に意欲的に取り組み、食の未来をリードする高度人材を育成するとともに、グローバル化時代における国内外の新たな食ビジネス創成に有用な食文化に関する基礎研究の充実を図ることを目的として、2012 年 2 月より、阿良田を研究代表として、「ぐるなび」食の未来創成寄附講座食文化共同研究（以下「食文化共同研究」と表記）を組織した。

　共同研究には、世界各地のフィールドで生活文化としての食文化を文化人類学的なアプローチから調査している研究者が集まった。研究分担者として国内諸機関に所属する若

手・中堅研究者、研究協力者として大学院生が参画するとともに、国立民族学博物館石毛直道名誉教授、同朝倉敏夫教授（現立命館大学教授）をアドバイザーとして迎えた。また公開講義および研究集会での発表には、適宜ゲスト講師を迎えた。

第一期
・期間：2012年2月〜2014年9月
・研究題目：「食の選択に影響を与える文化的要因——文化人類学的アプローチから」
・研究代表：阿良田麻里子（「ぐるなび」寄附講座特任助教）
・研究分担者（所属と肩書は開始当時、五十音順、敬称略）：今堀恵美（東京女学館大学非常勤講師）／宇都宮由佳（大妻女子大学助教）／熊谷瑞恵（国立民族学博物館外来研究員）／小磯千尋（大阪大学准教授）／小松かおり（静岡大学教授）／砂井紫里（早稲田大学研究助手）／菅瀬晶子（国立民族学博物館助教）／マリア・ヨトヴァ（国立民族学博物館外来研究員）／守屋亜記子（女子栄養大学准教授）
・研究協力者／ゲスト講師（所属と肩書は開始当時または参加当時、五十音順、敬称略）：荒木未希子（帝京大学研究員）／石尾淳一郎（東京工業大学大学院修士課程）／生駒美樹（東京外国語大学博士課程）／石高真吾（大阪大学GLOCOL招聘研究員）／大岡響子（東京大学大学院博士課程）／川畑亜瑠真（京都大学大学院博士課程）／小峯歩（明治大学学部生）／野中葉（慶應義塾大学上席研究員）／細田和江（中央大学政策文化総合研究所準研究員）

第二期
・期間：2015年1月〜2016年9月
・研究題目：「世界の食文化と食ビジネス——文化人類学的アプローチから」
・研究代表：阿良田麻里子（「ぐるなび」寄附講座特任講師）
・研究分担者（所属と肩書は開始当時、五十音順、敬称略）：今堀恵美（中央大学ほか非常勤講師）／宇都宮由佳（青山学院女子短期大学准教授）／小磯千尋（金沢星稜大学准教授）／小松かおり（静岡大学教授）／砂井紫里（早稲田大学ほか非常勤講師）／櫻田涼子（育英短期大学准教授）／菅瀬晶子（国立民族学博物館准教授）／細田和江（中央大学政策文化総合研究所準研究員）／マリア・ヨトヴァ（国立民族学博物館外来研究員）／三浦哲也（育英短期大学准教授）／山口裕子（北九州市立大学准教授）
・研究協力者／ゲスト講師／コメンテーターなど（所属と肩書は開始当時または参加当時、五十音順、敬称略）：生駒美樹（東京外国語大学博士課程）／大澤由実（京都大学特定専門業務職員）／スリ・ブディ・レスタリ（東京外国語大学AA研共同研究員）

　共同研究の手法としては、研究分担者各自が、それぞれの調査地の状況を鑑みて共通テーマに沿った個別テーマを選定し、寄附講座予算より現地調査の渡航旅費を支給して、調査研究を行った。その研究成果や関連する研究成果を年に2回の研究会に持ち寄り、公

開講義や非公開研究集会で、知見を交換し合い、コメントや質疑応答によって討論を深めた。

Ⅲ　海外調査

食文化共同研究の枠組みで行った海外調査は以下のとおりである。

調査時期	主調査国	調査者	調査者所属と肩書（調査当時）
2012年2月22日〜3月29日	ブルガリア	マリア・ヨトヴァ	国立民族学博物館外来研究員
2012年5月7日〜6月10日	トルコ	熊谷瑞恵	国立民族学博物館外来研究員
2012年8月5日〜8月22日	タイ	宇都宮由佳	大妻女子大学助教
2012年8月8日〜8月27日	インド	小磯千尋	大阪大学准教授
2012年8月18日〜9月8日	イスラエル	菅瀬晶子	国立民族学博物館助教
2012年8月20日〜9月8日	韓国	守屋亜記子	女子栄養大学准教授
2013年4月3日〜翌年3月3日	パキスタン	熊谷瑞恵	国立民族学博物館外来研究員
2013年8月11日〜8月21日	タイ	宇都宮由佳	大妻女子大学人間生活文化研究所研究員
2013年10月1日〜11月2日	ブルガリア	マリア・ヨトヴァ	国立民族学博物館外来研究員

（第一期）

調査時期	主調査国	調査者	調査者所属と肩書（調査当時）
2015年6月7日〜6月14日	インドネシア	スリ・ブディ・レスタリ	東京外国語大学AA研共同研究員
2015年7月31日〜8月21日	インド	小磯千尋	大阪大学非常勤講師
2015年8月4日〜9月8日	ブルガリア	マリア・ヨトヴァ	国立民族学博物館外来研究員
2015年8月13日〜8月17日	オーストラリア	櫻田涼子	育英短期大学准教授
2015年8月18日〜9月6日	イスラエル	細田和江	中央大学政策文化総合研究所準研究員
2015年8月30日〜9月11日	タイ	宇都宮由佳	青山学院女子短期大学准教授
2015年9月20日〜9月27日	英国	大澤由実	京都大学特定専門業務職員
2016年2月9日〜2月18日	マレーシア	三浦哲也	育英短期大学准教授
2016年3月29日〜4月4日	マレーシア	砂井紫里	早稲田大学等非常勤講師
2016年8月17日〜8月21日	韓国	砂井紫里	早稲田大学等非常勤講師

（第二期）

図1　共同研究会メンバー（研究分担者・研究協力者）のおもな調査対象地域

その他、「ぐるなび」寄附講座予算により阿良田が実施した海外調査は以下のとおり。

2012年：4月1日〜8日（マレーシア）、12月10日〜18日（インドネシア）

2013年：4月2日〜6日（マレーシア）、10月27日〜11月6日（インドネシア）

2014年：4月8日〜13日（マレーシア）、10月20〜25日（インドネシア）

2015年：2月6日〜12日（ドバイ）、4月1日〜4日（マレーシア）、6月3日〜5日（フィリピン）、6月23日〜27日（台湾）、7月23日〜27日（オーストラリア）、9月9日〜13日（中国）、9月29日〜10月5日（インドネシア）

2016年：3月29日〜4月4日（マレーシア）、6月22日〜24日（台湾）、8月17日〜21日（韓国）

Ⅳ　成果公開と社会への還元

　食文化共同研究の研究成果は、産学官連携に資するものとして、メンバー各自が学術論文・国内外での学会発表・分科会発表・一般向けの著作・公開セミナー等によって公表するほか、寄附講座が主催する公開講義および国際シンポジウムとして、広く公開してきた。また2016年9月には『東京工業大学「ぐるなび」食の未来創成寄附講座食文化共同研究報告書』を作成した。

Ⅳ-1　公開講義

　年2回の非公開研究会の開催と併せて、東京工業大学キャンパス・イノベーション・センター（田町キャンパス）において、公開講義を開催した。2012年2月から2016年8月の間に計8回開催し、東京工業大学をはじめとした大学関係者、食品企業関係者、一般社会人など延べ410名が参加した。

　各回の公開講義の内容は以下の一覧のとおりである。

第1回公開講義　2012年2月20日（月）　参加者39名

　共通テーマ：食の選択に影響を与える文化的要因——文化人類学的アプローチから

　1）阿良田麻里子（「ぐるなび」寄附講座特任助教）

　　「空腹を満たすもの、自意識を満たすもの——食の持つ精神的・社会的機能」

　2）マリア・ヨトヴァ氏（国立民族学博物館外来研究員）

　　「伝統食品をめぐる社会変化と意識の変容——ブルガリアのヨーグルトを事例として」

第2回公開講義　2012年9月23日（日）　参加者35名

　1）菅瀬晶子氏（国立民族学博物館助教）

　　「東地中海アラビア語圏における、小麦とオリーブの聖性」

　2）小磯千尋氏（大阪大学世界言語研究センター准教授）

　　「ハイヤーミドルクラスの変わる食、変わらない食——インド西部のヒンドゥー教徒の事例から」

3) 石高真吾氏（大阪大学グローバルコラボレーションセンター招聘研究員）

「タイの都市における味覚の変化——中間層の国内移動と食のグローバル化」

第3回公開講義　2013年3月1日（日）　参加者64名

共通テーマ：アジアの食のハラール

1) 砂井紫里氏（早稲田大学イスラーム地域研究機構研究助手）

「アジアにおけるハラール産業の現在——その拡がりとつながり」

2) 川畑亜瑠真氏（京都大学大学院、NPO法人日本ハラール協会研究員）

「日本におけるハラールサービスの現状と課題」

3) 阿良田麻里子（「ぐるなび」寄附講座特任助教）

「インドネシアにおける食のハラール——生活者視点のハラール認識と認証制度の諸問題」

第4回公開講義　2013年9月7日（土）　参加者15名

第一部：食品の伝播と食文化の歴史的重層性

1) 小松かおり氏（静岡大学人文社会科学部教授）

「バナナの比較文化誌」

第二部：大陸部東南アジアにおけるこどもの食

2) 宇都宮由佳氏（大妻女子大学人間生活文化研究所研究員）

「児童生徒のキンレン（間食選択行動）——タイの都市、農村、山村の計量的比較」

3) 荒木未希子氏（帝京大学大学院公衆衛生学研究科研究員）

「ミャンマーの寺子屋（僧院学校）における昼食摂取状況と体格、貧血の関連」

第5回公開講義　2014年2月27日（木）　参加者103名

共通テーマ：文化としての食と宗教、制度としての宗教的な食の認証

1) 小磯千尋氏（大阪大学非常勤講師）

「インドの宗教と食の禁忌」

2) 細田和江氏（中央大学政策文化総合研究所準研究員）

「イスラエルの食文化とコシェル食の実践」

3) 阿良田麻里子（「ぐるなび」寄附講座特任講師）

「食のハラールをめぐる実践と認識——インドネシアの事例を中心に」

4) 今堀恵美氏（東京女学館大学・聖心女子大学ほか非常勤講師ほか）

「中央アジアのハラール産業——ウズベキスタンの消えたハラール」

5) 砂井紫里氏（早稲田大学イスラーム地域研究機構研究助手）

「ハラールの制度化を考える——中国の場合」

第6回公開講義　2015年3月7日（土）　参加者65名

共通テーマ：異文化圏にくらすムスリムの食、非ムスリムによるハラールビジネス

1）阿良田麻里子（「ぐるなび」寄附講座特任講師）

「ハラールの基礎とインバウンドビジネスにおけるムスリム対応」

2）砂井紫里氏（早稲田大学イスラーム地域研究機構研究助手）

「ハラールメニューをつくる──早稲田大学学生食堂におけるハラール導入の事例から」

3）今堀恵美氏（東京女学館大学・聖心女子大学ほか非常勤講師ほか）

「旧ソ連領中央アジアムスリムの食と信仰──ウズベキスタンの事例を中心に」

4）スリ・ブディ・レスタリ氏（東京外国語大学AA研共同研究員）

「佐賀県のハラール対応事業および県在住のインドネシア人ムスリムの食」

5）山口裕子氏（岡山大学大学院社会文化科学研究科客員研究員）

「岡山でのハラール食品をめぐる諸動向──手作りハラール肉とハラール土産品」

コメンテーター：マリア・ヨトヴァ氏（国立民族学博物館外来研究員）

第7回公開講義　2015年10月11日（日）　参加者29名

第一部：喫茶文化とビジネス

1）櫻田涼子氏（育英短期大学准教授）

「マレー半島における華人系喫茶文化コピティアムの混淆性とその展開」

2）生駒美樹氏（東京外国語大学博士後期課程）

「ミャンマー茶産業の課題と取り組み──シャン州ナムサン郡を事例として」

第一部のコメンテーター：三浦哲也氏（育英短期大学准教授）

第二部：在来種と地域ブランド

3）小松かおり氏（静岡大学学術院人文社会科学領域教授）

「在来地域ブランドの価値と問題点──沖縄の在来豚アグーの事例から」

第二部のコメンテーター：生越由美氏（東京理科大学教授）

第8回公開講義　2016年8月4日（土）　参加者60名

第一部：飲酒とビジネス

1）細田和江氏（NIHU研究員、東京外国語大学AA研特任助教）

「イスラエル・ワインの現代史──ユダヤ人のパレスチナ入植から現代まで」

2）三浦哲也氏（育英短期大学現代コミュニケーション学科准教授）

「マレーシア・サバ州山間部における酒類の販売拡大とその影響について」

第一部のコメンテーター：石毛直道氏（国立民族学博物館名誉教授）

第二部：食のハラールとビジネス

3）サイード七種氏（サイードショップ代表）

「九州北部におけるハラール肉およびハラール食品の販売の実践」

302

第3講義のコメンテーター1：スリ・ブディ・レスタリ氏（東京外国語大学共同研究員）

第3講義のコメンテーター2：山口裕子氏（北九州市立大学准教授）

4）甲田岳生氏（SBIファーマ株式会社研究開発本部学術部部長）

「中東バーレーンのハラール事情」

第4講義のコメンテーター：砂井紫里氏（早稲田大学他非常勤講師）

　食文化共同研究が組織された時期は、まさに日本のフードビジネスにおいてムスリム市場が注目されはじめた時期であり、また十分な情報がないなかで、ハラール認証取得によるメリットが過大に強調されるビジネスセミナーが多く行われ、日本のフードビジネス関連の企業に混乱を与えていた。

　このような状況を正すため、公開講義においても第3回、第5回、第6回、第8回と4回にわたって、ハラールをはじめとした食の宗教的禁忌についてとりあげ、現地調査に基づいて、世界各地の多様なムスリム消費者のあり方や関連するビジネスの形を紹介して、高い評価を得た。また、この成果を次に述べる国際シンポジウムへと発展させた。

Ⅳ-2　食のハラール性に関する国際シンポジウム（計3回）の開催

　2013年5月、2014年6月、2016年2月の計3回にわたって国際シンポジウムを開催した。食文化共同研究のメンバーを軸として、食のハラール性に関する第一線の研究者および専門家を国内外から招いた。

　日本国内において農畜産物・加工食品の輸出や、食品産業の海外進出、東南アジアを中心とするイスラーム圏からの観光客誘致などに対する関心が高まっていることを背景として、研究者、教員のみならず、食品企業関係者、地方公共団体などさまざまな分野の関係者に参加していただき、食のハラール性に関する正確な情報の提供、食ビジネスとの関連性などについて知見を提供した。

Ⅳ-2-①　第1回　食のハラール性に関する国際シンポジウムおよび関連イベント

　2013年5月8日、蔵前会館において「東南アジア周辺地域における食のハラール性」をテーマに、第1回国際シンポジウムを開催した（各講演のテーマと話者は、後述のプログラム参照）。ハラール認証とハラールフードビジネスに対する急速な関心の高まりを背景として、通常のビジネスセミナーにはない詳細で偏りのない学術的な情報を提供することを目標とした。食のハラール認証の先進地域である東南アジアを中心にすえて、海外招聘話者としてインドネシア・マレーシア・タイから4名の専門家を招き、国内諸機関の専門家の参加・協力を得て、食のハラールの状況と諸問題、ハラール性を担保するための分析技術に関する最新の情報を提供することができたと考えられる。

　日本国内での食のハラール性に関する関心の高まりを反映して、研究者、学生に加え、食品産業関係者、食品貿易関係者など、約270名が参加し、食のハラール性に関する認証

システムの現状や制度的側面、認証を担保するための分析・検定技術など科学技術的な側面からの話題提供に対し、活発な質疑、討論が行われた。

また関連イベントとして、公開セミナー「インドネシアの食のハラールとハラール認証制度」および非公開の「食のハラールと分析・検定技術に関するワークショップ」を開催した。

第 1 回　食のハラール性に関する国際シンポジウム　プログラム
テーマ：東南アジア周辺地域における食のハラール性
日時：2013 年 5 月 8 日（水）　13：00〜17：40
場所：蔵前会館
後援：日本アセアンセンター
共催：早稲田大学イスラーム地域研究機構、アジアムスリム研究所

基調講演「食のハラール性と食習慣・認証・技術──グローバル化と近代化のさなかで」
阿良田麻里子（「ぐるなび」寄附講座特任助教）

第一部　食習慣とハラール認証システム
座長：富沢寿勇氏（静岡県立大学グローバル地域センター副センター長）
1.「自由貿易の潮流の中でのハラール制度」
　　並河良一氏（中京大学総合政策学部教授）
2.「食習慣とハラール認証システム」
　　ルクマヌール・ハキム氏（インドネシア LPPOM-MUI 所長）
3.「非イスラーム国におけるムスリム・フレンドリー・サービスの発展──日本を事例として」
　　川畑亜瑠真氏（NPO 法人 日本ハラール協会研究員）
4.「中華飲食世界におけるハラール」
　　砂井紫里氏（早稲田大学イスラーム地域研究機構研究助手）

第二部　食のハラール性と技術
座長：坂田隆氏（石巻専修大学学長）
5.「インドネシアにおけるハラール食品の諸問題」
　　ヤニス・ムスジャ氏（ジャカルタ国立イスラーム大学薬学健康学部薬学科講師；同学ハラール食品研究所前所長）
6.「DNA クロマトグラフィーを利用した肉製品の種同定」
　　アブドゥルファッテー・エル・オムリ氏（株式会社生体分子計測研究所先端計測解析センター研究員）
7.「ハラール食品の統合性と認証」

資料
食文化共同研究
概要

　　　ルスリ・アブドゥル・ラフマン氏（マレーシア・プトラ大学ハラール製品研究所所長：教授）

8.「タイにおけるハラール認定と認証を支えるハラール科学技術」

　　　ウィナイ・ダーラン氏（タイ・チュラロンコーン大学ハラール科学センター准教授；創立セン
　　　ター長）

関連イベント①：公開セミナー　（参加者 94 名）

テーマ：「インドネシアの食のハラールとハラール認証制度」

日時：2013 年 5 月 9 日（木）　13：00〜16：30

場所：田町キャンパス国際会議室

講師：「ぐるなび」寄附講座特任助教　阿良田麻里子
　　　LPPOM-MUI 所長　ルクマヌール・ハキム氏

内容：食品産業関係者を中心とする参加者に、インドネシアにおけるムスリム消費者の食行動
　　　や食選択、ハラール認証制度等について、詳細な情報を提供した。

関連イベント②：非公開ワークショップ　（参加者 15 名）

テーマ：「食のハラールと分析・検定技術に関するワークショップ」

日時：2013 年 5 月 9 日（木）　13：00〜16：30

場所：田町キャンパス多目的室

話題：1「わが国における遺伝子組換え作物の検知技術の開発」
　　　　　橘田和美氏（食品総合研究所 食品分析研究領域 GMO 検知解析ユニット長）
　　　2「レギュラトリーサイエンスに基づく食物アレルギー表示制度と検定技術」
　　　　　酒井信夫氏（国立医薬品・食品衛生研究所代謝生化学部主任研究官）
　　　3「ハラールにおける簡易検定キットについて」
　　　　　岡本浩治氏（田中貴金属工業メディカル部長）

概要：海外招聘者のうちヤニス・ムスジャ氏、ルスリ・アブドゥル・ラフマン氏およびウィナ
　　　イ・ダーラン氏が参加、日本からは食品検査技術関係の研究者が参加し、認証を支える
　　　分析・検定技術に関する科学的な情報・意見交換を行った。

Ⅳ-2-②　第 2 回　食のハラール性に関する国際シンポジウムおよび関連イベント

　「グローバルな視点からみる宗教的規範とフードビジネス」をテーマに、2014 年 6 月 17
日、第 2 回国際シンポジウムを開催した。非イスラーム国としての日本が、食のハラール
とどのようにかかわっていくべきかという問題意識をふまえ、世界的なハラールビジネス
の発展の概要を紹介した。

　非イスラーム地域でありながら、いちはやく中東等の市場にハラールチキンやハラール
ミートの輸出を始めたハラール肉貿易の先進国ブラジル、ニュージーランド、オーストラ
リア、近年ハラールフードの急速な発展をみせる米国、ヨーロッパ諸国に少数派として住

まうムスリムやユダヤ教徒の消費者の態度、文化や消費という側面からみるグローバルサービスとしてのハラール、統一的なハラール認証制度の実現に向けての現状と課題といった内容を扱った。

　関連イベントとして、6月23日（月）には、田町キャンパスにおいて、「ハラール産業をマネージする」をテーマとして、東工大関係者限定セミナーを開催した。OBおよび在学生から参加者12名を得て、ジョナサン・ウィルソン氏を講師に、ハラール産業ビジネスのマネジメントについて議論を深めた。

第2回　食のハラール性に関する国際シンポジウム　プログラム
　テーマ：「グローバルな視点からみる宗教的規範とフードビジネス」
　日時：2014年6月17日（火）　10：00〜17：40
　場所：蔵前会館
　後援：一般社団法人　食品産業センター
　協力：早稲田大学イスラーム地域研究機構、アジアムスリム研究所

　第一部「グローバルなハラール肉貿易の展開」座長：ジョナサン・ウィルソン氏
　1.「南米のハラールチキン——認証とグローバルビジネス」
　　　シェイフ・アリ・アシュカル氏（スイスハラール　スペインマドリード支局長：元ラテンアメリカイスラーム普及センター宗教的責任者）
　2.「確実なハラール体制を採用した食肉輸出の方法」
　　　アンワル・ガニ氏（AgResearch 研究主幹、FIANZ 会長）
　コメンテーター：砂井紫里氏（早稲田大学イスラーム地域研究機構研究助手）

　第二部「宗教的な食品認証をめぐる動向」座長：ダルヒム・ダリ・ハシム氏
　3.「米国におけるハラールビジネスとその認証プロセス」
　　　ミアン・ナディーム・リアズ氏（米国テキサス A&M 大学食物タンパク R&D センター所長）
　4.「ヨーロッパ5か国におけるムスリム消費者とユダヤ消費者の食行動と認識」
　　　フローランス ベルゴー＝ブラクラー氏（エクスマルセイユ大学国立科学研究センター研究員）
　コメンテーター：細田和江氏（中央大学政策文化総合研究所準研究員）

　第三部「宗教的規範をめぐる国際的食ビジネスの動き」座長：ミアン・リアズ氏
　5.「文化・消費からグローバルに見るハラールサービス」
　　　ジョナサン・ウィルソン氏（グリニッジ大学上級研究員：ジャーナル・オブ・イスラミック・マーケティング誌編集長）
　6.「製造業のためのグローバルなハラール基準作成の試み」
　　　ダルヒム・ダリ・ハシム氏（チタ・カピタル株式会社 GCFO：国際ハラール統合連盟理事・元

資料
食文化共同研究
概要

CEO：マレーシア国際イスラーム大学研究評議会メンバー）

コメンテーター：富沢寿勇氏（静岡県立大学国際関係学部教授：同学グローバル地域センター副センター長）

Ⅳ-2-③　第3回　食のハラール性に関する国際シンポジウムおよび関連イベント

「食のハラールの原点——宗教実践としてのハラールとインバウンドビジネス」をテーマに、2016年2月2日、第3回国際シンポジウムを開催した。日本において急務となっているインバウンドビジネスのムスリム対応を見すえ、今一度原点に立ち返って、宗教者・宗教学者の立場から見たハラール、ムスリム消費者の立場からみたハラール、ムスリムに向けた情報開示の工夫と技術を扱った。

関連イベントとして、2月3日には、大岡山キャンパスにおいて、東工大のムスリム教職員や学生によるハラール推奨メニュー試食会と生協関係者との意見交換会、「ムスリム消費者をターゲットにした情報開示」をテーマとする公開セミナーを開催した。

第3回 食のハラール性に関する国際シンポジウム　プログラム

テーマ：食のハラールの原点——宗教実践としてのハラールとインバウンドビジネス

日時：2016年2月2日（火）　10：00～17：30

場所：蔵前会館

趣旨説明「認証に頼りすぎないムスリム対応」

阿良田麻里子（「ぐるなび」寄附講座特任講師）

第一部「宗教者・宗教学者からみるハラール」

座長：ジョナサン・ウィルソン氏

1.「ハラールの根幹　新しいアプローチ」

　　ムスタファ・ツェリチ氏（ボスニア・ヘルツェゴビナの元グランド・ムフティ、世界ボシュニャク会議議長）

2.「イスラムから見る食」

　　八木久美子氏（東京外国語大学大学院教授）

第二部「日本のムスリム対応の実態とムスリム消費者の声」

座長：前野直樹氏（イスラミック・サークル・オブ・ジャパン日本人部会代表）

3.「ムスリム留学生の視点から」

　　ナビラ・サブリナ氏（東京工業大学大学院生）

　　砂井紫里氏（早稲田大学非常勤講師）

4.「ムスリム旅行者を喜ばせる技と科学」

ジョナサン・ウィルソン氏（グリニッチ大学大学院マーケティング・スイート・プログラム・ディレクター）

5. 「ハラールの原点に返ることは、日本での生活を困難にするか」
　　アキール・シディキ氏（日本イスラーム文化センター会長）

6. 「日本人ムスリムの体験と日本ムスリム協会の対応」
　　遠藤利夫氏（宗教法人日本ムスリム協会理事）

第三部「インバウンドビジネスにおける情報開示」
座長：阿良田麻里子

7. 「訪日ムスリムへの接客の基本」
　　松井秀司氏（株式会社ミヤコ国際ツーリスト代表取締役；NPO 法人日本ハラール協会副理事長）

8. 「消費者の多様性に配慮した安心のコミュニケーション──フードピクトによる食材表示のご紹介」
　　菊池信孝氏（NPO 法人インターナショクナル代表理事）

9. 「ムスリム旅行者の食の不安緩和の鍵──ぐるなび総研調査から」
　　本保芳明（東京工業大学社会理工学部特任教授）

関連イベント：公開セミナー
テーマ：「ムスリム消費者をターゲットにした情報開示」
日時：2016 年 2 月 3 日（水）　13：00〜17：35
場所：大岡山キャンパス西 5 号館レクチャーシアター

第一部「ムスリム・フレンドリー・ツーリズムにおける情報開示」

1. 「ムスリム旅行者の「おもてなし」課題と解決方法──マレーシアの旅行会社の実践から」
　　橋本哲史氏（サラーム バケーション Sdn Bhd シニアアドバイザー、ジェイエル コネクト Sdn Bhd ディレクター）

第二部「飲食業における多言語／多文化の消費者への情報開示」

2. 「消費者の多様性に配慮した安心のコミュニケーション──フードピクトによる食材表示のご紹介」
　　菊池信孝氏（NPO 法人インターナショクナル代表理事）

3. 「飲食メニューの多言語対応」
　　久保 征一郎氏（株式会社ぐるなび代表取締役社長）

Ⅳ-3　その他の成果公開および社会貢献

　食文化共同研究メンバーが個別に公開している研究成果のうち、主要なものを以下に一

覧にする。①著書、②論文、③学術報告書、④依頼原稿などその他著作、⑤学会発表・シンポジウム／学会講演、⑥セミナー・公開講義・講演会等である。ただし、上述の「ぐるなび」寄附講座主催の公開講義およびシンポジウムを除く。

Ⅳ-3-① 著書

小松かおり（編著）

2016 『食と農のアフリカ史』石川博樹・小松かおり・藤本武編、昭和堂。

砂井紫里（編著）

2013 『食卓から覗く中華世界とイスラーム』めこん。

2014 『食のハラール』早稲田大学アジア・ムスリム研究所。

SAI, Yukari and Johan FISCHER

2015 'Muslim food consumption in China : Between qingzhen and halal', In *Halal Matters : Islam, Politics and Markets in Global Perspective*, Bergeaud-Blackler, Florence, Johan Fischer, and John Lever (eds.), Routledge, London and New York, pp.160-174.

Ⅳ-3-② 論文

阿良田麻里子

2014 「インドネシアにおける食のハラールの現状」『食品工業』57（5）：30-37。

2014 「ハラール認証とムスリム消費者の食選択行動──インドネシアを中心に」『明日の食品産業』2014（6）：13-18。

2014 「民俗分類」「食とアイデンティティ」「食の忌避と禁忌」国立民族学博物館編『世界民族百科事典』東京：丸善出版、188-189；446-447；456-457頁。

2015 「ハラールとハラール・ビジネスブーム」渡邊直樹責任編集『宗教と現代がわかる本2015』平凡社、192-195頁。

熊谷瑞恵

2014 「ムスリムの国へ行ったムスリム──トルコ・イスタンブルに住む中国新疆ウイグル族の事例から」『国立民族学博物館研究報告』38（2）：187-250。

2017 「牧畜民の名づけと宗教──パキスタンのワヒからイスラームの民族誌的理解にむけて」『アジア・アフリカ言語文化研究』94（印刷中）。

砂井紫里

2013 「アジアを食べる 食のハラールをめぐる多様な声と実践」『ワセダアジアレビュー』（めこん）14：82-85。

2014 「アジアにおける『ハラール科学』の発展とその社会・文化への影響──マレーシアにおけるハラールの規格化・科学・語りについての予備的調査」『食生活科学・文化及び環境に関する研究助成研究紀要』vol.27：49-59。

櫻田涼子

2016 「甘いかおりと美しい記憶——マレー半島の喫茶文化コピティアムとノスタルジアについて」津田浩司・櫻田涼子・伏木香織（編）『「華人」という描線——行為実践の場からの人類学的アプローチ』風響社、161-190 頁。

2016 「『故郷の味』を構築する——マレー半島におけるハイブリッドな飲食文化」川口幸大・稲澤努（編）『僑郷——華僑のふるさとをめぐる表象と実像』行路社、173-192 頁。

菅瀬晶子

2016 「イスラエル・ガリラヤ地方のアラブ人市民にみられる豚肉食の現在——キリスト教徒とムスリム、ユダヤ教徒の相互的影響」『国立民族学博物館研究報告』40（4）：619-652。

2014 「東地中海アラビア語圏キリスト教徒にみられる食文化の特徴」『総合研究大学院大学葉山彙報』5：71-80。

レスタリ、スリ・ブディ

2015 「佐賀県におけるハラール対応の実態調査——佐賀県在住のインドネシア人ムスリムの食生活事情」『インドネシア言語と文化』21：55-66。

SAI Yukari

2014 'Policy, practice and perceptions of qingzhen (halal) in China', *Online Journal Research in Islamic Studies*, vol.1 (2)：2-12.

Ⅳ-3-③　学術報告書

HOSODA, Kazue

2015 'Kosher Certification of Japanese Cuisine Today', International seminar "*Islam and Multiculturalism：Exploring Islamic Studies within a Symbiotic Framework*", Waseda University, pp.121-124.

2016 'Japanese Cuisine in Israel：Between Kosher and Organic', *Islam in Global Perspective*, Waseda University.

KAWABATA Aruma and SAI Yukari

2013 'Halal Restaurants and Its Management in Non-Muslim Societies：Preliminary Comparative Study of Japan and Taiwan', In *Islam and Multiculturalism：Islam, Modern Science, and Technology*, Asia-Europe Institute and Organization for Islamic Area Studies (ed.), Organization for Islamic Area Studies, Waseda University, pp. 37-43.

SAI Yukari

2014 'Halal Policy, Practice, and Perceptions in China' In *Islam and Multiculturalism：Coexistence and Symbiosis*, Asia-Europe Institute and Organization for Islamic Area Studies (ed.), Organization for Islamic Area Studies, Waseda University, pp. 187-

193.

2015 'Making Cuisines Halal : Comparative Study of the Impacts of Japanese and Tai-
wanese Inbound Tourism Policies on their Food Industries', *Islam and Multicultur-
alism : Exploring Islamic Studies within a Symbiotic Framework*, Organization for
Islamic Area Studies, Waseda University, pp.30-36.

Ⅳ-3-④　依頼原稿その他著作

阿良田麻里子

2015 「インドネシアのハラル認証（前、中、後）」『健康情報ニュース .com』2015 年 11 月
24 日、25 日、27 日。

2017a「宗教的タブーに配慮したおもてなしを、体験から学ぶ」『食文化誌 Vesta』105：2-3。

2017b「宗教による食のタブーのあらまし」『食文化誌 Vesta』105：4-12。

今堀恵美

2017 「もてなし好きの人々へのおもてなし　ウズベキスタンの場合」『食文化誌 Vesta』
105：22-23。

小磯千尋

2013 「ターリーで最後に仕上げるインドのおいしさ」『食文化誌 Vesta』89：17。

2014 「インド──ヒンドゥー教とジャイナ教」『食の文化フォーラム 32　宗教と食』南直人
編、ドメス出版、134-154 頁。

2014 「インドのサバイバル食生活、うまみ成分ありき」『食文化誌 Vesta』95：8-9。

2015 「インド人の好む触感、食感」『食文化誌 Vesta』97：42-43。

2016 「日々の暮らしに息づくインド古医学──アーユルヴェーダの知恵」『食文化誌 Vesta』
102：38-39。

2017a「厳格なヴェジタリアンを日本でもてなす」『食文化誌 Vesta』105：42-45。

2017b「食からみるインド史　現代インド、都市『新中間層』の食文化」『食文化誌 Vesta』
105：54-59。

砂井紫里

2014 「中国・台湾の魚食事情とハラール基準における養魚飼料の判断」『月刊養殖ビジネス』
51（9）：58-61。

2017a「マレーシアの友人からのいただきもの」『食文化誌 Vesta』105：18-19。

2017b「中国の清真と食事」『食文化誌 Vesta』105：20-21。

2017c「中華系住民の牛食禁と菜食──３つの地域から」『食文化誌 Vesta』105：50-51。

櫻田涼子

2015 「香り立つハイブリッドなマレー半島の食文化」『The Daily NNA（アジア経済情報
誌）』マレーシア版、第 05606 号。

2016 「マレーシアの健康飲料──マレーシアチャイニーズの暮らしから」『食文化誌 Vesta』

102：27-29。

菅瀬晶子

2013 「ムジャッダラ考——とある家庭料理をめぐる、シャーム地方文化論」『季刊民族学』
143：57-74。

2017 「ヴェジタリアンとムスリムが日本と中東で食卓を囲むとき」『食文化誌 Vesta』105：
32-35。

細田和江

2017 「信仰と習慣のあいだ　イスラエルのコシェルの今」『食文化誌 Vesta』105：36-39。

ヨトヴァ、マリア

2014 「ブルガリアの保存食——リュテニツァ」『月刊みんぱく』38（6）：18-19。

レスタリ、スリ・ブディ

2017 「私の食生活——日本在住歴 13 年のインドネシア人ムスリム」『食文化誌 Vesta』
105：15。

Ⅳ-3-⑤　学会発表・シンポジウム／学会講演

阿良田麻里子

2013 「インドネシアにおける食のハラール性——ムスリム消費者の意識と戦略」日本文化
人類学会第 47 回研究大会、研究発表。

2016 「食のハラール性と、加工食品のハラール認証に関わる基礎知識」日本食品保蔵科学
会創立 40 周年記念シンポジウム「輸出を見据えた食品のシェルフライフと付加価値
向上を加工・保存技術から支える」東京。

砂井紫里

2015 「清真とハラール——現代中国における回族の食と産業」国際ワークショップ「現代
中国における少数民族文化の動態」東京。

2015 「清真とハラールのゆらぎ——清真の制度化とおよび中国福建省のムスリムと非ムス
リムの食実践」日本文化人類学会第 49 回研究大会、大阪。

2015 「台湾における『ムスリムフレンドリー』環境整備」日本マレーシア学会第 24 回研究
大会、東京。

福島康博・砂井紫里

2015 「アジア四カ国のムスリム対応レストランをめぐる状況の比較——イスラーム地域研
究の視点から」第 30 回日本観光研究学会全国大会、群馬。

三浦哲也

2015 「家・空間における食実践に関する文化人類学的研究——社会関係を開閉するという
視座から」東北大学東北アジア研究センター 2014 年度研究成果発表会、仙台。

2015 「酒がとりもつ人間関係——東マレーシア・ドゥスン族社会の酒宴から」日本文化人
類学会第 49 回研究大会、大阪。

ARATA, Mariko

2014　What Is Halal and Why It's Halal?　Contemporary Indonesian Muslim Consumers' Recognition of Food Halalness, Panel P086 'Food culture and food business', IUAES.

2015　How Should We Construct a Unified Halal Certification System Which Matches Real Muslim Consumers' Demand？', China International Cooperation Forum on Halal Food Certification, China-Arab States Expo 2015 関連イベント、中国寧夏。

2015　Potential of Halal Tourism towards to Non-Muslim Countries, HASIB, The 2nd Thailand Halal Assembly 2015, バンコク（チュラロンコーン大学ハラール科学センター主催）。

ARATA & YOTOVA

2014　Conveners, Panel P086 'Food culture and food business', IUAES.

HOSODA, Kazue

2015　"Japanese Cuisine in Israel：Between Kosher and Organic", Islam in Global Perspective, New York University Abu Dhabi, UAE.

SAI, Yukari

2013　'Culinary Image and Food Business as Conscience', Panel P086 'Food culture and food business', IUAES, Chiba.

2014　'Challenges for Halal Options in Japan', Malaysia International Research & Education Conference 2014 (MIHREC 2014), Putrajaya, Malaysia.

2014　'Making Cuisines Halal：Comparative Study of the Impact of Japanese and Taiwanese Inbound Policies on Food Industry', International Conference on Islam and Multiculturalism：Exploring Islamic Studies within a Symbiotic Framework, Kuala Lumpur, Malaysia.

2015　Halal Food Regulation and Consumption in China, National institutes for Humanities of Japan (NIHU) Program for Islamic Area Studies (IAS) Fifth International Conference, Tokyo 2015 "New Horizons in Islamic Area Studies：Asian Perspectives and Global Dynamics" at Sophia University, Tokyo.

2015　'Being There：Mosque, Restaurants, and Cultural Landscapes in Non-Muslim Hui Community', East Asian Anthropology Association Annual Meeting 2015, at National Chengchi University, Taipei, Taiwan.

2015　'Halal Food and Muslim-Friendly Services in Taiwan', International Conference on Islam in Global Perspective, at New York University Abu Dhabi, UAE.

ほか多数

YOTOVA, Maria

2014　'Inherited from Our Grandmothers'：Ethnographic Heritage as a Branding Strategy in Post-Socialist Bulgaria. The 4th Meeting of the International Forum of Business Anthropology "Heritage and Development", Yonsei University, Seoul.

IV-3-⑥　セミナー・公開講義・講演会等

阿良田麻里子

2012 年 8 月 1 日　農林水産省 AFC インドネシア部会にて講演「インドネシア都市住民の食生活——買い物・食行動・価値観と評価を中心に」。

2012 年 10 月 16 日　JETRO-全日本タコム国内研究会にて講演「インドネシアにおける食のハラール——認証と消費者意識、インドネシアにおける菓子の消費」。

2013 年 1 月 13 日　日本インドネシア NGO ネットワーク（JANNI）主催　第 79 回 JANNI 連続講座「インドネシアにおける食のハラール」。

2013 年 1 月 15 日　JETRO-全日本タコム調査報告会「インドネシアにおける菓子市場——輸入菓子を中心に」。

2013 年 2 月 27 日　農林水産省 AFC テーマ別部会にて講演「インドネシアのハラールへの理解を深めるために—— MUI の認証基準 HAS23000 と申請手続きを中心に」。

2013 年 7 月 14 日　日経 BP 社　第 2 期「インドネシアビジネス基礎講座」にて講義「ハラールの理解は絶対不可欠」。

2014 年 1 月 28 日（東京）、30 日（名古屋）、31 日（神戸）　食品産業センター主催「食品産業の海外展開支援研修 アジアを中心とした有望市場を目指して」にて講義「ハラール認証とムスリム消費者の食選択行動——インドネシアを中心に」。

2014 年 2 月 20 日　日経 BP 社　第 3 期「インドネシアビジネス基礎講座」にて講義「ハラール認証とムスリム消費者の食選択——インドネシアの宗教と食」。

2014 年 7 月 20 日　日経 BP 社　第 4 期「インドネシアビジネス基礎講座」にて講義「ハラール認証とムスリム消費者の食選択——インドネシアの宗教と食」。

2014 年 9 月 17 日　アジアフードビジネス協会　ハラールフードセミナーにて講演「インドネシアの食のハラール——認証・リスク・消費者の実践」。

2015 年 2 月 15 日　東京都「ムスリム観光客受入環境整備に係るアドバイザー業務による事業者支援事業」テーマ別の分科会セミナー「ムスリム旅行者の受入に関するアドバイス実施」において、講義「インドネシア・マレーシアのムスリムの視点から考える受入環境整備」。

2015 年 3 月 3 日　味の素食の文化サロン「食のハラール性に関わるムスリム消費者の認識と行動——インドネシアの事例を中心に」。

2016 年 5 月 28 日　テックデザイン主催セミナー「インドネシアにおけるハラール認証制度とマーケットの最新動向——イスラームとハラールの基礎、インドネシアにおけるハラールビジネスとその諸問題およびムスリム消費者」。

2015 年 8 月 26 日　戦略的「NAGANO の食」新商品開発事業の一環として長野県工業技術総合センターにおいて講義「食のハラール性とムスリム対応に関わる基礎知識」。

2015 年 11 月 25 日　千葉県「ムスリム観光客の受け入れセミナー」において講演。

2015 年 11 月 26 日　千葉県セミナー「ムスリム留学生の受け入れ拡大と環境整備」において講演。

2016 年 2 月 25 日　南大塚地域文化創造館公開講義「世界の食文化――アジア　イスラームの食文化」にて講義「食文化とイスラーム　インドネシア人ムスリムに食を提供すること」。

2016 年 11 月 2 日　テックデザイン主催セミナー「インドネシアにおけるハラール認証制度とマーケットの最新動向――イスラームとハラールの基礎、インドネシアにおけるハラールビジネスとその諸問題およびムスリム消費者」。

2016 年 11 月 9 日、16 日　東京農業大学エクステンションセンター　オープンカレッジ「ムスリムに食を提供すること――ハラル入門」。

2016 年 11 月 17 日　日本缶詰びん詰レトルト食品協会技術大会特別講演「食のハラールとムスリム対応――認証取得を考える前に知っておくべきこと」。

2016 年 11 月 26 日（東京）、11 月 30 日（神戸）、12 月 21 日（名古屋）　食品産業センター主催「食品産業グローバル展開インフラ整備事業　食品産業の海外展開支援研修会」にて講義「ハラールと認証制度」。

2017 年 1 月 18 日（仙台）、2 月 15 日（東京）　食品産業センター主催「食品産業グローバル展開インフラ整備事業　食品産業の海外展開支援研修会」にて講義「ハラールと認証制度」。

小磯千尋

2013 年 9 月 21 日　味の素食の文化センター、食の文化フォーラム 2013 年度「宗教と食」第 2 回、インドから東アジアまで「ヒンドゥー教とジャイナ教」。

2013 年 9 月 24 日　総合地球環境学研究所「砂漠化をめぐる風と人と土」南アジアの生業研究会「インドの飲酒文化について」。

2014 年 3 月 8 日　帝塚山大学考古学研究所・附属博物館共催　市民大学講座　第 322 回「インド哲学と食――浄不浄の概念と食文化」。

砂井紫里

2013 年 7 月 25 日　ハラル・ジャパン協会主催　第 8 回ハラルビジネス交流会「中国の清真／ハラールについて：料理と食事を中心に」。

2014 年 6 月 28 日　国際基督教大学飲食文化研究会第 3 回例会「いのちと飲食文化」「よりよく食べる：アジアの飲食文化とイスラーム」。

2014 年 12 月 19 日　公益社団法人日本料理研究会主催「ハラールセミナー」「ハラールと食文化」東京。

2015 年 10 月 25 日　金沢大学公開講座「イスラーム世界の歴史と文化 III ～生活に根ざした宗教」「食卓からみるイスラーム社会」金沢大学サテライト・プラザ。

2015 年 11 月 26 日　JAPAN HALAL EXPO 2015 セミナー　大学関係者向け特別企画「ム

スリム留学生の受け入れ拡大と環境整備」「プレゼンテーション 大学での取り組み紹介」千葉・幕張メッセ。

2015 年 12 月 11 日　公益財団法人千葉市国際交流協会主催　平成 27 年度 文化庁委託事業ちば多文化協働プロジェクト 2015 多文化理解セミナー第 3 回「宗教と食」千葉・ちば国際コンベンションビューロー。

2016 年 7 月 30 日　多文化理解プロジェクト Tabrip 主催「多文化理解セミナー　第一弾 どうつきあう？おとなりのイスラム教徒編」大田区産業プラザ PiO、東京。

2016 年 11 月 16 日　東京農業大学エクステンションセンター　オープンカレッジ「ムスリムに食を提供すること――ハラル入門」。

ほか多数

櫻田涼子

2015 年 5 月 22 日　「マレー半島のコーヒーショップから移民社会の食文化を考える」極東証券寄附講座「東アジアの伝統と挑戦」慶應義塾大学日吉キャンパス。

レスタリ、スリ・ブディ

2015 年 3 月 14 日　（公財）佐賀県国際交流協会通訳ボランティア研修会「イスラムの文化を知ろう」佐賀県国際交流協会。

山口裕子

2016 年 1 月 22 日　岡山県立大学栄養学科特別講義「ハラール食品流通の興隆にみる日本の地方社会でのムスリム食事情」、岡山県立大学。

V　評価

共同研究の成果により食文化研究における新しい方法論や知見を提示し、国内の文化人類学者および学際的な食文化研究者から評価を得るとともに、国際シンポジウムや国際学会での分科会等を通して、国際的な研究連携を深めつつある。

宗教的規範に基づく食の多様性の実態や科学技術との関係性を明らかにすることで、国際的なフードビジネスに関心を抱く日本の産業界にもインパクトを与え、世界各地のムスリム消費者のハラールに対する多様な認識や、ハラールの基本知識を伝えることで、とくにインバウンドビジネス業界には、認証ありきではないムスリム対応の指針を示した。

あとがき

　本書では、世界各地を舞台に、多種多様なテーマと切り口で世界の食文化の諸相を分析しました。とりあげた調査地は、日本、トルコ、インドネシア、インド、マレーシア、イスラエル、ブルガリア、ミャンマー、英国、タイ、オーストラリア、パレスチナ、中部アフリカ、東アフリカ高地、ペルーなど。テーマとなっているのは、事業者と消費者との相互作用でつくりあげるフードビジネス、消費者の認識や行動の多様性、新しい食文化の受容に際してローカルな食文化の構成要素が与える影響、食物や食べ方が伝統的に担ってきた象徴的意味、地域や国家のイメージ戦略のなかで新たに担わされていく文化的・社会的な意味や価値、飲食文化や飲食ビジネスが社会の諸相の影響を受けて変化し、また逆にそれらの変化が社会の変化を引き起こすありさま、民族食がナショナル・キュイジーヌへと変化する過程、民族や宗教の境界を超えて互いに影響を及ぼしあう食文化など、示唆に富む論文が集まりました。

　レシピの収集や規範としてのマナーの記述にとどまらない、豊かな食文化研究の地平の一端をお届けできたのではないかと自負しています。このような食文化の基礎研究には、学問的な価値だけでなく、産官学連携の分野においても重要な意義があると考えられます。異なる文化的背景をもつ人びとと理解しあい、つきあいを深め、ビジネスを円滑に進め、交渉し、状況に応じた改良をするためには、相手のもつ文化的背景を理解し、違いを尊重しながら、地道にコミュニケーションを重ねていく必要があるからです。

　本書が、日本における食文化研究やフードビジネスのありかたに一石を投じる存在になり、また食文化研究が今後さらに発展していく礎となることを願っています。

　本書は多くの方々のお力添えによって完成しました。

　まずは、調査研究にご協力いただいた調査地の皆様に厚く御礼を申しあげます。皆様のご協力のおかげで、食文化の受容・変容・融合がまさにダイナミックに起こりつづけている様子を描くことができました。

　本食文化共同研究の成果は、資料でも述べたように、産官学連携の一環として講義やシンポジウムという形で公開してきました。これは、研究成果を社会に還元できたという意味でも、食文化研究者の活躍の幅を広げたという意味でも、有意義な活動となりました。また、ご登壇いただいた話者・座長・コメンテーターの皆様や、産官学の各界からご参加いただいた聴衆の皆様など、多くの方々と交流し、情報や意見を交換することで、研究に多様な視点を取り入れることができました。関係者の皆様に深謝いたします。

　これもすべて、寄附講座において、「食の未来を創成する」という大きな理念のもとで、自由な研究活動を実施できたからこそ、可能になったことです。ご寄附をいただいた滝久

317

雄氏と株式会社「ぐるなび」には、感謝の念に堪えません。本当にありがとうございました。

　早稲田大学、日本アセアンセンター、食品産業センターの皆様には、国際シンポジウムの開催にご協力・ご後援をいただきました。とくに日本アセアンセンターのレオン・シャオイン氏（当時）には、第1回のシンポジウムおよびセミナーにご尽力いただき、産官の世界に研究情報を提供する際の手ほどきをいただきました。また、本書の執筆者の一人でもある早稲田大学の砂井紫里氏は、同学のハラール研究会の活動成果も併せ、ハラールにかかわる公開講義やシンポジウム開催にあたって、登壇者としても裏方のスタッフとしてもご協力いただきました。

　東京工業大学の教職員の皆様にも深く御礼を申しあげます。寄附講座の担当教員として私たちを率いてくださった田辺孝二教授をはじめ、イノベーションマネジメント研究科（現 環境・社会理工学院）の先生方には多くのご教示とご助力をいただきました。また、事務方の皆様にも改めて御礼を申しあげます。とくに押本諒太氏、尾崎美恵子氏、瀬下香子氏には、試食会やレセプションパーティをともなうイベント開催にあたって、試行錯誤しながらの煩雑極まりない事務手続きを、快く行っていただきました。

　そもそも、「ぐるなび」寄附講座開設メンバーである髙井陸雄教授（当時）と櫻谷満一准教授（当時）が、講座の活動の柱の一つとして食文化研究をとりあげてくださったことがすべての始まりでした。また、櫻谷准教授の後任の嘉多山茂教授（当時）は、活動の中盤以降を力強く支えてくださいました。改めて心より感謝申しあげます。

　共同研究のアドバイザーである石毛直道先生と朝倉敏夫先生は、つねに私たちの道を照らし、温かく導いてくださいました。公開講義や非公開研究会におけるコメントだけでなく、懇親会でいただいたご厚情やアドバイスの数々は、研究会メンバーの血肉となって受け継がれていくことでしょう。また、石毛先生には本書の出版にあたって、身に余る推薦文を書いていただきました。重ねて御礼を申しあげます。

　本書の執筆者としてご寄稿いただいた皆様をはじめ、メンバーとして共同研究に参加いただいた皆様への感謝は、筆舌に尽くせません。世界各地でフィールドワークをされている研究者の皆様と食文化についてじっくりと語り合った研究会は、毎回意外性と刺激に満ちて、多くの発見がありました。皆様が、頼りない研究代表者を陰に日向に導いてくださったおかげで、共同研究の成果を本書のような形でまとめることができました。この協働は、かけがえのない宝物です。

　最後になりましたが、本書の出版にかかわっていただいた皆様には、企画から出版まで半年足らずという厳しい条件の作業に力を尽くしていただき、感謝の限りです。デザインご担当の市川美野里氏には、読みやすくわかりやすくそして読者の関心をひきそうな体裁に仕上げていただきました。編集ご担当の夏目惠子氏は、大勢の著者を力強い牽引力でまとめてくださり、丁寧な編集作業とコメントで、本書を読み応えのある楽しい読み物にしてくださいました。改めて深く御礼申しあげます。

（阿良田麻里子）

執筆者紹介

阿良田麻里子（あらた・まりこ）
1963年生まれ。総合研究大学院大学博士後期課程修了。博士（文学）。北スマトラ大学客員講師、国立民族学博物館外来研究員、東京工業大学「ぐるなび」寄附講座特任助教、同特任講師等を経て、現在、立命館大学客員教授。専門分野はインドネシア研究、文化人類学、言語人類学。主な著書に『世界の食文化6 インドネシア』（単著）、『民族大国インドネシア——文化継承とアイデンティティ』『食をめぐる人類学——飲食実践が紡ぐ社会関係』（分担執筆）など。

生駒美樹（いこま・みき）
1981年生まれ。東京外国語大学博士後期課程在籍中、同大学非常勤講師。専門分野はミャンマー地域研究、文化人類学。ミャンマー山地民族の茶生産について研究を行う。著書に『ミャンマーを知るための60章』（分担執筆）がある。

宇都宮由佳（うつのみや・ゆか）
1973年生まれ。大妻女子大学大学院博士課程家政学研究科単位取得退学。博士（学術）。大妻女子大学助教を経て、現在、青山学院女子短期大学准教授。専門分野は家政学、食文化、生活文化。主な論文に「タイ北部における山地民のモチ食文化——カレン、ラフ、リス、アカ族」「ポルトガルの伝統菓子 Fios de ovos のアジアへの伝播——ゴア（インド）、タイ、日本の調査をとおして」「タイ北部の人々にとってカノムタイとは——その構造と機能」など。著書に『流れと要点がわかる調理学実習』『高等学校家庭科 生活産業情報』（ともに分担執筆）がある。

大澤由実（おおさわ・よしみ）
1980年生まれ。英国ケント大学人類学と生物保全研究科博士課程修了。民族生物学博士（Ph.D）。ヨーロピアン・ユニバーシティー・インスティチュート研究員、チェンマイ大学特別研究員を経て、現在、京都大学学術研究支援室特定専門業務職員。専門分野は民族植物学、食の人類学、感覚と文化。主な論文に「The Cultural Cognition of Taste Term Conflation」（The Senses & Society）、「Glutamate Perception, Soup Stock, and the Concept of Umami」（Ecology of Food and Nutrition）など。

熊谷瑞恵（くまがい・みずえ）
1976年生まれ。京都大学大学院人間・環境学研究科博士課程修了。人間・環境学博士。現在、京都大学人文科学研究所研究員。専門分野は文化人類学。著書に『食と住空間にみるウイグル族の文化——中国新疆に息づく暮らしの場』（単著）、『華僑華人の事典』『世界民族百科事典』『中国のムスリムを知るための60章』（ともに分担執筆）など。

小磯千尋（こいそ・ちひろ）
1957年生まれ。インド、プーナ大学文学部哲学科博士課程修了。哲学博士（Ph.D）大阪大学言語文化研究科准教授を経て、現在、金沢星稜大学教養教育部准教授。専門分野はインドの宗教、文化、言語。主な著書に『ヒンディー語のかたち』（単著）、『世界の食文化8 インド』（共著）、『インド人（カルチャーショック11）』（共訳）、『神話と芸能のインド——神々を演じる人々』『宗教と食〈食の文化フォーラム32〉』（ともに分担執筆）など。

小松かおり（こまつ・かおり）
1966年生まれ。京都大学大学院理学研究科博士後期課程単位取得退学。京都大学博士（理学）。静岡大学教授を経て、現在、北海学園大学教授。専門分野は生態人類学。アフリカの農と食、世界のバナナ栽培文化、沖縄の市場を対象とする。主な著書に『沖縄の市場〈マチグヮー〉文化誌』（単著）、『食と農のアフリカ史』（共編著）など。

砂井紫里（さい・ゆかり）
1974年生まれ。早稲田大学大学院文学研究科博士課程単位取得退学。博士（文学）。現在、早稲田大学イスラーム地域研究機構招聘研究員、同・人間科学部非常勤講師、東洋大学国際地域学部非

常勤講師。専門分野は文化人類学、食文化研究。主な著書に『食卓から覗く中華世界とイスラーム』（単著）、『食のハラール』（編著）、『Halal Matters：Islam, Politics and Markets in Global Perspective』（分担執筆）など。

櫻田涼子（さくらだ・りょうこ）

1975年生まれ。筑波大学大学院人文社会科学研究科歴史・人類学専攻博士課程修了。博士（文学）。現在、育英短期大学現代コミュニケーション学科准教授。専門分野は文化人類学、華僑華人研究、住文化研究。主な著書に『「華人」という描線──行為実践の場からの人類学的アプローチ』『Rethinking Representation of Asian Women：Changes, Continuity, and Everyday Life』（ともに共編）、『僑郷──華僑のふるさとをめぐる表象と実像』（分担執筆）など。

菅瀬晶子（すがせ・あきこ）

1971年生まれ。東京外国語大学外国語学部アラビア語学科を経て、総合研究大学院大学文化科学研究科博士後期課程修了。博士（文学）。現在、国立民族学博物館研究戦略センター准教授。専門分野は中東地域研究、文化人類学。パレスチナやレバノンの宗教的マイノリティ（おもに歴史的パレスチナのキリスト教徒）を研究対象とする。主な著書に『イスラエルのアラブ人キリスト教徒──その社会とアイデンティティ』『イスラームを知る6　新月の夜も十字架は輝く──中東のキリスト教徒』（ともに単著）、『Christians and the Middle East Conflict』『〈驚異〉の文化史──中東とヨーロッパを中心に』（ともに分担執筆）など。

細田和江（ほそだ・かずえ）

1974年生まれ。中央大学大学院総合政策研究科博士後期課程修了。博士（学術）。現在、大学共同利用機関法人人間文化研究機構・総合人間文化研究推進センター研究員、東京外国語大学アジア・アフリカ言語文化研究所特任助教。専門分野はイスラエル／パレスチナ現代文化。文学研究を軸に映画、演劇、音楽から食文化にいたるまで幅広く扱っている。主な著作に「世界文学ナビ12・エトガル・ケレット」、「同13・サイイド・カシューア」（『毎日新聞』）など。

三浦哲也（みうら・てつや）

1974年生まれ。筑波大学大学院博士課程人文社会科学研究科歴史・人類学専攻単位取得満期退学。現在、育英短期大学現代コミュニケーション学科准教授。専門分野は生態人類学、文化人類学。著書に『宗教を生きる東南アジア』（分担執筆）、『食をめぐる人類学──飲食実践が紡ぐ社会関係』（共編著）など。

山口裕子（やまぐち・ひろこ）

1971年生まれ。一橋大学大学院社会学研究科博士後期課程修了。博士（社会学）。現在、北九州市立大学文学部准教授。専門分野は社会人類学、東南アジア地域研究。主な著書に『歴史語りの人類学──複数の過去を生きるインドネシア東部の小地域社会』（単著）、『「国家英雄」が映すインドネシア』『共在の論理と倫理──家族・民・まなざしの人類学』（ともに共編著）、『由緒の比較史』『人＝間の人類学──内的な関心の発展と誤読』（ともに共著）など。

ヨトヴァ、マリア（Yotova, Maria）

1978年ブルガリア生まれ。2006年に国費留学生として来日。2011年、総合研究大学院大学（国立民族学博物館）比較文化学専攻博士課程修了。現在、関西学院大学非常勤講師、有限会社中垣技術士事務所に所属。ブルガリアと日本をフィールドに、食文化やナショナル・アイデンティティに関する研究調査を行っている。主な著書に『ヨーグルトとブルガリア──生成された言説とその展開』（単著）、『Why We Eat, How We Eat：Contemporary Encounters between Foods and Bodies』『Food between the Country and the City：Ethnographies for a Changing Global Foodscape』（ともに分担執筆）など。

レスタリ、スリ・ブディ（Lestari, Sri Budi）

1978年インドネシアランプン州生まれ。東京外国語大学大学院地域文化研究科修了。博士（学術）。東京外国語大学外国語学部、中央大学総合政策学部などの非常勤講師を経て、現在、佐賀県国際交流協会インドネシア語および国際理解講座講師、佐賀市立本庄小学校非常勤講師（日本語指導）。専門は社会言語学。医療通訳サポーターなどのコミュニティ通訳にも従事している。

文化を食べる 文化を飲む
グローカル化する世界の食とビジネス

2017年3月25日　第1刷発行

定価　本体6500円＋税

監修者　東京工業大学「ぐるなび」食の未来創成寄附講座
編　者　阿良田麻里子
発行者　佐久間光恵
発行所　株式会社 ドメス出版
　　　　東京都文京区白山3-2-4　〒112-0001
　　　　振替　00180-2-48766
　　　　電話　03-3811-5615
　　　　FAX　03-3811-5635
　　　　http://www.domesu.co.jp/
印刷所　株式会社 教文堂
製本所　株式会社 明光社

乱丁・落丁の場合はおとりかえいたします

Ⓒ 2017　阿良田麻里子　生駒美樹　宇都宮由佳　大澤由実　熊谷瑞恵
　　小磯千尋　小松かおり　砂井紫里　櫻田涼子　菅瀬晶子　細田和江
　　三浦哲也　山口裕子　ヨトヴァ、マリア　レスタリ、スリ・ブディ
ISBN 978-4-8107-0832-5　C0036

石毛直道自選著作集（全11巻別巻1）

＊収録作品
『　』は単行本

■第Ⅰ期

1～6巻セット　◇本体価格 42000 円

第1巻　世界の食文化探検

1 食文化ことはじめ　『食生活を探検する』「台所文化の比較研究」

2 諸民族の食事
「朝鮮半島の食」「世界における中国の食文化」「東南アジアの食事文化」
「オセアニア」「マグレブの料理」「ロースト・ドッグ―ポナペ島」

3 味の民族学　「味覚表現語の分析」

第2巻　食文化研究の視野

『石毛直道　食の文化を語る』「食の文化シンポジウム・フォーラムとわたし」
「文化人類学からみた調理学」「りょうり　料理」

第3巻　麺・乳・豆・茶とコーヒー

1 麺　『麺の文化史』
2 乳　「世界の乳食文化」
3 豆　「世界の豆食文化」
4 茶とコーヒー　「文明の飲み物としての茶とコーヒー」

第4巻　魚の発酵食品と酒

1 魚の発酵食品
「序論」「第1部　ナレズシ」（『魚醤とナレズシの研究』より）
『魚介類の発酵製品に関する研究』（博士論文）
2 酒　「酒造と飲酒の文化」「東ユーラシアの蒸留酒」

第5巻　食事と文明

「食事文化の五〇〇年」『食事の文明論』
『食卓文明論―チャブ台はどこへ消えた？』

第6巻　日本の食

1 研究史　「食事文化」
2 歴史的考察
「日本」「米食民族比較からみた日本人の食生活」「新『酒飯論』」
「日本食生活史の転回点」「食卓の変化」「出前」
3 食の近代化
「民衆の食事」「食品と料理」「食事と酒、タバコ」「食事パターンの考現学」
4 飲みもの　「日本の茶とコーヒーの重層構造」「酒と食―日本と世界」
5 食べものからみた世界　「日本人とエスニック料理」「日本料理の実態とイメージ」
6 ニッポンの食卓　『ニッポンの食卓』

■第Ⅱ期 　　　　　7～11巻セット　◇本体価格 35000 円

第7巻　探検とフィールドワークⅠ　オセアニア

1 オセアニア
「外海と日本人」『はじまりはトンガ』「タコのかたきうち」「西イリアン中央高地の石器」
2 探検とフィールドワーク
「登山と野外科学」「現代の探検―アポロ 11 号によせて」「探検の食事」

第8巻　探検とフィールドワークⅡ　アフリカ

1 アフリカ　『リビア砂漠探検記』「ある夫婦喧嘩」
「アフリカの文化・社会の理解のために」「スワヒリ化について」
2 野外手帳　「まえがき」「野外での生活技術とは」「野帳と筆記用具」
「フィールドでのノートのとりかた」「物質文化の採集」「民具の記録のとりかた」

第9巻　環境論・住居論

1 環境と生活様式
「季節と文明」「マンゴーラ村における四つの生活様式」「環境観の一般モデル」
2 住居空間の人類学　『住居空間の人類学』

第10巻　日本文化論・民間信仰論

1 民族疫学からみた日本人の起源　「民族疫学と ATL」「ヒトとサルのあいだ」
「世界における HTLV-Ⅰキャリア分布」「アフリカとカリブ海における HTLV-Ⅰキャ
リア分布」「HTLV-Ⅰ感染率のシミュレーションと日本におけるキャリア分布」
2 日本稲作の系譜　「上　稲の収穫法」「下　石包丁について」
3 東アジア文明と日本　『サムライ　ニッポン―文と武の東洋史』
4 民間信仰論　「お稲荷さん」「カミを宿す人びと」「風と夜の衰弱」
「モロの世界」「祭られるカミと祭られぬカミ」「つきものの構図」

第11巻　生活学

1 ゴキブリ亭主の生活学　『ゴキブリ亭主の生活学』
2 ライフヒストリー　「文書記録の生活史」「日振島生活史」
3 日本のくらし　「人生の折り目」「衣と食と住と」「柳腰と出尻」「衣服とよそおい」
「住居と住生活」「パチンコ―遊びのなかの仕事」
鏡国有子の筆名での『えろちか』連載（「みそかごと」「獣姦」「過密化とセックス」
「性のシンボル・マーク」ほか）「比較生活学―方法論的アプローチ」

別巻（第12巻）　年譜・人生・全巻索引　著作目録 CD 付　◇本体価格 8000 円

1 年譜
2 人生（筆者紹介）
『食べるお仕事』「コーリャンの海苔巻き」「梅棹研究室　一九六五―七一年」ほか
3 全巻総目次・総索引

●食の文化フォーラム●

◆第Ⅰ期フォーラム

1	食のことば	柴田　武・石毛直道編	
2	日本の風土と食	田村眞八郎・石毛直道編	
3	調理の文化	杉田浩一・石毛直道編	
4	醸酵と食の文化	小崎道雄・石毛直道編	
5	食とからだ	豊川裕之・石毛直道編	
6	外来の食の文化	熊倉功夫・石毛直道編	
7	家庭の食事空間	山口昌伴・石毛直道編	＊
8	食事作法の思想	井上忠司・石毛直道編	＊
9	食の美学	熊倉功夫・石毛直道編	
10	食の思想	熊倉功夫・石毛直道編	
11	外食の文化	田村眞八郎・石毛直道編	
12	国際化時代の食	田村眞八郎・石毛直道編	
13	都市化と食	高田公理・石毛直道編	
14	日本の食・100年〈のむ〉	熊倉功夫・石毛直道編	
15	日本の食・100年〈つくる〉	杉田浩一・石毛直道編	
16	日本の食・100年〈たべる〉	田村眞八郎・石毛直道編	

◆第Ⅱ期フォーラム

17	飢　餓	丸井英二編	○
18	食とジェンダー	竹井恵美子編	○
19	食と教育	江原絢子編	○
20	旅と食	神崎宣武編	○
21	食と大地	原田信男編	○
22	料理屋のコスモロジー	高田公理編	○
23	食と科学技術	舛重正一編	○
24	味覚と嗜好	伏木　亨編	○
25	食を育む水	疋田正博編	○
26	米と魚	佐藤洋一郎編	○
27	伝統食の未来	岩田三代編	○
28	「医食同源」——食とからだ・こころ	津金昌一郎編	○

◆第Ⅲ期フォーラム

29	食の経済	中嶋康博編	☆
30	火と食	朝倉敏夫編	☆
31	料理すること——その変容と社会性	森枝卓士編	☆
32	宗教と食	南　直人編	☆
33	野生から家畜へ	松井　章編	☆
34	人間と作物——採集から栽培へ	江頭宏昌編	☆

無印2300円　＊印2000円　☆印2500円　○印2800円（表示金額は本体価格）